经济法精品著作系列丛书
Economic Law Selected Series

混沌与秩序
——市场化政府经济行为的中国式建构

Chaos and Order Construction in the Chinese Context of Marketized Governmental Economic Behavior

管 斌 ⊙著

图书在版编目(CIP)数据

混沌与秩序:市场化政府经济行为的中国式建构/管斌著.—北京:北京大学出版社,2010.3
(经济法精品著作系列丛书)
ISBN 978-7-301-17137-0

Ⅰ.混… Ⅱ.管… Ⅲ.国家行政机关-经济行为-研究-中国 Ⅳ.F123

中国版本图书馆 CIP 数据核字(2010)第 072721 号

书　　名：混沌与秩序——市场化政府经济行为的中国式建构
著作责任者：管　斌 著
责 任 编 辑：王　晶
标 准 书 号：ISBN 978-7-301-17137-0/D·2584
出 版 发 行：北京大学出版社
地　　　址：北京市海淀区成府路 205 号　100871
网　　　址：http://www.pup.cn
电　　　话：邮购部 62752015　发行部 62750672　编辑部 62752027
　　　　　　出版部 62754962
电 子 邮 箱：law@pup.pku.edu.cn
印 　刷 　者：北京宏伟双华印刷有限公司
经 　销 　者：新华书店
　　　　　　650 毫米×980 毫米　16 开本　20.25 印张　413 千字
　　　　　　2010 年 3 月第 1 版　2010 年 3 月第 1 次印刷
定　　　价：49.00 元

未经许可,不得以任何方式复制或抄袭本书之部分或全部内容。
版权所有,侵权必究
举报电话:010-62752024　电子邮箱:fd@pup.pku.edu.cn

目 录

序 … 1

第一章 导论 … 1

第二章 市场化政府经济行为的理论界定 … 41
    第一节 概念 … 41
    第二节 特征 … 44
    第三节 类型 … 52

第三章 市场化政府经济行为的合理性分析 … 94
    第一节 市场弥补政府缺陷的主要形式 … 94
    第二节 市场与政府共生的典型状态 … 100
    第三节 经济民主理念的重要表现 … 107
    第四节 政府能力建设的创新实践 … 114

第四章 市场化政府经济行为的宪政语境 … 130
    第一节 威权主义国家与市场化政府经济行为 … 131
    第二节 我国应由威权主义转向宪政民主 … 139
    第三节 市场化政府经济行为的宪政基础 … 145

第五章 市场化政府经济行为的制度设计 … 182
    第一节 制度设计与经济发展 … 182

目 录

第二节 立法任务 　　　　　　　　　　　187
第三节 制度要素 　　　　　　　　　　　200

第六章 余论：中国经济法学总论三十年研究 　252
第一节 三组关键词 　　　　　　　　　　254
第二节 具体语境 　　　　　　　　　　　270
第三节 未来展望 　　　　　　　　　　　276

第七章 结语 　　　　　　　　　　　　　294

致谢 　　　　　　　　　　　　　　　　　　309

序

王全兴*

2009年,尽管神州大地已呈现庆祝中华人民共和国60周年的热烈氛围,但我在受托作序时,仍然沉浸在去年纪念改革开放30年的场景中。我国法学界的二级学科中,根据官方的分类有十多个,唯独经济法学与改革开放的30年同岁,这是她的第一个30年。尽管"三十"未必"而立",但"三十而立"的传统理念仍然引领人们特别关注经济法学在"而立"之年的成就。较之30年历程中的学术亮点,在"而立"之年面世的经济法学研究成果更能标志经济法学的成熟度和成就感。管斌的这本专著很幸运,出版于经济法学刚满30年之际,无论作者是否有此奢望,都会被人们视作是向经济法学30年献礼之作。因此,读者对这本书可能会以"一叶知秋"的思路来判断我国经济法学是否正走向成熟和能否有所贡献。这正是本书作者和为本书作序者难以担当的巨大压力。

一

在举国上下、各行各业、官方和民间、理论界和实务界都以回顾改革开放30年为时髦的背景中,经济法学界对回顾经济法30年的重视程度为法学界最高。[①] 诸多以回顾经济法30年为主题的成果中,已经显示出多重回顾视角,既有对经济法的回顾,也有对经济法学的回顾;既有从总体上回顾,也有就某个专题回顾;既有对理论观点的回顾,也有对研究方法的回顾;既有对成就和经验的回顾,也有对不足和教训的回顾。就经济法学未来发展的需要而言,对研究方法的回顾,尤其是对研究方法上的经验和教训的回顾,显得特别重要。

在经济法学30年的成就中,最值得我国法制史和法学史记忆的,至少有:(1)一个新的法律部门,即在官方所设计的法律体系中,经济法已被确立为独立

---

* 上海财经大学法学院、湖南大学法学院教授、博士生导师,中国法学会经济法学研究会副会长、社会法学研究会副会长,中国劳动法学研究会副会长。

① 中国法学会经济法学研究会早在2007年年会上就对纪念和回顾中国经济法30年作出安排,设立《中国经济法30年发展报告》和《中国经济法学30年发展报告》这两个课题,并成立课题组。为完成这两个《发展报告》,先后在中山大学、上海财经大学、深圳大学、郑州大学、西南政法大学等地举行专题研讨会;在中国法学会经济法学研究会2008年年会上,"中国经济法(学)30年的回顾和总结"被作为主题展开热烈的讨论。同时,中国法学会经济法学研究会还组织出版了有百余老、中、青年学者撰稿的具有学术小传性质的文集《海阔天高——中国经济法(学)的过去、现在和未来》(第一、二辑)。此外,就此主题还发表了大量的论文。

的法律部门①;(2)一个新的法律体系,即在经济体制改革的进程中,由市场主体法、市场行为法、市场监管法(或称市场规制法)、宏观调控法和社会保障法等所构成的市场经济法律体系的框架设计,已列入经济体制改革的目标模式②;(3)一个新的法律学科,即在法学体系的发展中,已形成有独特风格且不可为其他学科所替代的经济法学科。之所以有如此成就,当然得益于多方面的因素,而经济法学在研究方法上的独特风格功不可没。还值得注意的是,经济法学作为一门新兴学科,其自有研究方法的探索、形成和积累,较之传统法学学科显得特别艰难,自创与借鉴和继承的关系极难处理,即使有所创新,其"自主知识产权"也很难得到公认。尽管如此,经济法学毕竟在研究方法上形成了自己的风格。只要将经济法学与其他法学学科在课堂教学、学术文献上稍加比较,就不难发现,经济法学在语言表述、体系安排、思维方式、研究思路、资料来源等学科要素上,都有其特异之处。对此无论褒贬,经济法学以往的成就、突破、纷争和遗憾,都可在研究方法的得失上觅求原因;经济法学未来的发展,关键也在于对研究方法的选择和运用。笔者觉得,经济法学在研究方法上的独特风格中,下述几点尤其值得关注:

(一)三元结构

在传统法学中,对法律多作公法、私法二元结构的理解,即不承认有别于公法域、私法域的第三法域;即使承认有介于公法与私法之间、公法与私法混合的第三法域,在第三法域中仍然只是公法因素与私法因素的组合,而未出现区别于公法因素、私法因素的第三种法律因素。这样,当然就很难给经济法留有独立存在的余地。然而,在世间万事万物中,惟有三元结构才是普遍的结构,或许"一生二,二生三,三生万物"的道理就在于此。例如,细微至作为物质基本单位的原子,由质子、中子、电子所构成;宏观至宇宙的星际空间物质,由恒星、星云、星际所构成;物质的存在状态,有固态、液态、气态;数字的含义或意义表示,有正数、零、负数;空间的位置表示,有长、宽、高、上、中、下、左、中、右;时间的维度,有过去、现在、未来;等等。可见,对法律作三元结构的理解,即不仅有介于公法域、私法域之间的第三法域,而且有由公法因素与私法因素有机融合而成的且区别于

---

① 1986年4月全国人大通过《民法通则》,其立法草案说明中指出:"民法主要调整平等主体间的财产关系,即横向的财产、经济关系。政府对经济的管理,国家和企业之间以及企业内部等纵向经济关系或者行政管理关系,不是平等主体之间的关系,主要由有关经济法、行政法调整,民法基本上不作规定。"这是我国立法机关对经济法作为独立法律部门的首次正式确认。2001年3月9日,李鹏委员长在九届全国人大四次会议所作的全国人大常委会工作报告中指出,中国特色社会主义法律体系由宪法及宪法相关法、民商法、行政法、经济法、社会法、刑法、诉讼与非诉讼程序法七个法律部门组成。

② 张友渔先生在《我国法学家的可喜贡献——谈〈中国大百科全书·法学〉卷》(载《人民日报》1984年12月28日)中指出:"〈法学〉卷中经济法条目体系与中国经济立法体系接近,远远超过了传统商法的范畴。"2008年2月国务院新闻办公室发布的《中国的法治建设》(白皮书),将"规范市场经济秩序的法律制度"划分为民事法律制度、市场主体的法律制度、市场管理的法律制度、宏观调控的法律制度、知识产权保护的法律制度、资源节约和环境保护的法律制度、对外经贸合作的法律制度;并将劳动和社会保障法律制度置于"尊重和保障人权的法律制度"中。

公法因素、私法因素的第三种法律因素，与三元结构的普遍规律和原理完全符合。而在法律的三元结构中，经济法的独立地位就理所当然。是故，三元结构一直被经济法学作为常用的研究框架，而有别于传统法学学科；并且，对我国市场化经济体制改革中市场与政府之关系的研究实践，已显示出了这种研究框架的优越性。例如，对介于市场主体与政府主体之间的社会中间层主体、介于市场行为与政府经济行为之间的市场化政府经济行为的发现和研究，就得益于三元结构的研究框架。

（二）问题取向

经济法学没有传统法学学科幸运，其存在和发展不像传统法学学科那样有源远流长和系统深厚的原理积累，而不敢奢望像传统法学学科那样以丰富、深化原理为主要取向。但是，经济法学又比传统法学学科幸运，在其创建之初就与市场化经济体制改革的启动同步，不仅经济法的生成和独立是突破传统法学原理的"大问题"，而且市场化经济体制改革也是突破计划经济体制的"大问题"，这就决定了经济法学研究只能偏重于"问题取向"，即着重从改革和发展中新出现且突破计划经济体制、传统法律部门和传统法学理论的问题切入，以寻求解决问题的对策为至上，按照"选择突出问题——多视角探求原因——综合多种手段设计对策"的思路展开研究。在西方国家现代市场经济和我国市场化经济体制改革的实践中，市场化政府经济行为都是突破传统的公法、私法原理和政府与市场之关系原理，存续于多个领域，至今还未能解决的问题。以此为对象的研究，当然要偏重"问题取向"。在我国经济法学界已有的研究成果中，大多如此。

（三）法外论法

我国传统法学以"就法论法"（即在法律和法学框架之内研究法律问题）见长，而经济法学自初创以来一直秉承"法外论法"（即在法律和法学框架之外研究法律问题）的研究风格。经济法学研究之所以格外重视"法外论法"，是由经济法的内在特性和特定背景所决定的。[①] 就经济法的内在特性而言，作为危机对策法和政策法，必然更加关注经济危机之成因中和经济社会政策之基础、依据中法律之外的因素。就作为我国经济法产生和发展之背景的市场化经济体制改革而言，其动力主要来自于法律之外，其体制创新和制度创新大多是对法律的突破和填补空白；就经济法产生之前的法律和法学资源而言，在传统的法律部门和法律学科中虽然有致生经济法的基因和萌芽，但对经济法没有足够的法律和法理上的支撑资源。所以，经济法学研究只有坚持"法外论法"的道路，才可以为建立和完善社会主义市场经济的经济法体系、创立有中国特色和独立地位的经济法学科，开拓和发掘体制、制度和理论资源。在我国社会科学界，对于市场化政府经济行为这一现象和论题，经济学、社会学、公共管理学等学科的研究，明显领先于

---

① 王全兴、彭飞荣：《评经济法学研究中的"法外论法"》，载《湘潭大学学报（哲学社会科学版）》2009年第1期。

法学学科;传统私法学和公法学的理论都不足以解释市场化政府经济行为的法律问题。因而,"法外论法"对于展开市场化政府经济行为及其法律规制的研究,则具有明显的优越性。

(四) 结构性研究

结构性研究与普适性研究相对应。普适性研究又可称整体一致性研究,以注重研究整体内各个组成部分的共性以及涵盖并普适于同一组合体中各种元素的理论和规则为特色。在对策研究中,这可通俗地称为"一刀切"的研究。而结构性研究,是将研究对象视为多种元素的组合体,就各种元素的地位、功能和相互关系及其对整体的影响展开研究,其最显著和最基础的是类型化分析,注重整体内部各种元素的差异性,亦即分别适用于不同元素的不同原理和规则。在对策研究中,这可通俗地称为"开口子"的研究。经济法学界之所以特别重视结构性研究,一方面,是因为经济法的调整对象是一个具有复杂结构的系统,其中不同类型的主体、行为和关系各需要不尽相同的法律规范和法律方法来调整;另一方面,是因为在以往30年的经济社会转型中,无论是从横断切面看还是从纵向进程看,市场化、工业化和城市化、国际化都具有突出的结构性。就市场化政府经济行为而言,市场行为因素与政府行为因素、公法因素与私法因素、经济政策因素与社会政策因素相互融合的结构,都因时间、空间维度上的不同而有差异。故结构性研究的优越性,就更能彰显。①

值得向读者介绍的是,经济法学研究方法的上述风格,在管斌这本书中都有突出的体现。因此,对这本书得与失的评价,侧重点与其放在基本观点和政策主张上,还不如放在研究方法的风格上。管斌的本科专业是历史学,硕士专业是经济法学,博士生入学时的专业是经济贸易。他本可以获得经济学博士学位并早两年毕业,我也从早毕业、多收益的角度考虑,建议他作这种选择。但他为了获得经济法学专业的法学博士学位,宁愿晚两年毕业。② 由此可见他对经济法学专业的挚爱。或许正是这种挚爱,驱使他特别重视经济法学研究方法的训练,领悟经济法学研究方法的风格。无论其在本书中运用的效果如何,这种努力对于经济法学的发展和经济法学专业人才的培养来说,是值得赞许的。

二

本书是管斌在其在博士论文的基础上修改而成的,其中一个标志性的变化是,将博士论文的题目"市场化政府经济行为及其法律规制",改为现在的"混沌

---

① 王全兴、何平:《论经济法学研究中的结构性研究》,载《重庆大学学报(社会科学版)》2008年第5期。

② 湖南大学法学院经济法学专业2005年成为博士学位授权专业,按有关规定,2007年才有资格授予博士学位。

与秩序——市场化政府经济行为的中国式建构"。我觉得这一改动的意图在于：（1）揭示本书的命题是"混沌与秩序"，而"市场化政府经济行为及其法律规制"则成为体现该命题的制度个案。由制度研究到命题提炼，无疑是一种升华。（2）点明本书的研究样本是"中国问题"。本来，其博士论文是以中国经济体制改革中产生的市场化政府经济行为作为研究样本的，但"市场化政府经济行为的中国式建构"这一副标题更准确地显示了研究样本的国别和时代。"中国特色"、"中国模式"之类的术语，学界尽管褒贬不一，但面对新中国60年的实践和成就，越来越得到国人的认同和世界的重视。就中国学者的社会科学研究而言，首先是为了解决"中国问题"而研究，即使是为了解决外国问题，也应当是与"中国问题"有联系的外国问题，或者说是有助于解决"中国问题"的外国问题。所以，本书的研究样本，也体现了作者的时代使命感。

将"混沌与秩序"作为本书的书名，就揭示命题而言，似乎只是指明揭示命题的方向和路径，即从混沌与秩序的关系来揭示命题，但并未指明混沌与秩序究竟是何样关系。一般而言，至少有这些理解：混沌只是表象，秩序蕴含其中，从混沌中可发现秩序；混沌意味着秩序混乱，甚至失序或无序，混沌终将走向秩序；混沌与秩序相互转化，事物呈现"混沌——秩序——混沌——秩序……"的螺旋式运动；混沌与秩序共存于同一共同体中，既可以是不同局部的共存，也可以是不同层面的共存；混沌与秩序的互动可以有良性、恶性、中性之区分，应当追求良性互动，而摆脱、避免恶性互动；等等。就作为社会科学研究样本的许多社会现象而言，如我国的市场化经济体制改革和市场化政府经济行为，以及经济法这种法律现象，的确可以从混沌与秩序的关系中，探索其规律和规则。

始于1978年、今后还将持续的市场化经济体制改革，在一定意义上可以说是一个"秩序——混沌——秩序"的秩序重构过程。传统计划经济的秩序早已打破，但社会主义市场经济的秩序还未最终形成，至今还未走出"混沌"状态。这种"混沌"状态的高度复杂性，如因素多元、关系多维、结构多样、进程多变，在社会科学的研究样本中，是极为罕见，甚至是无与伦比的。例如，就经济体制各要素的市场化顺序和进度而言，有的要素优先突进，有的要素滞后启动，新旧体制要素的阶段性错位就难以避免；就市场经济的发展过程而言，西方国家市场经济的数百年历程在我国市场化经济体制改革中需要压缩为几十年，于是，市场经济初级、中级和高级阶段的现象并存于同一时空，应当先形成的因素尚未成熟，而应当后出现的因素却已早产，市场经济不同阶段的模式和规则在同一时空必然发生摩擦和碰撞；就区域和城乡的发展状况而言，东部、中部、西部地区的经济发展差距不亚于世界范围内的"三个世界"划分，城乡之间有的"比欧洲还欧洲"、有的则"比非洲还非洲"，而其成因是体制、制度、地理、自然资源和历史等多方面的；就利益主体的结构而言，伴随着市场化经济体制改革，贫富差距呈现扩大趋势，社会成员分层化日益明晰，在不同阶层、群体、集团之间，改革成本和收益的分配不均衡，利益冲突不断由隐蔽走向公开，无论哪级政府都面临着如何"摆平"

的现实难题,甚至推崇"摆平就是水平"。

在市场化经济体制改革中出现的市场化政府经济行为,是一种典型的突破原有秩序后进入"混沌"状态而还未完成秩序重构的现象。其中,市场行为因素与政府行为因素、公益因素与私益因素、效率因素与公平因素、经济因素与社会因素和政治因素都相互交织,然而,市场行为和政府经济行为原有的秩序既要有所突破、又要有所保留、还要融合于一体,秩序的冲突和错位就不可避免。尤其是随着市场化政府经济行为的适用范围的不断扩大,市场行为秩序与政府经济行为秩序的组合越来越多样化,对其适当性作出判断的难度已越来越大。君不见教育、医疗等公共事业产业化、民营化的举动曾一度"火爆",但不久就遭到声浪日高的反思、批评和质疑,甚至被宣布为"改革失败"。而今,新的改革方案,在市场化的取舍、市场化程度的把握上,或者还在举棋不定,或者在征求意见稿公布后引起更激烈的争论。

经济法作为一种在法律社会化过程中出现的突破传统公法与私法分立格局、兼有公法与私法因素的法律现象,就学界对其认识而言,还未摆脱"混沌"状态。西方国家历史上"诸法合一——公法与私法分立——公法、私法和第三法域并存"的法律体系变迁过程,似乎也可以用"混沌——秩序——混沌"的范式来描述和分析。在第三法域中,即使对劳动法、社会保障法等法律现象已有较明晰的共识,但对经济法这种法律现象的认识,明晰度并不高。拉德布鲁赫认为,"经济法究竟是一个新的法律领域,或者不过是一种法律思想方法在各个领域的适用,尚可争辩"。[①] 查姆波特认为,经济法可能是一种有助于把传统法的不同部门运用于经济领域的思想方法或新的观念认识;杰奎明认为,经济法与其说是一种法律体系,不如说是一种法律的研究方法。[②] 而在我国,市场化经济体制改革前是法律虚无主义盛行,几乎只有公法性的政策,伴随着市场化经济体制改革的展开,公法、私法和第三法域,第三法域中的经济法、劳动法、社会保障法、环境保护法等成员,几乎在同一时段产生。这种诸法产生的共时性特征,更使人们对经济法这种法律现象难以取得清晰的共识。

可见,从混沌中理出秩序,为建构秩序说明道理、提出设想,是我国经济法学研究的时代使命。而要从混沌与秩序的关系上研究经济法问题,我国经济法学研究实践中所形成的三元结构、问题取向、法外论法、结构性研究等风格,无疑有独特的效用。像市场化政府经济行为这种有广泛和持续争议的现象,市场与政府的关系从来就不是一清二白的,如果习惯于"非市场即政府"的二元思维模式,其所设计的方案只可能是在市场解决与政府解决之间交替。例如,对于公共服务的改革,当发现问题出在市场安排失灵时,往往简单地建议应当由政府来处理;当发现问题出在政府部门过分集权而缺乏绩效时,往往建议把"民营化"当作

[①] 〔德〕拉德布鲁赫:《法学导论》,米健、朱林译,中国大百科全书出版社1997年版,第80页。
[②] 参见〔美〕丹尼斯·特伦:《商法与经济法》,载《法学译丛》1986年第4期。

灵丹妙药。因而,公共服务领域"国退民进"与"国进民退"的反复并不鲜见。其实,无论是单纯的"推向市场"或"收归政府",都不能完全解决问题。这就需要转向三元结构的思考。所以,这种研究方法与命题的匹配,或许是本书中管斌"别有用心"之所在。

三

基于"混沌与秩序"作为命题之深奥,"市场化政府经济行为"作为研究样本之复杂,加上经济法学研究方法之"年轻"和管斌入门经济法学之短暂,无论管斌如何尽心尽力,本书的不足是不可避免的。从我指导他撰写博士论文,到翻阅本书的多次书稿,总觉得有些问题还需要作进一步的思考,其中,以下几个问题更值得重视:

(一) 如何对待市场缺陷与政府缺陷的结合

包括市场化政府经济行为在内的各种形式的市场与政府互动的实践,理想都在于市场缺陷由政府弥补、政府缺陷由市场弥补,即市场与政府的优势互补,但市场缺陷与政府缺陷的结合却难避免,尤其在市场经济不够成熟的经济体中,缺陷结合的风险更大。因而,市场与政府的优势互补和缺陷结合,在市场经济体制中具有同等重要的地位。对于市场与政府互动的研究而言,如何实现优势互补和如何防范缺陷结合,都应当成为贯穿于各个论题的主线。本书对于如何防范市场缺陷与政府缺陷的结合,在第五章"市场化政府经济行为的制度设计"中给予了特别重视,但是在其他章的研究中不够彰显。当然,具体制度设计对于防范市场缺陷与政府缺陷结合而言至为关键,但在市场化政府经济行为的正当性、可行性、宪政构架等问题的研究中,市场缺陷与政府缺陷结合的问题仍然需要给予足够的重视。就我国以往的市场化政府经济行为的实践而言,从市场缺陷与政府缺陷结合的角度总结教训和经验,比从市场优势与政府优势互补的角度总结教训和经验,可能更有价值。

(二) 如何对待分析问题的宪政框架

市场与政府的关系,尽管与宪政、宪法联系紧密,但关于经济法与宪政、宪法的关系,仍然是我国经济法学研究的弱项。本书设专章对市场化政府经济行为进行宪政分析,这是难能可贵的,但宪政分析的框架还有待完整。把市场化政府经济行为纳入宪政框架展开研究,既要研究宪政类型(模式)与市场化政府经济行为的关系,即何种类型的宪政与市场化政府经济行为更为匹配,或者说何种类型的宪政更能满足市场化政府经济行为良性运行的需要;更要研究宪政与市场化政府经济行为相互作用的机制,尤其是宪政作用于市场化政府经济行为的着力点、作用通道和作用方式。在不同类型的宪政模式中,宪政与市场化政府经济行为相互作用的机制不尽相同。因而,对于我国现有宪政因素的评估(如有无宪政或宪政化的程度)和宪政模式的选择,应当重视"中国特色";并且,以此为基础,研究如何解决宪政与市场化政府经济行为相互作用机制中的"中国问题"。

(三)如何对待传统法学方法的运用

传统法学方法,以法律解释、法律推理见长,注重分析法律规范诸要素之间、不同法律规范之间的关系,在法律规范与法律事实之间"穿梭"。其中以注释法学为典型。这对于解决法律适用问题,可谓得心应手。而市场化政府经济行为的研究,迄今还处在以解决立法问题为主的阶段,解决法律适用问题还未成为主要任务。"法外论法"的研究风格就更能显示出优越性,这就给本书中较少运用传统法学方法提供了可辩解和可理解的理由。但值得注意的是,研究立法问题并不能成为少用和排斥传统法学方法的理由。在立法研究中,不仅以立法设想、立法项目、立法方案的提出和确定为成果,而且还要作出法律制度、法律规范的具体设计,故法律技术问题的重要性并不亚于立法的必要性、价值、宗旨、指导思想、基本原则之类的问题,而且,立法的可行性论证更依赖于在制度设计中法律技术问题的解决。只有重视传统法学方法在立法研究中的运用,才可以提高制度设计的法律技术水平,增强制度设计的可行性。更何况在我国市场化政府经济行为的实践中,也不乏需要解决的法律适用问题。并且,伴随着立法的不断完备,法律适用问题会不断增多。所以,在今后的经济法学研究中,传统法学方法的运用会越来越重要。

(四)如何对待制度设计的个案研究

在经济法学研究中,案例研究不只是司法、执法、仲裁中的案件研究,更重要的是改革、立法中的制度个案研究。我国的市场化经济体制改革,给制度个案研究提供了空前广阔的历史舞台。经济法学作为新兴学科,面临着繁重的解决立法问题的任务,应当对制度个案研究给予特别重视。尤其是对形而上或形而中层次的课题的研究,更需要制度个案研究的支撑,这既可提炼出新理论,又可对原有理论和新理论进行检验和实证。在我国的市场化经济体制改革中,已出现的市场化政府经济行为的类型,据本书第二章的介绍,达十几种之多,新的类型还在继续出现。不同类型的市场化政府经济行为,在制度设计上都有基于各自专业性和特殊性的需求。对每种类型的市场化政府经济行为,都有必要作为制度个案展开研究。待有了一定量的制度个案研究的积累,市场化政府经济行为的研究必然迈上新的台阶。

※　※　※

以上所述,仅是笔者借此作"序"的机会所散发的点滴体会。不妥之处,欢迎读者批评!我一直认为,作为老师,其首要贡献不是著书立说,而是培养学生,包括培养学生著书立说的能力。所以,看到学生著书立说,比自己发表言论更兴奋。当然,也感到责任沉重!对学生著书立说中的瑕疵,老师或许有自责感。正因为如此,我也欢迎读者对本书提出批评!这样,年轻的经济法学才有希望!

2009年9月

第一章 导 论

当今世界,各国都在"重新发现"市场,以其作为资源配置工具。萨缪尔森在《经济学》第 14 版序言中将这一现象称为"市场再发现",并强调即使是市场经济发达国家也对市场经济的认识还不充分。如果筛选 20 世纪 80、90 年代的关键词,人们恐怕首先会想到"市场"。我国经济体制改革过程中,政府直接利用市场行为的形式实现宏观意图的实例更是层出不穷。例如,2000 年 11 月首例政府间水权交易协议签署,浙江省义乌市用 2 亿元向东阳市购买 5000 万立方米水资源的永久使用权。又如,2003 年 4 月,湖北十堰市公交的 18 年经营权以每年 800 万元的"经营费"出让给某民营企业。再如,为尽快全面开放电信市场,香港政府 2002 年以 67 亿港元的巨资,提前 7 年从香港电讯公司购回香港地区国际长途直拨专营权。然而,这些实例的合法依据大多只限于地方性或部门性的政策文件,罕见统一规制的法律制度,更缺少达成共识的法理说明。对这类行为展开研究,已显得非常迫切。

一、立论意义

自 20 世纪 70 年代末以来,全球化进程的加快、国家核心竞争力的转移、政府权威的日趋下降、工商企业再造经验的传播、信息技术的普及等因素,构成了政府改革和发展的强大动力;而政府职能扩张和规模膨胀所导致的财政、管理和信任危机,则成为推进行政体制改革、建立企业型政府的直接动因。面对这一形势,传统官僚制严格的等级制线性结构、对法律的过度崇拜、过于细致的专业分工显得日益僵化,力不从心,进一步构成了行政改革的体制原因。这就引发了导源于新西兰和英国、盛行于美国的风起潮涌的世界性公共行政改革运动,各国陆续开始了包括"政府职能的市场化、政府行为的法治化、政府决策的民主化、政府权力的多中心化"在内的治道变革进程。[1]

无论是来自于社会的"让政府缩水"的压力,还是政府自觉实施"瘦身行动"以重塑一个"苗条的行政"[2]的动力,作为变革结果的行政权社会化就是尽量将部分国家行政权通过合同等市场机制,转移到了"第三部门",甚至返还给了市场与社会。这"意味着行政权力强度、广度和深度的减弱"[3],但"竞争的引入导致

---

[1] 西方政府的治道变革,参见毛寿龙等:《西方政府的治道变革》,中国人民大学出版社 1998 年版;毛寿龙:《坐而论道——为公立学:公共管理与治道变革》,中国法制出版社 2008 年版。
[2] 参见〔德〕朔尔茨:《法制国家和行政法:连续性和活力》,"法制国家现代化:德国国家行政管理经验及中国的前瞻"研讨会(1999 年,北京)交流论文。
[3] 参见孙笑侠:《法律对行政的控制》,山东人民出版社 1999 年版,第 267 页。

了效率的提升"①。这些变革行为中,合同被认为是结构上重建管理秩序的核心法律工具。合同的作用领域可分公共管理和公共服务两块:公共管理上主要是要改善管理绩效,公共服务则是尽量"扔"出去,例如民营化。如果全都扔出去就没有合同了,因为它扔不掉或有相当部分扔不掉,才需要合同。政府管理中的合同文化表达了一种文化转型,行政层级管理走向接近于私人部门的管理。市场精神在欧洲和成员国国内的政府合同立法上得到有力表达。20世纪70年代以后,英国"国家后撤"(rolling-back the State),开始大量运用合同。撒切尔政府改革,主要体现在将国有单位卖出去;卖不掉的和扔不掉的部分,合同起得作用非常大,在规模和重要性上导致并且形成了以市场精神为取向的政府合同革命。它首先表现为将合同作为政策执行工具和管制工具,还表现为合同作为政府的组织工具。合同问题对于行政法的重要,相当于竞争对于市场的重要。② 英国1980年《住宅法》、1980年和1988年《地方政府法》坚持对一系列公共服务实行强制性竞争招标;1994年《规制缓和及外包合同法》(the Deregulation and Contracting Out Act)第二部分建立了部长和行政官员的某些职能可委派给私人合同方的新机制;1997年,英国因应雇员反对等多方面因素,取消了强制性竞争招标,改采"公共民营合作制"(Public Private Partnership,简称PPP③);等等。合同随之逐渐成为各国政府推行政策、代替立法的一种行政方式,英国行政法学者Hawke将契约控制列为英国行政机关行政权力的六种方式之一。④ 面对更大的自由化和竞争,英国市场化已经展示出了它的动力,它一旦释放将不会再回到盒子里,竞争和市场的精灵是无法阻止其逃走的。⑤ 在德国,"作为对具体事件的单方面处理,行政行为是典型的、实践中最常见的法律形式。但是,行政机关可以选择协商式的处置方式,与公民签订行政法上的合同(简称为行政合同),联邦行政程序法的确认和规范使行政合同的地位明显提高,在实践中的适用和意义越来越广泛"。⑥ 在法国,1982年《地方分权法》将其行政区划分为大区、省和市镇三个层次,规定三级政府产生的议会自行管理,而且三级政府之间没有直接的从属关系,"国家与大区间的合同"和"城市合同"就此得以发展:前者多是关于国家与大区之间关于基础设施、高速火车线的建设,在目标上达成一致的意见,其内容

---

① See Lawrence K. Fineley, *Public Sector Privation: Alternative Approaches to Service Delivery*, Greenwood Press, 1989, p. 11.
② 参见于安:《政府活动的合同革命》,载《比较法研究》2003年第1期。
③ 有称"公私伙伴关系",参见〔美〕萨瓦斯:《民营化和公私部门的伙伴关系》,周志忍等译,中国人民大学出版社2002年版;有称"公私协力",参见詹镇荣:《论民营化类型中之"公私协力"》,台湾《月旦法学杂志》2003年第3期;也有称"公私合作制",参见余晖、秦虹:《公私合作制的中国试验》,上海人民出版社2005年版。
④ 参见王鼎:《英国政府管理现代化》,中国经济出版社2008年版,第31—32页;王名扬:《英国行政法》,中国政法大学出版社1988年版,第106页。
⑤ 参见〔英〕Cosmo Graham:《民营化》,孟晋译,载《公法研究》(第4卷),中国政法大学出版社2005年版。
⑥ 参见〔美〕毛雷尔:《行政法学总论》,高家伟译,法律出版社2000年版,第343页。

主要是关于投资比例方面的规定;后者是不同市政府之间协商对某些街区进行重新建设。1992年《共和国地方行政指导法》生效后,合同被进一步推广到其他可合作的领域,它们都有一些共同点:在集中建设资源上达成条件、目标的一致以及确立评估机制(对原先的目标是否达到进行评估);这些合同所适用的领域也极为广泛,如健康领域(如关于食品卫生、饮用水是否符合标准)。① 法律承认行政合同的有效性,在政府目的不能实现或者受到严重损害的情况下,可停止履行已经承诺的政府义务;但强调政府对不履行合同义务造成的他人损失进行赔偿。"赔偿是防止行政机关滥用合同特权和保护合同当事人利益的制约器。"② 国家在"命令行政"转化为"合同行政"过程中,由一个对民事主体享有行政命令权的主权者变成了一个受到合同约束,对相对方承担义务的法律主体。国家在这类合同中有异于纯粹民事合同当事人,但相对于绝对的行政权力更倾向于受民事法律关系的约束。

上述行为在各国变革时间表上的出现有先有后,但其重视经济效率、赋予私营部门和作为"公平游戏场地"的市场机制和功能的大致趋势基本相同。这些观念逾越了国家和意识形态的壁垒,相互影响力度也在日益加大,整个行政体系不仅未从根本上被削弱,反而悄悄地、正当地形成以行政为核心的新型分权结构,政府职能的市场化日益受到社会各界瞩目。以福利领域为例:为更富效率地实现公共服务目标并减少财政负担,原福利项目被不断予以民营化。这些改革存在着一些共同特征,即政府在各类公共服务以及资产所有权中逐渐弱化公共部门的角色,强化社会中私有机制(如自愿性团体抑或营利组织)的角色与发展,以满足人民的需求。③ 政府在福利行政领域中许多原有职能转而由私人机构来承担,以私法手段实现目标的措施日益增加,而政府行为方式的选择已呈现出多样化的趋势。如被誉为私法形式的给付行政④的公办民营方式,意味着委托政府机关有财产设施可供民办受托者运行,受委托者需自负盈亏并负有公共财产保管责任,但委托机关不需要亲自提供服务。"公办民营"中还可能包涵一定的契约形式,或可以引入招标等市场手段,将资金引入民营机构。其实质在于,实现国办福利机构所有权与经营权的分离,引入市场竞争机制,达到资源的优化配置。美国于1996年颁布了《个人责任和工作机会协调法案》(Personal Responsibility and Work Opportunity Reconciliation Act),该法又被称为"福利改革法案",意在探索由联邦向州,由政府向私人的分权,以更为市场化的进路,以企业家精神来对

---

① 参见徐宗威:《法国城市公用事业特许经营制度及启示》,载《城市发展研究》2001年第4期;杨解君编:《法国行政合同》,复旦大学出版社2009年版,第102—103页。
② 参见于安:《政府活动的合同革命》,载《比较法研究》2003年第1期。
③ 参见李玉君:《社会福利民营化法律观点之探讨》,载台湾《月旦法学杂志》第102期。
④ 参见曾建元:《地方政府行政业务委托外包法制相关问题之研究》,载《中国行政》2004年4月。

福利行政进行全方位改革。① 该法案的颁布废除了联邦财政支持的"抚育未成年儿童的家庭援助"(AFDC)项目,将对贫困家庭的福利责任从联邦政府转移到各州,允许州通过与慈善组织、宗教团体或私人组织签定契约的方式来实施福利项目。美国福利民营化依法已大体形成以下几种类型:(1)外包(contracting out),即将社会福利服务通过订立合同的方式委托给民间赢利或非赢利机构,由他们提供社会福利服务。如密歇根州颁布《就业培训合作法》后,允许福利工作项目补助金项目和州投资的职业项目相互竞争。(2)补助制度。政府通过补助制度以减轻公民的服务费用。如美国医疗机构长期接受财政补助,以便让较低收入的公民也可享受医疗保障。(3)抵用券制度。通过发放带有现金性质的兑换券,让接受公共服务者在限定金额内获得所需服务。如食品券和教育券制度。(4)自助和自愿服务,这主要是由社会慈善团体来提供。实践证明,政府越来越依赖契约模式来实现其治理和规制目标。借助这种方式,政府可有效的实现效能并为其规制手段和目标提供合法性基础。而民营化组织往往具有一定的经济诱因,可依个人生活水平设计不同的福利服务方案,如此可更具效率地实现目标。民营化福利机构更多的依托于私法中关于企业或组织的制度框架设计而运作,其运作往往也需遵循一定的市场化规律。政府更多发挥其监督者和设计者作用,即设计框架性的立法并监控私营机构的合法性运行。当然,政府对私法领域中契约或合同的性质仍具有最终解释权,在维持经济生活中所有公私契约的稳定性方面仍扮演着重要角色。② 福利行政领域整体上正开始出现放松规制的现象,政府作用和职能似乎开始弱化。

  在中国,政府治道变革也在不断深入拓进。自1978年改革开放以来,政府在吸收各国变革经验的基础上,结合中国国情,提出了与建立社会主义市场经济体制相适应的"党政分开"、"政企分开"、"简政放权"等改革目标。在此前提下,全国人民代表大会先后通过了1982年、1988年、1992年、1998年四次政府机构改革方案,一次比一次更为深刻地触动了传统政府管理模式,推动着政府职能转型。与此同时,国有企业改革、公共事务市场化管理、依法治国的举措、政府决策听证会制度等改革也在进一步深入。1992年10月召开的中国共产党第十四次全国代表大会更是提出了建立社会主义市场经济的目标,将改革政府行政管理体制和机构的任务提上了议事日程,政府行为方式的变化进一步加快,正逐渐转入到有限政府、服务政府、责任政府、法治政府和透明政府的轨道,政府权力随之开始从单中心的政府走向多中心的自主治理③。在电信、电力、广播、电视、煤气、供水、供热等领域中,国有企业的改制与民营资本比例的加大,公用事业民营化

---

① See John P. Collins, Welfare Reform, *Yale L. & Pol'y Rev.*, Vol.16, 1997, p.221.
② 参见〔英〕莱恩:《新公共管理》,赵成根等译,中国青年出版社2004年版,第184页。
③ 参见〔美〕E. 奥斯特罗姆:《公共事物的治理之道》,余逊达等译,上海三联书店2000年版,译丛总序,第3页。

进程日趋推进是客观事实。如建设部 2002 年 12 月 27 日发布了《关于加快市政公用行业市场化进程的意见》,明确了通过在市政公用事业中引进民间资本、形成多元化的投资结构,以"保证公众利益和公共工程的安全,促进城市市政公用事业发展,提高市政公用行业的运行效率"。公用事业的市场化改革必然导致公用组织的多元化及行政职能的深刻变革。行政机关在不违反法律保留与法律优先原则的前提下,有权选择通过私法组织提供公共服务,而组织形式的多元化必然导致行政职能的变革。依《宪法》第 14 条第 3 款的规定,国家为尽到逐步改善人民的物质生活和文化生活的义务,可决定公用事业运营的方式。基于"合作国家"①和"社会自我管制"②的理念,行政机关享有行政行为形式的选择自由。当然,公用事业民营化之后,国家并不免除对其的担保和监督义务。于是,公用事业特许制度顺应新公共管理运动的趋势得以勃兴,也成为契约型规制(contractual regulation)兴起的缩影。③

前述市政公用事业特许经营制度,是指政府依有关法律、法规规定,通过市场竞争机制选择市政公用事业投资者或者经营者,明确其在一定期限和范围内经营某项市政公用事业产品或者提供某项服务的制度。由于公用事业在特定地区内的规模经济效应和自然垄断特征,其行业内部无法展开有效的"该领域内"(within the field)的缔约后竞争,在具有稀缺性有限公共资源配置中,面对相互竞争的申请人"僧多粥少"的情境时,政府如何履行契约前阶段(pre-contractual stage)的权力,依何种标准,赋予哪个申请人以特许经营权,确保获得特许的企业能提供更好服务、获得最佳的经济收益?④成为必须面对的课题。据德姆塞茨 1968 年提出的特许招标(franchise bidding)理论,有必要通过特许合同缔结中的招标投标过程,展开"面向该领域"(competition for the field)的缔约前的竞争。⑤

---

① 参见康晓光:《论合作主义国家》,载《战略与管理》2003 年第 5 期;张桐锐:《行政法与合作国家》,载台湾《月旦法学杂志》2005 年第 6 期。
② 参见詹镇荣:《德国法中"社会自我管制"机制初探》,载《政大法学评论》第 78 期;郑少华:《简论社会自我管制》,载《政治与法律》2008 年第 3 期;高秦伟:《美国行政法中正当程序的"民营化"及其启示》,载《法商研究》2009 年第 1 期;等等。社会自我管制(gesellschaftliche Selbstregulierung),又称为"自我设限"(Selbsteinschrankung)、"自负义务"(Selbstverpflichtung)或"程序民营化"(Verfahrensprivatisierung),依德国学者通说,是指"个人或团体本于基本权主体之地伴,在行使自由权、追求私益之同时,亦志愿性地兼负起实现公共目的之责任。"这种"团体自我管制的方法非常有效。与国家的介入相比,社会成员更乐意接受团体的自我管制。……自我管制避免了国家的过分介入,它在国家和团体之间划了一条安全线,同时,社会团体可以在执行中消化政策,他们的专门知识、信息、经验和判断,促进了有效执行国家政策的环境,而光靠国家的直接干预做不到这一点。……自我管制使社会团体成为推行公共政策的组织,这不仅有利于社会秩序,同时也降低了国家管制的成本。"参见张静:《法团主义》,中国社会科学出版社 1998 年版,第 122—123 页。
③ 参见〔英〕哈洛、罗林斯:《法律与行政》(上),杨伟东等译,商务印书馆 2005 年版,第 511—512 页。
④ 参见余凌云:《行政契约论》,中国人民大学出版社 2000 年版,第 204 页。
⑤ 参见王俊豪、周小梅:《中国自然垄断产业民营化改革与政府管制政策》,经济管理出版社 2004 年版,第 191 页。

依《行政许可法》第12条第2项和第53条的规定,对有限自然资源开发利用、公共资源配置以及直接关系公共利益的特定行业的市场准入等需要赋予特定权利的事项,应通过招标、拍卖等公平竞争的方式做出决定。依《招标投标法》第3条规定,对大型基础设施、公用事业等关系社会公共利益、公众安全项目的工程建设,必须进行招标。

　　理论上讲,公用事业民营化就是在公共利益的考量下,通过许可制度,以及更为市场化的管制进路,维持或模仿市场机制,优化资源配置,构筑基础设施领域的PPP,进而克服不完全竞争、非均衡市场、市场缺位以及不希望的市场结果等带来的负面影响的手段。构建基于现行框架式"粗犷"立法的我国公用事业民营化实践,给经济带来活力的同时也产生了诸多法律问题。民营化可以有多种形式,并没有某种形式或结构能适应所有境况,成为应对市场资金、技术和管理等问题的万灵丹。选择不同的模式,民营化程度与受管制的程度也不同,所缔结合约的权利义务配置也有差异,给监管机构、公用事业企业和消费者带来不同影响。公用事业特许应采取怎样的法律形式和程序?哪些基础设施或者基础设施的哪些业务可进行民营化改革?如何选择和设计所缔结特许合约中的实体内容,明晰缔约方的权利与义务,对产品和服务的标准、价格和收费的确定方法、回报率的设计、特许经营权的终止与变更等实体问题应给出怎样安排?令人担忧的是,作为合同当事人的政府难以在平衡公共利益与企业利益之间发挥应有的公共利益代表人作用。[①] 我国逐渐以特许协议的形式将行政任务转由私人部门担当,其要旨并不在于政府从既有任务的全面退却,而是政府活动方式的转变,政府将公共任务民营化,将自己的角色由行政任务履行者转变为实现特定行政目的的规制者和担保者。依《行政许可法》第67条的规定,取得直接关系公共利益的特定行业的市场准入行政许可的被许可人,应按照国家规定的服务标准、资费标准和行政机关依法规定的条件,向用户提供安全、方便、稳定和价格合理的服务,并履行普遍服务的义务。那么,这些民营化后的公用事业/私人部门如何履行公共职能,彰显其"公共利益"取向?如何确保民营化后公用事业所保留的"公共性"因素?如何使公众继续参与公用事业决策成为可能?是否依然有可能将其视为"政府行为者"?政府应选择怎样的规制方式来有效规制"后民营化"(after privatization)时代的的私人部门,以实现公共性的确保和公共福祉的维护,保障"公共利益"不因民营化进程而侵蚀和消解呢?

　　上述政府主体运用市场行为的形式以实现其经济社会职能的同质态行为,就是市场化政府经济行为。以实现政府经济社会职能为目的和内容、以市场行

[①] 参见尹永铸:《污水厂改制收官 投资者争相入鲁》,载《经济观察报》2006年1月2日第11版。官方认为:"我们只要把握好两个关键点,就基本可以做到高枕无忧:一是出售的价格尽量要高;二是污水治理能做到达标排放"。前者仅仅满足了政府的经济利益,后者仅达到污水处理的任务之一,即达标排放,但没有考虑到公众可能将承担高昂的污水处理费用。

为为形式的政府经济行为,其产生背景、表现形式、适用领域等诸多方面在发达国家与转型中国都存在差异,但对政府主导型的渐进式改革的中国来说,它是有效进行政府改革、提升政府能力和打造制度竞争力的不二选择。

具体来说,三个决定性的因素,使得我国政府改革必须认真对待市场化政府经济行为。

第一,路径依赖。路径依赖(path-dependency)最初由大卫等提出并详加论述:在技术发展的进程中,最有效率的技术并不总是会占上风;偶然的历史事件会在发展之初就介入进来,决定了整个发展沿着并非"最优"即最有"效率"的路线前进。以分析打字机键盘左上行的"QWERTY"键码安排为例:当打字机改革了原先的下位打印装置后,"QWERTY"的键码安排久已被证明不是"最有效率",自19世纪80年代以后,替代安排也已层出不穷。但打字机发展历史早期的某些偶发事件,使"QWERTY"键盘安排"封闭"为唯一的发展路径,直到今天仍是如此。经济变迁的路径依赖就是这样的方式,其中短暂的、疏远的事件,包括由机遇因素而非系统因素所支配的偶发性,都对最终结果施加重要的影响。在大卫等经济史学家那里,"路径依赖"主要用以描述技术发展问题;诺思等新制度经济学家将这一概念与社会建构等概念联系起来,用以解释经济制度的起源问题[1],强调制度变迁的路向对现存制度安排存在一定的依赖关系。

诺思将路径依赖解释为"从过去继承而来的信念、制度和人造结构的组合对决策的约束"[2]。报酬递增和不完全的市场是决定制度变迁路径的两种力量。由于报酬递增和不完全市场的普遍存在,制度变得很重要,类似于技术变迁中四个方面的强化机制就会发挥作用:(1)设计一项制度需要大量的初始成本;(2)学习效应;(3)协调效应;(4)适应性预期。随着以特定制度为基础的契约的盛行,将减少不确定性,从而得到自我强化而持续下去,或是良性循环,或是锁定(lock-in)在某种无效率的状态下。一旦进入了锁定状态,往往要引入外生变量或依靠体制改变才能扭转其方向。从这个意义上说,"历史至关重要,它的重要性不仅仅在于我们可向过去取经,而且因为现在和未来是通过一个社会制度的连续性与过去连接起来的。"[3]由于路径依赖的原因,制度变迁受制于最初的条件和原生环境的制约,历史在制度变迁过程中发挥着重要作用。[4]

这似乎有点难以理解,不过,法律经济学家Mark Roe用寓言作了形象说明:"我们走在路上,并纳闷它为什么会转弯而且延伸到这里,而非笔直向前,尽管这

---

[1] See David, "Understanding the Economics of QWERTY". In W. Paker, *Economic History of the Modern Economics*, Oxford: Blackwell, p. 1986.
[2] 参见〔美〕诺思:《理解经济变迁过程》,钟正生等译,中国人民大学出版社2007年版,第72页。
[3] 参见〔美〕诺斯:《制度、制度变迁与经济绩效》,刘守英译,上海三联书店1994年版,第1页。
[4] See Lucian Bebchuk & Mark Roe, A Theory of Path Dependence in Corporate Ownership and Governance, 52 *Stanford Law Review* 127 (1999).

更便利于行车。今天的道路取决于以前开辟出来的路径。数十年前,一个皮毛商人在森林中开辟出一条路,而他为避开一个狼窝和其他危险的地方,开辟了一条曲折绕弯的路。但如果这个皮毛商人是一个更好的猎狼人的话,他可能会选择走一条笔直的路。后来的旅行者们沿着这个商人选择的路线拖拽着车辆前行,加深了路的沟槽并伐去了一些树木。旅行者继续拓宽这条路,即使在那些危险的地方已不存在的情况下,也是如此。于是工业出现了,并坐落在路的拐弯处;房屋开发也为了适应道路和工业的发展而发展;地方城市建设开发商将这条路拓宽,并将它铺设成可供今天卡车行驶的公路。又是重新铺路的时候了,但今天的主管机构是否应当同时将路修得更直一些呢?"①"世上本没有路,走的人多了,也就成了路。"只不过,在这个关于路的寓言里,高速公路的路线是由一个历史性的偶然因素造成的,即那个具有风险规避倾向的商人由于不具备相当的猎狼技巧而需要避开危险,选择了一条弯路,就造成了今天的结果。如起初对那个初始条件做一些细微改变,也有可能引致对今天更好的结果,即一条直路。现在将道路弄直的成本巨大,因此陷入了局部均衡——保留这条弯路。可以肯定,路径依赖来源于人们对具有正反馈机制(positive feedback mechanism)的开放系统的认识。正反馈机制,就是一种系统的自我强化机制。路径依赖是指,受到外部偶然性事件的影响,某种具有正反馈机制的体系如在系统内部确立,便会在以后发展中沿着特定路径演进,其他潜在的(更优的)体系很难替代它。

"从长期的运作过程看,政策转换是一个棘手和复杂的过程。每个国家的行政文化都是唯一且特色鲜明的,并以不同的方式排斥所谓'最佳模型'的应用。"②新公共管理模式运行结果的混合性并不能推翻其总体目标和理论基础,但我国历史、社会、文化和法律的障碍、缺乏改革动机和行政能力这样的问题长期存在,让政府"自己革命"难度大,路径依赖强,迫使行政改革总是渐进的。一如亨廷顿所强调的,"改革者不但要比革命者更善于操纵各种社会力量,而且在对社会变革的控制上也必须更加老练。"③而且,企业型政府、顾客导向型管理甚至新合同主义等思想,虽还未能在西方行政中取得实质性的全面突破,但其内在逻辑却伴随着"欧风美雨"和"西学东渐"日益成为影响中国这类后发国家执行目标的重要因素。目前我们的政府行为,有一个本国历史的"现实"参照系,又有一个以新公共管理、新合同主义理论为代表的"理想"参照系。后者可能起到"理想效应"的作用,即"今天的理想目标无论在多大程度上具有合理性和现实性,或者

---

① See Mark J. Roe, Chaos and Evolution in Law and Economics, 109 *Harvard Law Review* 641, 643—644 (1996).

② See Dolowitz, D. P. and D. Marsh, "Policy transfer: a framework for comparative analysis" in Minogue, Polidano, and Hulme(ed.), *Beyond The New Public Management: Ideas and Practices in Governance*, Cheltenham, UK and Northampton, MA, USA: Edward Elgar, 1998: pp.38—58.

③ 参见〔美〕亨廷顿:《变化社会中的政治秩序》,王冠华等译,生活·读书·新知三联书店1989年版,第317页。

说无论在多大程度上是空想和幻想的,它都对将来必然会实现的那个目标发生某种作用。"①历史证明,政府改革必须注重国家发展的自足性。失去社会和国家传统的继承性会导致无法挽回的结果,甚至会造成社会的分裂和国家的崩溃。最好的办法是,部分地采用外国的经验。② 真正的爱国者必须忠于既定的制度和社会体制,保持理智行事的习惯——因为过早地摆脱历史的束缚将比顽固的保守主义更易使国家面临严重的危险。③ 正是从这个意义上说,我国更需注重在传统中发掘有利因素,强调超前思维和主动应对的"抢先适应"(proactive adaptation)④,使传统产生"创造性转化"(林毓生),让政府经济行为深扎于传统之中。农村土地承包,不能将其同"天才的列宁新经济政策"混为一谈,它"与其说是在正统的马克思主义范畴上解释共产主义,不如说是从中国古代传统精神层面上来诠释共产主义"⑤。

第二,政治秩序。激进式改革可在短时间内打破路径依赖,但可能在制度变迁的初始阶段出现较大的社会震荡从而引发较大的改革阻力。1991年至1998年间所进行的"休克疗法"被俄罗斯经济学家谢·格拉济耶夫形容为"一场蓄意进行的种族灭绝",国民收入的绝大部分被不过200来个家族的为数很少的寡头统治集团所侵吞,最富有阶层与最贫困阶段之间的收入差距达到19—24倍。⑥ "休克疗法"片面地强调了市场的力量,忽视了国家所应发挥的作用,"太多休克,太少疗法"。传统观念认为,经济转型是一个从国家过渡到市场的过程,在这一过程中,国家的作用将被边际化,渐渐隐退,而市场的作用得到扩展日益勃兴。事实上,"只要经济转型还没有结束,国家就要作改革的主要代理"。⑦ 苏联的市场化改革,在突破集权体制、解除政府权力后,并没出现理论家们所许诺的经济繁荣、个人自由的"玫瑰园",而是造成了经济衰退、腐败丛生、社会失序、普通民众生活困难的局面。它告诉我们,"国家放弃(永远不会完全)经济管理有两个标准。一是,必须有一个不受外界大的冲击影响并且可以保持长期发展的可依赖的机制。二是,如果不幸受到外界冲击的影响产生了危机,必须有一个自我执行

---

① 参见王沪宁、竺乾威:《行政学导论》,上海三联书店1988年版,第396—397页。
② 参见杨心宇、〔俄〕沙赫赖、〔俄〕哈比布林:《变动社会中的法与宪法》,上海三联书店2006年版,俄文版前言。
③ 参见〔美〕克罗利:《美国生活的希望》,王军英等译,江苏人民出版社2006年版,第2页。法国是唯一通过革命斩断与过去的联系、寻求继续向前发展、创造美好未来的欧洲国家。结果,法国的这一经验被欧洲其他国家奉为前车之鉴,而非借鉴的典范。
④ 参见〔英〕吉登斯:《气候变化的政治》,曹荣湘译,社会科学文献出版社2009年版,第313—315页。
⑤ 参见杨心宇、〔俄〕沙赫赖、〔俄〕哈比布林:《变动社会中的法与宪法》,上海三联书店2006年版,第390页。
⑥ 参见〔俄〕格拉济耶夫:《俄罗斯改革的悲剧与出路》,佟宪国等译,经济管理出版社2004年版,第31页。
⑦ 参见〔波兰〕波兹南斯基:《全球化的负面影响》,佟宪国译,经济管理出版社2004年版,第5页。

机制来纠正扭曲并保证经济在一个持续发展的轨道上运行。即使在最发达的国家,上述条件也未能达到,更不用说后社会主义转轨国家了。"①政治国家的放权与解除管制后,健康的市民社会并不会"自动"出现②。对于这一点,美国学者斯蒂芬·赫尔姆斯(Stephen Holmes)在 1997 年发表的《俄国给我们的教训是什么:弱政府如何威胁自由》中强调,没有公共权威,就没有公民权利(statelessness spells rightlessness)。公民权利的前提是存在有效的公共权威。一个丧失治理能力的政府是对公民权利的最大威胁。在这个意义上讲,政府可以是最大和最可靠的人权组织。增进公民权利的最佳战略不是削弱政府,而是改造政府。削弱政府往往不仅不能增进公民权利,反而可能危及他们已经享有的权利。1999 年,他还与桑斯坦在《权利的成本:为什么自由依赖于税》中进一步论证,"为了保卫我们的自由,我们必须捍卫正当的公共权威。没有它,自由就没有保障。"③

中国的特殊性在于:当前的社会转型和政治改革,包括宪政和法治的进程,有着强烈的政府主导和理性建构的色彩,正在进行的法制建设也是一种政府推进型法制④。中国改革,正在由中央政府主导的威权主义市场化改革逐渐转向地方政府主导的法治主义市场化改革。邓小平在 1987 年 6 月 12 日会见南斯拉夫共产主义者联盟中央主席团委员科罗舍茨时的谈话中回顾了农村改革的情况,指出:"开始的时候,并不是所有的人都赞成改革……还有一些省犹豫徘徊,有的观望了一年才跟上,有的观望了两年才跟上。中央的方针是等待他们……"⑤不难看出,中央政府在事实上是当初改革的推动者和主导者。所以,中央与地方的关系问题无法回避,改革必然与政治体制改革紧密相关:没有政治体制改革的支持,改革将不可能持续深入。政治稳定、政治秩序,决定了改革走渐进之路。

科茨曾将俄罗斯的经济转型称作是"新自由主义转型战略",将中国的经济转型称作是"国家指导型转型战略"。对比之下,他认为新自由主义是一种无效的、失败的转型战略,它不能实现其所承诺的目标;中国的国家指导型战略既是一种瞄准转型又是一种瞄准发展的战略,它是经济转型和经济发展的唯一有效途径。他甚至警告说,"如果中国放弃了它先前的战略而采纳了新自由主义的途

---

① 参见〔波兰〕科勒德克:《从休克到治疗》,匡志宏译,上海远东出版社 2000 年版,第 301—302 页。
② 从国家—社会角度对原苏联的激进式改革的反思,参见丁学良:《转型社会的法与秩序:俄罗斯现象》,载《清华社会学评论》2000 年第 2 期。
③ 转引自王绍光:《民主四讲》,生活·读书·新知三联书店 2008 年版,第 131—132 页。
④ 参见蒋立山:《中国法制现代化特征分析》,载《中外法学》1995 年第 4 期。中国的法治发展,是与社会结构转型、体制转轨和大国崛起等进程复杂交织在一起的社会总体发展战略的一部分。为化解制度创新、秩序转型与维护国家安全稳定等因素之间的目标冲突,中国法治走上了一条政府推进型的渐进发展道路,可划分为经济主导、社会主导,以及政治主导三个阶段。当前中国正处于社会主导的法治发展阶段。从现在到 2020 年的中期发展目标如能如期实现,预计在 2020 年有望进入政治主导的法治发展阶段,但这期间的不确定因素会导致法治发展的不同前景。参见蒋立山:《中国法治发展的目标冲突与前景分析》,载《法制与社会发展》2009 年第 1 期。
⑤ 参见《邓小平文选》第 3 卷,人民出版社 1993 年版,第 238 页。

径,那么这可能损害中国的经济发展。"①

　　问题在于,世界正在迈向新秩序。这一新秩序的中心将是一体化的市场经济与民主宪政。② 如果不发展市场经济,贫弱将带来"落后就要挨打"的危险;如果民主与宪政成为人心所向,那么没有民主和宪政保障也将危及社会和国家的稳定。中国必须走有中国特色的道路:一方面,要像发达国家一样警惕集权国家侵害个人权利与自由的危险;另一方面,不能忽视"弱国家"可能带来的混乱与动荡。鉴于市场化政府经济行为介于政府行为和市场行为的"灰色的模糊行为",如能适当区分政府权力与政府能力,特别有利于政府改革渐进而"缓冲"地进行。

　　第三,现代性与全球化。发展中国家的公共行政多处于"前韦伯主义"阶段,而全球化问题的形成,造成了公共行政现代化与现代性趋避机制之间深刻的矛盾冲突,其直接结果是,发展中国家公共行政现代化改革的一系列政策和措施都在很大程度上具有过渡性。对中国这样一个长期落后并渴望迅速赶上西方发达国家的发展中国家来说,"后现代主义"似乎提供了一条赶超捷径,例如大力推进"新公共管理"。然而,现代性是"后现代主义"的现实土壤,离开了现代性也就谈不上"后现代主义"。中国政府改革不单缺少"新公共管理",更缺少官僚制的理性。将政府职能通过外包的方式交给私人履行的"新公共管理",在我国也已出现,比如有些地方尝试将治安管理承包给私人,并激起一些反对声音。③ 幻想一步进入后现代状态,将导致中国社会发展主体目标的缺失,进而导致整个发展进程的混乱。

　　以全球化进程为坐标系,中国社会正处在从前现代向现代、从政治社会向市民社会、从农业社会向工业社会的过渡时期,面临时代的断裂和落差——我们不是在西方工业文明方兴未艾之际来实现由传统农业文明向现代工业文明转型的现代化,而是在西方工业文明已经高度发达,以至于出现某种弊端和危机,并开始向后工业文明过渡之时才开始向工业文明过渡的。所以,"时间的叠合"使得缩小与发达国家间差距的强烈愿望和原本应以历史的形态依次更替的农业文明、工业文明和后工业文明在中国表现出错综复杂的共时存在。④ 它集中凸显了中国法制建构的语境及参照系统的复杂性。这种复杂性使得关于政府行为的制度选择和功能定位显得步履维艰。因为我们既处在现代化的起步阶段,政府主导作用显著;又位于反现代化思潮的包围之中(相比之下,西方现代化的起步阶

---

① 参见〔美〕科茨:《国家在经济转型中的作用》,陈晓译,载《国外理论动态》2005年第1、2期。
② 史上司空见惯的是,掌有霸权的某个国家,将该国的地方的、特殊的体制作为普遍真理风卷那个时代,罗马帝国及其法律体系的普及,隋唐帝国的科举、律令制在东亚的效仿,伊斯兰文化、学问对欧洲的渗透等等,就是例子。从这个观点看,我们时代的"普遍真理"来自欧美——特别来自美国——的市场经济和民主主义。参见〔日〕青木昌彦、奥野正宽、冈崎哲二:《市场的作用,国家的作用》,林家彬等译,中国发展出版社2002年版,第303页。
③ 参见陈有西:《离谱的承包》,载《浙江法制报》2003年1月8日。
④ 参见舒国滢:《中国法治建构的历史语境及其面临的问题》,载《社会科学战线》1996年第6期。

段,反现代化的声音尚未产生),政府"瘦身运动"方兴未艾。中国政府的治道变革和西方国家的改革相比,必须走压缩发展之路,采用兼具现代性和后现代主义色彩的市场化政府经济行为就是政府改革的题中应有之义。

应警惕的是,与社会秩序的维持和规则执行的保证相联系,政府权力扩张过程与国家重建过程密不可分地联系在一起。政府权力这样在后发国家实现非制度化增长,几成"公理"。① 新公共管理改革预设结果之所以没有在第三世界国家全部实现,是因为行政的土壤缺乏良好的行政文化、政策变革的长期领导、可对政府施加压力的强有力的市民社会、明确的政府动力以及行政能力、适合契约性制度安排的可靠政策、支持性的法律体系以及恰当的领导和管理能力。② 这些缺乏的内容,是西方新公共管理的首倡者所拥有的"现成";而即使今天,这些"现成"都是第三世界国家行政改革的可欲目标。另一方面,行政文化、长期领导、市民社会、政府能力、制度安排等,它们之间绝非孤立,而是具有非常紧密的逻辑联系。一次行政改革,很可能只是解决其中某一个环节。如果没有后续的支持改革步骤和相应的制度配套,那么,先前取得的成果,很容易被打破和消解,表现出来就是一次又一次的行政改革,却总达不到设定目标,形成改革的"西西弗斯陷阱"。因此,我们须厘清行政改革所涉及的各种要素和变量,尤其是要把握好市场、政府和制度的逻辑联系和因果关系,研究在法治框架内用连续的改革来达致整体的发展。

近年来,我国经济法学界对政府经济行为的理论研究和制度设计已经日臻成熟,但话题的过于宏大,以及"面向立法学的经济法学研究"范式所形成的急于寻求治理对策的焦灼,往往会影响学者对行为理论范畴在本体论意义上的挖掘深度,导致政策关怀太强而学术研究不足。和丰富的具体研究、周详的政策分析相比,帕森斯所谓"一个有助于人们理解社会现实"的,"可以据此提出操作意义,形成命题陈述,指导经验观察"的"分析性概念框架",没有得以较好地构建。③ 难怪布坎南认为,"19 世纪和 20 世纪政治—法律—社会哲学的主要缺陷在于未能描绘统治者的行为模式,说得更确切些,是未能描绘那些被授权或被批准代理国家或政府行事的人的行为范式。"④基于这种认识,笔者力图在前期研究成果的基础上,通过对各种具体的政府经济行为分类和归纳研究,从中抽象出"市场化政府经济行为"这一"形而中"层次的类型化理论。毕竟,在各种政府经济行为类型中,有的几乎是纯公法行为,如征税行为;有的则是公法行为因素与私法行为

---

① 参见〔英〕吉登斯:《民族—国家与暴力》,胡宗泽等译,生活·读书·新知三联书店 1998 年版,第 105—106 页。
② 参见〔美〕华安德、高洁:《新公共管理过时了吗?》,载中国政治学网(http://www.cp.org.cn/2233/ReadNews.asp? NewsID=1780&BigClassID=24&SmallClassID=40&SpecialID=0),2005 年 6 月 15 日访问。
③ 参见杨善华主编:《当代西方社会学理论》,北京大学出版社 1999 年版,第 139 页。
④ 参见〔美〕布坎南:《自由、市场和国家》,吴良健译,北京经济学院出版社 1988 年版,第 37 页。

因素的有机融合,如政府采购行为。经济法作为"第三法域",其中公法与私法因素的结合有机械组合和有机融合两种模式。前种模式中公法和私法因素的属性仍单独保留而未形成第三种因素(相当于各个合伙人组成"合伙"),后种模式中公法和私法因素已发生"化学反应"式的相互交融而形成第三种因素(相当于各投资者组成"法人")。相对而言,后种模式更能反映经济法的本质,市场化政府经济行为是其典型表现。可期翼的是,就该类行为作专门和系统研究,特别是从本质和制度要素上研究其一般理论,对完善经济法基础理论和丰富政府经济行为理论,具有重要意义。

二、文献综述

(一)民法学研究综述

民法学的相关研究主要从以下方面展开:

一是从主体的角度对国家进行角色定位。① 我国立法相对滞后,国家的民事地位混沌不清,使得与其处于民事关系中的相对人利益难以得到保障——国家作为所有者,可对损害国家财产的个人或者组织享有赔偿请求权;如否认国家的民事主体地位,对于那些损害国有财产的人,国家只能通过公法方式对其进行处罚(比如判处损害公私财物罪或其他行政处罚),而不能依据所有权请求民事赔偿,这对保护国有财产不利。国家本不是为实现民事目的而产生,但为更好发挥其特定经济、社会等功能,应当且必须成为民事主体。赋予国家以私法人格,为国家采用私法方式完成国家任务提供了前提性条件。公共机关更多地使用私法手段而不是使用强制性工具完成国家任务,既有助于私人作为行政辅助人参与公共事务的管理和执行,使得公共管理方式更为灵活,提高公共机构完成国家任务的效率和社会效率;也有助于保护公民在某些行政管理领域中的权利和自由,因为国家的私法人格在一定程度上体现了自罗马法以来的平等、意思自治等私法精神。有学者建议建立公法法人制度,承认在为私法人之外还存在着一种以公共利益为目的,基于公权力行为,特别是依照一项法律而成立或最后经法律认可作为公共事业的承担者的法人。②

二是从权利的角度研究市场化政府经济行为的客体,特许物权③、可交易水权④、排污权⑤等在《物权法》和《民法典》立法准备的背景下得以研究。裴丽萍认

---

① 参见王利明:《国家所有权研究》,中国人民大学出版社1991年版;张建文:《转型时期的国家所有权问题研究》,法律出版社2008年版。
② 参见〔德〕拉伦茨:《德国民法通论》,王晓晔等译,法律出版社2003年版,第179页。
③ 参见崔建远:《准物权研究》,法律出版社2003年版;徐祥民等:《中国海域有偿使用制度研究》,中国环境科学出版社2009年版。
④ 参见裴丽萍:《可交易水权研究》,中国社会科学出版社2008年版。
⑤ 参见韩良:《国际温室气体排放权交易法律问题研究》,中国法制出版社2009年版;朱家贤:《环境金融法研究》,法律出版社2009年版,第41—185页;王小龙:《排污权交易研究》,法律出版社2008年版;邓海峰:《排污权》,北京大学出版社2008年版。

为,可交易水权是可持续发展原则下的水资源市场配置得以实现的重要法律工具,是指法定的水资源的非所有人对水资源份额所享有的一束财产权,由主体、客体和内容三要素构成。通过立法设计赋予可交易水权排他性、可转让性和可分割性这些财产权特征,是水权进入市场交易的关键,而将可交易水权划分为比例水权、配水量权和操作水权,使不同类型的可交易水权表现出不同程度的自由与限制,既使水权满足可交易的需要,又使水资源蕴涵的公共利益能够嵌入水权的私人决策之中,以保证不减弱对生态环境和社会价值的保护,实现可交易水权多重价值的平衡。又如,朱冰认为,公用事业市场化的私法问题不能简单等同于从公有到私有的所有制变革。公共物的公共属性与市场逻辑之间存在矛盾,现有权利配置机制无法在市场进程中优化公共资源。公共物的特殊公益属性使其只能从公用事业市场化的社会变革中去发现新的权利配置机制。公用事业市场化的法律诉求包含内部的权利重置与外部的竞争机制两个方向,市场化的权利内核要求权利更具柔性的分割与分配,外部竞争机制则涉及准入条件与消费价格。① 针对"国有资产中央与地方政府分别所有/代表"②的观点,有学者指出,"公法法人的私有财产所有权理论"只适用于联邦制国家。作为单一制国家,我国不具备适用该理论的基础;同时,赋予各级政府机关对这部分国家财产的所有权势必引起政府对这部分资产"增值"的关心。③ 英美法系国家无国家公产和私产的概念,却存在道路、河川、海岸等公产,一般由《天然资源法》、《水法》等单行法律个别调整,以英国普通法理论中发展起来的公共信托理论作基础。④ 公共信托理论的核心是州政府作为一个主权实体对本州的适航水域以及水下的土地行使持续的监督和控制的权力。⑤

三是从行为的角度研究政府合同,试图深化合同理论。在《合同法》起草过程中,针对行政法学者将政府合同(或行政合同)纳入《合同法》规范范围的建议⑥,多数民法学者极力反对,甚至否定行政合同的存在⑦。这场争论的结果是,《合同法》(第2条第1款)所规定的合同仅限于民事合同。但学理上仍有少数学

---

① 参见朱冰:《公用事业市场化的民法观察》,载《政治与法律》2008年第3期。
② 参见何帆:《为市场经济立宪》,今日中国出版社1998年版,第180页。在有些地方政府看来,分级代表意味着分级所有,重庆江北区《关于切实加强国有资产监管盘活国有资产的实施意见》的相关规定可资佐证。
③ 参见刘云升:《国家所有权面临新的挑战》,载《河北法学》2001年第1期。
④ 参见〔日〕盐野宏:《行政法》,杨建顺译,法律出版社1999年版,第742页。
⑤ 参见〔美〕克里贝特等:《财产法》,齐东祥等译,中国政法大学出版社2003年版,第613页。值得提及的是,管理的权力与使用的自由紧密相关,但是使用自由仅限于本人自己使用。管理的权力意味着对他人使用自己的财产做出某种安排。参见〔美〕贝勒斯:《法律的原则》,张文显等译,中国大百科全书出版社1996年版,第99页。
⑥ 参见应松年:《行政合同不可忽视》,载《法制日报》1997年6月9日;中国法学会行政法学研究会:《建议把行政合同列入合同法》,载《法学研究动态》第7期。
⑦ 参见王利民:《合同的概念与合同法的规范对象》、梁慧星:《讨论合同法草案征求意见稿专家会议上的争论》,载《法学前沿》第2辑。

者对政府合同加以研究。如,崔建远通过研究"行政合同"后认为,中国法不宜沿袭法国法上的行政合同制度及其理论:行政合同的确定标准在中国法上均存在着问题;行政合同的类型在中国法多属于民商合同。① 又如,李显冬认为,市政特许经营中包含了多种复杂的法律关系,作为其基础法律关系的所谓"特许经营权"的授予,是行政法律关系,即行政合同;而作为其外部法律关系的大量合同法律关系,是主体特殊的民事法律关系。②

(二) 行政法学研究综述

针对行政任务民营化和行政组织私法化的趋势③,研究"私法理念如何引入行政法"的行政私法受到重视。行政私法"指的是不含行政之私法的辅助活动以及营利活动在内,在行政适用私法形式直接地追求行政目的之场合,对之加诸若干公法上制约之总体的法律关系"。④ 早在19世纪末,法国著名法学家奥里乌提出了"用私法方式来实现公共行政":"法律可以强制行政部门使用普通法范围内的手段,也可以将行政步骤改造为普通法范围内的手段。""另一种程度上的例外是评估的问题:在采取某些行动时,行政部门被授予行动自主权,由它自行决定是采取专门的行政手段还是采取民事商务手段。"可惜的是,法国并没有把以私法方式完成公行政这种情况系统化和理论化。延至20世纪60年代,德国汉斯·沃尔夫(H.J.Wolff)教授提出"行政私法"这个概念,还将政府采购合同界定为行政主体为了实现给付行政的目的而与相对人缔结形成的,并非基于一般私人主体的地位,应受到公法的约束。⑤ 此后又有学者提出"二级法律关系"说。"二级法律关系"由两个相互分离的法律程序段组成,其中第一个阶段解决"是否"(缔约)的问题,始终属于公法调整;第二个阶段解决"如何"(履约)的问题,可以具有公法的特征,也可以体现为私法的特征。⑥ 许多德国学者认为,通过私法完成

---

① 参见崔建远:《行政合同之我见》,载《河南省政法管理干部学院学报》2004年第1期。
② 参见李显冬:《论市政特许经营中的双重法律关系》,载《国家行政学院学报》2004年第4期。
③ 参见林腾鷂:《行政法制演进与新趋势》,载台湾《东海法学研究》第13期。
④ 参见〔日〕成田赖明:《行政私法》,周宗宪译,载台湾《法律评论》1994年第60卷第1、2期合刊;〔德〕毛雷尔:《行政法学总论》,高家伟译,法律出版社2000年版,第35—39页;翁岳生编:《行政法》,中国法制出版社2002年版,第22—27页。行政私法理论认为,行政私法是指行政虽可利用私法,但不代表行政只应(或只可)适用私法,并因此使得行政主体失其作为归属于公法法规主体的特性,仍不享有私法自治的自由与可能性。被行政援用的私法规范仍须透过公法的条文加以补充与修正。因此,在纯粹的私法与严格的公法之间,似乎另存有第三类的法律领域,并称之为行政私法。参见程明修:《行政私法》,载台湾《月旦法学教室》(创刊号),第36—37页。行政公司法是建构在行政私法理论基础之上的,为规范私法组织形式行政的特别私法,强调以私法组织形式从事行政任务因仍属于实质意义之行政,故仍不能完全排除公法上之拘束。正如德国联邦普通法院所言:"当行政自身并非以私法行为方式,而系以私法组织且受行政支配之权利主体的外观——例如商事法上之公司——与人民对处时,则典型之公法上的拘束亦有其适用。"参见詹镇荣:《民营化后国家影响与管制义务制理论与实践》,载台湾《东吴大学法律学报》第15卷第1期,第15页。
⑤ 转引自刘宗德:《行政私法》,载《行政法争议问题研究》,台湾五南图书出版公司2000年版,第231页。
⑥ 参见〔德〕斯特博:《德国经济行政法》,苏颖康等译,中国政法大学出版社1999年版,第249页。

公共任务具有众多的利益①:(1) 在成立和解散完成公共任务的载体时,具有较大的灵活性;(2) 在支付工作人员的报酬或薪金时,具有较大的灵活性;(3) 在支配完成公共任务的预算时,具有较大灵活性;(4) 在实际完成公共任务的过程中,具有较大的灵活性;(5) 在各级行政机关的联合或者行政机关与私人组织联合完成公共任务时具有灵活性。依德国判例实践,"经营者从事的行为,除纯属私人性质外,都可推定为商业交易性质的行为;国家机构从事的行为,除纯属行使公权性质的、官方的管理行为外,也可推定为具有商业交易性质。"②规制公行政"遁入私法"行为的法律称之为"行政私法",即"与公法重叠并受公法约束的私法,是行政机关在执行行政管理任务时借用的私法形式,而不是私法的自治自由"。③ 汉斯·沃尔夫教授指出:"鉴于合作行政(如公私伙伴关系)、保护竞争(行政领域私有化监督)、提高效率(组织私有化、任务私有化、程序私有化)以及欧共体法规范(邮政和通讯带来的私有化,以及担保给付行政和调控行政的发展)等的需要,私法的形式日益被行政法吸收,行政私法逐渐成为一般行政法的重要组成部分"。④ 受德国理论的启发,日本法学者将其称之为"行政向私法逃避",并结合本国行政管理状况,提出了"非权力行政"的概念⑤,经济学者则将该种"市场补充政府作用"的现象称为"市场机能扩张性"政策⑥,并与"规则联结"⑦相对应,进而使市场和政府相互"嵌入"⑧。我国台湾学者在介绍行政私法理论的同时,还直接将德国的行政私法理论和"双阶段理论"援用到政府采购领域,强调在政府采购的开标、评标、审标、决标阶段适用行政法的规则即有关的行政程序;而在采购契约的履行阶段受私法(民法)规则的约束。⑨ 同时,并受公开、信赖保护、禁止片面接触等公法原则的约束。由于行政私法的产生是以公、

---

① 转引自王维达:《通过私法完成公共任务及其在中国的发展》,载《同济大学学报》2003年第2期。

② 参见邵建东:《德国反不正当竞争法研究》,中国人民大学出版社2001年版,第40—41页。

③ 参见〔德〕毛雷尔:《行政法学总论》,高家伟译,法律出版社2000年版,第38页;〔德〕平特纳:《德国普通行政法》,朱林译,中国政法大学出版社1999年版,第92页。

④ 参见〔德〕沃尔夫、巴霍夫、施托贝尔:《行政法(一)》,高家伟译,商务印书馆2002年版,第198页。

⑤ 参见〔澳〕史密斯:《日本私法制度与对于商务活动的公共控制》,许章润译,载《比较法研究》1997年第4期。

⑥ 参见〔日〕青木昌彦、奥野正宽、冈崎哲二编著:《市场的作用 国家的作用》,林家彬等译,中国发展出版社2002年版,第86页。

⑦ 规则联结就是在市场之中,组织与市场不同的规则的"社会性交换",并加以联结起来。这个战略意味着通过创造"市场肆意妄为"所未能涉及的许多公共空间,在市场的不稳定性所带来的风险和冲击中,形成具有强有力的"软结构"的经济社会。参见〔日〕金子胜:《经济全球化与市场战略》,胡靖译,中国人民大学出版社2002年版,第86页。

⑧ 参见周长城:《经济社会学》,中国人民大学出版社2003年版,第10页。这种嵌入性理论对法学、社会学、经济学等社会科学产生了深远的影响,参见〔美〕麦克尼尔:《新社会契约论》,雷喜宁等译,中国政法大学出版社1994年版;刘世定:《嵌入性与关系合同》,载《社会学研究》1999年第4期;周业安等:《嵌入性与制度演化》,载《中国人民大学学报》2001年第6期。

⑨ 参见林鸿铭:《政府采购法厂商申诉制度之探讨》,2001年海峡两岸行政法学年会交流论文。

私法的划分理论预设作为其存在前提的,当20世纪80年代公共行政领域出现的一些剧变冲击到行政法学时,缺乏这种理论预设传统的英美学者不得不无奈地说道:"令人惊讶的是作为规制政府与其他公共机构行为的行政法,本应在如此剧烈变动中迅速作出反应,如今却显得无动于衷"[1],但行政私法所代表的意含、反思及批判精神却在学术著作中广泛存在。如美国联邦最高法院在1936年即遇到了这样的案例[2];而学者Jody Freeman也明确指出,公私合作带来了美国行政法(学)的新发展,也即"混合行政"(mixed administration)的出现。[3]

　　大陆法系一般认为,依行政以何种手段达成公共行政的任务为标准,可将公行政分为公权力行政与私经济行政(又称为国库行政)两类。[4] 传统国库理论认为,国家有两个法律人格,一为行使公权力之国家,另一则为充当私法当事人时具有私法人性质的国家,即国库。20世纪以来,传统理论得到扬弃,通说认为纵使国家以私法主体出现,也不改变国家之本质,国家可以公、私法形式进行行政活动,"国库"只是国家从事私法行为之另一名称。国库理论将国家私法活动分为三种:即行政辅助行为(又称行政上的私法后备行为、以私法方式辅助行政之行为)、行政经营行为(又称行政营利行为)以及行政私法行为(又称以私法方式执行行政任务、以私法方式达成行政任务之行为)。行政辅助行为,指行政机关为满足日常行政事务所不可或缺的物质上的需要,而与私人订立私法契约的行为,典型如行政机关购买办公用品、发包建设办公大楼等。行政经营行为,是指国家以增加国库收入为主要目的或为同时推行特定经济或社会政策,而以企业家姿态所从事的营利性质的企业活动。可分两种情况:一种由国家或行政主体以其内部不具有独立法律主体资格的机构或部门从事的企业营利行为,如烟酒专卖局进行的烟酒销售行为等。另一种由国家依据特别法或者公司法的规定,投资设立具有独立法律主体资格的公司从事的企业营利行为,如国有银行、国有钢铁公司等。传统类型有国家供给人民水、电、煤气或提供邮政、电信等。现代类型则因国家的不同有所区别,常见做法主要有,在一定领域内把部分的公共行政机关转为私法形式的主体,如美国将政府管理的监狱直接转为私法形式来经营。或者一开始就以私法形式设立主体,而目前则更进一步实行民营化的策略,以尽量减少国家干预,公用事业的民营化趋势即为此例。或者让私法主体进入到传统的公共行政领域,从而按私法方式来完成公共任务,如城市公交由民营企业经营即为此例,目前在中国相关领域还有高等学校、保安公司等。近年来,随

---

　　[1] See Rodney Austin, Administrative Law's Reaction to the Changing Concepts of Public Service, from Peter Leyland & Terry Woods, *Administrative Law Facing the Future*: *Old Constraints & New Horizons*, Blackstone Press Ltd., 1997, p.2.
　　[2] See Carter v. Carter Coal Co., 298 U.S. 238(1936).
　　[3] See Jody Freeman, Private Parties, Public Functions and the New Administration Law, *Administrative Law Review*, 2000 (3).
　　[4] 参见〔德〕毛雷尔:《行政法学总论》,高家伟译,法律出版社2000年版,第35页;〔奥〕凯尔森:《法与国家的一般理论》,沈宗灵译,中国大百科全书出版社1996年版,第227页。

着海内外学术交流的蓬勃发展,服务行政与控制行政权力理念逐渐深入人心,大陆行政法学界为回应行政理念的变迁,开始译介和研究行政私法①。这些数量极少的文献资料集中介绍了行政私法的种类、规范基础及救济问题,阐述了其在实现方式、法律适用和诉讼途径等方面对传统行政法观念构成的挑战,探讨了其适用的范围和限度、所需要的外部条件和在中国的发展现状及问题。此外,行政法学界还对非强制行政行为②(或称非权力行政方式③)和行政法的契约理念④展开研究。笔者认为,非强制性行政行为作为从"直接的行政管理转向间接的行政管理"的突出表现,反映出"通过私法完成公共任务"这一发展趋势的主导思想;在行政法上张扬契约理念,可一改行政法僵硬冷冰的公法面孔,为"通过私法完成公共任务"在思想上鸣锣开道。

在制度层面,行政法学界研究主要集中在行政合同⑤和公用事业民营化等问题上。行政合同⑥,又称行政契约(administrative contract)或公法契约(public contract),是游离在行政行为与民事契约之间的一种特殊的形态,包含着两个变量,一是合意的程度;二是存在类似于行政行为的权力因素。因为存在合意,通过合意来形成一定的社会秩序,我们称这样的形态为契约。也正因为在如此形成的形态之中存在着类似于行政行为的权力因素,具有某种行政性,进而会形成一定的行政法上的关系。行政合同实践促进了行政民主化,提高了行政效率,是第二次世界大战后被广泛应用的一种非权力性的行政活动方式,被视为现代政府所

---

① 代表性著述有高秦伟:《行政私法及其法律控制》,载《上海行政学院学报》2004 年第 4 期;杨科雄:《公行政是如何走向私法的》,载 http://www.nwupl.edu.cn/xwfb/subSite1185/program1284/19020.htm,2006 年 3 月 26 日访问。

② 参见崔卓兰、孙红梅:《非强制行政行为初探》,载《行政与法》1998 年第 3 期;崔卓兰、蔡立东《非强制行政行为》,载《行政法论丛》第 4 卷。

③ 参见莫于川:《非权力行政方式及其法治化》,载《思考与运用》2000 年第 2 期。

④ 参见杨解君:《论契约在行政法中的引入》,载《中国法学》2002 年第 2 期。

⑤ 参见张树义:《行政合同》,中国政法大学出版社 1994 年版;于安:《外商投资特许权项目协议(BOT)与行政合同法》,法律出版社 1998 年版;余凌云:《行政契约论》,中国人民大学出版社 2000 年版;杨解君主编:《行政契约与政府信息公开》,东南大学出版社 2002 年版;林明锵:《行政契约法论》,载台湾《台大法律论丛》第 24 卷第 1 期。

⑥ 国内学者对行政合同概念的认识首先来自于对外国行政法著作的译介,大致可分两阶段。早期学者对于行政合同概念的认识受到法国行政法中行政合同识别标准和日本行政契约概念的影响较大,对行政合同的描述强调行政合同主体一方是行政机关,目的是为了实施行政管理或执行公务,形式上采用了合意方式,即"主体+目的+形式"的模式。这也是学界主流观点,以罗豪才主编的教材《行政法学》中的定义为代表,"行政合同是指带有行政性质的合同……是指行政机关之间,或行政机关与个人、组织之间,为实现国家行政管理的某些目标,而依法签订的协议"。参见罗豪才主编:《行政法学》,法律出版社 1999 年修订版,第 252 页。而晚近对行政合同概念的认识则受德国、台湾地区行政程序立法的影响较大,在对行政合同的界定上,突出客体的基础识别意义,采用了"主体+客体+形式"或"主体+目的+客体+形式"的模式,在该模式中,主体的身份被认为并不重要,核心在于行政合同的客体是行政法律关系或者说发生了公法上的效果。如余凌云认为"行政合同就是行政主体为一方当事人的发生、变更、消灭行政法律关系的合意"。参见余凌云:《行政契约论》,中国人民大学出版社 2000 年版,第 160 页。"主体+目的+形式"模式只是一个总体框架,学者们在对这一结构的各个构成要素的具体表述还体现出一定的差异性。

不可或缺的行政手段。行政合同实践通常走在立法的前头。行政主体以各种各样的形式和私人或者其他行政主体进入契约关系,这是广泛存在的,这里绝不是不存在法律上的问题。在学理上,这一源于大陆法系国家行政法理论的行政合同自萌芽至今,有关其存在、归属、识别、规则等理论问题的争论就不曾停息,甚至其概念能否成立都遭到学者的怀疑。在私法领域中使用契约来形成或变动权利主体间之法律关系,早已习以为常……但是在公法领域,契约如何取代单方高权行为?尤其在公民权利意识逐渐高涨的时代,行政契约可否如同私法契约一般,逐渐取代命令服从性质之高权行为,从而备受国际及国内热烈之讨论。德国是较早以成文法构建行政合同法律制度的国家,在1976年《行政程序法》就以专章规定了"公法上的契约",但理论上反对声音不绝于耳:奥托·梅耶(Otto Mayer)在1888年所写论文《关于公法合同之学说》中明确反对公法领域存在合同关系,主张以顺从之行政处分代替公法合同;被誉为"新行政合同创始人"的福斯多夫(E. Forshoff)以"行政合同制度会将行政权这种优越地位加以'拟制平等化'的破坏"为由,对此持反对态度;詹宁雷克(Georg Jellinek)宁愿提倡双方行政行为,也不采用公法合同。法国公法学巨擘狄骥(L. Duguit)在《宪法论文集》第二版第三卷中提出,区分民事与行政合同是荒唐的和危险的。我国台湾地区学者认为,对行政合同的否定主要基于两个矛盾:一是双方法律地位的不对等与合意的矛盾。即"官宪国家体制下,公法关系几乎皆属于权力关系,国家之意思恒居单方及支配地位,契约实难想象,所谓'国家不(与百姓)订合约'(Der Slaat Paktiert nicht)"①。二是在依法行政理念统驭下的行政合同中,依法行政与契约自由能否并存的矛盾。"行政契约与依法行政原则相抵触……如果容许此种行政契约施行,岂不回归于封建时代,由法治回归人治?"而在英美等普通法国家,基于法律的一元化而缺乏行政合同的概念,政府签订的合同统称政府合同(government contract),却承认带有"公法因素"的合同应适用特殊规则。"当论及政府合同或在中国所称的行政合同时,我们所指的是这样一种制度,在此制度下行政机关在开放的市场上采购、获取服务,将财产权转移给非政府实体,或者通过使用合同方式实施政府活动。"②延至今日,西方主流理论已基本接受了行政合同(或行政契约)的概念,合同在公法领域的适用在法治发达国家已属定论。今天日本的学说和判例中已不存在否定行政契约概念一般可能性的见解。③ "尽管不时存在着批评或者反对的论调,现代的主要课题不是行政合同原则上的适法性,而是行政合同法的理论细化"。④ 行政合同实际上是19世纪以来,特别是20世纪行政法制度与功能发生结构性变化的产物,是市场经济理念、特别是契约理念向公共管

---

① 参见吴庚:《行政法之理论与实用》(增订第5版),台湾三民书局1999年版,第378页。
② 参见〔美〕Daniel J. Mitterhoff:《建构政府合同制度》,杨伟东等译,载《行政法学研究》2000年第4期。
③ 参见杨建顺:《日本行政法通论》,中国法制出版社1998年版,第515页。
④ 参见〔德〕毛雷尔:《行政法总论》,高家伟译,法律出版社2000年版,第361页。

理领域渗透的结果。英国学者卡罗尔·哈洛(Carol Harlow)和理查德·罗林斯(Rechard Rawlings)指出:"私法的契约观念被融入公共行政——比如,市场的规则或者模拟市场的规则(the discipline of markets or market-mimicking),选择自由的个人主义观。契约作为法律概念成为了行政法的利刃(the cutting edge),一方面,展现了能动和实验的强烈意味,另一方面,给人以某种紧张和不定的强烈感觉。"这里使用"实验"与"紧张",是因为契约观念在公共领域的运用,甚至已经完全超越了契约法上那种能够通过法院强制执行的完全法律意义上的契约,出现了既要达到对双方的约束,但又不具有上述完全法律意义的协议形式。① 就此,"对作为一种政府治理行为的合同的研究,证明了私法制度对于新公共管理运动以及保守党的政府革命的重要性。因此,在一个混合式行政的时代,在一个对公权力和私权利的创造性相互作用极其依赖的时代,合同乃行政法之核心。"② 行政合同与私法合同的不同,集中反映在合同的履行上,私法合同中的原则在行政合同中并不能严格执行,行政主体的特权和对方当事人的经济利益平衡,是行政合同在履行时两个主要特点。③ 定型化的行政合同主要包括以下几种:国有土地使用权出让合同、农村土地承包合同、全民所有制工业企业承包合同、公用征收补偿合同、国家订购合同、国家科研合同、公共工程承包合同、计划生育合同等;非定型化行政合同所包含的内容繁杂,许多行政机关探索性地将一些公共事务采用行政合同的方式来完成,如某些地方将社会治安的维持交由物业公司承包,将消防业务交由私人成立的消防队完成等。④

在公用事业民营化方面,杨海坤、郭朋从公共利益保护的视角对其规制问题进行了探讨。对公用事业行业,政府的管制价值内核是公共利益的维护和保障,行为方式主要是行政特许。基于公益保障的理念基准,行政许可的制度塑造应从保护计划经济下的垄断行业利益转变为民营化背景下的公益保障价值基准。同时,为使公用企业有效承担起公益保障的责任,应将公用企业纳入到行政主体范畴中来,使其承担相应的公法义务,避免政府通过民营化方式规避其传统的公法义务。⑤ 具体到福利民营化,这种公法与私法相互交织和混合状态,使行政主体的模式开始呈现出多元化、分散化的趋势,原有的单一行政法律关系也逐渐开始向多边的法律关系发展⑥,往往会牵涉不同行政机关之间、行政机关同社会组织之间、私人领域内各组织之间的不同法律关系,仅仅依靠传统的行政法学理论似乎已不能应对由此产生的诸多问题,对传统的公法与私法划分提出了一定的

---

① 参见 Carol Harlow & Rechard Rawlings,*Law and Administration*, Butterworths,1997, p. 207.
② 参见〔英〕哈洛、罗林斯:《法律与行政》(下),杨伟东等译,商务印书馆2004年版,第554页。
③ 参见王名扬:《法国行政法》,中国政法大学出版社1988年版,第194—195页。
④ 也有人将行政合同归纳为14种类型。参见湖北省人民法院"行政合同司法审查理论与实践问题研究"课题组:《行政合同司法审查若干问题思考》,载《人民法院报》2003年8月25日。
⑤ 参见杨海坤、郭朋:《公用事业民营化管制与公共利益保护》,载《当代法学》2005年第5期。
⑥ 参见陈春生:《行政法之学理与体系(一)》,台湾三民书局1996年版,第34页。

挑战。另一方面,公法与私法在福利领域发挥着不同的作用。某些福利项目并不能进行相应的民营化,这也为公法适用保留了相当空间,即使民营化之后,政府仍然需要发挥一定的监管作用,政府可能退出和再介入的界限也需加以关注和考量,其中仍可能关涉公法原则和规范的适用。这似乎可以说明公法与私法的划分仍然具有一定的必要性。整体而言,前者更多的是法律政策上的考量,而后者更多的是法律在实际运作中的考量。① 换言之,出于实体问题的解决需要,或许我们可以弱化公法与私法的划分;而出于司法审查方式和法律技术的运用,则需在一定程度上划定公法与私法的界限。② 在这一领域,美国学界的讨论主要集中在授权理论下的福利民营化,私人主体是否应当遵循正当程序条款,以及"政府行为"的判断等三个问题,授权理论、正当程序条款的适用和政府行为原理③共同构成了审视公共行政主体和私人主体之间关系的依据。④ 其中,授权理论主要考量公共行政主体是否能将其权力授权给私人主体,由其来实施福利项目。在 Texas Boll Weevil Eradication Foundation v. Lewellyn 案中⑤:法院提出了八种判断私人授权是否合宪的标准,即(1) 私人授权是否应当受到政府或其他政府分支的审查? (2) 受私人授权影响的个人利益是否能得以充分表达? (3) 私人授权仅限于制定规则? 还是制定法律? (4) 具有个人或金钱利益的政府,如何与其公共职能不相冲突? (5) 私人是否可被授权进行刑事行为或处罚? (6) 私人授权的时限、内容和主旨分别是什么? (7) 私人授权主体是否需具有特定资格? (8) 立法是否提供了足够的私人授权标准? 法院将此案同其他类型的授权相区分,强调这些标准仅适用于私人授权,而非一般的立法授权给行政或其他政府分支。对于以契约方式进行的福利民营化,政府往往依然扮演着一定的监管角色。例如,佛罗里达州就通过一定形式的政府审计和政策分析报告来对私人福利组织的运行状况加以监管。⑥ 正当程序条款的适用,主要关涉私人主体实施福利项目的行为之中,是否应当遵循必要的程序规定,以及在诉讼中是否可以适用正当程序条款,许多学者认为,政府在确定一定的程序性规定上仍应发挥积极作用。即使福利资格的确定都已被外包,行政机构仍应发挥必要的监督

---

① 参见陈敏:《行政法总论》,台湾三民书局1998年版,第36页。
② 参见胡敏洁:《以私法形式完成行政任务》,载《政法论坛》2005年第6期。
③ 美国法上政府行为理论的评述,参见彭亚楠:《谁才有资格违宪——美国宪法的"政府行为"理论》,载《宪法与公民》(思想与社会:第4辑);法治斌:《私人关系与宪法保障》,载《人权保障与释宪法制》,台湾月旦出版社股份有限公司1993年版,第1—64页。民营化背景下的"政府行为"理论,参见 Daphne Barak-Erez, A State Action Doctrine for an Age of Privatization, 45 *Syracuse Law Review*, 1169 (1995);Jody Freeman, Public Values in an Era of Privatization: Extending Public Law Norms Through Privatization, 116 *Harvard Law Review*, 1285(2003)。
④ 参见胡敏洁:《公法学视野下的美国福利民营化》,载《公法研究》2005年第4卷。
⑤ See Dru Stevenson, Privatization of Welfare Services: Delegation by Commercial Contract, *Arizona Law Review*, Vol.45, 2003, p.83.
⑥ See Henry Freedman, Mary R. Mannix, Uncharted Terrain: The Intersection of Privatization and Welfare, *Clearing House Review*, 2002, p.557.

作用。因为,较之效率和利益而言,宪法保障的人的尊严和权利具有更重要的利益。① 政府行为原理的运用可帮助法院判断是否由私人主体承担相应的法律责任。在 Lugar v. Edmondson Oil Co.②案中,法院确定了两步法标准以分析私人行为是否可归为政府行为。首先,法院判断该行为由行使国会创设的某些权利或特权引起,抑或由国会施加影响的行为规则或对国会负责的个人所引起。民营化的福利机构往往可以满足这一条件,因为它往往是以一定的国会法律规定或州确立的福利管制项目为基础。其次,法院要去判断剥夺利益的当事人是否为政府行为者。法院主要考察两个因素:其一要看政府卷入私人行为的程度,这要求诸于关联理论(nexus theory);其二看私人组织是否履行了公共功能,这要求诸于公共职能理论(public function theory)。在关联理论的判断中,政府行为往往关涉政府某种强制性权力的运行,或者政府为该行为提供了明显的诱因。而在公共职能理论的判断中,当私主体履行排他性的政府职能时,将被认定是政府行为。学者们确证,传统政府行为原理已难以满足今天需要,必须寻找新的判断标准。有学者提出将金钱、控制和行政机构和功能作为判断标准,相信这种富有灵活性但又不失稳定性的方式适应目前福利民营化和"政府再造"的需要。③

(三) 经济法学研究综述

顺应现代法学重心由"法即规则"向"法即行为"发展④的趋势,政府经济行为已成为我国经济法学界所特别重视的研究对象,并将其作为经济法学区别于行政法学和民商法学的一个重要范畴。在一定意义上说,关于法律规制政府经济行为的理论已经成为经济法学特别是其总论的主干部分。

目前研究中已呈现出两种路径:一是将政府经济行为理论作为相当于民(商)事行为理论和行政行为理论来研究,试图抽象出经济法领域中各种政府经济行为的共性,以形成政府经济行为的一般行为理论,其中最具影响的是吕忠梅先生的"政府经济行为说"和张守文先生的"调制行为说"。⑤ 笔者认为,政府经济行为复杂多样,其本质上虽有共性,而制度要素上的共性甚为单薄,因而这种研究路径的效果不甚理想。正如邓峰所说的,"政府对经济的管理、调控、规制和引导是非常复杂和多样化的,采用一个概念加以概括,在理论上固然具有相当重

---

① See David. J. Kenndey, Due process in a Privatized Welfare System, *Brooklyn Law Review*, Vol. 64, 1998, p.231.

② See Lugar v. Edmondson Oil Co., 457 Us 922 (1982).

③ See Sheila Suess Kennedy, When Is private Public? State Action in the Era of Privatization and Public-Private Partnerships, *George Mason Civil Rights Review*, March 2001.

④ 参见张文显:《法学基本范畴研究》,中国政法大学出版社 1993 年版,第 126 页。

⑤ 张守文的观点,参见张守文:《经济法总论》,中国人民大学出版社 2009 年版;《经济法理论的重构》,人民出版社 2004 年版;张守文、于雷:《市场经济与新经济法》,北京大学出版社 1993 年版。吕忠梅的观点,参见吕忠梅、陈虹:《经济法原论》(第 2 版),法律出版社 2008 年版;吕忠梅等:《规范政府之法》,法律出版社 2001 年版;吕忠梅、刘大洪:《经济法的法学和法经济学分析》,中国检察出版社 1998 年版。

要的意义,但在制度建设上也不能忽视众多领域的许多不同特性。经济法之所以突破了行政法,其原因之一就在于行政法通过行政行为等形式化、大一统的概念来涵盖各种各样具体复杂的管理行为,趋向于程序化,而公共经济管理、公用事业、公共财产投资经营、公共主体参与交易等则需要政府运用科学方法,直接服从经济要求,注重效率和效益,从而凸显经济法的精髓和特质。"① 以合同的研究为例,合同已由债务关系意思自治的本质异化为一种确立权利义务的形式,甚至广泛用做国家进行个别调整的手段,成为政府的政策执行工具、管制工具,甚至是政府的组织工具。合同已经成为具有不同特征,涵盖复杂的社会关系,受不同法律原则和规范调整的跨部门法律制度。尽管确保意思自治在可能的范围内得到最大程度的适用,仍是合同制度的核心要素,但试图用一种唯一的、一统的合同法律制度(例如民商事合同法)来涵盖所有的合同,则是追求完美的一种奢想,与事实和实际需要不尽相符。面对不断出现的新的合同类型,以及它们对传统法理念的质疑,对现有法律资源(特别是司法和立法)的挑战,对于现代合同法而言,将合同分部门进行研究和规定,才是保持意思自治与遵循合同发展客观趋势的最佳方案。② 而"调制行为"是宏观调控行为与市场规制行为的合一。这两种行为在制度要素上个性大于共性;"调制行为说"则更像是描述市场规制行为,宏观调控行为的特性在其中没有得到应有的彰显。因而,经济法学与其仿效民商法学或行政法学研究各种行为的共性以形成一般行为理论,倒不如着力研究各类行为的一般理论,为各类行为提供可供操作的制度设计。

这种研究路径模式,对政府经济行为的类型化还与经济法体系的研究紧密联系在一块。如,张守文、吕忠梅认为政府经济行为可类型化为市场规制行为和宏观调控行为,与之相适应,经济法体系由市场规制法和宏观调控法构成。又如,针对市场经济的三大缺陷(市场障碍、市场惟利性及市场调节的被动性和滞后性),漆多俊认为国家应采取三种行为(国家对市场竞争强行规制、国家直接参与投资经营、国家对社会经济的指导促进),与之相适应,经济法由市场规制法、国家投资法和宏观调控法构成。③ 再如,刘哲昕、顾功耘认为在经济法的领域中,国家及其政府的行为主要有宏观调控行为、微观规制行为、国有参与行为、涉外管制行为和市场监管行为,与之相适应,经济法体系由宏观调控法、市场秩序规制法、国有经济参与法、对外经济管制法和市场运行监管法构成。④ 此外,应飞虎提出了"公权行为"的概念,并主张用企业家精神塑造政府行为,改变政府行为的

---

① 参见邓峰:《卷首语:实践精神、实证方法与经济法》,载史际春、邓峰主编:《经济法学评论》(第 2 卷),中国法制出版社 2002 年版,第 8—9 页。
② 参见史际春、邓峰:《合同的异化与异化的合同》,载《法学研究》1997 年第 3 期。
③ 参见漆多俊主编:《经济法学》,高等教育出版社 2007 年版;漆多俊:《经济法基础理论》(第四版),法律出版社 2008 年版。
④ 参见刘哲昕:《系统经济法论》,北京大学出版社 2006 年版,第 121—122 页;顾功耘主编:《经济法教程》,上海人民出版社 2002 年版。

激励机制,在公共部门引入竞争机制及在政府部门导入效率动机。①

二是具体研究特定政府经济行为,如经济合同②、政府采购③、公路经营权④、公用事业民营化规制⑤、有奖发票⑥等。总体上讲,这些研究多是"面向立法学"的制度设计研究,鲜有"面向司法学"的制度完善研究;多是重视国际惯例,借鉴和移植国外先进立法例为我国立法规制出谋献策,鲜有强调"本土资源",直面我国具体立法例由"纸面上的法"转变为"活法"的司法实践。这些研究成果,对总论中的法律行为理论的贡献相当有限,但为研究政府经济行为一般理论打下了基础。

在市场日益拓展和深化的今天,政府已愈来愈明显地内生于市场,其对经济增长举足轻重的影响更是有目共睹。与之相伴随,政府主体在经济法主体理论体系中受到了越来越多学者的关注,都试图通过法治来"优化、改造、转化"政府经济角色和职能⑦。例如,有学者以经济法由宏观调控法和市场规制法构成为依据,将经济法主体分为市场规制法主体和宏观调控法主体,并进一步分为规制(调控)主体与受制(受控)主体,即代表国家行使经济职能和社会职能的各种国家机关和在经济活动中接受国家的调控和规制的主体,包括企业、公民、社会团体等。⑧有学者试图在行政法和民商法的调整范围之外寻求国家(政府)作为经济法主体的存在空间,从中分析国家(政府)成为经济法主体的外在和内在要素,探讨国家(政府)在经济法中定位的制度安排,以及经济法设定国家(政府)主体的原则和问题。⑨有学者认为,作为经济干预者的政府应从公共权力的享有者和行使者的意义来理解,它包括行政机关,也包括立法机关和司法机关,甚至包括行使公共权力的其他机构;在经济法与政府的关系上,政府是主体,经济法是手段。政府对经济生活干预的最重要的方式就是通过制定和执行经济法或准经济

---

① 参见应飞虎:《论公权行为与经济法现代化》,载《广东社会科学》2002年第2期。
② 参见史际春主编:《经济法》,中国人民大学出版社2005年版,"第22章 经济法的合同制度"。
③ 参见尹章华:《公共工程与采购法》,台湾汉兴书局有限公司1988年版;杨汉平:《政府采购法律制度理论与实务》,西苑出版社2002年版。
④ 参见史际春、邓峰:《公路经营权研究》,载《经济法学评论》(第2卷);北京编辑部:《谈国外收费高速公路的特许经营》,载《中外公路》第23卷(2003年2月)。
⑤ 参见周林军:《公用事业管制要论》,人民法院出版社2004年版;史际春:《公用事业引入竞争机制与"反垄断法"》,载《法学家》2002年第6期;史际春、肖竹:《公用事业民营化及其相关法律问题研究》,载《北京大学学报》2004年第4期;闫海:《城市公用事业民营化法律路径的比较分析》,载《行政与法》2005年第9期。
⑥ 参见李建人:《有奖发票若干法律问题思考》,载《法学》2003年第3期;贾小雷:《关于有奖发票制度与我国税收法律的几点思考》,载《中央社会主义学院学报》2003年第3期。
⑦ 参见史际春、王全兴、李东方:《经济法治与政府角色定位》,载http://www.ccelaws.com/jingjifaxue/2009-01-01/5108.html,2009年6月8日访问。
⑧ 参见张守文、于雷:《市场经济与新经济法》,北京大学出版社1993年版,第118—119页;吕忠梅、刘大洪:《经济法的法学与法经济学分析》,中国检察出版社1998年版,第96—97页;漆多俊:《经济法基础理论》(第3版),武汉大学出版社2000年版,第200—222页。
⑨ 参见范健:《经济法中的国家主体问题研究》,载《经济法论丛》(第1卷);孙同鹏:《经济法理论中的国家问题思考》,载《当代法学》2001年第2期;宋彪:《论徘徊于计划和市场之间的政府角色》,载《安徽大学法律评论》2002年第2卷第1期;董保华:《论经济法的国家观》,载《法律科学》2003年第2期。

法规范实现。① 也有人对政府在经济法中的地位提出质疑,认为政府在经济法中不应成为经济法律关系"当事人",而是经济法的"执法者"。② 还有学者提出了"政府—社会中间层—市场"的三层主体框架理论,并对政府主体进行了较为系统的分层与分类研究,强调了政府作为政治统治工具、社会经济管理中心和国有资产所有者的三重身份和职能。③ 与此相类似,有学者从经济权利、社会自治权力和经济权力的角度,归纳出三大经济法主体群,即市场、社会和国家,其中国家类主体包括权力机关、行政机关和司法机关等。④

(四)公共管理学研究综述

针对凯恩斯干预政策在20世纪70年代遭遇滞胀的困扰、公共选择等新政治经济理论客观真实地描述政府公共决策过程,政府失灵现象被一再揭示,公共管理的革命性应对之举就是将市场机制引入政治领域,催生新公共管理运动。《布莱克维尔政治学百科全书》强调了"新公共管理"在运作方式上的取舍倾向:"宁要劳务承包而不要通过没有终结的职业承包而直接劳动的倾向;宁要提供公共服务的多元结构(宁可出现多种提供者的竞争,并存在使用者对供给者运用控制手段,如美国选举产生的校董会制度),而不要单一的无所不包的供给方式结构的倾向;宁可向使用者收费(或至少是指定了用途的税收),而不是把普通税金作为资助不具有公共利益的公共事业基础的倾向。"⑤ 继"新公共管理"之后的"新合同主义"则认为,任何公共服务都能通过合同"间接"提供,公共行政的"购买者"与"提供者"相分离⑥,一个国家只保留少数核心精英,在"终极意义上与早期

---

① 参见许明月:《市场、政府与经济法》,载《中国法学》2004年第6期。
② 参见薛克鹏:《论政府在经济法中的地位》,载朱崇实主编:《经济法理论与实务热点问题探讨》,厦门大学出版社2002年版,第181页。
③ 参见王全兴、管斌:《经济法学研究框架初探》,载《中国法学》2001年第6期。刘文华先生侧重从国家职能的角度所作的分析认为,现代国家有三重身份,即行政管理者、经济管理者和国有资产所有者。参见刘文华:《中国经济法是十一届三中全会思想战线的产物》,载《法学家》1999年第1、2期。
④ 参见单飞跃、王秀卫:《经济法的主体范畴研究》,载《湖南政法管理干部学院学报》2001年第5期。
⑤ 参见〔英〕米勒、波格丹诺主编:《布莱克维尔政治学百科全书》,邓正来等译,中国政法大学出版社2002年版,第660页。
⑥ 它意味着,政府提供一些公共物品存在着"做或买"的选择。参见〔德〕斯特ената《德国经济行政法》,苏颖霞等译,中国政法大学出版社1999年版,第203页;〔英〕阿特金森、〔美〕斯蒂格里茨:《公共经济学》,蔡江南等译,上海三联书店1992年版,第619页。"政府并不是唯一的提供者。"参见《1997年世界发展报告:变革世界中的政府》,中国财政经济出版社1997年版,第4页。约翰·密尔也曾明确指出:"对政府事务的控制和实际去做这些事务,其间有根本的区别。"参见〔英〕密尔:《代议制政府》,汪瑄译,商务印书馆1982年版,第70页。更大范围地讲,"选择权应该得到扩展,私人或公共部门的购买者不应依赖唯一的供方。" See Ted Kolderie, *An Equitable and Competitive Public Sector*, Minneapolis: Hubert H. Humphrey Institute of Public Affairs, University of Minnesota, 1984. 就此,政府由"履行责任"(Erfüllungsverantwortung)转变为"保障责任"(Gewährleistung sverantwortung)与"网罗责任"(Auffangverantwortung)。履行责任,即政府或其他公法人自行从事特定任务的责任;保障责任指特定任务由政府或其他公法人以外的私人与社会执行,但政府或其他公法人须负担保证私人与社会执行任务的合法性,尤其是积极促其符合一定公益与实现公共福祉的责任;网罗责任,则注重其他备功能,仅在具有公益性的管制目的无法由私人与社会达成或管制失灵时,政府此项潜在的履行责任才予以显性化。参见詹镇荣:《民营化后国家影响与管制义务之理论与实践》,载台湾《东吴法律学报》第10卷第1期。这个问题涉及社会发展过程中民主与效率的冲突。

公共行政相类似"①。从这个意义讲,"如果说代议制政府是18世纪的伟大社会发明,而官僚政治是19世纪的伟大发明,那么,可以说,那个有组织的私人自愿性活动也即大量的公民社会组织代表了20世纪最伟大的社会创新"。②

"为创造一个运作更有效、花费更少的政府"(create a government that works better and costs less,这是美国前副总统戈尔的《国家绩效检讨报告》的"著名"标题),美国各种规模和类型的政府都在提供公共服务过程中重新界定其角色与责任,在可能并可行的地方都已开始与私营组织——不管是营利的还是非营利的——建立新的关系;在一些领域,政府可完全卸下公共服务的沉重包袱——原先这是政府必须承担的,而在另一些领域,政府与私营企业通过订立合同共同对公共服务负责成为首选的改革措施。奥斯本(Osborne)和盖伯勒(Gabler)1992年响亮地提出了"改革政府"③的口号,支持私营化和公私部门伙伴关系④,并号召公共管理者以企业家精神带领政府进入21世纪,让管理者在法律框架内尝试不同的管理,真正构建"有效政府"⑤。从工具价值理性和实用主义的角度看,新公共管理运动解决了诸多现实难题,经济效率的提高更是有目共睹。与此同时,社会各界对这种行为的合道德性和合法性的质疑声一直就没有停息过,有许多问题让人感到困惑和迷茫:"包括卫生、教育、福利以及执法、基础设施、金融系统在内,哪一种服务可放心地托付给私营部门?将较大比例的土地和自然资源保留在公共领域中是否合情合理?在何种情况下最好由国家来拥有和经营(部分)生产资料?如由私营企业运作经营,该何种法规进行管制?"⑥

针对"企业型政府"模式,莫尔(R. C. Moe)指责为"误解问题,误断结果"。企业精神引入政府所导致的后果是:结果优先、流程第二或者不讲流程。这是对政府的根本性误解,政府内部应该是有了法律和执行规则之后才会有效和负责任的管理。⑦ 美国学者格林(R. T. Green)和哈伯尔(L. Hubel)在《论治理和重塑政府》也提出了五点批评:(1)它忽视了政府治理模式中制度与分权对政府的约束作用;(2)它打破或侵蚀了立法、行政和司法三个部门的权力平衡;(3)它

---

① 参见〔澳〕休斯:《公共管理导论》,彭和平等译,中国人民大学出版社2001年版,第84页。
② 参见王华:《治理中的伙伴关系:政府与非政府组织间的合作》,载《云南社会科学》2003年第3期。
③ 参见〔美〕奥斯本、盖布勒:《改革政府》,周敦仁等译,上海译文出版社1996年版。奥斯本的一些相关著作近几年来已继续被译介到我国大陆,如〔美〕奥斯本、普拉斯特里克:《摒弃官僚制》,谭功荣等译,中国人民大学出版社2002年版;〔美〕奥斯本、普拉斯特里克:《政府改革手册》,谭功荣等译,中国人民大学出版社2004年版。
④ 参见〔美〕萨瓦斯:《民营化和公私部门的伙伴关系》,周志忍等译,中国人民大学出版社2002年版。
⑤ 参见〔美〕凯特:《有效政府》,张怡译,上海交通大学出版社2005年版。
⑥ 参见〔德〕魏伯乐、〔美〕奥兰·扬、〔瑞士〕芬格主编:《私有化的局限》,王小卫等译,上海三联书店、上海人民出版社2006年版,第4页。
⑦ See R. C. Moe, The Reinventing Government Exercise: Misunderstanding the Problem, Misjudging the Consequences, *Public Administration Review*, Vol. 54, No. 2, 1994.

注重结果(产出)和目标而非投入和过程的原则是片面化的;(4)市场导向原则将损害美国制度的稳定性;(5)"顾客至上"原则将产生分配上的重大难题。而另一个美国学者查尔斯·古德塞尔(Charles Goodsell)则提出与"企业化政府"模式十条原则针锋相对的十条原则:(1)政府应是由人民通过选出的代表来控制,而不应是由企业家控制;(2)政府应为公共利益服务,而不是满足企业家的自我;(3)政府必须依照宪法和法律活动,而非依据目标或任务活动;(4)政府应该与私营企业的主要股东合作而非任何一种合伙人合作;(5)政府应既具有灵活性和创造性,又具有公共责任心;(6)政府活动的社会效果固然重要,但必须尊重政府雇员;(7)政府采用私人企业的管理模式必须以不违反平等和公众监督原则为前提;(8)简化繁文缛节是对的,但不能破坏基本规范和法定程序;(9)减轻财政负担的设想是可行的,但不能无视必要的行政开支;(10)处理公共问题应具有创造性,但不能让少数人中饱私囊。① 就此,孙学玉以公共选择理论、交易成本理论、委托代理理论在内的新制度经济学和管理主义为基础,把公共组织及其工作人员置入"经济人"的假设框架下,探讨将一定制度安排下的市场竞争机制引入非营利部门,运用委托代理模型来探讨如何完善公共产品和服务多元供给主体的激励机制,从而为信息不对称条件下实现外包、出租建立良好的契约关系提供有效工具。这也为有效打破公营部门垄断,准确选择公共管理的代理主体,合理设计组织结构,不断完善管理过程中的技术手段提供了必要的理论基础。运用交易成本理论的资产专用性原则,区分了政府专用性职能和非专用性职能,划分了政府职能和非政府组织职能的边界。企业型政府的建立,在理念上必须形成企业家"顾客至上"、重视成本收益分析、侧重于掌舵而不是划桨、引进竞争机制打破垄断、放松规制激发创新精神、减少层级数量贴近民众;在战略与策略制定上,围绕目标和角色定位设计组织流程,分析其有序竞争和绩效管理的行为诱因,回溯"以足投票"的责任机制,构筑控权体系,重塑组织文化,进而实现组织结构扁平化、行政事务治理化、运作制度化。②

乔治·弗雷德里克森(H. George Frederickson)断言,私营化运动不会有成功的前景,在贪欲、腐败刚刚得到遏制,政府行政能力受到人们倡扬之时,这一运动很可能又将退回到原来的状况。除了"可能产生制度记忆的丧失和政府的空心化","契约总是容易产生回扣和欺诈的诱惑的环境"。③ 而琳达·德莱恩(Linda deLeon)对私营化、企业化公共管理及道德的看法较为乐观。成功的私营企业家一般具有相同的价值观——自负、自私、我行我素、旺盛的支配欲以及不择手段——如在公共部门中得不到合理约束与督察,可能会危及公共领域的道德基

---

① 参见丁煌:《西方企业家政府理论述评》,载《国外社会科学》1999年第6期;程样国、韩艺:《国际新公共管理浪潮与行政改革》,人民出版社2007年版,第85页。
② 参见孙学玉:《企业型政府论》,社会科学文献出版社2004年版。
③ 参见〔美〕弗雷德里克森:《公共行政的精神》,张成福等译,中国人民大学出版社2003年版,第168页。

础。但"就其最佳状态而言,公共管理企业化是道德的"。自我服务、追求利润、精打细算的公共企业家们如取得成功,一定能把握机会,合理调配资源,开拓创新。当然两者相抵,道德环境不容乐观。尽管如此,道德的企业化管理是有可能的,并会得到公共组织的鼓励。① 不管怎样,"政府正沿着私营化方向前进,对此我们无须心存介蒂,但对政府伦理的关注应同时提升"。②

在理论推演无法取得重大突破的情况下,有些学者开始另辟蹊径进行实证研究。如理查德·K.高尔(Richard K. Ghere,1996)具体剖析了美国中部某州的一个都会县与当地商贸促进会开展合作的案例。为繁荣旅游业,吸引会议产业,该县制定了一套吸引外地投资的经济发展战略。占有当地税收3%的旅馆床位税被用来实施这一战略。商贸促进会提供与该战略相关的服务。随着时间推移,违规事件屡屡发生:能拿到非竞争性授权的商人是因为与促进会的官员有着家族联系,开支报告、围绕会议而进行的商务活动经常弄虚作假,促进会为县领导人支付打高尔夫、外出赴宴甚至出境旅游的费用。③ 高尔没有为我们提供商贸促进会向县政府渗透的更多具体细节,但有一点已经很清楚,这类市场化政府经济行为所涉及的法律问题不仅仅是合同问题,还包括行政伦理、行政信息公开、行政责任等诸多问题。又如科恩和埃米科在调查了企业化公共管理的三个案例——加州橘郡财政破产案(the Orange County financial bankruptcy case)、加州维萨利亚宾馆合作项目(the hotel partnership project in Visalia California)、印第安纳波利斯废水处理厂私营化项目(the privatization of Indianapolis' wastewater treatement plants)——之后提供了某种证据(1996)。在加州橙县案中,该县财务主管罗伯特·西特罗恩(Robert Citron)为获得巨额的财政增益,用当地的共享基金(pooled funds)进行投资,不想利率陡然上升。随之暴露的财政危机迫使这位财务主管弃职而去,给该县留下破产的残局。而在维萨利亚宾馆合作案中,该市动用闲置的城市财产(city owned property)与瑞迪逊连锁宾馆集团(the Radisson hotel chain)合作建造并经营宾馆,使纳税人的钱承受很大的风险,最后的结果是城市被迫收购宾馆,承担债务。印第安纳波利斯市对斯蒂芬·格德史密斯(Stephen Goldsmith)市长的行动经常津津乐道,早在1990年初,他便在四十多个公共服务领域实施私营化改造,城市废水处理厂便是其中之一。虽然这个厂一直是有效率的,市政当局还是决定把该项服务外包出去。结果当地的供水公司以51%的

---

① See deLeon, Linda, Ethics and Entrepreneurship, *Policy Studies Journal*, Vol.24, Autumn 1996, p.496.
② 参见〔美〕弗雷德里克森:《公共行政的精神》,张成福等译,中国人民大学出版社2003年版,第150页。
③ See Moulder, Evelinea R. and Lisa A. Huffman, "Connecting to the Future: Local Governments On Line", *The Municipal Year Book*, 1996, Washington, D.C.: International City/County Management Association.

股份与一家法国工厂赢得了合同并取得了重要的财政贷款。① 在考察这三个案例的基础上,科恩和埃米科归纳了如下结论,公共管理私营化能够在道德上成立,但是胜任私营化的资格问题、稳健经营与风险规避问题必须严肃对待。林万龙等通过对若干中国典型农村公共服务进行实地调研与案例分析,研究了农村公共物品私人供给的主要条件以及现实中存在的主要形式,所面临的微观、政策和制度层面的主要制约因素,以及效率与公平问题,并提出一个系统完整的促进农村公共物品私人供给,同时兼顾供给效率与公平的公共政策框架。② 余晖等研究了PPP的起源、经济机理、法律机理、行政管制结构,以及PPP在中国水务、天然气行业、公共交通行业、城市垃圾处理行业的实践问题,探讨了PPP在中国面临的诸如公用企业改制、投融资、价格确定、监管等问题。③ 张启智、严存宝、王梅等专门就BOT、TOT、PPP、PFI、ABS等各类基础设施投融资方式进行了研究。④ 由于基础设施PPP模式中项目的所有权归属问题一直是PPP模式实施的难点,沈桂平通过模型分析认为,所有权的归属影响了基础设施PPP模式的推进。若基础设施资产所有权的激励效应大于风险成本,所有权归民营企业最优;若资产所有权的激励效应小于风险成本,所有权归国有最优。⑤

随着全球新公共管理运动的深入展开以及民营化趋势及交易速度的持续提高,有越来越多的学者对民营化过程中所积累的各种经验加以评估。在评估民营化的过程中,曾形成了"英国怀疑论"与"华盛顿支持论"之争。⑥ 英国怀疑论学者对民营化的经验采取批评态度,认为民营化的成果相对于所预期的要缓慢许多,事实上成果很令人失望。而华盛顿支持论者则对民营化成果基本予以肯定,呈现出与美国及世界银行等财政支援机构相同的观点。这两种观点有明显分歧,实际上并不根本对立,即使怀疑论者也没有完全否定民营化,二者在代理的本质、所有权与竞争、管制的关系、进入评估的事实范围以及民营化成功的测量标准等系列问题上存有差异。

---

① See Cohen, Steven and William Eimicke, "Is Public Entrepreneurship Ethical?" *Public Integrity Annual*, Lexington, KY: Council of State Governments.
② 参见林万龙等:《农村公共物品的私人供给》,中国发展出版社2007年版。
③ 参见余晖等:《公私合作制的中国试验》,上海人民出版社2005年版。
④ 参见张启智、严存宝:《城市公共基础设施投融资方式选择》,中国金融出版社2008年版;王梅主编:《市政工程公私合作项目(PPP)投融资决策研究》,经济科学出版社2008年版。
⑤ 参见沈桂平:《城市基础设施公私合作模式所有权归属的模型分析》,载《城市轨道交通研究》2007年第4期。
⑥ See Nemat Shafik, Selling Privatization Politically, *The Columbia Journal of World Business*, Winter 1996, pp. 20—29.

图表 1-1　民营化怀疑论者与支持论者的对垒

	怀疑论者	支持论者
对代理问题本质的认知	由于代理问题普遍存在于公营及民营公司中，公务员尝试对公营企业的监督就如同股东对公司的监督一样，会发生代理成本。讨论公营与民营的重点并不在何者能防止代理问题的诞生，而是代理问题较容易在何种模式中获得解决。	对代理问题着眼于公营领域，也即代理问题系将公营企业当作政治赞助、软性的预算限制、公营企业经营者与官员间资讯不均衡与监督的问题，在公营企业的政策性经济之下，即使有增进效能的有效改革也无法持续下去。
对分离所有权与竞争、管制的观点	倾向于采取纯粹的经济观点来探讨所有权、竞争及管制间的分别，决定企业效能最重要的变因为竞争与管制，私人所有权并不是决定性因素。	由实际政治分析的观点，认为所有权与竞争、管制不可分，官僚资本产生的影响不容忽视，强调民营化过程中私人资本介入的重要性。
用以评比的假设事实	以特定交易中接受竞争并有效管理的公营企业与私人企业间的对比评估民营化经验。	以大型复杂企业民营化前后的效能显性或隐性的变化作为对比。
对成功的测量标准	使用经济学的标准来衡量成功，注重民营化对消费者及生产者所带来的总福祉的增加。	着重于定义狭窄的财政及执行标准，例如获利率、生产力及单位成本水准。

综上所述，遵循"挑战—回应"的模式，不同国家的不同学科对不同社会中所出现的各种问题都保持了应有的学科敏感和理论热情，充分体现了人文社会科学的"问题导向"和研究者的"问题意识"。学者们对一些论题的交叉研究和相互争论，引发人们对一些更深的学理和实务问题产生困惑和迷茫。如在我国大陆，不仅民法学界普遍否认行政合同的存在，行政法学界也有部分学者对行政合同持否定态度，认为行政合同概念本身矛盾。① 有学者认为，我国现行《合同法》没有规定行政合同，其立法草案说明实际上否认了合同在行政法律关系中的存在，或者说，行政合同根本不存在。② 论战后达成的共识是：公共管理不断受到市场经济理念侵蚀、私法上的契约观念不断向公法领域渗透的结果，契约规制实践（与其他发生在劳动法、社会法等领域的实践一起）使得公法与私法二元结构逐渐变得界线模糊，或者更确切地说，行政合同实践开始生长在公法与私法二元结

---

① 参见杨海坤编著：《跨入21世纪的中国行政法学》，中国人事出版社2000年版，第390页。有学者认为，契约的精髓是协商，是各主体共具处分权条件下的自愿选择。行政与契约是一对"天敌"，行政合同是两种不可调和的事物被人机械的捆绑在一起的假概念、错概念、误导概念，是被假象蒙蔽后的错觉。行政合同多是特殊的民事合同。世界上最可怕的就是行政主体成为事实上的立法者、决策者，行政合同恰恰就是让噩梦成为现实的企图。

② 参见文正邦主编：《法治政府建构论》，法律出版社2002年版，第795页。

构的交叉边缘。人们开始正视公法和私法的二元结构在理论和实务上所产生的不同效果①的同时,理论上产生进一步探究它们的合理性和正当性的浓厚兴趣,实务上日趋重视以人权保障为终极关怀,然后探求、解决救济的可得性问题。问题在于,上述研究在方法上过于突出学科视角,各自为战,忽视了法律的应用特征和综合调整,这种"学科问题导向"只是局部的"问题导向",不是真正的"社会问题导向";在研究路径上过于侧重"市场—政府"/"私法—公法"这样的二元结构单向度作用,或以市场/私法为向度,或以政府/公法为向度,漠视面向真实社会的互动反映;在研究内容上过于侧重微观分析某些具体市场化政府经济行为,忽略对市场化政府经济行为的宏观把握,无法为实践中的各种市场化政府经济行为提供立法、司法、执法的理论指导。遍观相关研究,将经济学上的成本效益分析或绩效评价等因素作为判断市场化政府经济行为合理性的主要基准的倾向比较突出,而对市场化政府经济行为的公益性这种本质属性,考虑的相对欠缺或不足。为平衡效益与公益,我们在促进多元主体参与的同时,政府的监管职责不能放松,而有关制度机制的完善也应尽快推进。应该说,市场化政府经济行为在实践中的混乱,很大程度上还是应归结于我国法学理论准备的不足,大都停留在对国外的若干经验理论的泛泛介绍层面上,能结合中国实际并将行为理论推陈出新的比较少。

本书主旨是启示性的而非结论性的,旨在设定一条考察政府经济行为的路径,凸显那些经常被人忽视的因素,提供一个研究视角——以社会问题为导向,注重"市场—政府"(或"私法—公法")二元结构的双向互动,通过认真梳理和整合相关各学科的研究共识和优秀成果,打破学科间的隔阂进行科际整合,对市场化政府经济行为进行宏观把握和制度架构。而"市场化政府经济行为"概念的提出,就是建基于孙斯坦的"未完全理论化协议"理论②之上的"形而中"方法,不同于"形而上"地笼统研究"政府经济行为",也不同于"形而下"地具体研究政府采购等政府经济行为。

三、研究方法

法学的进步,仰赖于研究方法上的进步。中国经济法学研究方法,必须重视面向日常生活的类型化,强调科际整合(或称"交叉学科")式的杂交,突出案例和实例的个案分析。这种面向立法和司法的研究风格,有利于研究者在剖析个

---

① 即使行政契约已法制化的我国台湾地区,公、私法契约的界限仍然纷扰不清。林明昕通过整理并分析台湾《行政程序法》(1999年年正式公布,2001年1月1日施行)第135条以下有关行政契约之规定对于岛内行政与司法实务的实际影响,提出以契约主体为原则,契约标的为例外的"契约主体推定说",来简化公、私法契约的区别标准:凡行政机关所缔结之契约,原则上推定为行政契约;只有契约所规范之法律关系全体均指向私法时,始例外地反证为私法契约。参见林明昕:《行政契约法上实务问题之回顾》,台湾《中正大学法学集刊》第18期。

② 参见〔美〕孙斯坦:《法律推理与政治冲突》,金朝武等译,法律出版社2004年版,第3页。

案的过程中,不断反省原有构想,逐渐形成自己独立的眼光与立场进行制度设计和规范完善。

(一) 回归日常生活世界

"生活世界"最早由胡塞尔于 20 世纪初期提出。他认为,生活世界具有先在的给定性,是"前科学的、直观的"、"可经验的"人之存在领域。这种给定的生活世界包含我们通常所说的日常生活的范畴,但这个生活世界是主体性的意义构造。生活世界作为自在的第一性的主体性的意义构造,不是孤立的自我的产物,而是交互主体性的产物。这一概念逐渐引起了不少哲学家的重视与共鸣,如哈贝马斯的交往行动理论、列斐伏尔的日常生活批判理论、维特根斯坦晚期的生活形式理论、海德格尔的"日常共在世界",赫勒的"日常生活世界",都体现了共同的思想倾向和理论旨趣。① 放眼当代哲学,"回归日常生活世界"已不是某个人零星的偶然意见,而是诸多思想家共同的注目焦点,成为极其重要的理论现象。②

人生如戏是许多哲者的感慨,可以说法律也是一场真实的戏剧,它的舞台便是由人的生产与生活,交往与沟通所构成的生活世界。③ "人类制度之所以成为永恒的和稳定的,是因为它们是日常生活中的平常事务的组成部分。"④具体来说,"法律是对现实的人的生活的最为直接的规范性诉求,法治亦是对现实的人的生活的最为直接、最为全面的规范性观照,因此,只有从人的日常生活世界之中寻求法律存在与发展之因,从人的日常生活世界之中探究法治安身立命之本,才有可能在现实的人的具体的生活场景之中培育起人们对法律、对法治的制度性信任情感与心理依赖,并通过这种情感和心理依赖在他们彼此之间建立起相互的依赖,从而孕育出法治的精神意蕴,并使之长期有效地弥漫、渗透于现实的

---

① 参见〔德〕胡塞尔:《生活世界现象学》,倪梁康译,上海译文出版社 2002 年版;〔德〕哈贝马斯:《交往行动理论》,洪佩郁等译,重庆出版社 1994 年版;〔法〕瓦纳格姆:《日常生活的革命》,张新木等译,南京大学出版社 2008 年版;〔英〕海默尔:《日常生活与文化理论导论》,王志宏译,商务印书馆 2008 年版;吴宁:《日常生活批判——列斐伏尔哲学思想研究》,人民出版社 2007 年版。

② 参见贺来:《现实生活世界》,吉林教育出版社 1998 年版,第 132 页。日常生活是以个人的家庭、天然共同体等直接环境为基本寓场,旨在维持个体生存和再生产的日常消费活动、日常交往活动和日常观念活动的总称。参见衣俊卿:《现代化与日常生活批判》,黑龙江教育出版社 1994 年版,第 32—33 页。姚建宗在思考法治问题时所指认的人的日常生活世界,"乃是指构成人的日常活动的全过程的背景条件与资源条件的所有因素及其组合方式的总体,也就是既从属于人又是人所从属的那些人的日常生活与活动的环境。"参见姚建宗:《法治的生态环境》,山东人民出版社 2003 年版,第 36 页。

③ 参见单飞跃、杨期军:《制约与解释——生活场景对法律生命的考量》,载《法学论坛》2004 年第 2 期。

④ 参见〔美〕尤伊克、西尔贝:《法律的公共空间——日常生活中的故事》,陆益龙译,商务印书馆 2005 年版,中文版序第 4 页。在那些司空见惯的场合,诸如:地铁、超市、影院,与陌生人最普通的接触——几句闲聊、相互注视、排队等候——这种偶然且不经意的人际互动,被一套复杂细微而难以觉察的法律规则深深影响与支配。参见〔美〕瑞斯曼:《看不见的法律》,高忠义等译,法律出版社 2007 年版。

人的日常生活空间,并给予法治的制度性物质设施以强大而坚固的观念支撑。"①

日常生活世界,不仅仅与公共空间有关,与普通大众的历史关系、观念心态也联系紧密②,所承载的社会内涵极其丰富。布罗代尔在研究15—18世纪物质文明、经济和资本主义时,就特别注重从最基层的日常生活结构的变化入手,他不厌其烦地从各种琐碎的关于衣食住行的资料中去发掘那些人们所不经意的东西,认为这样才能真正揭示市场经济和资本主义的形成。③ 这样撰写历史当然不如研究重要历史人物和重大历史事件的传统方法简洁,甚至让人觉得将轰轰烈烈的历史写得太过平常乏味、枯燥繁琐,但这样撰写的历史也许更为真实、更接近历史本来面目。

在终极意义上,人类所有的知识和学问都不过是有关日常生活世界的叙述。作为一门与社会生活联系紧密、以解决纠纷和塑造良好的社会秩序为目标的学科,法学在其演进过程中一直与人心和人生息息相关。从某种意义上讲,法学不过是打着法律解释或推理的旗号说着日常生活故事。可是,"今日各大学法科政治经济者,只知读外籍,玩空理论,而于本国人情及当世利弊曾不留心考索。至其愤激现状,往往因自身利害之私而不自觉,乃自居公愤,实无《大易》所谓'吉凶与民同患'之心。"④即便是当下中国的法学研究,一旦觉得自己有病了,也是先用眼睛瞄着别人,云遮雾罩地开出"海外仙方",以为这下子就可手到病除了。方子是有了,可药怎么吃,还是不知道。这种研究笔者称之为"你我他":"我"(自己)的不行,"他"(外国)的好,至于怎么做,"你"看着办。这种毛病出在没有从实际出发将自己的"病"研究清楚,是在"吃人家的药治自己的病"。不是人家的药不能吃,但吃之前最好要弄清楚自己的"病"是不是和人家一样,病根是不是在同一个地方。"明智的人对病下药,而不是对病名下药;改革针对的是弊端的长久起因,而不是起因借以起作用的临时机关及赖以出现的一种模式。否则,你将是历史中的聪明人和实际中的傻瓜。"⑤这种毛病的养成,是因为抛弃了"回归日常生活世界"的实事求是的思想作风和方法。"实事求是"不是"实话实说"。这里,"是"是"求"的目的,我们认识新事物、解决新问题都要靠它;而"实事"是基础,是出发点,不从"实事"出发,就不可能求出正确的"是"来,事物也不可能正确认识,问题当然也解决不了。

---

① 参见姚建宗:《法治的生态环境》,山东人民出版社2003年版,第33页。李龙、罗丽华指出,生活给法治提供了新的范畴体系、理解框架和理论背景。法治以生活为立场是对法治上层建筑立场的补充和完善,其拓展了法治理论,回应了法治实践,也为中国法治走向"生活世界"提供了路径。参见李龙、罗丽华:《法治的生活之维——走向"生活世界"的中国法治导论》,载《法制与社会发展》2009年第1期。
② 参见〔美〕戈夫曼:《日常生活中的自我呈现》,冯钢译,北京大学出版社2008年版。
③ 参见〔法〕布罗代尔:《15至18世纪的物质文明、经济和资本主义》,顾良等译,生活·读书·新知三联书店1993年版。
④ 参见熊十力:《十力语要初续》,上海书店出版社2007年版,第185页。
⑤ 参见〔英〕威廉斯:《文化与社会》,吴松江等译,北京大学出版社1991年版,第34页。

"法律不仅是社会功利问题,而且也是、且主要是生活目的和终极意义的一部分。"①"人与社会存在的固有事实与本来逻辑显示,法律的存在是以现实的人的日常生活世界为前提和疆域的,法治的生成与运作必然依赖于现实的人的具体的生活场景。"进而,我们完全可将"法治的种种要求、种种规范和制度在具体的生活场景中生活化和内在化,成为现实的人的真实的生活愿望与要求,从而使现实的人在其日常生活中通过对法治的近距离、甚至面对面的直观感悟,逐步确立起对法治及其规范与制度的信任和耐心"。② 反之,面对复杂的现实景况,面对丰富而有张力的日常生活世界,我们也实在没有理由用舶来的外国理论和抽象的理论学科切割市场化政府经济行为的生存经验——那样太粗暴,更没有理由将其进行泛道德主义地想象——那样太没良心。对市场化政府经济行为的制度生态的理解和把握,需要的是"社会学的想象力"③和更为情境化的考察。若不面向实践,植根于经验,对"问题情景"进行审察和理性化重构,使"问题"在此范围内变成"可理解的",所有的理论想象将因缺乏经验基础而变为臆想和玄谈。只有通过"情景分析"将其面向日常生活这一"定在",才能达到重新结构化问题的目的。这种离开抽象的玄想,将目光转向我们所生活的世界本身的研究方法,就是所谓的"法的形而下"④。

　　在一切重大的历史转型时期,当社会发展方向尚未明确时,理论研究中的概念使用出现混乱极为必然。当使用某一概念时,我们必须搞清楚概念生成时所对应的"定在","定在"的存续以及演进状况如何使概念失去了它原初产生时的内涵,又是如何与当下"定在"保持某种对应性的关系。该概念是否适用于另一个不同的场合,必须先将那个特殊场合加以研究后才可判定。基此,笔者采用了案例和实例的个案研究(case study)方法,以披露和揭开一种特殊的事件或现象的详细信息。

　　被作为科学的法律,由原则和原理构成,都通过演化达到当下样态。这是一个漫长的、通过众多的案例取得的发展道路。有效地掌握这些原理的最快和最好的——如果不是唯一的——途径就是学习那些包含着这些原理的案例。最具有示范作用的是德沃金在《法律帝国》开篇就介绍了四个著名判例,以此展开对法律争议的实际情况和本质的论述。这种从判例出发但又超越于判例的研究方法应理解为作者从日常生活世界走向规范世界的学术方法。可互为参照的是,科斯的《社会成本问题》引用了四个司法判例(包括一个他在开篇虚拟的案例),避免了"黑板经济学"的倾向。陈平原先生指出:"我更欣赏'法从例出'的策略:在剖析个案的过程中,不断反省原有的构想,逐渐形成自己独立的眼光与立场。

---

① 参见〔美〕伯尔曼:《法律与宗教》,梁治平译,中国政法大学出版社2002年版,第68页。
② 参见姚建宗:《法治的生态环境》,山东人民出版社2003年版,第26、41页。
③ 参见〔美〕米尔斯:《社会学的想象力》,陈强等译,生活·读书·新知三联书店2001年版。
④ 参见孙笑侠等:《返回法的形而下》,法律出版社2003年版。

在这里,个案的选择至关重要,因其决定了最初的视角。"①而许纪霖先生指出:"个案研究是整体研究的基础,整体研究假如缺乏个案研究的基础,通常会流于'知性化'、教条化,无法处理各种很复杂的问题,而个案里面通常有各种复杂的思潮、观念、心态交织在一起,更有一种逼真感,更能达到某种分析的深度,历史的还原性更好。"②本书选取的案例和实例,皆以市场化政府经济行为为出发点,或为我国各级法院已审理结案并公开发布的判决,或为影响性诉讼。个案选取以真实、典型、有代表性为原则:真实是指个案是有真人真事,活生生地出现在日常生活中,面向立法或司法;典型是指该个案在同类事件中十分突出,既具有时代特征,又有鲜明的类型化特点,具有普遍指导意义;有代表性是指该个案在法学理论中,能说明相应行为的基本原理。

只有这样,我们才能够在历史发展的过程中看到理念流动的轨迹。也就是说,"定在"不断地受到扬弃,这种扬弃决定了概念在内涵上的变化,使之去积极地适应新的"定在";当概念与新的"定在"实现了统一的时候,也就赋予了理念以新的内容。这就是人类社会一切理念变化的逻辑性。"我们在现实的一些特例身上,常常能够找到使我们更深刻理解'普遍规则'的钥匙。在科学的研究历程中,'特例'的功能从来就不是对'普遍规则'的反动,而是修正和扩大'普遍规则'的边界。"③这决定了我们在研究市场化政府经济行为时,需要时时从现实性的"定在"出发去看一种理念的现实合理性,而不是从历史上的某一理念出发来评判现实的合理性,更不能将历史上的某一"定在"作为标准来评判现实。

学术走向生活、具体和个别的惯性和偏好,易形成两大弊端:或对理论的轻视,由此造成理论匮乏;或过分强调制度价值的"特殊性",与现代性的普遍性断裂。笔者试图同时采用类型化方法和多学科的科际整合这两种方法,加以避免或弥补。

(二) 类型化

市场化政府经济行为形式多样、种类各异,彼此之间的不同情形,"不是像这个人的头和那个人的头的区别,而是像蚂蚁的头和大象的头的差别。"④对其研究,如果过于关注一般而忽视个别,就易于忽略某些具有典型意义的特殊性,甚至以牺牲丰富的个性为代价而勉强抽象出共性,然后又以这样获取的共性为前提,生搬硬套地推断或牵强附会地解释千差万别的具体情况。如何把握市场化政府经济行为?"所谓无漏洞的抽象概念式的体系,这种账单根本无法清偿。所谓的矛盾对立,被证实只是反对关系。概念上被严格划分者,实际上常以各种方式相互结合,极端的抽象化经常切断意义关联,因最高概念的空洞性,其常不复

---

① 参见陈平原:《中国现代学术之建立》,北京大学出版社1998年版,第21页。
② 参见许纪霖:《大时代中的知识人》,中华书局2007年版,第265页。
③ 参见李培林:《村落的终结》,商务印书馆2004年版,第14页。
④ 参见〔英〕格林伍德、威尔逊:《英国行政管理》,汪淑钧译,商务印书馆1991年版,第183页。

能表达出根本的意义脉络,因此,抽象化常导致荒谬的结论。"①当抽象的一般概念及其逻辑体系不足以掌握某生活现象或意义脉络的多样表现形态时,人们常常借助类型学的方法。②

类型学的方法可追溯至古希腊时期,亚里士多德对158个国家宪政的分类研究即是例证;应用领域涵盖了几乎自然科学和人文社会科学的所有门类。类型学不是一般的分类研究,而是分类研究的一种,更具有一种方法论的品质。运用它研究社会现象的学者可上溯到F.滕尼斯、E.迪尔凯姆、马克思·韦伯等人。③ 其中以马克思·韦伯在这方面所作贡献最为突出,单就其对法学研究的影响而言,也至为深远,既是思想的,也是方法的;既及于瞿同祖等上代学人,也及于梁治平等当代才俊。④ 这种源于德国学者马克思·韦伯的"理想类型"(ideal-types),是研究社会和解释现实的一种概念工具,具有以下特点:一方面,作为理智上构造的概念工具,它具有高度的概括性、抽象性,因而不同于经验事实;另一方面,作为考察现实的概念工具,它是对繁多的经验整理后,突出了经验事实中具有共性的或规律性的东西,使之成为典型形式。"理想类型"作为一种重要的、有效的社会科学方法,在法学中得到广泛应用。"法律资料或法律规定常常非常繁琐,一眼难以望尽,为能充分掌握,利用类型加以管理,并使之形成体系,极为需要。"而"法律类型之构成亦取决于其共同特征,只是哪些特征之共同,在法律上有类型化之意义,尚待于规范上之价值判断"。⑤

大陆法系学界习惯于将法律事实概念化、类型化,然后借着解释去实现规范目的及立法者的价值判断,法律概念因此有"价值储藏"功能。类型化的结果虽易于理解,也能容纳繁杂万端的社会事实;但过度类型化易造成理论的稀薄化,许多未纳入考虑的因素使得理论与实际的差距扩大,可能产生相当之后遗症,例如,专注实际运作却忽略规范目的以致和价值剥离,或在是否要更抽象以涵盖更多法律事实或更具体以避免规范空洞化间摆荡。事实上,由于本身结构性的因素使然,类型化的优点正是它的缺点,这个道理正如"水能载舟,亦能覆舟"。现代有限论在分类问题上有如下认识:(1)"未经分类的现象(即尚未被人们所认识的现象,因而人们不知道其属于何种概念范围)不能参照概念意义来分类";(2)对于分类的决定性因素而言,有限论认为"分类取决于人们的决定,而这种

---

① 参见〔德〕拉伦茨:《德国民法通论》(上卷),王晓晔等译,法律出版社2003年版,第333页。
② 在自然科学中,实验对象可分为不同的类型、种类和类型,各类均有其稳定不变的特征。而在社会科学中,现实呈现出程度更高的特殊性,因此,如果不借助类型学的方法,人们就无法获得对研究对象的一般性认识。参见〔法〕让·卡泽纳弗:《社会学十大概念》,杨捷译,上海人民出版社2003年版,第59页。高度抽象的概念往往不能充分反映事物的差异,而某些差异具有非常重要的法律意义,它决定着规范的设计。在法学方法论上,"类型化"是弥补概念空洞化的重要手段。
③ 参见程乃胜:《论类型学研究范式在法制现代化研究中的运用》,载《法学评论》2006年第1期。
④ 参见陈景良:《反思法律史研究中的"类型学"方法》,载《法商研究》2004年第5期。
⑤ 参见黄茂荣:《法学方法与现代民法》,中国政法大学出版社2001年版,第480、502页。

决定受着永在变化之中的人的社会和精神因素的影响";(3)一个社会所具有的"先前的概念和知识的应用并不能清晰地或者非常正确的决定新情况下概念的正确应用"。① 所以,我们必须警惕和避免类型至上或类型万能,同时以开放胸襟接受新的市场化政府经济行为类型,以体察或分析变化万千的法律关系。尤其是在既有类型不能适切说明某些社会现象时,更应思考是否有采取其他类型的可能性。

（三）多学科的科际整合

对于市场化政府经济行为,我们并不只是面向日常生活世界关注其各种问题和类型,而毋宁是在努力达致某种理想的图景或目标的过程中关注这些问题和类型的,而要做到这一点,就必须有那种依循于理论脉络而产生的、且与实践前沿问题不涉的理论或理论前沿论题作为思想支撑。一如卡多佐所说:"我不想夸张地说,法哲学或者其他哲学是探索文化价值或思辨旨趣的。……我关注的是哲学与生活的关系。一个法律学生在开始入门时,我们应当让他深切地体会到这一关系的重要性。你们可能认为,哲学玄而又玄,高在云端。我却希望你们明白,她也可以入乡随俗,亲切可人。你们可能认为,停止前进、向她求爱,是不务正业,是浪费宝贵的时间,而应埋头赶路。我却希望你们和我一样坚信:你们正在通往目标的路上。在此,你们将找到开启门闩与暗码的钥匙,粗制滥造的工具永远不可能妄图打开它们。你们可能认为,追求终极观念的理论与实践完全搭不上边。你在刚刚开始职业生涯时,这或许是真的。碰上更重要的问题时,你却可能最终发现,不是研究基础知识徒劳无益,而是除了研究基础知识,几乎不可能获得任何有益的东西。"②笔者研究市场化政府经济行为,就尝试运用包括法哲学在内的多学科知识。

1966年,福柯在其哲学著作《词与物》中提出了"知识型"这一概念,指不同学科、理论、知识、研究领域虽然在研究范式方面各成体系,但在内在构成、组织形式、表意法则却是暗通窥曲,在一个既定时空内具有不易看见的高度的相似性(a high degree of isomorphism between all these areas of knowledge),在知识型的研究范式下,不同的学科、知识、事物的关联得以重新组合。③ 1970年,皮亚杰(Jean Piaget)也提出:科际整合(或称"交叉学科")④式的杂交确实培养了不少种类的学问新品种,形成了一种孕育新学问的方程式。任一学科的研究,研究者在本学科内的研究深入到一定程度就必然延伸到本学科之外的其他学科,因为社会现象

---

① 参见〔挪威〕拉尔森主编:《社会科学理论与方法》,任晓等译,上海人民出版社2002年版,第88—93页。
② 参见〔美〕卡多佐:《法律的成长 法律科学的悖论》,董炯等译,中国法制出版社2002年版,第15—16页。
③ 参见张世明:《知识型:经济法学的哲学理论基础》,载《山西大学学报》2007年第4期。
④ 科际整合指的是专业间的科际整合。当然,尚可进一步形成多专业的科际整合或跨专业的科际整合。

也好，自然现象也好，单一学科都难以驾驭。所以，哈耶克研究自由理论时强调："我们必须把关于自由的哲学、法理学和经济学综合交融为一体，或者说为了增进我们对自由的洞见，我们必须把哲学、法理学和经济学综合起来对自由进行探究（实际上是经济学、社会学、法理学、历史学和心理学的综合研究）。"①

我国法学研究中科际整合的呼声与趋势并非近日事情，但法律与其他学科的科际整合仍停留在不同学科研究人员就某广泛界定议题的研究成果的集结而已。或许本身智力有限，抑或基于"饭碗法学"的利益考量，中国法学者虽同在一个园子里面辛勤耕耘，多是认认真真地做"分内事"，彼此之间难有观点交流，更遑论火花碰撞。学界似乎在构建一道难以逾越的"分离之墙"（a separation wall of law subject），每个学科自觉不自觉地画地为牢而不越雷池一步。如有"异教徒"胆敢跨越学科界限，轻者被人视为"研究方向不稳定"，重者可能被扣上"学术操守有问题"的帽子！今日的法学工作者，须摒弃那种"训练出来的愚昧"（trained ignorance）或"训练出来的无能（trained incapacity）"②，以更开阔的视野去关注其他社会科学的议题和成果，其他社会科学才可能祛除对法学"只是法条、判决的整理、记诵"的刻板印象。但当前中国教育正迅速地从旨在使每一个人的内在禀赋在一套核心价值观的指引下得到充分发展的过程蜕变为一个旨在赋予每一个人最适合于社会竞争的外在特征的过程，法科教育尤烈。中国法科教育大多为名目繁多的工具性的技术课程所充斥缠累，东西方传统中源远流长的法政人文精神，似乎已经被放逐，以致学子们的心灵很难感受到在技术之上还有更高的精神，在法条和制度之中还隐含着思想的潜流。法科经世致用，法条、制度以及相关的专业技术十分必要，然沉陷于技艺之中则有忘却赋予技艺以灵魂之思想的危险，最后此种沉溺必将反噬技艺本身而使之僵死。任何一个法制昌明的民族，都蕴含着强大的法制文明和醇厚的思想传统，法学之道是技艺和精神的交融，所谓"法意"指陈的便是法的精神源流。③

法学从来不是一门自给自足的学科，其发展必须依赖于其他社会科学乃至于自然科学的研究成果。20 世纪的法学在自我陶醉的悲剧性研究中通过不断界定和固防自己的疆界，拒绝了其他人文学科和社会科学的重要成果对它的影响，不仅如此，法学家的努力还使法学俨然成了一个自给自足的实体，渐渐割断了它在社会科学中的根基和知识传统。从而，科际整合才会产生值得令人期待的可能。科际整合不啻是一种重要而创新的法学研究理念，可分成两个层次的整合

---

① 参见〔英〕哈耶克：《自由秩序原理》（上册），邓正来译，生活·读书·新知三联书店 1997 年版，第 7 页。
② 训练出来的愚昧、训练出来的无能，指那种死抱狭隘专业反不知如何看问题的状态。参见〔美〕多德：《资本主义经济学批评史》，熊婴等译，江苏人民出版社 2008 年版，第 1 版序言。
③ 参见高全喜：《法政思想与制度的历史生成》，载《读书》2008 年第 3 期。

思路,一个是科际整合的研究途径或取向①,一个是科际整合的研究方法②。前者主要是采取两种或以上的研究途径之并轨或复轨研究模式,后者则是在研究方法的层次多方引进来自原属其他学科范畴的研究方法。在对待有关理论的本质及理论的作用的问题上,笔者接受"视角主义"的观念:现代学者强调"理论是对现实的再现",理论是对现实的"镜像反映";而后现代理论则采取一种"相对主义"和"视角主义"的观点,认为理论充其量只是提供了关于对象的局部性观点,而且所有认识形成理论要受到语言和历史的中介,因此我们的理论研究应该从多视角切入,我们对现实解释的视角越多,我们对现实理解的越透彻。③ 方法多元、视野开阔的经济法学的研究主要采取后者,亦即科际整合。科际整合的研究往往能够提醒我们注意到法律对各种社会领域造成的意外后果,注意到法律现象往往与各种政治、文化与社会的关系交织在一起,甚至把法律看作是根植于一个复杂的社会——文化系统环境内的子系统。"法律产生于存在于事物之间的事实的一些关系。……我们不再必须从理性推演出来的文本或体系之中,而是从社会效用中,从某些后果会追随某些假定而来的必然性中来寻找法律的渊源。"④换言之,在法律学的研究途径之下,科际整合能够多功能地解决经济法学亟需解决与分析的各项问题。

最近几年,笔者致力于采取科际整合方法研究经济法学,对一些教科书命题进行非教科书式思考,尽可能避免"盲人摸象"。任何事情都不可能像教科书那样孤立呈现,让你"头疼医头,脚疼医脚"。为了认识的方便而人为地分门别类地设置的教科书如不加深思地读久了,以为那就是事物的原始状态,孤立地认识事物和解决问题,效果肯定差强人意。"固有学术研究领域(及分支领域)片面的、专业性的和孤立的特点,会阻碍对当代困境的系统分析;实际上,学术上的先入之见常常与其说借助于将社会现实变为可操作性的(和通常是量化的)学术著作、理论和'方法'而使问题明晰化,倒不如说它歪曲和模糊了这些问题。"⑤笔者以问题为导向,尝试着将其他学科知识、视角和方法引入研究视野,以理解、研究和发展经济法理论:一方面,描述、解释、评价各种社会现象时,自觉地遵循经济法的思维模式,各种社会现象进行经济法理论"格式化",其意义或多或少成为一种被经济法所赋予的意义。另一方面,反思、建构、发展、修正与完善经济法理论时,习惯于援引其他类型、尤其是其他学科的知识,试图从经典理论与经济法制

---

① 研究途径系指选择问题与相关资料之标准,主要涉及研究者拟由哪个角度切入探讨该主题和周边问题。研究途径是研究者对于研究对象的研究,究竟由哪个层次出发,作为着眼点以进行观察、归纳、分类与分析。参见朱浤源主编,《撰写博硕士论文实战手册》,台湾正中书局2003年版,第182页。
② 所谓研究方法,根据 Delbert C. Miller 的说法,系指搜集资料的方法。此为 Delbert C. Miller 在 Handbook of Research Design and Social Measurement 中的见解。参见同上书,第184页。
③ 参见〔美〕贝斯特、凯尔纳:《后现代理论》,张志斌译,中央编译出版社1999年版,第5页。
④ 参见〔美〕卡多佐:《司法过程的性质》,苏力译,商务印书馆1998年版,第75—76页。
⑤ 参见〔美〕博格斯:《政治的终结》,陈家刚译,社会科学文献出版社2001年版,前言第2页。

实践的现实经验中寻找更多的可资立足的逻辑性与经验性知识,寻求确保经济法理论发挥作用的支点或者联结经济法理论与经济法制实践的契合点。笔者确信,一切人类制度生成于历史之中,惟有进入历史深处,我们才能找到这些制度的"合法"根据。制度的累积构成了人类文明的岩层,惟有对制度岩层予以逐层分析,我们才有可能洞见人类文明,乃至整个人类生活,从此形态转向彼形态的逻辑秘密。这种科际整合研究,有可能使某些社会现象或者其他学科的知识在进入经济法视野时出现一定程度的误读、误解和误导,但对将经济法理论与社会现象、经济法制实践建立起常规联系、消除经济法与其他学科之间的知识隔膜而言,却是理性的。

总而言之,笔者的研究强调运用背景或者历史信息①,可称为经验案例研究法,即基于特定背景的互动分析,将环境的背景知识、历史与理论以及明确的特定行为结合在一起来界定市场化政府经济行为制度,说明该制度在日常生活世界是什么?何以如此?怎么可能?

---

① 这种研究方法的采用,受阿夫纳·格雷夫所启发。参见〔美〕格雷夫:《大裂变》,郑江淮等译,中信出版社 2008 年版,第 15 页。

第二章 市场化政府经济行为的理论界定

"社会学家的第一步工作应该是界说他所要研究的事物,以使自己和他人知道他在研究什么。这是一切论证和检验所最不可缺少的的首要条件。"[①]概念是分析问题的逻辑起点,"概念引导我们探索"。[②] 如果我们对概念理解不正确,最后很可能危险地放弃了真正对我们有益的东西,甚至得到对我们有害的东西。概念的价值在于概念的语词表达与概念指向的事物间的一一对应,避免带来概念所指的不确定,导致交流障碍,进而降低甚至失去概念的存在价值。另一方面,"将大量彼此不同,而且本身极度复杂的生活事件,以明了的方式予以归类,用清晰易辨的要素加以描述,并赋予其中法律意义上'相同'者同样的法律效果,此中正是法律的任务所在。"[③]"概念的作用在于特定价值之承认、共识、储藏,从而在适用过程中具有减轻重复思维负担的功能及其适用上的限界或应注意的事项。"[④]本章对市场化政府经济行为的概念加以界说,并做类型化研究,为后续研究奠定基础。

第一节 概 念

市场化政府经济行为是政府经济行为市场化的产物。市场至少有两重意义,一是作为一种人与人交往沟通的整合模式,另一种是指称历史上曾存在的各式各样的交易场所地、机构和制度。前者所指的是一种组织社群的原则或抽象意义上的自我调节与定价机制,为供求规律所决定,受竞争原则所支配;后者描绘具体的历史存在。"市场之所以能运转,是因为它产生其参与者所需要的大量物品和服务,因为市场利用了竞争的力量。如市场可自由进出,任何潜在利润机会的存在都会吸引投资,而且只要有一个企业家认识到可能存在的机会就够了,没有必要有一个委员会或一个政治权力机构的成员来认识到这种潜在的有利可图之机。"[⑤]所以,"市场应当理解为一种法律架构,根据它们是否促进人类的利益进行评价,而不是自然或自然秩序的一部分,也不是一种简单地促进人们自愿

[①] 参见〔法〕迪尔凯姆:《社会学方法的准则》,狄玉明译,商务印书馆2003年版,第54页。
[②] 参见〔奥〕维特根斯坦:《逻辑哲学论》,郭英译,商务印书馆1962年版,第540页。
[③] 参见〔德〕拉伦兹:《法学方法论》,陈爱娥译,台湾五南图书出版公司1996年版,第358页。
[④] 参见黄茂荣:《法学方法与现代民法》,中国政法大学出版社2001年版,第52—100页。
[⑤] 参见〔美〕布坎南:《经济自由与联邦主义》,布公译,载刘军宁等编:《经济民主与经济自由》,生活·读书·新知三联书店1997年版,第34页。

交易的方法"。① 市场就是组织化、制度化的交换。② 市场权利的实质在于决策中心分散,其实现手段是货币选票。③

政府经济行为市场化是指在政府与市场的互动中,为弥补政府缺陷,将市场机制引入政府干预的过程。它突出表现为:(1) 外部效应内部化。外部效应是在外部效应生产者所生产的社会成本和收益与其私人成本和收益不相关的条件下产生的。基于外部效应生产者的"经济人"本性,欲解决外部效应问题,必须使外部效应内部化,即将外部效应生产者所生产的社会成本和收益,转变成由其自身承受的私人成本和收益,而这种转变需要通过模拟外部效应生产者与社会的交易来实现。所以,政府就外部效应问题进行干预较多利用这种机制,如适用于负外部效应生产者的排污收费、公害赔偿等,适用于正外部效应生产者的政府补贴、税收优惠等。(2) 政府经济(社会)职能内部市场化。为打破特定政府主体对某一经济(社会)职能行使的垄断局面,将该职能同时分授多个政府主体行使,一方面使不同政府主体可针对同一时空下的市场主体行使同一职能;另一方面使在特定时空下的市场主体可对行使同一职能的不同政府主体进行选择,从而在政府系统内部模拟市场,形成竞争。(3) 政府经济(社会)职能非行政化。即政府将其部分经济(社会)职能转移给非政府公共组织(机构),将非政府公共组织(机构)作为政府干预市场的中介。这既可利用非政府公共组织(机构)的中介地位优势,双向了解和传输信息,协调政府与市场之间、不同市场主体之间的关系;又可打破政府对公共干预的垄断,形成公共干预过程中政府与非政府公共组织(机构)之间以及不同非政府公共组织(机构)之间的竞争。(4) 公用事业民营化。为扭转公共产品供给由政府垄断所致公共产品供给效率低下的局面,许多国家对公用事业实行民营化,即将原国有的公用事业组织进行非国有化改造,让私人厂商进入公共产品生产领域。也就是将某些公共产品由政府供给改为市场供给或政府与市场共同供给,政府只按照公共产品供给的基本规律制定公共产品生产和供应规则,承担必要的资金扶持等义务,并履行监督职责,公共产品的生产和供应则由私人厂商进行。其实质是利用私人产品供给的"经济人"动力和竞争机制来提高公共产品供给效率。其中包括两个阶段:一是转化阶段,以发包、出租、出卖等方式将国有制转化为非国有制的阶段;二是转化后阶段,即非国有化改革到位后的民营阶段。(5) 参与市场运行。即政府作为一种特殊的市场主体直接参与市场运行,利用市场行为的形式来实现宏观调控的职能。如国有资产投资、发行国债、政府采购、政府销售、公开市场操作等。政府参与市场运行,既便于政府从市场内部了解市场信息,掌握市场运行的规律;又便于政府

---

① 参见〔美〕孙斯坦:《自由市场与社会正义》,金朝武等译,中国政法大学出版社 2002 年版,译者序Ⅷ。
② 参见〔美〕霍奇逊:《新制度经济学宣言》,向以斌译,商务印书馆 1993 年版,第 45 页。
③ 参见〔美〕德姆塞茨:《所有权、控制与企业》,段毅才译,经济科学出版社 1999 年版,第 122 页。

第二章 市场化政府经济行为的理论界定

从市场内部利用市场机制来弥补市场缺陷,以免政府干预损害市场机制。作为政府经济行为市场化的典型形式,在外延上,市场化政府经济行为至少应包括上述类型中的公用事业民营化第一阶段的行为和参与市场运行的行为。

如前所述,孙斯坦提出"未完全理论化协议"理论为界定市场化政府经济行为提供了理论工具。孙斯坦认为,运转良好的法律制度一般会采用某种特殊的策略,以在社会不同和多元化之间得到稳定和一致;法律纠纷的仲裁者试图形成未完全理论化协议。① "未完全理论化协议"理论是与一般理论相对的概念。一般理论是指定一种简单的、(通常)单一的、高度抽象的价值标准;未完全理论化协议便是接受某一原则的人们无需赞同它在特定情形中的要求,即当人们在某些相对高层次或低层次的主张上产生分歧时,如果他们降低或提高抽象程度,也许能达成一致意见。该一致意见便形成了"未完全理论化协议"。当人们很难在某一领域中对某一理论达成共识,也不可避免地会产生与之冲突地新的完全理论,在这一背景下处理纠纷最好(而非次优)的方法便是采纳"未完全理论化协议",不去确认或否定某种抽象原则,仅仅确认各种不同理论之间的共同点,同时对分歧保持沉默。"未完全理论化协议"可容纳在各种大是大非问题上的不同意见;使不同意见之间的人们和平共处,并相互尊重;也可避免人们每次发生纠纷时都不得不一起重塑整个世界;最重要的,它能为人们搭建一对话的平台,促进交流并最终形成一致意见。

据此,我们对其作一狭义定义,即政府主体运用市场行为的形式以实现其经济社会职能的行为。或者说,它是以实现政府经济社会职能为目的和内容、以市场行为为形式的政府经济行为。这概念仍然非常简单而抽象。如何让一个简单而抽象的概念来统领一个具体而复杂的世界?"当人们着手使某一术语本身更为精确时,就会发现用来消除所论及的模糊性的那个术语本身又是模糊的,因此,消除一个给定术语的所有模糊性是一个不切实际的目标。"② 什么是"市场化"?笔者认为,从宏观和抽象的角度看,市场化至少包含了下述含义:(1)总体理念的认同:相信市场的优越性;(2)市场价值的肯定:竞争、成本、照顾、收益等价值取向出现在公共部门的运行之中;(3)市场纪律及市场激励的建立与作用发挥:市场中风险与收益并存,参与者必须遵守其运行规则,并独自承受优胜劣汰的竞争结果;(4)市场机制的引入:竞争、多样化、用脚投票等机制在公共部门中的使用;(5)市场技能的借鉴:借鉴私人企业的管理方法来改造公共部门;(6)市场主体的介入:让私营企业、非营利组织、志愿者参与到公共物品供给中来,如合同外包等;(7)市场资源的利用:以特许经营等方式借助市场资本(包括人力资本)提供公共物品。③ 实践中,诸如政府投资、政府授权经营、政府采购、政

---

① 参见〔美〕孙斯坦:《法律推理与政治冲突》,金朝武等译,法律出版社 2004 年版,第 3 页。
② 参见〔美〕阿尔斯顿:《语言哲学》,牟博等译,北京三联书店 1998 年版,第 202 页。
③ 参见句华:《公共服务中的市场机制》,北京大学出版社 2006 年版,第 8、55 页。

府拍卖等都是市场化政府经济行为的具体类型。它的大量采用成为政府规制和调控经济的一个发展趋势,亦与公共管理的社会化、权力运作方式的多样化以及行政功能有效化的整体趋势相吻合。

市场化政府经济行为是一项以多个不同主体之间(如行政机关、私人公司、贷方、保险公司、顾客、非营利组织、第三方强制执行者和专业协会等)相互作用为特征的公共治理事业。政府主体和非政府主体在丰富的制度背景下,以彼此相关联的方式行事,在法律规则、非正式实践和共识的背景下行事,这些公私安排使纯粹公或私的角色的简单划分无法实现。① 进一步讲,如果政府主体与非政府主体结成新的联盟来推进公共目的,过于严格地划分什么是私、什么是公的宪法结构,将阻碍新的政府与非政府主体伙伴关系的创造力,或者不适当地保护有广泛公共影响的行政活动或决定免受"公法"可能提供的各种程序的限制。而且,对那些将市场作为取得公共目标的手段和相信政府主体能执行这些计划的人来说,政府主体在设定目标、标准和激励机制等新方法方面的作用仍然非常重要,这些新方法能将私人利益引向公共利益的方向。② 公共治理变迁决定了,经济法的研究对象和视角既不和行政法相并列地构筑关于国内行政的公法,也不和民法相并列地构筑关于国内市场的私法,而必须从总体上动态地考察公共治理过程中所出现的所有法现象,指出其中存在的问题点,并探究其解决的方法。

第二节 特 征

依笔者所见,市场化政府经济行为的特征有:

一、目的的公共政策性

"公共政策"(public policy)是英美法系概念,在大陆法系中被称为"公共秩序"(order public)③。美国学者戴维·伊斯顿从政治系统分析出发,认为公共政策是政治系统权威性决定的输出,是对全社会的价值作有权威的分配。④ 其中的"价值","不仅包括实物、资金,还包括权力、荣誉、服务等等有价值的东西。"⑤传统观点认为,公共政策的特征是本土性。随着国际贸易的发展、国家间相互依赖的加强、世界市场的形成和国际分工的加深,一国在制订与实施本国公共政策

---

① 参见〔美〕弗里曼:《私人团体、公共职能与新行政法》,晏坤译,载《北大法律评论》(第5卷第2辑)。
② 参见〔美〕Alfred Caman:《面向新世纪的行政法》,袁曙宏译,载《行政法学研究》2001年第1期。
③ 参见〔德〕巴塞道:《欧洲公共秩序的独立》,付颖哲译,载《华东政法大学学报》2009年第1期。
④ See David Easton, *The Political System : An Inquiry into the State of Political Science*, Knopf, 1971, pp.129—134.
⑤ 参见张金马:《政策科学导论》,中国人民大学出版社1992年版,第18页。

时,不得不考虑其他国家以及国际社会的利益。在这种形势下,公共政策越过了国内法的边界,致使国际公共政策的理论被普遍地接受。

市场化政府经济行为作为政府行为与市场行为的结合,其目标具有双重性。与政府行为相对应,具有公共政策目标;与市场行为相对应,则具有营利性目标。但其中公共政策目标是主要目标,营利性目标服务于公共政策目标。这是市场化政府经济行为与纯市场行为的根本区别。例如,政府将其储备的城市土地通过招标、拍卖、协议等方式出让使用权,虽然在选择受让者时会考虑报价高低的因素,尽可能转让给报价高者,但其主要目的不在于营利,而是为了实现经济社会政策目标,故不能以报价高低作为唯一选择标准。[①] 如在《杭州市土地储备办法》(2001年)、《武汉市土地储备管理办法》(2002年)中,被列为立法目的的有:加强土地市场管理、加强对城市土地供应的宏观调控、盘活存量土地资产、优化配置土地资源、改善投资环境、保障经济社会可持续发展。又如,由于公共基础设施经营往往具有投资巨大、收回投资期长、养护与管理等后续支出费用大等特点,资金瓶颈成为我国相关产业发展的制约因素,收费权担保融资交易在投融资体制改革中方兴未艾,有望成为点石成金、为相关经营企业输金的"炼金术"。公共基础设施收费权制度以国家让渡特定期限的收费权的方式,唤起社会力量参与的积极性,"换取"大量公共基础设施的所有权,是国家、公众、投资人"三赢",以及经济效益与社会效益共进的有效方案。[②]《国务院关于收费公路项目贷款担保问题的批复》(国函(1999)28号)规定:"公路建设项目法人可以用收费公路的收费权质押方式向国内银行申请抵押贷款,以省级人民政府批准的收费文件作为公路收费权的权利证书,地市级以上交通主管部门作为公路收费权质押的登记部门。质权人可以依法律和行政法规许可的方式取得公路收费权,并实现抵押权。"《国务院关于实施西部大开发若干政策措施的通知》(国发(2000)33号)放开了收费权质押更广阔的适用前景,指示"扩大以基础设施项目收费权或收益权为质押发放贷款的范围"。

二、功能的财产供给性

即市场化政府经济行为在一定意义上是政府供给财产的行为。例如,江西上饶县应家磁坞金矿4年的矿业权2002年8月以200万元的价格拍卖给某工程

[①] 当然,即使在纯市场行为中,也不是报价最高者中标。有学者借鉴经济学中对投标制度的研究,提出了"非最低(或最高)标厂商优先承揽制",即由出价第二的投标人中标,以解决信息不对称问题。参见尹章华:《公共工程与采购法》,台湾汉兴书局有限公司1988年版,第2—5页。在1993年的智利 EI Mei6n 隧道项目的拍卖中,最终获得建设权的企业出价比第二名出价者高三倍,从而造成"赢者诅咒"(winner's curse),导致得标者不能真实反映成本。See E. Engel R. Fischer & A. Galetovic, Highway Franchising Pitfalls and Opportunities, *American Review*, *Papers and Proceedings*, Vol. 87, No. 2, 1997, p. 68.

[②] 参见李富成:《公共基础设施收费权的法律定性》,载《法学》2006年第2期;马贤明、郑朝晖:《用益物权会计初探:以路桥收费权为例》,载《会计研究》2004年第7期。

有限公司,矿业权从最初的行政无偿授予逐步演变为目前以招拍挂竞价方式为主导的有偿出让。矿业权从《矿产资源法》(1986年)的禁止交易转向《物权法》(2007年)的放宽交易,为矿业权二级市场的建立创造了条件。① 又如,湖北黄石市4、6、11和15路公共汽车线路的3年经营权2002年2月以1183万元拍卖。

美国学者赖希指出,政府是巨型压力器,它吸进税收和权力,并源源不断且规模空前地创造财富——金钱、救济金、服务、合同、专营权和特许权。美国政府正日益成为财富的主要源泉。政府所创造的财产正在取代传统财富形式,由政府按照其规定的条件进行分配,并由符合"公共利益"之条件的接受者持有。这些财产是现代社会的重要财产形态,而其供给或分配是通过公法而不是私法实现的。各种形式的政府创造物应被看做一种"新财产"(new property),通过宪法控制、实体法控制、程序保障等方式保障其分配的公正。② 奥格斯评价道:"他用'财产'一词表示生计艰难者与福利利益的关系,只不过是为了强调那些(他认为)应当做得到的措施的力量;在美国法律制度中,这个语言工具使宪法论辩得以展开。"③ 弗里德曼也认为,20世纪已出现了新财产的概念,应当将就业机会、养老金、政府特许作为新财产对待。④ 难怪菲利科斯·科恩(Felix Cohen)给财产权下了一个简短的定义:"财产权只能由下列的标记所鉴明。对世上其他任何人:除非经我的许可,远离我的财产;对这种许可我既可以授予也可以保留。签名:私人。背书:国家。"总而言之,财产权来自于国家的承认和保护。⑤

依传统理论,社会福利,包括从许可证到职业特许到福利津贴,都是政府赠与的结果,都属于"特权"。但这些形式的财富对个人来讲却变得越来越重要——失去政府工作或职业许可证或福利支付往往导致一个人失去谋生手段。20世纪60年代以来,法律上最初的改变是扩大权利的范围,过去所谓特权的利益,法院开始将其划进权利的范围。例如,汽车驾驶执照、出国旅行护照和酒类营业执照,过去认为是特权,后来认为是个人的权利。⑥ 其后是法院判例确定了从特权到法律上可主张(entitlement)的权利的原则演变。法律上可主张的权利,是指当事人按照法律规定可以直接享受的利益。举例来说,有美国州法规定:非有正当理由,市电力公司不得无故停电。基于此,客户便享有宪法保障的接受电力公司永久、连续服务的财产利益。此时,一项财产利益遂告成立。美国法院在

---

① 矿业权交易,参见蒋文军主编:《矿业权交易法律实务操作指南》,中国法制出版社2009年版。
② See Charles A. Reich, The New Property, *Yale Law Journal*, Vol. 73, 1964, p.783. 重要段落中译文本可参见〔美〕派普斯:《财产论》,蒋琳琦译,经济科学出版社2003年版,第271页。
③ 参见〔美〕亨金等编:《宪政与权利》,郑戈等译,生活·读书·新知三联书店1996年版,第154页。
④ See Friedman, Property, Succession, and Society, *Wisconsin Law Review*, Vol. 34a, 1996.
⑤ 参见李进之等:《美国财产法》,法律出版社1999年版,第5页。
⑥ 参见〔美〕施瓦茨:《行政法》,徐炳译,群众出版社1986年版,第421页。

第二章　市场化政府经济行为的理论界定

1970年的"戈德博格诉凯利"（Goldberg v Kelly）案①后，将"福利津贴"这一传统的"特权"纳入"新财产权"的范畴，认定政府通过制定法赋予公民的社会福利是一种"财产"。在涉及政府雇员工作权的案件——1972年的"佩里诉辛德曼"（Perry v. Sinderman）案和"大学管理委员会诉罗思"（Board of Regents v. Roth）案中，法院认为在某些条件下，雇员的工作权可以构成一种"财产"。20世纪70年代发生的程序性"革命"迅速确立了基于福利社会基础上的"新财产"，大大扩充了宪法保障的财产范围，社会福利、经营许可和公共职位原来仅仅属于政府授予的特权/优惠，现在都已经被纳入宪法保障的财产的范围。②"社会保险、社会福利、失业保险、医疗保险等都会被看做是从财产受益的权利而非仅仅是依法应得的权利，将它们认定为财产就在一些特殊的案件中给政府的拒付竖起了程序上的障碍：官员行为必须符合正当程序的标准；他们不能简单决定是A应当得到利益而B却不能。"③现在"财产"所蕴涵的意义，除传统上的对于土地、动产或金钱的所有权外，还包括对于某些特定利益的头衔或资格的合法的主张。"自由或财产概念的拓宽，则是对政府规模扩大的回应。自由或财产概念重构的结果是，与行政决定有着受法律保护之利害关系的人的数量成倍增长，起诉资格也因此被大量授予，法院由此可以强制行政机关必须考虑所有受影响的利益。"④

随着商品经济的发展，"新财产"在现实生活不断涌现，"财产越来越多地变为无形的和非物质的"⑤，无形财产日益成为社会财富主要形态，我们有理由对上述这些传统上并不被认为是财产的物质利益给予关注和保护。⑥如何在原有的财产权体系的基础上，结合当代的新的财产权形式，从具体的财产法规则中抽象出财产权的最一般法律特征，仍是当代财产法面临的重要任务。当前国内有关财产权问题的专门研究主要有两种进路：一种是财产权的观念研究，如肖厚国的《所有权的兴起与衰落》（山东人民出版社2003年版），注重于探讨西方哲学家、神学家乃至政治思想家对财产权的态度，揭示财产权观念的演变。这种观念史研究"注重对经典文本的理解，特别是一些'伟大思想家'的经典文本。"⑦另一种是财产权的制度研究，无论是梅夏英的《财产权构造的基础分析》（人民法院出版社2002年版）、赵希廉的《财产权概念》（知识产权出版社2005年版），侧重从民商法角度切入；还是蒋永甫的《西方宪政视野中的财产权研究》（中国社会科学出版社2008年版），侧重从宪法角度切入，都注重研究财产权的概念、内部结构及

---

① 参见〔美〕盖尔霍恩、利文：《行政法和行政程序法概要》，黄列译，中国社会科学出版社1996年版，第132、121页。
② 参见张千帆：《西方宪政体系》（下），中国政法大学出版社2001年版，第224页。
③ 参见〔美〕弗莱彻、谢泼德：《美国法律基础解读》，李燕译，法律出版社2008年版，第271页。
④ 参见〔美〕斯图尔特：《美国行政法的重构》，沈岿译，商务印书馆2002年版，第78页。
⑤ 参见尹田：《法国物权法》，法律出版社1998年版，第19页。
⑥ 就票券的使用，学者指出，一旦票券变成一种权利资格，可能释放一些使成本难以控制的力量。参见丁开杰、林义选编：《后福利国家》，上海三联书店2004年版，第379—404页。
⑦ 参见〔英〕斯金纳：《自由主义之前的自由》，李宏图译，上海三联书店2003年版，第118页。

其运行机制。笔者认为,由于财产权包括横向的财产权和纵向的财产权,前者确立了免受国家侵害的自由与私法自治原则,是消极的防御权;后者确立了强制性的财政收入作用须经代表人民的议会的同意即"财政议会主义"①,还确立了诸如税收优惠权、接受社会救济权等积极的请求权,所以财产权首先是宪法问题,而不是私法问题。私法本身无法确认任何针对权力的在先约束,也无力在公权力的侵犯前进行自我辩护。基于我国的大陆法系传统根基,我们将市场化政府经济行为所涉财产界定为类同于上述美国法和下述德国《基本法》第 14 条所强调的"财产"。这种宪法规定的"财产"远比民法广泛。由于《基本法》第 14 条规定应保障自由的物质基础,财产不仅仅指涉实物财产(不动产和动产),还应包括私权利中具有财产价值的所有权利,以及特定条件下公权利中具有财产价值的权利。由于要以所有的可扩大企业经济价值和在流通中可能损失的价值为根据认定,私权利中具有财产价值的权利除实物财产之外,还包括所有的物质性权利、占有权、具有财产价值的社员身份和社会权利、著作权、债权等,还包括建立和经营企业的权利——这种权利的认定不仅要根据实物(企业不动产、商品、设施),而且要根据债权、业务关系、企业名称、顾客、道路上的特殊位置(朝外)、商业信誉等。公权力中的具有财产价值的权利,取决于公法请求权和给付是否可以——"像财产那样"——最终属于权利人并且为权利人个人独立行使,它包括职业和营业许可、社会保险法上的请求权和律师权、失业救济金请求权、超额纳税的补偿请求权等。如果确定某个具有财产价值的利益属于《基本法》第 14 条规定的保护范围,应进一步审查在何种范围内予以保护。并非每一个具有财产价值的利益都包括在内。对不动产、营业活动、著作权等产生不利影响,但(仍然)不构成财产损害的主权行为肯定存在。财产保障只针对具体的、现在财产的存续,不针对职业机会、收入的可能性、期待。基于此,《基本法》第 14 条规定保护的是赢得的利益,而不是赢利的行为;提供的是存续保护,而不是赢利行为的保护。②

将"财产"作如此界定,有利于保持其发展上的开放性,便于意义转换。在现实生活中,财产常常是模糊的、象征性的,并可能在谈判与博弈过程中被不断界定,财产不仅是一种权利,还是一种关系,"是反映了一个组织与其环境或组织内部不同群体间稳定的交往关联"。③ 这种动态成分来自于历史的经验和经济发展对这一法律制度的工作能力提出的要求。在工业化之前的社会,财产权保护的重点在于保障农民、土地所有者和工商业者的物质财产。在实行分工的现代化的工业、服务和信息社会中,物质财产不再能完满地完成这项任务。为从经济上

---

① 参见许志雄等:《现代宪法论》,台湾元照出版公司 1999 年版,第 346 页。
② 参见〔德〕毛雷尔:《行政法学总论》,高家伟译,法律出版社 2000 年版,第 680—682 页;〔德〕斯特博:《德国经济行政法》,苏颖霞等译,中国政法大学出版社 1999 年版,第 179—184 页。
③ 参见周雪光:《关系产权》,载《社会学研究》2005 年第 2 期。

保证生活方面的自我实现,有必要规定除了传统保护的物质性私有财产之外的其他财产。① 国家和集体提供的供公众使用的财产,在不妨碍实现财产的目的和用途的条件下可允许国家以外的主体使用以产生收益,这被称作行政财产的"使用收益"。② 以德国为例,《基本法》所保护的财产权的范围是逐步扩张的。如果按照历史发展阶段对《基本法》所保障的财产权分类,可分为三代:第一代是传统的防御性权利,主要是防止国家对动产、不动产、知识产权的侵犯。第二代是 20 世纪以来出现的劳工福利以及集体谈判权。第三代则是当代出现的分享权,即公正分享自然资源、国民产值,并在健康的环境下和平生存的权利。因而《基本法》保障财产权的重点已经从过去的"负向防御性权利转移到正向的福利和分享权利——例如,廉价住房和免费教育权"。③ 事实上,"法律意义上的财产描述了一种利益,它能满足人类的物质需要。"④ 甚至有人认为:"财产是法律的一个创造,财产并不来源于价值,虽然价值是可以交换的,但是许多可交换价值被有意损害后却得不到补偿。财产其实就是法律所赋予的对他人干预的排除……"。⑤ "财产是一组权力。这些权力描述一个人对其所有的资源可以做些什么,不可以做些什么……因而,财产的法律概念就是一组所有者自由行使其不受他人干涉的关于资源的权力。"⑥

当然,中国的法律秩序始终以一种很特殊的情景设置为前提,那就是中国自历史上就采取了"有产政府"的制度设计,政府积极介入市场并直接参与交易,官僚成为经营者,政府成为营利机构。"财产的含义应该从物质的东西推到机会,再推到利用这种机会的能力,而且在人的内心深处,财产就是自由,这么说并不仅仅是一个形象比喻问题。""财产(不同于财产的权利)有两个方面的意思,即能力和机会,而把这二者联系起来的就是行为或交易。"⑦"传统的财产权结构使得中国要建立一个以法治为基础的市场经济,法学范式就不得不有所修正和创新,立法者不得不在'权源之束'的网络结构里进行各种组合样式的优化选择,并按照这样的方针来考虑适当的机制设计。"⑧ 如果有一种必须由公众保留而不能

---

① 参见〔德〕斯特博:《德国经济行政法》,苏颖霞等译,中国政法大学出版社 1999 年版,第 178 页。
② 参见〔日〕大垳芳司:《日本国有财产之法律、制度与现状》,黄仲阳译,经济科学出版社 1991 年版,第 75 页。
③ 参见张千帆:《西方宪政体系》(下),中国政法大学出版社 2001 年版,第 332 页。
④ 参见尹田:《法国物权法》,法律出版社 1998 年版,第 13 页。
⑤ 参见〔美〕万德威尔德:《19 世纪的新财产》,载《社会经济体制比较研究》1995 年第 1 期。
⑥ 参见〔美〕考特、尤伦:《法和经济学》,张军等译,上海三联书店、上海人民出版社 1994 年版,第 125 页。
⑦ 参见〔美〕康芒斯:《资本主义的法律基础》,寿勉成译,商务印书馆 2003 年版,第 199 页。由"财产与能力的关系"而衍生的"财产与自由的关系",布坎南和阿玛蒂亚·森皆有精彩论述。参见〔美〕布坎南:《财产与自由》,韩旭译,中国社会科学出版社 2002 年版;〔印度〕阿玛蒂亚·森:《以自由看待发展》,任赜等译,中国人民大学出版社 2002 年版。
⑧ 参见吴敬琏主编:《比较》(34),中信出版社 2008 年版,第 13—20 页。

归个人获得的财产的范畴,那么这一范畴不应该得到扩大吗?稀缺资源为许多人保留而不归少数人使用,这是公众利益的需要吗?公共运输和动力等公用事业,适于在自由放任基础上归私人所有并成为生产利润的对象吗?这是所有制受限制的一个方面,是现代条件迫使当代人考虑的。①

古往今来,诸多治乱循环和宪政危机,都直接或间接地与财政压力或财政危机有关。② 财政危机是一切经济法律制度变迁的实质原因。③ "所有曾经进行的改革都是为了减少国家负担的费用。虽然表现形式不同,但财政压力确实使所有类型的现代化合理化。"④席卷西方的公共行政改革主要由严重的预算赤字所引发。市场化政府经济行为功能上的财产供给性,能有效化解财政危机。

三、手段的市场性

市场逻辑和市场理念不仅具有内化社会交易成本,特别是政府运作的交易成本的功能,而且具有净化心灵、增强人的独立自主能力和强化人的生存能力的功能,因而具有扩展人类理性疆界和驱动进化的功能。政府实现经济社会政策目标可直接引入市场机制,也可不直接引入市场机制,但却可通过运用类似于市场的机制形成模拟的市场结果。⑤ 市场行为的优势就在于通过价格、竞争等机制来追求效率。政府主体利用市场机制实施政府经济行为,考虑成本和收益,有助于提高经济社会政策目标的实现效率。因而,招投标、拍卖、合同等形式被运用于政府经济行为中。有别于说服性的"非权力行政",市场化政府经济行为是一种报偿性的事实行为。

四、主体结构的特定性

市场化政府经济行为由于是政府行为,必然是以政府或其机构作为特殊市场主体和调控(或规制)主体双重身份所实施的行为,其相对人一般为市场主体,特殊情况下也可是政府主体,如浙江水权交易事例中的双方主体都是政府。实践中,这种行为既可能是政府主体单独实施,也可能是政府主体与非政府主体联合实施。后者如1994年福建泉州某民营股份制企业采用BOT方式,以总投资2.5亿元的60%股份与福建省、泉州市的政府投资主体合资建设了泉州刺洞大桥,率先在国内开创了民营资本投资国家基础设施的先河。"用系统论的术语来讲,改变结构意味着改变系统中的信息联系:参与者必须处理的数据的内容和即

---

① 参见〔澳〕维拉曼特里:《法律导引》,张智仁等译,上海人民出版社2003年版,第395页。
② 参见何帆:《为市场经济立宪》,今日中国出版社1998年版,第34—39页。
③ 参见张守文:《财政危机中的宪政问题》,载《法学》2003年第9期。
④ 参见国家行政学院国际合作交流部:《西方国家行政改革述评》,国家行政学院出版社1998年版,第86页。
⑤ 参见杨冠琼:《政府治理体系创新》,经济管理出版社2000年版,第262页。

时性,还有目标、激励、成本,以及反馈——它促进或者限制行为。"① 与传统政府经济行为不同的是,绝大多数的市场化政府经济行为存在"双层三角"的主体结构,即政府主体、参与主体和行为相对人的三角关系,其中政府主体和参与主体是双层实施主体。

五、意思表示的政府主导性

市场化政府经济行为是一种双方行为,其成立和运行必须经政府主体与其相对人合意。不过,在合意中,政府主体的意思表示虽然要受相对人意思表示的制约,但仍处于主导地位。如《澳门行政程序法典》赋予负责政府采购的行政部门以单方变更合同权、控制合同权、单方中止合同权、监察权、单方制裁权等五项权力。这对确保市场化政府经济行为实现其公共政策目标,尤为必要。

六、适用范围的限定性

市场化政府经济行为是出于以市场机制弥补政府缺陷的需要而出现的,因而仅适用于存在可由市场机制来弥补政府缺陷的场合。在各国实践中,由于技术水平的提升等原因,其适用范围有不断扩大的趋势。当然,不能排除这是政府在公共服务领域不断扩大与政府供给能力不断下降的双重压力下,所能作出的缓解财政压力的举措。但适用范围的任意扩大,不但会违背弥补政府缺陷的初衷,而且可能带来市场缺陷与政府缺陷相结合的风险。因而,对其适用范围必须实行法定原则。

七、法律适用的综合性

由于市场化政府经济行为在主体上具有市场主体与政府主体双重属性,在内容上涉及经济、社会、政治等多个领域,在形式上具有民事行为、行政行为、调控行为、规制行为等多种表现,因而具有多方面的法律需求。唯有综合适用宪法、民商法、行政法、经济法、环境法、劳动法、社会保障法、教育法、诉讼法等多个法律部门的规范,才可对其实现全方位的法律调整。以彩票发行为例,国内外已出现了诸多民、刑案例②,但发行额度必须经相关行政部门审批决定,而审批所依据的根本标准显然是经济社会系统的良性运行。它至少表明,发行彩票的法律

---

① 参见〔美〕列特尔:《货币的未来》,林罡等译,新华出版社2003年版,第19页。
② 民法的典型案例,如1902年,德国一家彩票公司写信给一位过去经常购买其彩票的人,提出要卖给他一张编号彩票。某天早上,当这位工人离家上班之后,这封信随同编号彩票一同寄到其寓所。中午时分,这家彩票公司获悉他们寄给这位工人的编号彩票中了奖,在这位工人下班回家之前用花言巧语劝说房东将那封信退还给他们。帝国法院认为,彩票公司的要约进入那位工人的控制区而被"送达",尽管该工人对此一无所知,彩票公司应受其要约的约束。参见〔德〕霍恩等:《德国民商法导论》,楚建译,中国大百科全书出版社1996年版,第82页。刑法的典型案例,如闻名全国的2001年"4·20"湖北体彩假球案中,章国新利用彩球做假以谋奖金,法院适用破坏生产经营罪进行了宣判。参见肖万青:《我国首例体育彩票案遭遇法律空白》,载《律师与法制》2002年第7期。

规制中,与民法、刑法一样,行政法和经济法的调整也不可或缺。当然,为了建构一个少法律而多秩序的社会,非正式制度(或规范)和民间法的作用也不可忽视。①

第三节 类 型

对观察对象进行类型化,肯定有基本的价值取向在里面。因为用不同方法来区分,区分结果就有不同功能,这些功能的设定本身便具有目的性,带有意志的价值判断。

一、面向日常生活的类型化

在国内外的实践中,市场化政府经济行为已呈现出多种形式。其中主要有:

1. 储备品销售

即政府出于宏观调控和保障经济安全的需要,对一些关系国计民生的重要物资,建立起调节性库存,并通过吞吐库存来平衡市场供求,即在适当时间收购、储备和销售,以实现平抑物价、灾害救助、保障供给等目标。储备品销售的基本运作是在某种储备物资的价格涨到一定程度时抛出该种物资以平抑物价,在其价格下跌时再购入以达到一定的储备水平。其基本目标是将价格保持在一定的幅度范围内,其功能主要是作为政府进行价格调控的手段之一。这种调控不是政府运用行政权力直接干预价格,而是通过储备品的投放,扩大供给进而使价格降低,与市场竞争机制十分契合。

储备品销售制度在我国有悠久历史,早在汉武帝时期,为压制商人资本,平抑物价,特别是粮食价格,国家就采取了著名的"平准"制度,即由国家出资在粮食收获时从农民手中购买并储备,在市价上涨时抛出,市价下跌时买回,以令市价保持正常水平。以后各个历史时期,这种制度被政府分别冠以"五均"、"市易"、"均输"等名字,但基本指导思想都在于通过在不同时期的吞吐库存,来调节市场供求,保持物价稳定。可以说,平准制度和平准思想,是储备品销售制度的雏形。1995 年 1 月,国内贸易部第 9 号文件《关于深化流通体制改革,促进流通产业发展的若干意见》第 2 项规定:"加强对商品流通的宏观调控,对重要商品实行国家储备制度",并将重要商品准备分为战略储备和市场调节储备,要求将较大比例的重要商品资料掌握在国家手中。我国还在《价格法》(1997 年)第 27 条中规定了重要商品储备制度,并就粮食、棉花、烟叶、茶叶、种子、食糖、药品、交通战备器材等,制定了专门的法规和规章,如《交通战备储备器材管理办法》(1991年)、《国家储备粮管理试行办法》(1991 年)、《国家医药储备管理办法》(1999年)、《边销茶国家储备管理办法》(2002 年)、《中央储备粮管理条例》(2003 年);

---

① 参见〔美〕埃里克森:《无需法律的秩序》,苏力译,中国政法大学出版社 2003 年版。

第二章　市场化政府经济行为的理论界定

等等。这些制度在保障市场供给、平抑市场价格、应付突发事件和重大自然灾害等方面发挥了重要作用，如1998年洪灾期间，国家及时运用部分药品的战略储备，供给灾区需要;2000年在市场食糖供应紧张、价格上涨时，国家及时运用储备糖销售，补充市场供给，稳定了市场价格。

储备品可分为实物物品和金融资产两大类。在经济发展的不同时期，储备物资的总量和结构有所不同。储备品要符合三个条件:第一，必须是对经济运行有重大影响的指标性的物品和金融资产，对国计民生有重要意义;第二，必须有较强的价值稳定性，长期储存在技术上经济可行;第三，非金融资产的储备对象必须有较强的需求刚性(如产销量大)和不可替代性，同时供给的价格弹性却较差(即经常存在着交替出现的供求矛盾)。物品中粮食、棉花、食糖等农产品，石油、黄金、铀等矿产品，金融资产中的主要国际货币、国内股票市场中的绩优股、主要国债和债券品种等，都可作为储备品。①

目前极为重要且常见的储备品主要包括:

(1) 能源储备。鉴于能源安全在整个国家经济安全体系中的地位，建立能源储备制度在我国十分迫切。石油消费量影响一国经济发展速度:在石油价格平稳的阶段，经济的增长与石油消费的增长成正比关系。在20世纪60年代到70年代初世界经济高速发展时期，石油消费与经济增长之间一般保持着1:1.5的比例关系。如果石油供应始终处于紧张状态，势必遏制一国经济发展。西方国家基此都将建立石油战略储备放在国家战略的重要地位。战略石油储备是应对短期石油供应冲击，比如说应对大规模减少或中断时的有效途径之一。它本身服务于国家能源安全，以保障原油的不间断供给为目的，同时具有平抑国内油价异常波动的功能。它的作用，一是保障供给。即保证一段时间内的石油应急供应，使国民经济各重要部门特别是军队能够正常运作。二是稳定油价。庞大的战略石油储备本身对市场就起着制衡作用。在1990年，国际能源机构成员国的战略石油储备能维持96天的消费。美国、日本和德国的石油储备分别达到158天、161天和127天。这么大的储备量和库存量随时都可以被抛售到国际市场上抑制油价的上升。三是威慑作用。在紧急情况下，国家能及时利用战略石油储备，减轻和限制石油武器或石油危机的冲击力，为解决危机和其他一系列问题赢得时间。② 作为仅次于美国的世界第二大石油消费国，中国对石油的需求量正随着经济增长而不断上升。由于没有战略性储备库存，中国石油系统内部原油的综合储备天数仅为21.6天。建议建立石油战略储备体系和石油期货市场，同时分散购油风险，加大节能措施、提高能源效率，并多渠道建立能源供应。此外，我国建立煤炭资源战略储备制度也很紧迫。

---

① 参见樊新鸿等:《储备调控的实践和理论探讨》，载《宏观经济研究》2002年第11期。
② 参见马宏、孙竹:《对中国建立国家战略石油储备问题的政治思考》，载《战略与管理》1997年第1期。

(2) 外汇储备。外汇储备指由一国官方持有的在国际收支逆差或本币汇率波动时可以动用的可自由兑换的储备货币和其他随时可转换成为这些货币的资产。换言之,外汇储备是平衡该国国际收支、稳定该国货币的汇率及应付意外突发事件的支付手段。保持一定的外汇储备规模极为必要,因为过低的外汇储备不能满足对外贸易和对外经济往来需要,可能致使该国不能及时地以可接受的成本从国外获取所需数额的资金,势必会降低其贸易和对外经济交往的水平。轻者引起国际收支危机,重者导致国内经济失衡,使经济活动无法正常进行。由于外汇储备影响到货币供应量,有学者建议将外汇储备尽快纳入货币政策体系。[1] 针对我国日益上升的外汇储备,李稻葵认为,中国官方外汇储备的管理要有战略思维,现阶段不能以"藏汇于民"作为外汇管理的基本思路。相反,外汇储备应集中使用管理,用以继续维持几乎相当于全部企业所得税的铸币收益(即铸币税),也为了对冲来自国际经济波动的风险,同时用以大幅度加快人民币走向国际化。支持"藏汇于民"观点的"投资效率论"、"避免人民币升值损失论"、"外汇储备国内使用论"等,都出于对民间投资能力、中央银行运行机制与目标、外汇储备实质等方面的种种误解。在利用外汇储备来稳定中国经济这种战略下,我们可建立一个以外汇储备为基础的原材料稳定基金,让中国市场上的原材料价格保持相对稳定,并建立起相关原材料的战略储备。沿用这一思路,中国现有外汇储备并不算多,甚至增加一点还有好处。[2]

(3) 粮食储备。我国是人口大国,粮食是关系到国计民生以及广大农民切身利益的重要商品。世界观测研究所所长来斯特·布朗在《洛杉矶时报》中强调,中国人口增加将吃空世界粮仓,曾引发举世议粮食[3]。作为特殊商品,粮食有两个特点,一是必需品,需求弹性小,较小的供给波动就能导致较大的价格波动;二是生产有季节性,价格变化不能马上使供给得到调整,这种调整要延迟到下一个收获季节才突显出来,从而使价格迅速向相反方向变化。这两个特征叠加,会使粮食生产和价格波动逐级放大,极不稳定。保持一定规模的粮食储备,是国家调控粮食市场的有效手段、保持社会稳定的物质基础,有助于确保粮食供求总量的基本平衡,做到全社会的安全供给;保障粮食生产者、经营者和消费者的利益,化解生产经营风险,避免价格出现大的波动;使粮食生产能持续发展,满足国民经济发展的需要。战国时期魏国李悝的"善平籴(买粮食)",设"常平仓"以平抑粮价,就是典型的粮食储备制度。我国自20世纪90年代初开始建立以中央储备粮为主体的粮食储备制度,以调剂丰歉余缺、稳定粮食市场和价格、战胜重大自然灾害。

---

[1] 参见刘瑞:《外汇储备的货币效应和政策效应》,载《金融科学》1992年第2期。
[2] 参见李稻葵:《战略性管理使用外汇储备,避免"藏汇于民"之陷阱》,载《新财富》2006年12月号;《中国可用外汇储备建原材料稳定基金》,载《新财富》2005年6月号。
[3] 参见张问敏等编:《中国经济大论战》(第2辑),经济管理出版社1997年版,第198—214页。

储备品的设置层次可分为中央和地方两级。中央政府对全国范围内的价格总水平调控负责,对某些重要商品的储备建立全国性库存。地方政府负责本行政区域内价格总水平的调控,建立地方性重要商品储备。由于调控总水平的宏观性和建立重要商品储备制度的规模和资金要求,地方储备一般要设立在省一级。省以下的部分县、市级政府,属于某些重要商品的主产地、主销地并且这些商品在本地的供求平衡对于稳定市场和社会具有重大意义的,也可建立本级政府的重要商品储备。

2. 政府投资

广义上的政府投资,是指政府作为直接投资者参与经济活动,将国有资产(资本)投入对经济或社会发展有重要影响的企业或项目,以形成国有经济,一般表现为政府经济资助和政府参股。这里采狭义,即政府参股。政府投资的增长对私人投资有两种影响:一是刺激私人扩大投资,即私人投资被政府投资"挤进"资本总量;二是社会总投资(私人投资与政府投资之和)超过一定水平时私人投资被政府投资"挤出"。美国经济学家阿斯乔在对美国州与州之间以及其他7个国家的历史数据进行分析比较之后强调指出,从长期来看,"挤进"的影响占支配地位,其结果是政府投资每增加1美元,私人投资约增长0.45美元。[①] 在经济发展初级阶段,公共部门投资(政府投资)在总投资中占有很大比重,以便为经济和社会进入"起飞"阶段奠定基础。而且,保持国家公共性投资的必要性毋庸置疑,只是在不同经济发展阶段有不同的重点:经济发展的初级阶段,政府投资的重点是提供必要的社会基础设施;进入成熟期以后,重点则转向于提供教育、卫生等方面的服务。[②] 20世纪80年代,在较发达的市场经济国家,国有经济的参与度在基础设施部门占75%左右,在矿业和制造业部门占25%以下,在建筑业、商业和个人服务业接近于零,在农业为零;在一般发展中国家,国有经济的参与度在基础设施部门也为75%,在矿业和制造业为50%左右,在建筑业、商业和个人服务业为25%以下,在农业接近于零。[③] "在知识和技能成为可持续发展战略优势的唯一来源的时代,经济上的成功恰恰依赖于公共投资的加大,而不是相反。"[④] 对于这一点,美国前劳工部长、克林顿的主要经济顾问罗伯特·赖克指出,加强美国的经济竞争力,要求国家或者说政府拿出更多的钱来进行公共投资。公共投资集中于两个方面,即人力资源开发的教育和培训,以及交通通讯等基础设施的

---

① 参见〔美〕斯蒂格利茨:《政府为什么干预经济》,郑秉文译,中国物资出版社1998年版,第14页。
② 参见张中华:《中国市场化过程中的地方政府投资行为研究》,湖南人民出版社1997年版,第275页。
③ 参见国家经贸委综合司课题组:《国有经济战略性调整与改组研究》,载《经济研究参考》总第1307期。
④ 参见〔美〕瑟罗:《资本主义的未来》,周晓钟译,中国社会科学出版社1998年版,第2页。

建设。①

国家从事一般商业活动具有不可能成功性:"他们像普通人一样为改善其财产状况常常会成为一般商业领域中的冒险家。他们中很少有获得成功的……从来没有任何两种性格像商人性格与君主性格那样互不相容。"②从长远看,应限制政府代表国家进行直接投资的领域,主要局限在企业不愿、无力或不适合投资的公用事业领域和少数产业开发领域。"国家应从诸如零售和轻工业等领域退出,但要保持对自然资源和基础设施等关键行业的控制。"③政府参股主要适用于初始投入较大的基础设施类公共物品项目,如桥梁、道路、发电站、高速公路、铁路、电讯、港口、机场和高科技等。在私人投资生产的这些公共物品中,政府以不同的比例参股,可分为政府控股和政府入股。政府控股针对那些具有举足轻重地位的项目,政府入股主要是向私人企业提供资本和分散私人投资风险。政府参股的比例也不是一成不变的。项目在建初期,政府股份一般较多,一旦项目进入正常经营、能获得较稳定的正常利润,政府便开始出卖自己的股份,抽回资金转向其他项目。

3. 政府间资源权交易

我国 2000 年岁末首例城市间水权交易——浙江东阳—义乌水权转让案(案例 2-1)④,是政府间资源权交易的典型事例。

案例 2-1

义乌和东阳同处金华江流域。东阳市在上游,水资源丰富,仅一个横锦水库在满足灌区农业灌溉及城市供水外还有 1.65 亿方水可供利用。义乌市却供水缺口严重,特别是要发展现代化的商贸城,水成为第一个制约因素。2000 年 11 月 24 日,东阳和义乌两市政府签订了有偿转让横锦水库的部分用水权的协议:义乌一次性出资 2 亿元购买东阳横锦水库 4999.9 万立方米的使用权;水库原所有权不变,水库运行管理、工程维护仍由东阳负责,义乌按当年实际供水量每立方米 0.1 元支付综合管理费(包括水资源费);从横锦水库到义乌引水管理工程由义乌负责规划设计和投资建设,其中东阳境内段引水工程的有关政策处理和管道工程施工由东阳负责,费用由义乌承担;义乌购买水权的 2 亿元资金,根据引水工程进程分期支付。

本案中,义乌受到自身地理位置的制约:义乌江本来为上下游各地区共同享有,横锦水库中水资源的使用权和收益权事实上却为东阳占有。换言

---

① 参见〔美〕赖克:《国家的作用》,上海市政协编译组、东方编译所译,上海译文出版社 1994 年版,周敦仁序。
② 参见〔英〕斯密:《国富论》,唐日松等译,华夏出版社 2005 年版,第 576 页。
③ 参见〔美〕库恩:《他改变了中国:江泽民传》,谈峥等译,上海译文出版社 2005 年版,第 245 页。
④ 参见沈满洪:《水权交易制度研究》,浙江大学出版社 2006 年版;王亚华等:《我国水权制度的变迁》,载《经济研究参考》2002 年第 2 期。

第二章　市场化政府经济行为的理论界定

之,横锦水库的水资源产权性质是不完全排他的区域水权,义乌若要获取部分水资源使用权,在目前基于行政手段的共有水权制度安排下,可以有两种选择,即要求东阳向下游放水,或者是请求上级安排横锦水库到义乌的调水工程。第一种选择中的紧急求水,完全靠上级行政协调方法阶段性、无偿性地调水,既不可靠,也不长久。加之河道污染,河道提水主要供农业灌溉,而义乌主要解决的是城市供水问题,于是跨区域调用横锦水库的优质水成为首选。第二种其吸引力在于调水工程由中央政府或者上级财政投钱,地方几乎是无条件受益。但这种依靠行政协调的方式周期较长,特别是由于对调出方缺少利益补偿,调水各方难以达成一致。义乌之所以没有选择向上级要水,而选择购买水权,是因为买水的收益远大于要水的成本。义乌买水的成本是失去上级微不足道的财政补贴,而且获得补贴的机会成本还很高,收益则是及时解决了制约城市发展的"瓶颈"问题。对于东阳来说,指令划拨境内水资源对自身几乎没有收益,卖水则可以盘活水利资产,收益丰厚。由于交易双方选择新规则均有利可图,于是便实现了水资源产权制度的变迁。同时,也说明利用行政手段转移水权的成本较高,利用市场手段的成本较低,东阳和义乌特殊的伙伴关系进一步降低了交易成本,这也正是制度变迁得以发生的重要条件。

这次水权交易的实现,也标志着政府间关系新模式的产生。此前,政府间关系主要是行政关系。没有行政隶属关系的政府解决缺水问题需要通过共同上级实现,这不利于及时解决问题,还会增加成本。水权交易发生在两个政府之间,这说明不仅个人、法人与组织之间能够进行交易,政府之间也能够进行交易,政府间形成了契约关系,这为处理地方政府间关系提供了新的思路,这也是近年西方国家新公共管理所主张的主要内容。历史上,美国杰斐逊政府曾于1803年从法国政府手中购买了路易斯安那州,使密西西比河作为美国一个完整的水系,从而将整个美国连接在一起,为早期美国商品的循环提供了较为方便的水道。有理由相信,这种利用市场机制解决跨行政区域资源再分配问题的政府间资源权交易行为,在资源日益稀缺的现代背景下将会日趋频繁。①

4. 政府采购

政府通过合同将公共物品供给委托给私人企业,可视为政府向企业购买某产品或服务。它以政府与企业签订合同为前提。这种提前签订合约的政府购买方式主要是合同出租(又称为"合约出租")。合同出租,指政府将一部分公共物品的生产推向市场,这些公共物品的最终所有者是政府,但其生产者和经营者都

---

① 台湾的金门马祖地区严重缺水,有意就近向厦门买水。参见《台湾将向大陆买水"解渴"》,载《报刊文摘》2002年5月1—4日第1版。

是私营企业。政府主管部门与在竞争中获胜的私营企业就某种公共物品的生产签订合同,当私营企业完成任务并达到合同规定的标准,政府支付合约规定的报酬。这种形式主要适用于具有规模经济效应的自然垄断类公共物品。图表2-1给出了美国城市政府利用签订合同由私人提供公共物品的情况。这类公共物品可以以较低的成本实现排他,收费没有多大困难。

图表2-1　美国城市政府利用签订合同由私人提供公共物品的情况[①]

项目	城市数目	项目	城市数目	项目	城市数目
垃圾收集	339	道路维修	63	图书馆管理	17
街道照明	309	医院	57	财务管理	14
电力供给	258	运输	49	防火	13
工程服务	253	公墓	47	蚊蝇控制	12
法律服务	187	护理服务	34	博物馆管理	12
救急车	169	公共关系	30	酗酒治疗	9
垃圾处置	143	桥梁维护	25	犯罪化验	7
收水电费	104	工业发展	24	娱乐场所管理	7
家畜控制	99	征税	24	化验室	5
规划设计	92	精神健康	22	公园管理	5
自来水控制	84	下水道	21	交通控制	5
制图	74	公共汽车	18	水污染控制	5
水处理	67	电器卫生设备检查	17	少年犯罪管制	4
薪水支付	65				

政府采购是政府消费行为的市场化,往往采用竞争性招投标方法,通过引入竞争机制,在保证质量的前提下,谁要价低就买谁的商品。它通过价格竞争,从而节约大量的财政资金,提高了财政支出效率。换言之,政府通过公开招标的方式选择私人企业,目的是借助投标者之间的相互竞争,将公共物品的生产成本压低到经济合理水平(通常为边际成本加正常利润)。政府在诸多企业提供的一揽子服务方案中选取收费最低者,或在接受政府方案的企业中选取要求补贴最少者。

我国日常生活中也有许多政府购买项目,例如确定定点医疗机构、药店。依《国务院关于建立城镇职工基本医疗保险制度的决定》(1998年)、《城镇职工基本医疗保险定点医疗机构管理暂行办法》(1999年)、《关于完善城镇职工基本医疗保险定点医疗机构协议管理的通知》(2003年)等规定,为形成基本医疗保险服务市场机制,社会保险行政部门和社会保险经办机构在确定定点医疗机构和

---

① See Savas, E. S., *Privatizing the Public Sector: How to Shrink Government*, Chatham, N. J.: Chatham Holse Publishers.

药店的过程中,要本着方便参保人员就医购药、促进充分竞争的原则,打破垄断,取消各种不合理限制,逐步扩大定点范围;并同定点医疗机构和药店签订合同,明确各自的责任、权利和义务;允许职工选择若干定点医疗机构就医、购药,或持处方在若干定点药店购药;要求定点医疗机构和药店建立医药分开核算、分别管理的制度,形成医疗服务和药品流通的竞争机制,合理控制医药费用水平。有些地方还就专门医疗项目进行政府购买。如武汉市政府将青少年视力低下防治工作纳入政府工作目标,设立专项资金,实行项目分类核算,尝试购买服务,如视力检测、视力预防保健专业技能培训等,养事不养人。

又如,生态购买。几乎任何一种对生态环境破坏行为的私人收益都要大于其私人成本,尽管其社会成本总是大大地高于其社会收益。这样一种成本与收益的比较嵌入在现代市场经济的产权制度中,经济人的本性决定了任一"理性"的人都倾向于对生态环境加以破坏从而获得个人利益。只有将社会成本大于社会收益的部分叠加进私人成本之中,使对生态环境破坏行为的私人成本高于其私人收益,进而才能改变其决策依据。这种机制最为合理的制度安排,只能是通过政府对破坏生态环境行为施加各种惩罚性措施。而对于优化生态环境行为,政府要进行生态补偿或生态购买。

再如,购买就业岗位。在下岗失业现象日益严重的今天,上海、天津、武汉、广州、昆明等许多城市的政府出资购买就业岗位,安置夫妻双下岗、失业的特困职工或一户家庭多人下岗、失业的特困人员;困难企业中下岗、失业的伤残军人;男满50周岁、女满40周岁以上年龄的下岗、失业人员等符合条件的失业下岗人员,从而建立了弱势群体就业托底保障机制。它是对以往政府通过直接投资创办企业来提供就业岗位的一种替代。此外,广州、武汉等地方政府为下岗职工购买就业培训,无锡、上海等地方政府为大龄就业困难人员购买职业介绍服务,林业部2002年购买大熊猫保护方案,财政部2002年发行国债利率招标,国家发展和改革委员会向国内外招标购买"十一五"规划前期研究课题,有些地方政府为推进高新技术产业发展而购买专利等,也属于此类政府购买。如针对日渐困难的大学生就业,从2003年7月11日始,上海市劳动和社会保障局为促进专业人员就业而专门推出的"求职津贴券"方案正式启动。这个方案主要服务于高校毕业生和其他专业人员。按照中介公司每介绍一人求职成功,将获500元的奖励标准,引入社会职业中介机构对中介成果进行购买。深圳市政府2009年3月6日颁布实施《关于积极应对国际金融危机保持经济平稳发展的若干措施》,强调由政府购买法律服务帮助企业和劳动者解决劳动纠纷。

除上述政府购买外,政府还可向市场直接购买产品而不需提前签订合约,如直接购买住房分配给穷人,购买保险提供给公职人员,也被称为政府采购,许多国家已制定专门法律。2009年2月13日,《2009年美国复兴与再投资法》在《1933年买美国货法》的基础上专门设置了第1605节的"买美国货"条款,引发全球范围内的大讨论。① 我国《政府采购法》(2002年)目前仅实际适用于货物与工程的政府购买,服务尚未纳入其适用范围。

5. 特许权经营

特许是一种私人团体为提供服务而从公共部门手中长期租赁资产的安排,私人团体在此期间有责任为特定的新固定投资提供资金,这些新的资产在合同期满时将返还给公共部门。②"特许经营"源于英文"franchise",原指"关于奴隶、苦役的身份",后即指"给予特权"。特许的功能主要是分配稀缺资源。特许权经营,就是指政府将原由政府特别控制或直接经营的项目的使用权或经营权,利用招标、拍卖等竞争机制,许可给市场主体,并要求被许可者承担缴费和其他相关经济社会政策义务。排污权许可交易、公用设施广告许可发布、租摊位许可经营、城市公交线路许可使用、出租车经营许可乃至汽车牌照许可、博彩业许可经营、海域使用许可等资源开发权、车辆看管权、道路保洁权、冠名权等的拍卖,在国内外实践中极为常见。

特许权经营可以追溯到16世纪的英国市政特许,当时的英王向私人组织"领港公会"颁发许可证,授权它建造和管理浮标、信标、灯塔等;到19世纪中期,议会颁布法令,将所有灯塔的经营权全部授予"领港公会"。③ 20世纪下半叶开始的电力部门的改革,很多国家也使用了这种方式,将发电与电力传输业务分开,由不同的企业来经营。政府授权唯一一家企业经营电力传输网络,为了得到这个特许经营权,不同的企业展开了激烈的竞争。政府最终将这种经营权授予出价最高的企业。自来水、电话、煤气等管网类公共物品及电视台、广播电台、报纸杂志、书籍出版发行等都可使用这种方式。2003年3月24日,温州商人张朝荣以每年800万元的价格买断十堰市城区公共汽车18年的特许经营权,变更注册后的新十堰市公交集团有限公司于4月29日正式挂牌。城市公交作为市政项目,一直属于国有企业,一个城市的公交集团被一家民营企业彻底买断,在全国尚属首例。④ 目前,很多公共物品项目中常采用BOT经营方式,这是特许经营方式的一个创新。政府监管下的BOT,一般是由私人团体(或国际财团)提供资金,从事公共物品的生产和经营,并在一定时期内负责设施的维修,特许期结束后将这些设施转让给政府机构。在具体的生产中,BOT模式的变形还有BOOT(建设—拥有—经营—转让)和BOO(建设—拥有—经营),等等。

在我国"经营城市"实践中,特许经营多用于市政公用行业。依建设部《关于加快市政公用行业市场化进程的意见》(2002年)的规定,在市政公用行业中,城市供水、供气、供热、污水处理、垃圾处理及公共交通等直接关系社会公共利益和

---

① 参见崔凤、王笑西:《"买美国货"条款与新贸易保护主义》,载《国际贸易》2009年3月号。
② 参见《1994年世界发展报告:为发展提供基础设施》,中国财政经济出版社1994年版,第 ix 页。
③ 参见胡家勇:《政府干预理论研究》,东北财经大学出版社1996年版,第208页。
④ 参见工文:《公共设施告别"一股独大"》,载《市场报》2003年12月10日第3版。

第二章　市场化政府经济行为的理论界定

涉及有限公共资源配置的行业,由政府授予企业在一定时间和范围对某项市政公用产品或服务进行经营的权利,即特许经营权;政府通过合同、协议或其他方式明确政府与企业之间的权利和义务。这种做法不仅能有效地缓解财政压力,而且还是对传统的授权管制形式的一种替代,有助于提高公共产品的供给效率。例如,1986年以来,为控制汽车总量,缓解道路拥挤,上海实施私车牌照限额发行、无底价拍卖的政策,沿用至今。又如,1998年7月12日,城市供水设施的BOT试点项目——四川成都市自来水6厂B厂BOT项目特许权协议在成都草签,项目总投资1亿美元,由法国通用水务集团和日本丸红株式会社联合体独资投入,项目建成后,该公司拥有18年特许经营权。[①] 此外,我国《海域使用管理法》(2002年)规定,单位和个人使用海域,必须首先取得海域使用权,依法缴纳海域使用金,海域使用年限根据不同用途从15年到20年。

6. 公开市场操作

公开市场业务是指中央银行在公开市场上买进或卖出二级市场债券用以增加或减少货币供应量的一种政策手段。它是通过改变银行体系的准备金总量而控制基础货币投放、以调节微观经济主体头寸的余缺而影响整个社会货币供应量。这一市场化货币政策工具被公认为中央银行宏观调控的"三大法宝"之一,可分为三种类型:(1)一次性买进和卖出(outright purchase or sale)。首先由中央银行公布当天要买进和要卖出的证券种类,然后由各个一级交易商进行投标,中央银行选择最低的出价买进,以最高的报价卖出。一旦成交,马上进行清算。(2)回购协议(repurchase agreements)交易。即规定卖出证券的一方,必须按规定的期限和价格再从中央银行将证券买回,到期前如卖出方愿意,也可提前购回,它主要用于解决市场资金的一时紧张,临时增加货币供应以解燃眉之急。(3)等量售购交易(sale-purchase transactions)。即中央银行卖出证券,但必须按规定的期限和价格再从买入者手中买回证券。这实际上是中央银行以回购协议的形式卖出证券,以暂时减少货币供应量,故又称逆回购协议。它主要是及时吸收市场暂时性的过多货币,临时减少货币供应,以实现稳定。一次性买进和卖出属于永久性操作,其特点是:对储备进行长期和单向调节,用于货币政策重大变化。回购协议交易和等量售购交易是临时性操作,其特点是:对储备进行短期和双向调节,用于维持既定的货币政策,故其期限较短,主要是隔夜交易,最长不超过7天。[②] 与直接货币政策工具和其他间接货币政策工具相比,公开市场业务的特点主要表现在:一是对货币供应量具有较好的控制;二是对利率水平具有较强的影响;三是对利率结构具有较强的调控;四是对预期具有明显的影响;五是具有很好的弹性效果。而法定存款准备金和贴现率工具的局限性,公开市场业务都不存在,公开市场业务所具有的微调性的特点,正好适应了当代货币政策对经

---

① 参见《中华工商时报》1998年7月16日相关报道。
② 参见陈元主编:《中央银行职能》,中国金融出版社1995年版,第104—105页。

济作用的复杂性和微调性的内在要求。①

公开市场业务最早源于19世纪的英国,当时英格兰银行为平衡国库收支,开始公开市场操作。20世纪30年代以后,受凯恩斯主义货币理论的影响,公开市场业务成为货币政策工具。延至20世纪80年代后被世界大多数国家运用,成为世界工业化国家、发展中国家和经济转轨国家进行间接金融调控和日常货币管理的主要工具。中国公开市场业务是从外汇市场操作起步的。1994年1月1日起,我国进行了外汇管理体制改革,建立了银行间外汇市场。1994年4月4日,中国外汇交易中心建立,中国人民银行随之建立外汇公开市场操作机构,适时对外汇市场进行干预,保持了人民币对外币汇率的稳定。1996年4月9日,国债公开市场操作系统正式启动,当天共回购商业银行持有的短期国债2.9亿元。从1998年1月起放弃贷款限额管理,短短几年中公开市场业务成为中国人民银行间接调控和日常货币管理的最有力的工具,并被《中国人民银行法》所规范。中国人民银行进行公开市场操作的背景是:在此之前,我国的金融结构具有"双重垄断"特征,即"信贷市场垄断整个金融市场、四大国有银行寡占信贷市场",再贷款也主要集中在工、农、中、建4家国有商业银行,故通过调控它们的贷款规模和再贷款就可调控全社会信用总量。

近年来,随着市场经济的不断发展,国内金融机构大量增加,金融工具日益多样化,一些金融机构不需要向中央银行借款,中央银行利用传统手段调控经济与金融的效率降低。在这种背景下,中国人民银行除了继续控制信贷规模和再贷款规模外,需逐步引入新的间接调控手段,通过公开市场操作,可扩大宏观调控的范围,提高对宏观经济与金融实施微调的能力,加强对货币供应量的有效控制。不过,《中国人民银行法》只是原则授权中央银行进行公开市场操作,其具体规则还很缺乏,有待建立和完善的规则包括:公开市场操作的决策与执行规则,交易规则,资金清算规则,证券登记、托管、结算(清算)规则,风险控制和操作监管规则,一级自营商组织规则等,必须根据客观情况和进展状况逐步建立和完善。公开市场操作的组织机制也亟需完善。鉴于公开市场操作的重要性和在未来的分量,可在货币政策委员会下设公开市场委员会负责公开市场操作的决策,该委员会成员由中国人民银行最高决策层的所有成员及总行有关重要职能部门和九大地区分行行长组成。同时建立适宜的例会制度和表决机制。委员会应在总结回顾过去的操作以及分析和预测宏观经济金融和运行形势的基础上,制定中长期的货币政策目标,发布近期公开市场操作的指导方针和指令,协调各种调控手段的运用。要建立和完善由总行有关职能部门与公开市场操作室组成的执行机构,按货币政策要求,将决策机构的操作方针和指令变成具体可行的操作方

---

① 参见张红地:《中央银行公开市场操作》,中国金融出版社2002年版;沈炳熙:《公开市场操作》,中国财政经济出版社1995年版;中国人民银行政策研究室外:《公开市场操作理论与实务》,中国金融出版社1995年版。

案,一方面进行主动性操作,以实现预定的操作目标,同时相机进行防御性操作,以预防或排除市场波动或突发事件对宏观调控的干扰。此外,适时扩大交易对象的数量,在严格管理和把握标准的基础上,将商业银行以外的一级自营商逐步纳入公开市场操作的行列,扩大公开市场操作的影响,广泛和迅速地传导货币政策信号。①

为缓解次贷危机带来的信贷紧缩或市场流动性紧张,美联储采取了一系列措施来加以缓解,包括连续下调贴现率、扩大贴现贷款抵押品接受范围、延长窗口贷款期限、启动定期拍卖工具(TAF)、一级交易商信用工具(PDCF)、定期证券借贷工具(TSLF)和货币市场共同基金融资工具(AMLF)等创新开发的货币政策工具。在金融业界存在"普通法系优越"理论和美国标准实践的背景下,这些市场化货币政策措施值得我国金融立法在警惕"唯美(国)主义"的同时,透过流行看趋势。

7. 彩票②发行

关于彩票的概念,实务的表述主要有:(1) 民政部 1994 年 1 月 22 日发布的《中国福利彩票管理办法》界定为以筹集社会福利资金为目的而发行的,印有号码、图形或文字供人们自愿购买并按特定规则确定购买人获取或不获取奖金的有价凭证。(2) 中国人民银行 1995 年 12 月 20 日发布的《加强彩票市场管理的紧急通知》界定为印有号码、图形或文字供人们填写、选择、购买并按特定规则取得中奖权利的凭证。(3) 民政部 1998 年 9 月 24 日发布的《中国福利彩票发行与销售管理暂行办法》第 2 条将福利彩票界定为为筹集社会福利事业发展资金发行的,印有号码、图形或文字,供人们自愿购买并按照特定规则取得中奖权利的凭证。(4) 财政部 2002 年 3 月 1 日发布的《彩票发行和销售管理暂行规定》第 2 条定义为国家为支持社会公益事业而特许专门机构垄断发行,供人们自愿选择和购买,并按照事前公布的规则取得中奖权利的有价凭证。不难发现,(1)、(3) 和(4)揭示了彩票发行的目的在于支持社会公益事业;而(2)未明示此点。这说明,多数定义的起草者强调彩票的发行目的,并将其看做彩票发行和销售具有正当性、合理性和合法性的基础。这一视角有助于划清彩票与私彩的界限。我国目前只允许政府发行彩票,不允许私人发行彩票;只允许发行公益性彩票,不允许发行营利性彩票。发行公益性彩票的目的是筹集社会公众资金,资助福利、体育等社会公益事业发展。(1)和(4)将彩票界定为"有价凭证",而(2)和(3)仅使用了"凭证"二字。这表明,起草者们对于彩票是否是有价证券,是否具有财产价值,彩票背后隐藏的财产权利属何种性质尚缺乏共识。四个定义都强调彩票

---

① 参见陈晓:《中央银行法律制度研究》,法律出版社 1997 年版,第 383—390 页。
② 彩票、彩票业的相关问题,参见张亚维:《博彩行为》,经济科学出版社 2006 年版;朱新力等:《彩票业的政府管制与立法研究》,浙江大学出版社 2007 年版;王薛红:《博彩业发展与中国政府政策选择》,中国财政经济出版社 2008 年版;程惕洁:《博彩社会学概论》,社会科学文献出版社 2009 年版。

的自愿选择、自愿购买和射幸特点。因此,笔者将彩票界定为政府或其授权机构为支持社会公益事业而发行的、由社会公众自愿购买的、并按照事前公布的规则取得中奖权利的有价证券。

从法律上讲,彩票是由政府制发并定价、消费者自愿认购的、具有投机性和价值不确定性的权利凭证,彩票发行的主要特征包括:

(1) 发行目的的公益性。彩票以筹集社会公益金为目的,所筹资金取之于民、用之于民。与彩票的公益性相关的问题是彩票的私益性。彩票的私益性是从彩票购买人的购买动机而言的,而彩票的公益性是从彩票募集资金的用途来说的。正是由于彩票的公益性,才使得彩票的发行与销售得以堂而皇之地步入法治殿堂,也正是由于彩票的私益性,才使得购买者如同过江之鲫,进而使彩票市场得以枝繁叶茂。彩票的公益性与私益性之间既有统一的一面,又有对立的一面。例如,彩票的公益性要求募集的社会公共资金越多越好,发行与销售成本越低越好,中奖彩票购买者的中奖金额越少越好;而彩票的私益性则要求彩票发行募集资金中留作奖金的份额越大越好,中奖概率和奖金越高越好。好的彩票法律制度应当寻求"止于至善"的"黄金分割点",使彩票的公益性与私益性取得平衡。

(2) 发行的垄断性。大多数国家的立法例对博彩业发行采取特许主义,对彩票发行销售主体和彩票的种类及"玩法"等,都须经过国家的批准许可。《德国民法典》第763条规定,奖券或者彩票得到国家批准的,奖券或者彩票合同始有约束力。《瑞士民法典》第515条规定,经竞争委员批准的抽彩产生合法债权;抽彩未经批准的,该债权作赌博论;国外授权的抽彩不受瑞士法保护,但竞争委员会批准彩票出售的除外。又根据《俄罗斯民法典》第1063条第1项规定,由俄联邦、俄联邦各主体、地方自治组织或由从授权的国家机构或者地方自治机构获得颁发的许可证(执照)的人组织的抽彩和其他建立在风险基础上的赌博性竞赛,上述举办人与赌博参加人之间的关系以合同为基础。在我国不允许私人发行彩票,彩票均由政府批准发行,因此区别于民间的非法博彩行为。彩票发行的垄断性主要体现为:第一,程序的法定性。彩票的发行交易等程序,均受到法定性的拘束。开奖形式、公证程序具有法定性;中奖彩票须经发行机构查验、确认后,中奖金额才能最终在法律上得到确认。第二,合同的格式化。彩票合同的内容事先拟定,通过适当的方式提示给彩票购买人,彩票销售机构并不与彩票购买者个别商议、讨价还价,彩票购买者对于既定的彩票销售、兑奖等规则"要么接受,要么走开",不能加以改变。格式内容具体地体现在各类彩票的游戏规则中。这些规则常指由彩票销售机构制定的彩票"承销细则",该"承销细则"经彩票发行机构批复后,可成为合法有效的派奖依据。彩票游戏规则包括彩票名称、具体游戏方法、单注彩票价格、设奖和兑奖方式,以及发行销售细则等。依我国《合同法》第39条第1款规定,采用格式条款订立合同的,提供格式条款的一方应遵循公平原则确定当事人之间的权利和义务,并采取合理的方式提请对方注意免除

第二章　市场化政府经济行为的理论界定

或者限制其责任的条款,按对方要求对该条款予以说明。在实务中,彩票承销机构将"承销细则"在当地的主要报纸上刊登,并灌制录音磁带在各投注站连续播放,就算是尽到了采取合理的方式提请对方注意的义务,这些内容作为要约的组成部分,一经彩票购买者以购买彩票的方式承诺,自然成了彩票合同的内容。

(3) 交易购买的任意性。彩票的发行与销售活动并非强制性的公法活动,而是民事活动。作为民事主体的自然人、法人和其他组织是否购买彩票,何时购买,购买何种彩票,购买几何,都应充分体现契约自由的精神。当然,对购买主体的限制,如禁止向未成年人销售及关系人不得购买等,各国都有类似的规定。中国福利彩票中心《关于禁止向未成年人出售福利彩票的通知》(1999 年 4 月 28 日)称:"未成年人不具备完全民事行为能力,为了保护青少年身心健康成长,今后福利彩票禁止向未成年人出售,以更好地体现福利彩票利国利民、造福社会的宗旨。"《彩票发行与销售管理暂行规定》(2002 年)第 18 条规定,禁止向未满 18 周岁者出售彩票和支付中奖奖金。根据《中国福利彩票发行与销售管理暂行办法》(1998 年)第 19 条规定,从事福利彩票发行、销售以及参与彩票规则设计和生产的人员,必须保守相关秘密,且不得直接或间接购买福利彩票。这一规则就称为"关系人不得购买"规则,应适用于福利彩票和体育彩票。

(4) 买卖合同的射幸性。"射幸"与"侥幸"、"机会"同义。射幸行为,又总称为射幸契约(aleatory contract),乃以投机取巧为目的,而取得给付,其给付范围之多寡,系以偶然事故的发生而认定其给付权利的存在。射幸行为原则上因法律禁止而无效,但如法律有特别允许者,则为有效,如保险契约、股票买卖、期货买卖,当然还有彩票买卖等。[①] 射幸合同的主要特征是,合同的法律效果在缔约时不能确定[②],所确定的利益并不必然发生。不确定性使得彩票买卖合同的缔结染上了赌博色彩[③]。法官或者仲裁员不能以其违反等价有偿原则为由判定此类合同无效,也不能以其构成显失公平为由允许一方当事人变更或者解除合同。购买者支付一定金额后,仅获得可能中奖的机会而已——持票人按照"事前公布的规则"或者"特定规则"取得中奖权利。彩票合同的射幸性取决于彩票中奖的偶然性。但这种射幸性质只针对单个彩票合同而言。就其全部彩票合同的总体来看,彩票购买者购买彩票支付的总金额与获奖总金额的比例关系可据概率计算,有人中奖的现象不具有偶然性。购买者购买彩票后,如果中奖,可请求依约定程序兑奖;倘若"落榜",既不能请求返还购买彩票之价款,更不能请求彩票发

[①] 参见林诚二:《民法总则编讲义》,台湾瑞兴图书股份有限公司 1992 年版,第 90 页。
[②] 参见崔建远:《合同法》(第 3 版),法律出版社 2003 年版,第 31 页。
[③] 参见王五一:《世界赌博爆炸与中国的经济利益》,经济科学出版社 2005 年版。这是我国第一本对赌博借贷问题系统研究的金融学专著,它研究博彩业中的金融问题,或将博彩业作为金融问题来研究,或从国际金融关系的角度来研究博彩业,切入视角令人印象深刻。笔者认为,赌场(博彩市场)并非绝对负面,它对国家和社会也有正向作用。在民间博彩业发达的国家,国民普遍重视守规则、重程序。这一点可从我国民间赌博行为中寻得答案。而守规则、重程序是一个国家社会法治必备的国民文化素质条件。

行机构支付利息。这是彩票持有人与债权持有人的最大区别。

（5）交易购买的诚信性。彩票合同是一种特殊的买卖合同,有偿但不等价,具有射幸色彩,利益的得失会形成巨大反差,极易诱导欺诈。为保障彩票事业的健康发展,须要求彩票合同当事人最大限度地做到诚实信用。《彩票发行与销售管理暂行规定》第5条规定,发行销售彩票应遵循诚信和自愿购买原则,严禁以欺诈方式发行销售彩票,严禁采取任何摊派或变相摊派等强迫性手段发行销售彩票。这一规定也强调了诚信和禁止欺诈。基于诚信原则的要求,对于彩票合同的当事人,在法律上宜认定其有若干先合同义务、附随义务和后合同业务。当然,彩票是一种完全性[①]的权利凭证。完全性的权利凭证是指权利的行使与凭证紧密结合,不可分离。要实现凭证所主张的权利,权利人必须占有、提示和交付凭证,凭证上的权利之发生、转移和行使必须占有凭证,否则,权利人不可主张其权利。

追溯彩票的渊源,我国唐代就有了它的身影。时人有诗形容"六博争雄好彩来,金盘一掷万人开"。《中华民国临时约法》明令禁止发行彩票,但各省督军为筹集军饷发行了大量彩票。新中国一度禁止发行彩票,但改革开放后,公益事业资金困难,彩票开始受到关注。1987年中募委成立后,发行了新中国第一张彩票,共发行了约2205万张。为加快体育事业发展,1988年国务院批准发行了"第十一届亚运会基金奖券",资助亚运会的举办。《国务院关于进一步规范彩票管理的通知》(2001年)授权特定机构按限定项目和额度以通过市场发行彩票的方式筹集公用事业资金。但目前,彩票发行的审批权集中在国务院,种类仅有福利彩票和体育彩票,由民政部发布的《中国福利彩票发行与销售管理暂行办法》和国家体育总局发布的《中国足球彩票发行与销售管理办法》(2001年)加以规制。经过二十多年的发展,彩票市场已变得非常庞大。但与之不符的是,现行彩票发行种类过少,既与市场经济国家通行做法不符,也难以满足公用事业发展的巨大资金需求;没有完善的法律、法规,保证运转靠的仍是国务院和各部委的通知。而和中国具有同样发行历史的新西兰早已制定《新西兰赌博游戏和彩票法》,并以此来规范彩票的发行、监督彩票公益金筹集、分配和使用情况。

8. 国债发行

国债是国家负担的金钱债务,是国家与国债买受人之间的债权债务关系。在市场经济国家,国债已被普遍用作弥补财政赤字、筹集财政资金的一种市场化手段。[②] 与彩票发行不同的是,国债发行必须还本付息。与税收不同的是,国债是人民自愿的投资活动,似乎远离了权力行政。其实,国债发行是以国家可以无

[①] 对"完全性"的理解,参阅有关完全性有价证券的相关内容,二者具有类比性。参见沈卫利、李明德:《台湾票据法》,中国广播电视出版社1994年版,第12页。

[②] 现代市场经济中,国债所具有的金融性功能超越了其财政性功能,国债融资应围绕完善和健全国债市场进行。参见何志刚:《中国债券融资功能研究》,经济管理出版社2003年版,第27页。

偿征收税收的权限为担保,其偿还最终还是需要以税收收入来充当。国债只不过是"税收的先征"而已。以发行国债的替代手段取得收入,其实难以否认国债具有"隐蔽的权力性格"。近代的国债,起源于13世纪末爱德华一世统治下的英国,发行国债目的是为筹措对苏格兰战争的军费。公债负载着极强的意识形态,也是实现某种政策目标的财政工具。在强制国债发行的情形下,国债的购买不以自愿、平等、合意为前提,交易主体具有不平等性,此时属于公法上的债务契约。但在现代社会,国债发行已日趋成为宏观调控工具,国债以自由国债为主,国债的购买听从私人投资者的自主意愿,是私人投资者为自己利益而计算,购买者的意志不受国家的强制与左右,属于平等之下的利益交换,此时国债的性质更接近于私法上的债务契约。但与私法上的债务契约有所不同的是,国债的发行程序受到严格的法律控制。国债是否发行、发行多少,需列入政府的财政预算,接受立法机关的审查,并受到法律的授权。因为国债法律关系的债务人是作为公权力主体的国家,其借贷的信用基础又是源自能够无偿(指不直接提供对待给付而言)征收税收的公权力。当事人之间的地位,在实质上其实并不平等。国债有如此的特质,在政府"避难到私法"的疑虑又难以一概消除的情况下,不论将国债法律关系解释为公法关系抑或是私法关系,都应该认为国债的发行应受公法基本原则的拘束。此等原则至少应包括平等、公益及比例原则。①

现代国债发行主要采用投标和拍卖。以美国为例,其国债的拍卖发行由美国财政部在联邦储备体系的协助下进行。国库券的拍卖投标是以万分之一为基点,以贴现率的方式提出;息票国债的拍卖投标则是以法定比例为基点,以收益率的方式提出。投标分竞争性投标和非竞争性投标两种。参加竞争性投标的一级自营商(任何其他机构和个人也可以)向纽约(或其他)联邦储备银行报告投标价格,财政部将按其贴现率(或收益率)依次相应分配所要求的数量,中标最高价被称之为"停止价格"。投标价格低于"停止价格"的报价者,通常分配到所要求的全部数量;等于"停止价格"的报价者,通常只能分配到所要求的部分数量。采用非竞争性投标方式,投标人可以拍卖的平均价格分配到所要求的全部数量。

西方国家对国债发行有着非常完备而严密的规定。以日本为例,日本《财政法》第4条规定:"国家的财政支出,必须用公债和借款以外的资金作为财源。"《财政法》要求实行财政收支平衡,不打赤字,不得发行公债。该条文又进一步规定:"作为公共投资经费、出资资金及融资资金的财源,可在国会批准的额度内发行公债或借款。"换言之,筹措建设性资金可在事先取得国会批准的前提下发行公债(建设公债)。《地方财政法》第5条规定:"地方政府的财政支出必须以地方债以外的收入作为财源。"地方政府不能发行赤字公债,可发行建设公债,但需

---

① 参见蔡茂寅:《论公债的宪法课题》,载《现代国家与宪法》,台湾月旦出版社股份有限公司1997年版,第1410—1414、1434页。

经本级地方议会审批,并受到中央政府《地方债计划》的额度和投向限制,报中央政府批准。《财政法》第 5 条规定:"日本银行(中央银行)不得承购国债或对中央财政借款","在特殊情况下需日本银行承购公债或借款时,必须经国会批准"。日本银行承购国债受到该条的限制,只有在特殊情况下经国会审批后才能认购少量国债。通常情况下,日本银行认购国债以其所持到期国债的规模为限。《地方自治法》第 250 条规定:"发行地方债以及变更发债、偿债方法、调整利率时,必须根据政命规定经自治大臣或都道府县知事批准。"都道府县知事批准是针对市町村债券而言,市町村发债必须经所属都道府县知事同意后报中央政府。地方债实行审批制度的目的在于:(1)防止地方债的膨胀,确保各地方财政的健全运营;(2)防止资金过分向富裕地方政府倾斜,确保合理的资金分配;(3)统一协调中央、地方政府及民间资金的供求关系。

为弥补财政赤字,我国于 1981 年恢复国债发行。此后,国债发行规模不断扩大,成为国家财政收入的重要组成部分。随着国债规模的扩大,国债发行的市场化程度不断提高,主要表现为:(1)逐步建立健全国债统一市场。1989 年以前,国债主要以行政手段加以派购,1989 年改为银行、财政、邮政多渠道推销的办法;1990 年开始部分采用市场发行的办法,进行了柜台销售试点;1991 年起进行了旨在建立规范发行机制的国债承购包销试点。1993 年 12 月,财政部等三部门联合颁发《国债一级自营商管理办法》,明确规定国债一级自营商的权利与义务,国债一级市场逐步建立健全。(2)发行方式逐步完善。1992 年试办无券竞争招标发行;1993 年 7 月又发行了 1993 年第 3 期非实物国库券;1994 年首次发行了凭证式国库券,并首次发行了半年期和一年期短期国库券;1994 年利用上海交易所的电脑交易网络,成功发行了半年期和一年期无纸化国库券。(3)国债二级市场逐步健全。1988 年 4 月,进行了国库券的转让试点工作;1990 年 5 月,历年发行的各种国库券和保值公债向个人发售的部分准许进入国债流通市场;1991 年 3 月,在全国各地市级以上的城市及地区所在地的县级市全面开放了国债流通市场。此后随着证券交易所的建立,国债二级市场逐步扩大和完善,并进行了国债期货市场试点。(4)发行种类不断增多。在发行国内债务的同时,我国从 1979 年起,开始以外债方式利用外资,引进国外先进技术、设备、管理方法及人才。在外债结构上,主要以外国政府贷款、国际金融组织贷款等中长期优惠贷款为主。在外债形式上,除外国政府贷款以及世界银行、亚洲银行贷款外,从 1987 年财政部代表中国政府首次进入国际资本市场发行 3 亿马克主权外币债券以来,通过国际资本市场发行主权债券也成为筹措资金的一种重要方式。债券种类包括美元全球债、美元扬基债、美元龙债、欧洲美元债、日元武士债、欧洲日元债、欧洲马克债、欧元债等。

案例 2-2　谢百三诉财政部暂停国债回购案①

2001年12月6日,复旦大学教授谢百三向北京市第一中级人民法院递交了诉状,就2001年第7期国债(010107国债)暂停回购一事状告财政部。谢百三称,2001年7月29日到30日,财政部在交易所市场招标发行20年期国债,错误地将利率下限定为4.25%,这实际上等于在拍卖时制定了一个最高价格。这只国债采用荷兰式招标,最后的中标利率为4.26%,远远高于交易所国债券2.6%—3.45%之间的收益率标准,并使其受到市场追捧。财政部为了掩盖这一错误,于2001年8月9日以一纸便函"暂停"了这只国债的回购功能,人为地打压价格。所谓回购,就是抵押,即持有者将其进行抵押融资。如果禁止回购,则束缚了很多投资者的手脚,使其无法通过抵押获益。谢百三请求财政部撤销这个通知,并向全国投资者道歉。具体而言,财政部在发行销售010107国债中的违法体现在三个方面:(1)违约。所有国库券据惯例都可回购,财政部在有关发行公告中并未说明这只国债例外。8月7日该国债销售完毕,次日购买债券的资金划入财政部账户,8月9日财政部突然以便函的形式追加了一个通知,取消这只债券的回购功能,使其价格受到压制,影响了投资人的收益。(2)财政部的做法违反了《国库券条例》,该条例第8条明确规定国库券可作抵押。(3)财政部做法违反了《价格法》,该法明确指出,有五类商品价格在必要条件下可由政府定价或提出指导价,但利率、汇率、保险费率、证券或期货价格不适于此规定。因此,谢百三依据《行政诉讼法》起诉财政部。

依照《行政诉讼法》第42条规定,法院接到起诉状,经审查应在7日内立案或作出裁决不予受理。原告对裁定不服的,可提起上诉。谢百三诉状递交后,在近三个月的时间里,法院既没有受理,也不表示拒绝。2002年3月1日,谢百三又向北京市高级人民法院起诉,四个多月过去了,法院还是既不受理,又不表示拒绝。2002年7月7日,谢百三三进京城,将起诉财政部的诉状递交到最高人民法院。2002年7月31日,财政部解除了关于010107国债的回购禁令。谢百三表示,财政部的这种做法是明智的。由于起诉财政部的目的是为了促进决策的科学化,而起诉的标的至此已不复存在,谢百三表示愿意撤诉。

1998年后,增发国债,实施积极财政政策,成为扩大内需、拉动经济增长、抵御东南亚金融危机冲击的重要措施。另一方面,发行国债以有偿方式筹措资金,也为以有偿方式安排支出提供了条件,促使财政管理机制由直接控制为主,逐步转向间接调控为主。鉴于专项国债发行是国家运用积极财政政策刺激有效需求,拉动经济增长的一项重大宏观调控措施,用于转贷的专项国债属于财政资

---

① 参见刘剑文主编:《财税法学案例与法理研究》,高等教育出版社2004年版,第85—86页。

金,不同于银行信贷资金,经国务院批准,对1998年及以后年度专项国债转贷取得的利息收入免征营业税。在缴纳企业所得税时,纳税人购买国债的利息收入,不计入应纳税所得额。从2001年7月1日起,国家决定在全国银行间债券市场、上海证券交易所、深圳证券交易所逐步试行国债净价交易。自试行国债净价交易之日起,对于纳税人在付息日或买入国债后持有到期时取得的利息收入,免征企业所得税;在付息日或持有国债到期之前交易取得的利息收入,按其成交后交割单列明的应计利息额免征企业所得税。我国国债发行主体目前仅限于中央政府,限制了地方政府进行基础设施建设的筹资能力和公共产品的供给能力,有悖于地方政府(特别是省级政府)作为一级财政主体的体制要求。如在2003年,北京市政府曾预备发行"奥运债券"筹集场馆建设和市政改造的资金,但被中央政府否决。

美国、加拿大的省级政府十分依赖于债券市场筹集城市公共物品供给所需资金,我国可资借鉴。① 对投资者来说,购买市政债券的好处明显,即收益率较高且可以免税,但相对风险大,市场流动性低。市政债券基本以长期债券为主,长期债务的偿还期限往往超过1年,有10年、20年,甚至30年。长期债券又被分为两种,一种是一般性契约债券,以地方政府的资信和纳税能力为基础,保证投资者能按期收回本金并取得利息,政府以源于税收或收费的收入来偿还债务,通常风险较低收益也较低;另一种是收益债券,它是由地方政府授权代理机构为投资某项公共物品而发行的债券,这些公共物品主要是指经营性的市政基础设施。政府并不对这种债券的发行提供担保,而是由债券的发行者以所建设经营的基础设施项目的收益作为偿还本息的保证,收益债券的风险和收益都高于一般性契约债券。

目前我国的债务负担率尚处于较低水平,债务依存度指标却明显偏高。由于我国发行的都是中央政府债务,中央债务依存度已远远超过20%的国际警戒线。借鉴美、加等国经验,发行地方政府债券,极有必要。首先,建议尽快修改《预算法》第28条,删除地方政府不得发行地方政府债券的内容,而相应规定:"地方各级财政按照量入为出、收支平衡的原则,为弥补地方财政预算支出不足,经本级地方人民代表大会审议,地方政府可以适量发行地方政府债券。"其次,尽快制定《市政债券暂行条例》。基于对开放地方公债会使地方举债过多的考虑,可先在大中城市试行开放市政债券,并相应做出暂行的规定,对未偿还债务余额的上限、资金的投向等进行约束。等到时机成熟,再考虑对地方公债正式立法。再次,制定《公债法》,明确规定各级政府的融资权限:一是严格区分各级公债的用途和偿付责任,规定上下级政府之间偿债独立;二是规定各级公债的销售均应基于购买者的自愿,同时建立社会信用评级机构对公债发行人进行信用评估;三

---

① 参见章江益:《财政分权条件下的地方政府负债——美国市政公债制度研究》,中国财政经济出版社2009年版;杨辉:《市政债券发行规则与制度研究》,经济科学出版社2007年版。

是将《市政债券暂行条例》的相关规定纳入进来,适用于其他各级地方公债,并规定未偿债务余额在各级政府间呈现塔式分布,使财力与信用相对应;四是鼓励地方政府在法律允许的限度内,积极运用公债加快地方教育、交通等公共事业建设。

9. 政府收费

哪些属于政府收费范围?目前理论研究和改革实践争议颇大。以有偿信息为例,陕西省物价局、省财政厅 2006 年指出,行政机关提供的政府信息不得收取任何形式的信息服务费,也不得将政府信息交由企业事业单位或中介机构变相收取有偿服务费。行政机关的政府信息应通过政府网站、各级综合档案馆、政府公报或者报刊、广播、电视、公开栏、电子屏幕、服务热线等及时予以公开。经各级政府批准设立的综合性、专业性档案馆除上述政府信息外,对利用其他档案的单位和个人实行有偿服务和无偿服务相结合的原则,具体规定按国家利用档案收费的有关规定执行。对免予公开的政府信息,行政机关不得以有偿服务或者变相有偿服务的形式提供,也不得通过与行政机关有隶属关系或者是业务指导等关系的企业事业单位、中介机构以有偿或者变相有偿的形式提供。

政府有偿提供气象服务是政府收费的典型。市场经济国家的气象服务有四种模式:一是国家负责公益气象服务,民间气象机构则提供私人气象服务;二是公益气象服务和私人气象服务都由国家提供,但两者通过收支两条线划分开来;三是将气象服务分为公益服务(向政府、公众提供)、有偿服务(收取成本费或少额费用)、商业服务(即营利性服务)三类;四是气象服务完全商业化。我国气象有偿服务最先出现在 1980 年,国务院 1985 年批准气象部门开始开展有偿专业服务,上海等地已出现了气象服务商业化的实例。通过气象产权制度创新,建立新的商业化气象服务体系,将成为我国气象服务适应市场经济的必由之路。

此外,交纳诉讼费是个人与政府间的公法关系,还是私法关系?若为私法关系,法院行为构成债权转让,是否受民法有关债权转让规则的约束?是否可通过诉讼争辩?诉讼费用本身是不是一个独立的"诉讼标的"?[①]

10. 发放教育凭证

教育凭证,又称教育券,是一种政府发给受教育者的、能够表示政府所提供最低限度学校教育经费的票证,受教育者凭借这种票证自由选择"被批准的"学校购买教育服务,学校则将从学生那里收取全部凭证向政府换取与凭证数额相当的现金收入以用于学校开支。如此,学校获得公共教育经费的多少就取决于就读学生的数量,学生数量又取决于学校对学生(或家长)的吸引力,由此引导学校将提高教育质量和形成办学特色与学校的生存发展紧密联系在一起,从而自觉地为社会提供更好的教育服务。教育券在促进学校效率提高的同时,还要解决另外一个重要问题——公平。学生的家庭社会经济地位、性别、种族等差异特

---

① 参见方流芳:《民事诉讼收费考》,载《中国社会科学》1999 年第 3 期。

征都会对学生的入学产生积极或者消极的影响。对来自低收入家庭的学生来说,教育券的实施为他们提供了更多的选择机会。与此同时,不同社会阶层的学生就读于同一所学校,也促进了社会阶层的融合。① 食品券②、福利房"购房券"和医疗券制度,在性质上与此相类似,统称为购买券。

依不同标准,教育凭证可作不同划分。根据针对对象不同,教育券可分为:(1) 普遍教育券或总额教育券,即每个适龄儿童家庭都能获得面值相等的教育券;(2) 针对低收入家庭的教育券或与收入挂钩的教育券,即只有收入低于某一标准的家庭才能获得面值相等的教育券;(3) 收入—均等化教育券,即只有收入低于某一标准的家庭获得教育券,而且教育券的面值取决于家庭教育支出占其收入的比例,如果这一比例越高,那么获得的教育券的面值越高;(4) 针对特定学区或学校的教育券,即只有贫穷的或表现不佳的学区或学校里的学生才能获得教育券。根据教育券面值的金额,分为完全教育券和部分教育券,前者指教育券足够支付所有的上学费用,后者指教育券不足以覆盖所有教育成本。③ 根据资金来源不同,教育凭证制度还可分为政府资助的教育凭证制度和私人资助的教育凭证制度。现行的政府资助的教育凭证制基本上是由地方政府或州政府操作,如密尔沃基教育凭证制、克里夫兰教育凭证制和佛罗里达州教育凭证制等。私人资助的教育凭证制包括纽约市、巴尔蒂摩、波士顿、芝加哥、华盛顿等地的教育凭证制。私人资助的教育凭证制多为短期项目,其主要目的是要为政府资助的教育凭证制作铺垫。④ 最重要的划分标准是根据家长获得的择校权限,将教育凭证制度划分为限制性和非限制性两种。限制性教育凭证制度将家长对学校的选择权限制在公立学校和非宗教性的私立学校之间,非限制性的教育凭证制度则包括宗教性学校在内的所有学校。美国试行的教育凭证制度以非限制性居多,如最早实施的密尔沃基教育凭证制、克里夫兰教育凭证制和佛罗里达州教育凭证制等。

在美国,限制性与非限制性教育凭证制度区分的根本在于教育凭证制度是否会造成教会和国家之间违宪的纷争,即政府是否应以教育凭证的形式将税金交付到宗教性学校。宪法第一修正案⑤即涉及宗教问题——"国会不得制定设立宗教或限制其自由发展实践的法律"。主张实行非限制性教育凭证制者强调,家

---

① 参见〔美〕科恩:《教育券与学校选择》,刘笑飞等译,北京师范大学出版社2008年版。该书从理论与经验两个角度,介绍了各种学校选择的方案,比较了公立、私立学校的特点,考察了不同国家学校选择的进展和影响。

② 美国食品券制度,参见〔美〕迪尼托:《社会福利:政治与公共政策》,何敬等译,中国人民大学出版社2007年版,第226—263页。

③ 参见〔美〕霍克斯比:《学校选择的经济学分析》,刘泽云译,北京师范大学出版社2008年版,第381页。

④ 由于私人资助的教育凭证制与政府资助的教育凭证制有本质的区别,与本文所探讨的主旨有所偏离,故仅当涉及政府资助的教育凭证时本文才作评论。

⑤ 美国宪法第一修正案研究,参见邱小平:《表达自由》,北京大学出版社2005年版。

长和学生有进行"自由"和"独立"选择的权利。将宗教性学校排除在教育凭证制择校范围之外,不仅违反了宗教"自由实践"的原则,而且选择方也得不到真正意义上的自由选择。而主张限制性教育凭证制者认为,无论是以直接或是间接的形式将税金输入到宗教性学校都违反"政教分离"原则。此外,联邦最高法院法官大卫认为,非限制性教育凭证是危害纳税人自由权力的潜在威胁,因政府并未考虑到纳税人是否愿意用自己的钱去资助宗教学校。目前,受理过教育凭证制纷争的地方或州法院多倾向于维护非限制性教育凭证制的合宪性。例如威斯康星州最高法院在 1995 年的裁决中肯定了密尔沃基教育凭证制的合宪性。2001 年,佛罗里达州最高法院也判定该州的教育凭证制合法。近年来,由克里夫兰教育凭证制引发的法律争论逐渐地受到了公众关注。1995 年,克里夫兰开始实行非限制性教育凭证制改革,但由于该地区大部分高质量的公立学校拒绝招收教育凭证学生,导致 90% 的择校学生只能选择就读于宗教性学校,从而引发了旷日持久的法律大战。1997 年,州上诉法庭裁决教育凭证制违宪,而 1999 年俄亥俄州最高法院推翻上诉法庭的判决,认为教育凭证制符合宪法。之后,反对者们又上诉联邦法院。在 2002 年 6 月 27 日,联邦最高法院的九名法官以 5 比 4 的投票结果判定克里夫兰教育凭证制改革合法。这一判决为教育凭证制度改革的发展提供了有利的契机①。

"教育凭证制度"的设计,一是否认政府在事关家庭和个人教育决策时具有理智上的优越性,因此,将教育的选择权交还公众更为明智;二是认为公众的受教育权利不应受到学校选择的影响,受教育者只要进入政府批准的学校,政府就应该保证他们受教育权的实现,由此形成对公立学校的选择性压力,竞争将会使得公共教育经费的使用更有效率。"在真正的竞争性市场上,重大的竞争大都来自能发现好办法以满足顾客需要的新企业。"竞争产生责任感。如家长选择学校,学校将对其学生的成绩负责,如同为消费者改善其质量的行业一样,凡提供高质量教育的学校会兴旺发达;不能满足学生需要的学校会无力竞争,甚至会垮掉。当然,公共政策必须对竞争加以控制,照顾那些没有足够钱的人——对事物不加管制,就意味着有钱人会取胜,其余人会失败,其次,不能进行破坏性的竞争。例如,消费者必须消息灵通,政府必须就此提供支持。在这些范围内,你越能像竞争那样激励市场的力量,你就干得越出色。是故,教育凭证的意义在于使受教育者成为教育消费者,教育机构和教师成为教育生产者,形成教育市场,打破国家对教育的垄断和公、私立教育机构间的鸿沟。

---

① 参见章志萍:《试析美国基础教育改革中的教育凭证制度》,载《外国教育研究》2002 年第 11 期。

论及教育券,人们常将其归功于美国经济学家弗里德曼1955年提出的建议①,英国经济学家皮科克和怀斯曼也于1964年提出与之相类似的理论。公共选择理论赞同弗里德曼等人提出的观点:取消一切免费制度;让用户按其所消费的服务的实际价值来付钱;但同时分配给最贫困者一些"购买券",使之得到某种价值的公共服务。这种购买券或信用卡方案的设想是:政府根据每个家庭的收入水平,发给他们某种价值的教育信用卡、医疗卫生信用卡或住房信用卡。他们可在市场上自由使用这些票证。公共选择理论特别谴责政府免费为消费者提供某些公共物品(如医疗、教育)的福利制度。他们认为,这种免费供给制度造成对这些物品的需求无限制扩张,引起这些公共物品或公共服务的质量下降,导致社会资源的无效率使用和收入分配实际上更加向富人倾斜。米勒认为:"对用户来说是免费的东西,对社会来说从来不是免费的,必须有人为此付出代价。从我们目前实行的福利制度来看,付出代价的人常常是为之制定该制度的人。"购买券制度的好处至少包括:第一,它可在使生产者面临不断降低生产成本的压力时,在公共服务方面恢复竞争结构,因而可保证服务的供给向多样性和高质量方向发展。第二,它很可能比现行制度更有效地推动教育消费和医疗消费的增长。有研究表明,给家庭以自由购买更高质量的教育或医疗的能力,将会促使一部分人自愿节省某些日常消费的开支,以便使自己的子女能得到更好的医疗条件或受到更好的教育。第三,它也许是解决财政危机的唯一办法。西方大多数国家的福利制度都受到财政危机的冲击,有些项目因政府囊中羞涩而停办,如瑞典的小学生免费午餐。②

因美国公立学校教师工会的反对,教育凭证制度的创制与推进一直十分缓慢,直到20世纪80年代以来,在美、英、南非③等国始有重大进展。④ 进入20世

---

① 有学者认为,最早提出这一思想的是英国学者托马斯·佩恩(Tomas Paine),他在1798年指出政府应为贫困家庭提供资金来保障他们的子女正常接受教育。参见〔美〕霍克斯比:《学校选择的经济学分析》,刘泽云译,北京师范大学出版社2008年版,第380页。也有学者认为,最早提出这一思想的是亚当·斯密(Adam Smith)。他在1779年指出,家长是决定孩子应受何种教育的最佳人选,政府应向家长提供资助让他们可以自由地为孩子选择合适教师。参见马健生:《公平与效率的抉择》,教育科学出版社2008年版,第91页。

② 转引自〔美〕勒帕日:《美国新自由主义经济学》,李燕生等译,北京大学出版社1989年版,第208—209页。

③ 英国《独立报》2005年4月下旬发表理查德·加纳的文章《为什么改善家长择校条件的努力会失败》,对英国政府企图扩大家长择校权利的举措提出了批评。"保守党的教育券计划——让家长拿着孩子的公共教育经费去任何一所公立或私立学校去买一个入学机会——也会遇到同样的问题,因为这个措施也是让热门学校扩招。最有口碑的学校是不愿扩招的。"参见啸天编译:《"家长择学校"终成"学校择家长"》,载《中国教师报》2005年5月11日A4。

④ 参见〔美〕米尔顿·弗里德曼:《资本主义与自由》,张瑞玉译,商务印书馆1999年版,第83—105页;〔美〕米尔顿·弗里德曼、罗斯·弗里德曼:《自由选择 个人声明》,胡骑等译,商务印书馆1999年版,第153—195页;李茂:《教育选择权引发违宪之争》,载《中国教育资讯报》2002年3月6日A3;〔美〕奥斯本、盖布勒:《改革政府》,周敦仁等译,上海译文出版社1996年版,第71—84页。《南非酝酿教育券试验》,载《中国教师报》2003年9月3日A3。

纪 90 年代以后,教育凭证制度才逐步被许多国家所推崇,各国进行了相关实验和立法,如瑞士联邦日内瓦州政府专门通过第 7474 号法令,对从 2001 年 1 月 1 日起正式实行的"培训支票"进行制度设计。① 如美国加利福尼亚 174 号议案承诺给与每个学龄期孩子"奖学金"(教育券),相当于加利福尼亚州和地方政府给每个孩子的费用的一半,以实现"授权于家长",推行家长教育选择权。这些资金被直接支付给孩子就读的学校。无论公立或私立学校都可能符合"独立奖学金补偿学校"条件;对种族、人种、肤色、国籍有歧视的学校会被取消接收教育券的资格。然而,教育券遭遇了强有力反对,尤其是来自学校专职管理者和州的教育机构的反对。反对者认为,允许家长将孩子从一所学校转学至另一所学校,打破学校教学计划,威胁到教学水平低劣的学校的生存。它会导致学校的分化,一部分最受欢迎的学校将吸引优秀的学生,还有一部分稍次的学校只能为那些对教学并不苛求的家长的孩子们提供服务。受到欢迎的学校,能够吸收最优秀的学生;质量较差的学校,只是完成对一些学生的教学任务,这些学生的家长对孩子的教育不关心或者不感兴趣。公共教育的团体担心教育券使得公共资金流向私立学校,"使得富裕家庭为了他们的孩子而资助私立学校的项目,而这笔资助是由纳税人支付的"(加利福尼亚教师协会)。差不多有 10% 的加州儿童已在私立学校求学,家长们将喜获从天而降的这笔钱款。伴随着资金和高智商儿童从公立学校的流失,公共教育将受到严重负面影响。尽管只拨出每个孩子教育费用的一半投在教育券中,这已引起争论,担心公共教育将为执行此计划而面临资金困难。加利福尼亚 1993 年投票反对教育券,明显影响了全美的公众意志。在 1993 年之前,投票显示 65%—75% 的美国人支持教育券制("允许学生和家长用公共费用来选择私立学校"),但到 1999 年,美国人在这一问题上的观点发现明显分歧。② 全美教育协会公开呼吁:"记住,公立教育是本土安全的关键急需。一个自由、安全和民主的社会需要卓越的公立学校系统和受过良好教育的国民。公立教育必须不是魔鬼般的、私人化的或凭单制的。公立学校一定不能卖给最高竞价人。相反,我们的政府应进一步加大对公立学校的投入。"③

我国的教育券自 2001 年在浙江省长兴县首次出现。推行"教育券"的初衷,是给予民办学校和职业学校平等的待遇和发展机会,鼓励社会力量办学,调控普通高中和职业教育的招生比例。长兴县教育局认为,民办学校实际上也承担了一部分义务教育的责任,政府对义务教育的投入面向每个学龄儿童,就读民办学校同样应该享受政府的教育福利。从 2001 年夏天起,长兴县教育局向就读民办学校的新生发放面值 500 元的"教育券";向就读公办或民办职业学校的学生,发

---

① 参见郭驰:《日内瓦的"培训支票"》,载《中国行政管理》2003 年第 2 期。
② 参见〔美〕戴伊:《理解公共政策》(第 11 版),孙彩红译,北京大学出版社 2008 年版,第 143—145 页。
③ 参见胡德维编译:《全美教育协会呼吁公立教育是安邦的关键》,载《中国教育报》2005 年 3 月 4 日第 6 版。

放面值300元的"教育券"。2002年,"教育券"的发放范围又扩大到贫困家庭学生。当年秋天,全县351名贫困家庭的初中生、小学生,分别领到面值300元和200元的"教育券",贫困学生无一辍学。实行这项制度以来,长兴县一些原本对职业高中不以为然的学生,萌生了读职业高中的念头,还产生了吸引民间资金进入教育领域的示范效应。目前,长兴县"教育券"制度的实践探索仍在深入,教育券功能由原来扶持处于弱势的民办学校、职业学校和帮扶困难群体,逐步转向重在引入竞争机制,从而整体提升教育质量、办学效益。教育券还改变了政府公用教育经费的分配方式,可推广应用于政府、私人和社会团体对于义务教育、职业培训等教育项目的资助。① 在浙江长兴的影响下,我国许多地区有了类似制度。如江西省教育厅2004年首次面向农村学校发行了1万张"职业教育助学券",取得良好效果;2005年继续开展扶贫助学活动,发行面额为600元的"职业教育助学券"。持券学生可选择经江西省教育厅认定的开展扶贫助学活动的中专学校就读。持券学生被中专学校、高职院校中专部录取后,可减免学杂费600元。参加扶贫助学活动的学校须是经江西省教育厅评估认定为合格,毕业生推荐就业率90%以上,近年来没有出现乱收费等违规违纪现象的普通中专学校。我国部分地区近年来所出现的福利房"购房券"和医疗券制度,与教育券性质相类似。

与教育券的理论和制度设计有异曲同工之妙的是,布坎南(Buchanan)在1968年发表的《经济增长中的社会保险:为彻底改革提出的一个建议》中指出,用强制性购买"社会保险券"(social insurance bonds)来代替征收工薪税。② 具体而言,关于"社会保险券"的改革建议为六项:(1)废除对雇主和雇员征收工薪税的制度。工薪税的支付毕竟来自于雇员的"工资单",这直接增加了劳动力成本。(2)建立"社会保险券"制度,要求全体有收入的人按收入比例购买。它与工薪税的本质区别在于,纳税人在支付工薪税的时候并没有得到"与支付的交易相对应的显性权利",而后者的结果却是实实在在地获得了一个权利。(3)可以利用销售"社会保险券"的收入为当时的社会保障制度融资,其缺口部分由一般税收转移支付予以弥补等。(4)在按收入比例强制性购买"社会保险券"外,允许个人自愿的再购买一些"额外的""社会保险券"。(5)在自愿的基础上,作为向联邦政府购买"社会保险券"的一个替代办法,允许个人从私人公司购买"社会保险券"。这样既可以打破政府对"社会保险券"的垄断,又可以使这类债券在市场上流通起来。而私人公司为了能够从"社会保险券"上获取收益,它们的行为当然要与"普通的"保险运作模式有所区别,这样,私人机构与政府保险机构之间形成的竞争态势就能很好地成为遏制官僚主义无效率的一个保障。(6)改革的关键

---

① 参见璩甫:《教育券登陆中国》,载《中国教育资讯报》2002年6月19日A1—2;熊全龙:《教育券制度的实践与思考》,载《中国教育报》2002年10月20日第4版;申欣旺:《"教育券"实践》,载《二十一世纪(网络版)》2004年6月号总第27期。

② 转引自郑秉文等:《社会保障体制改革攻坚》,中国水利水电出版社2005年版,第45—48页。

第二章　市场化政府经济行为的理论界定

是使"社会保险券"的回报率与下述两个比率相等:第一,美国政府债券的长期利率;第二,GNP 的增长率。为此,"社会保险券"的券面上就不应该注明回报率,但应注明购买时的票面价值,还应注明在其持有人 65 岁退休兑现该债券时,其价值总额应该与上述两个比率的票面价值的积累完全相同。因为一旦当 GNP 增长率为"零"的时候,就可与国债的回报率挂起钩来;"社会保险券"持有人在退休时就可以将所有的"权利"转换成一个年金,以保证在其退休后的余生中不间断地获得养老金给付,一直到死亡。布坎南的"社会保险券"改革思路中强调两个要点:一是在给付方式上偏向于将个人缴费与未来给付有机地挂起钩来;二是在融资方式上偏向于现收现付制(布坎南称之为"税收转移制")。这两个要点看上去仿佛是"南辕北辙"(pulled simultaneously in both directions),但却可以将之有机地结合起来;能够使二者有机结合的"介质"就是建立"社会保险券"制度。这种思路在保留"代际之间税收转移计划的优势"的同时,"体现出一个真正的保险制度的最优化特点"。布坎南之所以提出"社会保险券"与"两个比例"挂钩的设想,是因为其担心政治的干预很可能导致工人得不到实惠。在美国国会还没有对养老金给付的消费物价指数化(CPI)进行立法时,这种设想从动机上讲是想将政治与养老金的给付隔离开来,以使后者不受政治行为和通货膨胀的影响和侵蚀,将现收现付制这种融资方式的回报率予以"锁定"。他强调,要想减少政治的干预,最好的办法是用"契约型债券"将养老金给付的承诺固定下来,而不是采用立法方式作出承诺。工人退休后须用他的"社会保险券"购买"可变年金",像共同基金的股份那样使固定股权数额实现其当前市场价值,退休者所支付的就此与其领取给付期间的 GNP 实际增长率建立联系。

　　上述形式都是借用私人市场凭单的理念和技术来改造公共服务供给的政府改革工具。这种凭单也称为有价证券、代金券、消费券。有资格接受凭单的个体在特定的公共服务供给组织中"消费"他们手中的凭单,然后政府用现金兑换各组织接受的凭单。① 凭单是围绕特定物品而对特定消费者群体实施的补贴;不同于补助,是直接补贴消费者而非生产者;通常采取代金券而非现金的方式。凭单制的优势在于:使消费者成为安排者,通过消费者的自由选择使那些无法精确描述的服务获得关于满意的标准;最有利于培育竞争,由此实现经济效率和效益;允许生产者规模独立于安排者规模,进而允许生产者规模最优化,最终实现规模经济;消费者直接向生产者购买物品,收益和成本直接关联;对消费者的回应性高;对低收入和少数民族群体具有特别的好处,最有利于促进获取服务的机会平等;尽管要求政府持续的支出,但允许相对少的政府雇员规模。② 凭单制及其应用也有种种问题和缺陷,如成本和效益问题、公平问题、"撇脂"现象(即服务提供

---

① 参见宋世明:《美国行政改革研究》,国家行政学院出版社 1999 年版,第 148 页。
② 特许权经营、合同承包、政府间协议、政府出售等不同制度安排的操作特征的比较,参见〔美〕萨瓦斯:《民营化与公私部门的伙伴关系》,周志忍等译,中国人民大学出版社 2002 年版,第 102 页。

者选择最好的或唾手可得的顾客的倾向)、信息不对称问题、政府责任限度问题。① 凭单制良好运行的理想条件如下:(1) 人们对服务的偏好普遍不同,且公众认为这些多样化偏好都很合理;(2) 存在多个服务供应者之间的竞争,进入成本很低,因此只要有需求,潜在提供者就能很容易地进入市场;(3) 个人对市场状况有充分了解,包括服务成本、质量、获取渠道等方面的信息;(4) 使用者容易评判服务质量,或者生产者由政府批准并受其监控;(5) 个人有积极性去购买该种服务;(6) 该种服务比较便宜且人们购买频繁,因此,公众能够通过实践来学习。② 凭单制度设计中应注意以下问题:接受者的资格、凭单使用的规则、凭单价值和服务成本之间的关系、费用分担或减扣的必要条件、个人是否可以在凭单之外进行补充性支付,以及支付的性质(直接支出、税收扣除,还是税收补贴)等。

11. 土地储备

政府设立专门的土地储备机构,将以收购、置换、收回、征收、没收等方式取得的土地纳入政府土地储备库予以储存,并进行前期开发整理,再依法采取拍卖、招标、挂牌或协议方式转让土地使用权。依据《杭州市土地储备实施办法》(1999 年)、《兰州市土地储备办法》(2001 年)、《武汉市土地储备管理办法》(2002 年)等规定,这里的收购,既要坚持有偿原则,又要确保政府先买权;这里的转让,既要引入竞争机制,又要符合公共政策要求。因而,该制度既体现和保障了土地使用者的权利,又突出了政府代表国家在土地问题上的特殊地位,更适合市场经济与政府实现宏观调控的要求。我国现行土地储备制度的客体范围限于城镇国有土地。

自 1996 年上海建立我国第一家城市土地收购储备机构——上海土地发展中心以来,我国目前已有一千多个城市建立了土地储备制度。在农村,闲置土地的利用问题主要通过土地整理制度来解决。也有学者认为,我国也应重视农地储备问题,特别是在当前既难以确定农业产业结构调整方向,从事传统农业产业生产又亏损,为维持农地产出能力,可通过休耕方式,推行农地储备。③ 也有人提出了"双储双控"方案,即对城镇土地和农村集体土地分别纳入储备范围,由政府承担统一开发耕地的法定职责,在土地整理及开发复垦的后备耕地资源基础上,统一规则,逐步开发耕地,并进行储备,在建设单位需要用地时根据所占耕地的数量、质量,以相应的储备耕地进行"占补平衡"。④ 从政策导向上看,2001 年 4 月 30 日,国务院发布的《关于加强国有土地资产管理的通知》指出:"为增强政府对土地市场的调控能力,有条件的地方政府要对建设用地试行收购储备制度",以政策导向推动了土地储备的发展,并使之合法化。2003 年 12 月,国务院《21

---

① 参见陈振明等:《竞争型政府》,中国人民大学出版社 2006 年版,第 15 页。
② 转引自〔美〕萨瓦斯:《民营化与公私部门的伙伴关系》,周志忍等译,中国人民大学出版社 2002 年版,第 84 页。
③ 参见陈江龙等:《城市土地储备研究》,载《国土资源》2003 年第 2 期。
④ 参见恭云月:《"双储双控"强化土地宏观调控》,载《规划管理研究》2001 年第 3 期。

第二章 市场化政府经济行为的理论界定

世纪可持续发展纲要》更明确了"适当的土地储备是国家重要资源储备的组成部分",提升了土地储备在资源可持续发展战略中的重要地位。

12. 政府基金

政府借用商业基金的市场机制来筹措、经营和管理专项资金,以实现价格调节、社会保障、环境保护、企业改制等公共政策目的。常见的政府基金有价格调节基金、社会保障基金、环境保护基金、企业改制基金、创业投资担保基金、国家金融安定基金、副食品风险基金等。政府基金是资金筹措和运用的财政手段与市场手段的有机结合,其中财政资金起着"种子基金"的作用,而选择基金管理人、贷款、担保等市场工具却更能保障其政策效益与资金使用效益的实现。由于各种政府基金有各自的特定目的、功能和适用范围,往往需要分别制订专项法规对其进行规制,如韩国的《国民投资基金法》(1974年)、《信用保证基金法》(1974年)、《信用管理基金法》(1982年);新加坡的《开发基金法》(1959年)、《新加坡劳动基金会法》(1977年);日本的《农林渔业信用基金法》(1987年);我国台湾地区的《国家金融安定基金设置及管理条例》(2002年)。

政府基金的具体范围总体上仍极为模糊,处于中心地位的是对包括其利润在内的大宗资金进行有期限的或者专门的管理,为达到向一定的经济职能目标提供资金,但在各国政府经济职能中的意义不断增加。如德国保证使用石煤的补贴基金、用于稳定葡萄酒价格的基金(《葡萄酒业法》第9条)、林业经济和营养经济的促销基金(《销售基金法》)、德国统一基金。① 日本建立了蔬菜供给安全基金制度,通过国家财政补贴、地方财政补贴及参加基金组织的菜农交纳等多种途径建立基金,保证菜农稳定的生产供给蔬菜并得到稳定的收入。泰国利用石油进口和内销之间的差价建立起石油基金,用以调控石油的价格和供给;并从1992财政年度开始,每年从财政预算中拨2%作为稳定农产品价格基金,以防止农产品价格、特别是大米价格的暴跌。美国为维护农民利益,保证粮食供给,维持粮价相对稳定,长期实行由政府储备和农场主自有储备两部分组成的农产品储备计划,在市场价格低于最低保护价时按合同接收农场主用以抵偿贷款的农产品,并直接从市场上收购过剩农产品,以调节供求,稳定价格。为了确保国债的偿还和银行系统性风险,避免可能引致的财政安全、金融安全和宪法危机,许多国家和地区还建立专门的偿债基金,以此作为偿债的资金来源。②

值得注意的是,政府共同体基金的发展也呈方兴未艾之态,对某些国家的发展发挥着巨大作用。如《欧洲共同体条约》多次提到共同体基金,比如欧洲地区

---

① 参见〔德〕斯特博:《德国经济行政法》,苏颖霞等译,中国政法大学出版社1999年版,第280页。
② 以我国台湾地区为例,1988年11月,台湾"财政部"部长召集银行工会、产险及寿险工会、公务员退休基金、劳工保险基金、邮政储蓄及公营、民营银行代表等,组建成立"稳定股市专案小组",小组掌握的资金规模为2400亿新台币。1996年6月,台湾又专门成立"国家安定基金",规模高达5000亿新台币。

发展基金、农业开发和保证基金、为中小企业的发展服务的欧洲投资基金等。特别是通过 1953 年 8 月 31 日发布的《欧洲复兴计划特别基金管理法》和 1949 年 12 月 15 日签署的《美国和联邦德国之间的经济合作协定》中称作联邦特别资金建立的欧洲复兴计划特别资金,作为《欧洲复兴计划》的成果,应为复兴和推动德国经济的发展服务。复兴结束后,该基金转向专门推动经济发展和促进环境保护;德国统一后,该基金的一个重点就是促进在联邦新州地区建立创造生存条件的企业和中产阶层的企业。[①] 又如,在次贷危机的冲击下,东盟 10 国与中日韩 3 国(10+3)财长 2009 年 5 月 3 日发表联合公报宣布,"10+3"财长已就区域外汇储备库的出资份额、借款方式和监督机制等所有要素达成共识,规模为 1200 亿美元的亚洲区域外汇储备库将在 2009 年底前正式成立并运作。其实,早在 1997 年亚洲金融危机爆发之后,国际货币基金组织的傲慢和苛刻已经逼迫亚洲探索区域内的货币合作机制,这个设想后来在 2000 年 5 月东盟与中日韩的"10+3"财长会议达成的"清迈协议"上体现出来。并于 2007 年 5 月具体化为建立外汇储备库的形式。2009 年 2 月,面对百年不遇的危机,各方又承诺将筹建中的区域外汇储备库资金规模由原来的 800 亿美元扩大至 1200 亿美元,至此,亚洲货币基金组织初具规模。

我国的价格调节基金,是政府为了调节商品供求,平抑市场价格而建立的专项基金。该项基金由广东省政府于 1987 年底率先建立。由于当时广东市场物价波动一直较大,有关部门 1987 年下半年开始研究如何在市场调节价比重较大的情况下,主要使用经济手段来保持市场物价基本稳定的问题,并提出了建立副食品价格调节基金的意见和草案。此一举措被国家物价局所重视和肯定。1988 年广东省政府开始正式筹集这项基金。同年,国务院在决定调整副食品价格时,要求在有条件的大中城市建立价格调节基金,以调节副食品的市场供求,平抑市场价格,维护副食品价格的基本稳定。1995 年制定的《国民经济和社会发展"九五"规划和 2010 年远景目标纲要》中明确提出,各级政府要"建立和完善价格调控机制,加强重要商品储备和价格调节基金制度的建立"。《价格法》(1997 年)第 27 条也规定,政府可以设立价格调节基金,调控价格,稳定市场。价格调节基金制度从而有了明确的法律依据。各地设立基金的来源各不相同,有的靠国家专项补贴,有的以政府拨款为主,有的从政府定价商品的提价部分提取,有的直接向社会征收;基金征收和管理的主要部门也不相同,有的在财政部门,有的在税务部门,有的在工商行政管理部门,但大部分在价格主管部门。基金一般实行专户专存,由同级政府决定动用的时机和商品项目。价格调节基金主要用于平抑临时和突发性市场价格波动以及对重大节假日的副食品市场价格进行补贴;支持主要蔬菜基地和生猪、鸡、奶牛等畜禽基地建设;加强农贸市场和专业批发

[①] 参见〔德〕斯特博:《德国经济行政法》,苏颖霞等译,中国政法大学出版社 1999 年版,第 280—281 页。

市场建设以及重要商品储备设施的建设等。价格调节基金的建立,使地方政府利用作为经济手段的价格杠杆调控市场供求,稳定市场价格,维护市场价格总水平基本稳定的能力大大增强,对于保护当地经营者和消费者的合法权益,维护社会稳定等起到了积极作用。①

我国的土地基金是1989年9月12日国务院发布的《农业发展基金开发项目管理办法》提出的,尽管它在内容上仍沿用了计划经济体制下按计划拨款的行政配置方式,但已使用农业土地基金的基本概念。与此同时,许多土地使用制度改革较早的城市,先后开始了土地基金制度的实践探索。如从1990年8月开始,深圳建立了土地开发基金以加快经济特区的建设;上海使用土地基金改造旧城区,收到了良好的效果。由于土地资产管理立法滞后于土地市场的发展,国有土地收益大量流失,为解决这个问题,国务院在2001年4月10日发出了《关于加强国有土地资产管理通知》,规定地方可试行土地储备,加强对土地出让金的管理和依法使用,为土地基金制度的构建提供了政策依据,由此各地纷纷实行土地基金制度、厦门、广东、上海、辽宁、山西、陕西等省出台了关于土地发展基金的地方性法规。②

随着社会经济的发展,我国的政府基金的种类逐步增多。例如,针对农民抵押财产困难导致贷款难的问题,广州市财政局建立了额度为3000万元的财政担保基金;同时还设立了1000万元的贴息基金,给予农村的龙头企业农业贴息。

我们应重视为偿还未到期债务而设置的专项偿债基金。很多国家,如日本、加拿大、意大利、英国等国,都设立了偿债基金制度。日本早在1906年就基于《国债偿债基金特别会计法》建立了国债偿债基金,现行制度以1967年修订后的法律为依据。资金来源主要包括:(1) 由一般会计预算提供的资金。根据《国债偿债基金特别会计法》规定,中央财政一般会计预算必须向国债偿债基金提供以下资金:① 固定比率资金,按上年度末国债余额的1.6%从经常预算中提取资金转入基金;② 结余资金,将一般会计预算的决算结余资金的1/2转入基金;③ 预算划拨,根据需要由预算确定,将一般会计预算资金转入基金。(2) 发行调期公债。(3) 部分国有资产经营收入。由于每年度发行国债的规模远超出偿还(尤其是现金偿还)的规模,这一制度并不能从根本上解决国债偿还问题。但是,通过一定规模的现金偿还,它起着减缓国债余额累积的作用,因而又称作减债制度。③

考虑到我国国债的财政应债能力指标、国民经济应债能力指标、居民应债能

---

① 参见漆多俊主编:《宏观调控法研究》,中国方正出版社2002年版,第371—372页。
② 参见韩伟刚等:《试论我国土地基金建立和发展》,载《价格理论与实践》2003年第6期。我国香港地区土地基金制度可为内地土地基金的发展和完善提供借镜。参见王子健、何亚东:《香港土地基金的发展演变》,载《中国土地》2002年第2期。
③ 参见邢会强:《财政参与处理问题金融机构之法律规制》,人民法院出版社2008年版,第74—75页。

力指标①等诸项指标所显示的风险总体呈现上升趋势,兼之国债投资的效益较低,国债投资的扩张不利于国民经济的持续增长,在未来有引发债务危机的可能②。笔者建议建立"公债偿债基金制度",并在《公债法》中加以规定,强调通过在利率低的年份筹资,以便在利率高的年份还钱,以及通过将预算结余资金等转入公债偿债基金,在市场低迷时提前从二级市场上购回公债。其来源可考虑:(1)提高预备费。根据《预算法》第23条的规定,"各级政府预算应当按照本级政府支出额的1%—3%设置预备费,用于当年预算执行中的自然灾害开支或其他难以预见的特殊开支。"在《预算法》修订以前,建议按照法律规定的上限提取,当年应对自然灾害等突出性支出的余额纳入准备金,以尽量增强财政的风险应对能力。(2)从中央增发的国债收入,或者每年从财政收入中提取。清理回收的财政周转金、国际组织或外国政府的非专项性援助,也可作为准备金来源。(3)外汇储备。运用外汇储备在我国已有相当实践,如2003年12月,政府动用450亿美元外汇储备向中国银行、中国建设银行注资,"花钱买机制",以加快其股份制改造进程。并且专门成立了一家国有金融投资公司(中央汇金投资有限责任公司)代表国务院行使出资人权利。2005年,政府动用150亿美元外汇储备给中国工商银行注资,同时进行财务重组。(4)各项政府资产收益,如国库库底资金市场化运作收益、自身的投资收益、土地资产收益、其他无专门用途的资产收益等。

13. 有奖发票

发票是单位和个人在购销产品,提供或接受服务以及从事其他经营活动中开具或取得的收付款凭证,也是会计核算的原始依据和税务机关据以计征税款和进行税务检查的重要证据,尤其在营业税征管领域中,消费者是否向商家索要发票在很大程度上决定着国家税款能否足额入库。有奖发票给予发票索取人以获取奖金的机会,奖金来源于纳税人上交国家的一部分税款,由税务机关兑付。这是税收征管实践中利用纳税人和负税人的趋利心理,促使其索要发票从而减少税款流失的市场化措施。

有奖发票由我国台湾地区1988年首创,并由1990年的《统一发票给奖办法》规制。有奖发票就是通过发票带有中奖机会这一属性,赋予"无用"的发票以"身价",使消费者原本并不看重的一张普通发票变成消费者开始关注的有望中

---

① 财政应债能力指标,是指财政偿债能力抵补其债务负担的程度,主要包括国债依存度、偿债率和债务支出收入比率,其中国债依存度是指当年债务收入与当年财政支出之间的比例关系,从流量上反映财政支出对国债收入的依赖程度;偿债率这一指标越高,表明以前所发国债对财政所形成的压力越大。每年国债收入中很大比例用于偿还以前债务,易陷入借新债还旧债的恶性循环;债务支出收入比率显示一国借新债还旧债的能力。国民经济应债能力指标主要有国债负担率(国债余额与国内生产总值之比)、赤字率(财政赤字占国内生产总值的比重)和借债率(当年国债发行额或债务收入与当年国内生产总值之比)。居民应债能力指标,指国债余额占居民储蓄存款余额或年度国债发行额占当年居民储蓄存款增加额的比例关系。

② 参见何志刚:《中国债券融资功能研究》,经济管理出版社2003年版,第131—156页。

奖的幸运物,从而刺激消费者索要发票的积极性,塑造规范的市场行为①,其形式有刮奖、收集发票、抽奖和发票返利等。设计有奖发票制度,主要是通过开具发票,对经营者实行监督,有效监控税源,培养经营者的诚信服务,防止偷税漏税行为的发生,从而以票控税,保障税收收入,营造法治、公平的税收环境和经济环境。

1989年3月,国务院在批转《国家体改委关于经济体制改革要点的通知》中提出有关试行有奖发票办法的问题。福建省福州市和河北省唐山市据此于1990年前后开始进行了有奖发票试点,由于资金支持不足,制度保障缺乏等原因,推行了近三年的时间就暂停了下来。

自从1998年4月1日海南省海口市地税局率先正式实行有奖发票奖励制度后,我国大部分省或地、市级地方税务机关都采取了有奖发票这种形式介入管理,对增加税源、增强消费者索要发票的意识,以及有效地打击发票违法违法行为,建立良好的依法治税环境都起到了一定的积极作用。② 依《北京市地方税务局关于有奖发票兑奖管理的通知》(2002年)和《上海市普通发票有奖管理试行办法》(2002年)的规定,它主要适用于部分现金交易量大、个人消费行为较多的行业。

14. 政府担保

政府担保是政府的金融支持手段,一般分为三种形式:一是"国家为地方政府、各种公共部门和私人部门实体(如预算机构、信贷和担保基金、发展银行和企业)的债务和其他责任提供的担保"。二是"政府为符合条件的个人或实体特定目的的借款提供的综合担保。如大学研究、抵押借款、农业和小型工商企业的发展"。三是政府的保险计划,"保险对象包括银行存款、农作物、战争风险、养老基金最低受益以及洪水、地震等自然灾害。"③

在整个社会面临系统性风险威胁的情况下,政府担保作为一种信心支持手段经常能够起到稳定某个部门经济走势和公众预期的效果。比如2001年发生"9.11"恐怖袭击事件之后,美国航空业遭受重大打击,政府及时地对航空业进行了大规模担保,在关键时刻起到了稳定恢复航空企业和消费者信心的重要作用。早在美国19世纪前期,任何人"获得银行业经营执照后,它必须购买本州州政府所发行的债券,或者是一定数量的美国国库券(从1864年起)。银行资产中包括一部分能随时变现的政府债券,实质上是对存款人的一种担保,因为这样会使存款人明白银行的安全有着良好的、现实的保障,当银行出现问题时,他们仍然能

---

① 参见周晓灿:《发票有奖,能否标本兼治》,载《特别策划》2003年第1期。我国推行发票有奖制度后,消费者还可通过各地方税务部门开通的24小时涉税服务热线来具保经营者的偷税漏税行为及查询发票真伪。
② 参见龙超全、李国献:《"有奖发票"的法律经济分析》,载《广东商学院学报》2005年第5期。
③ 参见卢文鹏:《经济转型中的政府担保与财政成本》,经济科学出版社2003年版,第40—41页。

够随时提取存款;对政府来说,这当然也是促销它所发行债券的捷径"。①

在我国转型过程中,政府担保制度对建立和完善市场机制意义重大。以培养真正的市场主体为例,一方面,可促进中小企业发展。如天津市先后成立中小企业信用担保中心、中小企业信用担保基金管理中心、河西区中小企业信用担保中心三家机构,受政府部门委托,由财政预算安排中小企业贷款信用担保金。中心遵循和运用市场经济规律运作,但不以营利为目的,专门为符合产业发展方向,并有一定成长潜质的中小企业提供商业性信用贷款保证,促进了财政、银行和企业之间的良性互动。② 与直接贷款相比,这种政府担保具有四种相对优越性:(1)从接受政府担保的受益人角度审视,担保的形式更具灵活性,不受借款数额、期限和利率结构等方面的限制;(2)政府担保可使受益人直接地与信贷市场接触,受益人接受信贷市场大规模融资的可能性增大;(3)政府担保有助于分散和降低信用风险;(4)政府担保因素导致的贷款增加并没有相应增加国家的放款负担,这种正面效应在政府面临较大借款要求的情况下表现得尤其明显。另一方面,可促使国有企业转换经营机制。研究表明:集中化的垄断的国有银行体制、国有企业破产成本的缺失以及政府对国有银行的各种隐性与显性担保造成了国有银行不良资产的持续积累。要抑制国有银行的不良资产,我们应该引入竞争机制,打破集中化的垄断的国有银行体制,建立分散化的银行体制;对企业实施严格的破产清算政策,硬化企业面临的软预算约束环境;严格限制政府对国有银行的各种担保,消除银行对政府担保的依赖,防范银行道德风险的产生。③ 又如,我国地方政府的城建项目,如公路、自来水厂建设等都是通过向国家开发银行、其他商业银行贷款,负债搞城市建设,以自来水费、过路费等政府权益、政府收费项目作为还款保证。地方政府把还贷付息支出列入今后财政年度支出预算,该预算同时经过地方人大的批准,以有关文件作为打捆贷款的担保手段。这是各地方政府的普遍做法:城建项目申请商业银行贷款,政府预算,人大审批,以政府信用为担保。此外,经国务院批准,我国为使用外国政府或者国际经济组织贷款进行转贷而提供政府担保的例子甚多,此处不再赘述。下面介绍"王凯锋财政担保案"(案例2-3),以窥政府担保在我国的合法性困境。

案例2-3

据《检察日报》报道,王凯锋担任福建省长乐市财政局局长期间,通过局长办公会的研究决定,或者授权该市财政局信用服务部,先后与27家企业签订周转金借款合同,并由企业所在地的乡镇财政所提供担保。现在这27

---

① 参见〔美〕迈耶:《大银行家》,何自云译,海南出版社2000年版,第13页。
② 参见《政府财政贷款担保资金助天津中小企业腾飞》,载http://www.most.gov.cn/kjjr/zcydhzftr/czdbytx/t20030120_9937.htm,2006年5月1日访问。
③ 参见廖国民、刘巍:《银行体制、破产成本与政府担保》,载《管理世界》2005年第3期;王剑:《政府隐性担保下的我国银行业问题分析》,载《陕西经贸学院学报》2001年第5期。

第二章　市场化政府经济行为的理论界定

家企业已倒闭,财政周转金尚有745.8万元未能收回。法院认为,被告人王凯锋身为财政局长,应对财政周转金的发放、回收等工作负领导责任。在《担保法》实施后,王凯锋仍允许行政机关作为担保主体,违反了担保法中关于"国家机关不能作为担保主体"的规定,致使国家财产遭受重大损失,其行为已构成玩忽职守罪,应依法追究刑事责任,判处有期徒刑五年零六个月。

有人认为,依福州市榕委(1999)9号文件规定:"为了确保周转金按期归还,滚动发展,要实行周转金贷款担保制度。税收在市里的企业由所在口专项资金担保;税收在县(市)区的企业由所在县(市)区财政担保。项目申请单位也应与所在县(市)区政府或所属主管部门签订资产担保协议。"按照《预算法》等相关法律法规,乡镇财政所由县财政局统一领导,人员、工资都由财政局统一配备,它实际上就是财政局的一部分。财政所提供担保,就是财政局进行担保,王凯锋的行为严格按照福州市榕委(1999)9号文件精神和当地财政周转金发放通行做法办事。而福州市政府在2000年6月13日《关于研究协调第三批产业扶持资金安排有关问题的专题会议纪要》第2条规定:"对逾期不还,有赖债倾向的,市财政要坚决按照榕委(1999)9号文件精神,从为其担保的县、市、区财政或主管部门财政资金中进行抵扣。"王凯锋的行为严格依照上级有关领导的指示和文件进行,是认真履行职务的行为,不符合《刑法》有关玩忽职守罪的规定。至于王凯锋履行职责的行为与法律发生了冲突,那是一种制度性冲突,最后不应由他个人承担责任。

我们认为,王凯锋究竟是罪有应得,还是"政策和法律冲突的牺牲品",关键的问题在于王凯锋是否存在职务过错。而职务过错通常表现为未履行或者未适当履行职责。在长乐市财政局与他人签订、履行周转金借款合同过程中,财政局及相关人员的行政职责主要有三项:依法签订周转金借款合同,抵制明显违法的福州市榕委(1999)9号文件在本单位的执行;在合同签订前考察借款人的资信;在合同签订后,对周转金的使用情况进行监督。如果王凯锋及财政局妥善履行了上述职责,损害后果必然不会发生,或者即使发生了损害后果也可以主张免责。问题是,他没有妥善履行其职责,其过错主要表现在三个方面:对于上级主管部门所做的明显违法的文件,不予抵制,签订了一个明显违反《担保法》规定的合同;签订合同前未能尽到了解对方资信的职责;在合同履行过程中未对借款人使用周转金的情况进行及时有效的监督。其中最具争议的是第一个过错。执行上级文件的行为是否应当承担责任?行政机关无论大小,都是一个独立行政主体,具有法律拟定的独立人格,并依法行使权力、承担责任。执行上级命令的行为导致的犯罪后果与受他人指使从事的犯罪一样,不能免责。长乐市财政局无法收回的周转金,无论是否由担保人负担保责任,都会使国家蒙受损失,因为担保人可用以负担保责任的资金也是国家的。从因果关系来看,导致国家蒙受损失的原因不止一个:借款人违背诚信,财政局官员失职,担保合同无效等。长乐市财政局无法收回周转金而给国家造成的损失,由该财政局及其责任人员承担主要责任合理合法。但从行为的社会危害性看,促成无效担保合同签订的福州市榕委(1999)9号文件给国家财产权益造成的危害及于整个福州,涉及金额非常巨大。《担保法》第8条规定,"国家机关不得作为保证人,但经国务院批准为使用外国政府或者国际经济组织贷款进行转贷的除外。"《立法法》规定,任何法规、规章以及其他规范性文件都不得与法律相抵触。福州市榕委(1999)9号文件的制定行为是一个赤裸裸的违反《担保法》的行为,不仅使国家蒙受巨大经济损失,而且破坏了法律的统一实施,《刑法》与此对应的罪名是"滥用职权罪"。如能依法追究福州市榕委(1999)9号文件制定机关及其责任人员的法律责任,如发生在其他地域的同类行为也受到了追究,王凯锋或许无话可说。违法犯罪者常在行为败露后以"不懂法"开脱,即所谓"不知者不为罪"。公职人员的首要职责就是依法办事;而法律一经公布即推定为全民皆知,它并不关心哪个人是否实际知道具体规定。王凯锋据此无论是否知道《担保法》的规定,该财政担保行为已构成违法。①

国家机关之所以不能为保证人,是因为其资金来源于财政,而地方财政依《预算法》和《担保法》的有关规定及司法解释不得打赤字预算,地方预算安排应由同级人民代表大会审议并通过。地方政府以将来的财政收入作为担保,实际上是在人民代表大会通过前即将部分收入和支出项目固定下来,与《预算法》的规定相抵触。河南省新密市20世纪90年代曾以招商引资为由,先后为一些单位和个人提供政府担保数十笔,担保金额达45亿之巨(绝大部分没有发生),其中为电力公司发行债券提供担保发生后,因电力公司无力偿还,市政府每年不得不"处理"1560万元的债券,付出了昂贵的"学费",给财政工作造成重大隐患。② 对一个正在进行渐进改革的国家而言,上述政府担保"合同"只是规定了政府作为担保者偿付债务的义务,并没有考虑到担保者的正当权益,并不具备作为一个显性担保关系所应涵盖的担保费用、水平、发生条件等基本要素。甚至说,一旦发生违约情况,地方财政也可选择不偿付债务,受保主体的权益无法置于严格的法律框架保护范围之内,要求现行司法体制严格遵循既有制定法体系解决所有纠纷极不现实:一方面,当交易事实已经发生,而且这些融资交易无法在制定法层面获得正当化,或获得正当化的成本过高时,通过代替性纠纷解决机制(ADR)来化解矛盾,不失为维护制定法尊严和事实上正当化民间自治的一条可选路径。③

---

① 参见张步洪:《财政局长错在哪里?》,载 http://www.yfw.com.cn/shownews.asp?id=5296,2002年5月16日访问。
② 参见李宏伟:《河南省新密市人大常委会向财政担保说"不"》,载 http://www.yihuiyanjiu.org/oldweb/rdxs_d.asp?id=1165,2007年3月15日访问。
③ 参见刘光华、赵忠龙:《转型期民间投资及其法律规制的制度逻辑》,载《兰州大学学报》2006年第1期。

另一方面，国家机关及地方财政应严格遵守有关法律规定，停止对《担保法》规定之外的贷款或其他债务承担担保责任。2006年4月25日，国家发改委、财政部、建设部、中国人民银行和银监会五部委联合发布《关于加强宏观调控，整顿和规范各类打捆贷款的通知》，规定金融机构要立即停止一切对政府的打捆贷款①和授信活动，要求地方政府不得为贷款提供任何形式的担保或者是变相担保。对于已构成担保行为的，如财政部2005年1月26日发出的《关于规范地方财政担保行为的通知》规定，地方政府要增强信用意识，合理安排还款来源，采取切实措施，督促企业认真履行合同，保证偿还；地方财政应加强地方政府债务管理，包括由地方财政的担保行为而产生的或有债务，将地方政府债务规模控制在合理的、可承受的范围内。

15. "债转股"

1999年4月份以来，"债转股"在我国金融业与国有企业中流行起来。该概念出自1999年4月20日挂牌成立的我国第一家专门经营国有独资商业银行不良资产的中国信达资产管理公司。该公司注册资本100亿元，资产全部为国有，专门承继中国建设银行剥离出来的不良资产，进行资产经营，"债转股"只是资产经营的一个方面。随后，中国华融资产管理公司、中国长城资产管理公司和中国东方资产管理公司相继成立，分别承继中国工商银行、中国农业银行和中国银行剥离出来的不良资产进行经营。除上述四家公司外，国家开发银行也承担了类似业务。依国务院1999年4月4日颁布的《关于组建中国信达资产管理公司的意见》以及2000年11月1日公布的《金融资产管理公司条例》的相关规定，为鼓励上述资产经营，国家在税务政策方面，给予免征各种税务的待遇。同时，在这些资产管理公司处置不良资产形成了最终损失时，由财政部提出处理方案报国务院审批。

"债转股"，就是为了降低国有银行的不良债权比率和国有企业的资产负债率，依国家计划安排，将国有银行对国有企业的债权"剥离"给由财政出资成立的金融资产管理公司，转换为其对国有企业的股权。"债转股"在形式上是一种市场行为和由财政担保的合同，而在本质上是通过创设不良债务市场的方式，使国家对国有银行进行直接补贴、对国有企业进行间接补贴。②

---

① "打捆贷款"是指通过多个项目共同使用政府和企业信用资源、项目信用能力，使信用资源做到更充分和更有效的运用。其具体操作流程是：先由银行与地方政府合作，构筑信用平台（地方投资公司、城市建设投资公司等）；再以国有独资或控股的城市建设投资公司作为承贷主体，将一个城市或区域的若干基础设施建设项目组合起来作为一个整体项目，即"打捆项目"，向银行申请贷款；最后，投资公司根据政府的意愿申请打捆贷款进行项目投资。而打捆项目中的国有独资或控股的城市建设投资公司，无非是当地政府的"左右手"。

② 参见〔意〕奈尔肯、〔英〕菲斯特编：《法律移植与法律文化》，高鸿钧等译，清华大学出版社2006年版，第257—356页。

二、基于思维理性的类型化

在理论上,形式多样的市场化政府经济行为可依据不同标准作多种分类:

1. 以主体层次为标准,可分为中央型和地方型

市场化政府经济行为,在实践中大多为地方型,中央型较为少见,如公开市场操作。两类行为的比重与所在国经济体制的市场化程度和政治体制的分权化程度密切相关,如发展中国家的市场化政府经济行为中,中央型远远多于地方型,其比重大于发达国家。

在当前体制转轨时期,中央政府与地方政府间应适度分权,即中央政府应依不同层级政府承担职责的大小,将法规制定权、人权、事权、财权、项目管理权等权力下放给各级地方政府,扩大地方政府的公共权力与责任。根据奥茨的"财政分权"理论①,中央政府应致力于全国范围内的宏观调控和收入再分配,地方政府则应致力于优化本地区的资源配置。通过公共资源配置的分权化决策模式,赋予地方政府更大的资源配置权力,替代中央政府集中的、标准化的集权决策模式来配置公共资源,能更好地满足社会公众多样化的公共需求。根据公共物品的受益原则,赋予地方政府更多的公共物品供给权力,能有效的解决公共产品的成本和收益在辖区间的外溢问题,在一定程度上克服公共物品消费上的"搭便车"行为。适度分权还有助于分散中央政府的财政负担和决策风险,增强地方政府治理公共事务的积极性、主动性和责任心。各国实践也表明,适当分权的政府,可使地方政府贴近公民的需要,具有比较准确的成本和收益观念,切实履行为公民服务的责任,从而更好地实现配置效率;可减少"搭便车"的问题,减少寻租和腐败;可培养公民的自主和自治能力,减少政府的压力,使政府能够将有限资源用于解决最为迫切需要的问题。"所谓的规划者对其所要改变的社会或生态的所知少,而地方上流行的知识,及其在压迫下的适应和逃避在许多时候是如何成功地避免了完全的灾难。""秩序的建立不必压制地方的和流行的内容,压制地方和流行的东西往往会带来无序。"②如邓小平所说:"我们的各级领导机关,都管了很多不该管、管不好、管不了的事,这些事只要有一定的规章,放在下面,放在企业、事业、社会单位,让他们真正按民主集中制自行处理,本来可以很好办,但是统统拿到党政领导机关、拿到中央部门来,就很难办。"③与此相对应,应根据市场化和民主化改革进程,鼓励地方政府制度创新,适当增加市场化地方政府经

---

① 1972年,瓦勒斯·奥茨在《财政联邦主义》中指出:"假定公益物品的消费是遍及全部地域的所有人口的,并且该物品的每一个产出量的提供成本对中央政府和地方政府来说都是相同的,那么,对于这种公益物品来说,让地方政府将一个帕累托有效的产出量提供给本地居民,总是要比中央政府向全体选民提供任何特定的并且一致的产出量有效得多。"这就是"奥茨定理"。平新乔概括了奥茨定理的数学论证过程。参见平新乔:《财政原理与比较财政制度》,上海三联书店、上海人民出版社1995年版,第339—342页。
② 参见〔美〕斯科特:《国家的视角》,王晓毅译,社会科学文献出版社2004年版,中文版序言。
③ 参见《邓小平文选》(第2卷),人民出版社1994年版,第328页。

第二章　市场化政府经济行为的理论界定

济行为。

地方政府在不同的社会生活中扮演的角色类型有所不同。改革开放以前，中国是总体性社会，经济个体和企业被紧紧束缚在整体计划之下，个人被紧紧地束缚在单位组织之下，个体意识长时间无法发展——应出现公民意识的位置，当时树立的是驯服工具论与雷锋精神，要求民众做一颗镙丝钉，无条件服从国家安排，随着国家机器的运转而运转。在那种情况下，地方政府本身没有自主性，"缩身"为中央政府的一部分，充其量也只是其延伸的手臂。随着我国从计划经济转向市场经济，地方政府角色亟需重新定位。帕森斯的分化理论认为，当社会的功能需求未得到充分满足时，就会对社会结构产生压力，迫使社会产生出更为有效、整合的结构安排。① 历史也证明，现代国家的中央与地方政府之间正在形成一种新型关系——共生关系。地方政府的角色定位的内容包括角色类型的选择及确定、职权的配置以及机构设置。中国经济近些年表现如此之好，特殊的分权改革是较好的解释视角之一。转轨经济的一个共同经历是经济决策权从集权化的中央向地方分散，给予企业和地方政府更多的权力和激励去追求经济增长；而中国通过构架一种"财政联邦主义"，使地方政府在经济增长的表现让世界产生罕见兴趣。在中国经济分权的过程中，中央政府保留了对地方政府的控制力，尤其是通过以经济增长绩效为主要指标的官员考核提拔机制来激励地方官员追求经济增长。因而，地方政府为增长而竞争着：为外资提供优越的投资环境和优惠政策、推动国有经济战略重组甚至民营化、新建基础设施、经营城市发展……某种程度上，是地方政府缔造了经济奇迹，为中国高速增长提供源源不绝的浑厚动力。地方政府角色类型的选择及确定、职权的配置以及机构设置，在改革过程中得以从混沌走向明晰，对社会的稳定和发展作出了难以估量的贡献。

2. 以财政资金流向为标准，可分为收入型和支出型

前者如特许权经营、彩票发行、国债发行，它们形成了与税费收入相对应的经营性财政收入；后者如政府投资、政府购买、发放教育凭单制度、购买就业岗位，它们基本上是以直接获得一定"对价"为特征的财政支出。

作为一种公共物品筹资形式，无论从效率还是公平的角度讲，收入型市场化政府经济行为优于税收。由于公共物品存在非排他性，不付费者很难被排除于消费之外，在"看不见的手"驱动下的消费者有"搭便车"的动机，甚至拒绝付费。筹资不足最终造成公共物品的供给不足，而因非排他性造成的收费困难也经常使政府不得不成为公共物品的提供者。但强制性的税收并非是公共物品唯一和最好的筹资方式。以彩票发行为例，购买者依自己的财富和风险偏好等因素作出最优选择，要比税收更符合市场经济原则，也更易为社会所接受和认可。与税收相比，发行彩票这种筹资方式更为有效。由于发行彩票将公共物品的消费与

---

① 参见杨善华主编：《当代西方社会学理论》，北京大学出版社1999年版，第157页。

出资分离开来,购买彩票是一个与公共物品供给无关的独立过程。人们在这一过程中所考虑的主要是自身的财富状况和风险偏好程度,而与彩票发行背后的公共物品供给基本无关。作为公共物品的实际出资者(彩票的购买者),无需考虑自己的"贡献"是否与自己对公共物品的最终消费相符,消除了"搭便车"的动机,很大程度地解决了因"搭便车"而导致的供给不足问题。该种筹资方式不带有任何形式的强制性,彩票的发行遵循自愿原则,购买与否、购买多少是购买者个人自愿决定的。自由交易是市场经济下的交易原则,购买彩票是一个独立的、完整的消费过程。同时,以税收为公共物品的供给筹资必须全面地考虑课税对象、税负水平等"公平"问题以使出资人的出资份额与其对公共物品的实际消费大致相当,在税收过程中难免造成税收扭曲。而以发行彩票来筹资的方式,支付与消费分离,上述"公平"问题根本就不存在。以发行彩票的方式来为公共物品筹资,其实质是以利己的手段达到利他的目的。①

从财政角度来研究国家制度变革和公共政策的选择,往往比其他研究方法更深刻,更有说明力,因而也被众多研究者所注意。如熊彼特在《税收国家的危机》(1918年)中指出,政府所有的功能都需要财政支撑;同时,政府的所有行为都会反映到财政上。研究财政历史使得人们能够"洞悉社会存在和社会变化的规律,洞悉国家命运的推动力量"。"从国家财政入手的这种研究方法,在用于研究社会发展的转折点时,效果尤为显著……在社会转折时期,现存的形式相继陨灭,转变为新的形式。社会的转折总是包含着原有的财政政策的危机。"希克斯在《经济史理论》(1969年)中指出,近代民族国家兴起就是财政原因。诺斯在考察西方世界的兴起时,也非常重视财政压力对国家政策调整的影响:竞争中的民族国家,成败的关键在于统治者面临财政压力时采取的所有权政策不同;国家在面对财政压力挑战时的对策,从长远来看将决定一国经济的兴衰。财政是国家的神经,财政改革的意义已远远超出财政工作本身,而具有重要的政治、经济和社会意义。有学者将这种从财政角度研究公共政策和社会变革的研究方法称作"熊彼特—希克斯—诺斯命题"②。黄仁宇在《中国大历史》、《大历史不会萎缩》等著作中也多次出色地运用这一方法解释中国历史的变迁,认为中国缓慢衰落的历史与盛唐之后中国再无有效的税收制度打开局面有关。同样地,以研究中国科技史而闻名于世的李约瑟对于历史的变迁,也曾得出类似的结论:"一切靠抽税而转移。"③现代国家为

---

① 参见臧旭恒、曲创:《论作为公共物品筹资方式的彩票》,载《东岳论丛》2002年第2期。
② 参见何帆:《为市场经济立宪》,今日中国出版社1998年版,第35—39页。
③ 转引自刘守刚:《中国公共生产探源与政策选择》,上海财经大学出版社2003年版,第115页。

租税国家①(也称税收国家),现代法治国家的理念,肇始于财政革命后所倡导的税收法律主义。近代市民革命确立个人免受国家干涉的自由和"私法自治"原则的同时,还确立了税收作为公权力的物质基础的理念。租税国家原则的确立,一方面是由于财政革命的历史原因;另一方面是因为国家的经常性支出仰赖于税收收入而非债务收入,因此衍生出"健全财政主义"的财政法原理。在历史现实与财政原理交互作用之下,租税国家原则自确立以来即为大多数国家所奉行不渝。② 由于政府职能的过度扩张,尤其是新增许多任务,如充分就业与景气政策、社会福利给付、国家的文化奖励、最低所得水准的国家保障、公共建设的提供、外部效果的调节、国际贸易的促进和国防等,各国财政开支持续攀高,部分国家甚至负债累累。由于受到经济及政治条件的限制,税收收入停滞不前,收入与支出不同步发展,税收国家的危机于焉形成。③ 巨大的财政开支,使政府感受到一种沉重的压力,寻求改革出路,自然成为各国政府的共同追求。财政赤字是各国大规模地推行市场化政府经济行为的主要理由,我们可直截了当地称其为"财政驱

---

① 现代国家在财税法意义上称为"租税/税收国家"(tax state),意指国家财政收入以税收收入为主的国家。在各国税收实践中,税收在财政收入中所占比例越来越高,一般能达到90%以上。在此之前的国家,称为"家产/领地国家"(domain state),即财政收入主要来自封建地租。熊彼特在《税收国家危机》中提出了"税收国家"的概念,并区分了"税收国家"与"领地国家"。德国学者Issensee曾论述过租税国家的特征,归纳如下:(1)租税国家国民不负有劳务或实物给付义务。历史上的自然经济时代,人民负有劳务或实物缴纳义务;现代国家为信用经济,以货币经济为基础,税收的缴纳以金钱给付为原则。(2)由于租税国家国民不负有劳务给付的义务,而国家军队及官僚制度建立后,人事费用的开支却源源不断,因此,人民对国家的金钱给付义务必定期进行。(3)在现代国家,国家支出持续增长,财政的需求不断膨胀。由于这种需求只有税收才能根本满足,因此,税收成为现代理性国家的特征。(4)税收是现代国家主权的表征,在非主权国家时期,税收无非是诸侯国对宗主国的一种捐助,其政治基础在于诸侯国的同意或协商。但就民主国家而言,税收是基于单方、强制、高权的命令,它象征着主权,目的在于确保多数统治及代议意思的形成。(5)税收义务与纳税义务人的对待给付无关。租税国家可以摆脱特定目的而取得纳税人的对价,目的税、规费、受益费只是一种例外的存在,不是租税国家的基础。(6)取得财政收入为税收的唯一目的,营利不是税收的目的,也不是租税国家的目的。因此,租税国家可免予为开辟财源而自行从事经济活动,这使得其区别于与自营经济国家或企业国家。(7)国家不从事经济活动,而留给社会开发,国家经常与社会主体无力进行的经济活动。(8)租税国家以国家、社会二元化为前提。租税国家的理念基础即在于自由主义,国家拥有课税权,课税客体(所得、不动产、营业)的处分权则归于社会,并由法律保障。(9)租税国家与经济之间的关系并非完全一成不变。税收不排除遵循民生福利政策和社会分配政策,从而在一定程度上偏离财政收入目的和自由放任理念。(10)租税国家必须遵循课税平等原则和税源保持原则。就纳税义务而言,如果需要为社会而牺牲个人利益时,则只有当平等分配时,才有义务负担。另外,税收以国民经济支付能力为基础,因此课税不能过度,以免伤及税本,导致税源枯竭。财政作为国家的存续要件,从收入面观察体现为"税收国家",从支出面观察则体现为"给付国家",进而如实地反映在国家形态的变迁之上,进而形成宪法上的国体"财政国家"。参见葛克昌:《国家学与国家法》,台湾月旦出版公司1996年版,第137—163页。

② 参见蔡茂寅:《论公债的宪法课题》,载《现代国家与宪法》,台湾月旦出版公司1997年版,第1407页。

③ 参见葛克昌:《国家学与国家法》,台湾月旦出版公司1995年版,第98页。

动"。在各国由"租税国家"向"债务国家"转变的大趋势①下,规制收入型市场化政府经济行为,既要考虑各种经营性财政收入的各自特点、相对地位和适用范围,又要考虑经营性财政收入与税费收入的比较地位,还要考虑整个财政收入与支出的均衡状态;规制支出型市场化政府经济行为,既要重视其可计算的财政支出效率,更要重视其各自所涵摄的特定公共政策目标的实现效率(如公民的受教育权、就业权的保障)。

3. 以客体形态为标准,可分为价值型和非价值型

前者以价值形态的资源为配置客体,如政府投资、公开市场操作、彩票发行、国债发行、发放教育凭证、政府基金等;后者以实物、劳务、权利(力)、信息、机会等形态的资源为配置客体,如储备物资销售、政府间资源权交易、政府购买、特许权经营、政府有偿供给信息、购买就业岗位、土地储备等。在规制市场化政府经济行为时,对价值型市场化政府经济行为应着重发挥其宏观调控功能,遏制其制造经济泡沫的负面作用;对非价值型市场化政府经济行为既要根据各资源形态的自身特点,从使用价值的角度发挥其制度效益,又要根据其管制替代的特点进行制度设计。

4. 以经济法亚部门法属性为标准,可分为市场规制型、宏观调控型、社会保障型等

市场规制型市场化政府经济行为,如政府间资源权交易、特许权经营等;宏观调控型市场化政府经济行为如储备物资销售、政府投资、公开市场操作、彩票发行、国债发行、土地储备、政府基金等;社会保障型市场化政府经济行为如发放教育凭证、购买就业岗位、政府购买中确定定点医疗机构(或药店)等。

5. 以行为实施机制为标准,可分为竞争型和合作型

在不同政府主体间和政府主体与非政府主体间共同实施的市场化政府经济行为中,竞争和合作两种机制相互交织,为官方和民间的角色互补和功能重组提供了变通性较强的框架,其中以竞争机制为主者,如发放教育凭证、政府购买中确定定点医疗机构(或药店),称之为竞争型市场化政府经济行为;以合作机制为主者,如政府间资源权交易、政府基金,则称之为合作型市场化政府经济行为。无论是竞争还是合作,须以主体间职能分工明确,事权、财权、责任的划分清晰为前提,在竞争中要强调规则和标准的统一,避免因利益争夺而损害公共政策目标的实现效率;在合作中要强调协商互利,在管理、技术、资金等方面实现双方优劣

---

① 参见蔡茂寅:《公债之法律问题:兼论从"租税国家"到"债务国家"的巨变》,载台湾《律师通讯》第 207 期。有学者将财政收入严重依赖于公债的国家称之为"公债国家",强调这一类国家必须以健康的税收制度和收入为基础,以有别于高度投机和脆弱的"债务国家"。参见刘守刚:《国家成长的财政逻辑》,天津人民出版社 2009 年版,第 31—32 页。换言之,在财政集中统一的前提下,代议机构能监督政府的财政收支,确保预算依财政年度制定、公开透明、清楚、事先批准、事后有约束力。这就是预算国家。参见王绍光:《从税收国家到预算国家》,载《读书》2007 年第 10 期。笔者认为,"成功国家"由"租税国家"转向"债务国家"的同时,必须建设"预算国家"。遗憾的是,在现实生活中,许多财政收支管理活动脱节和游离于《预算法》之外,处于无序或失控状态,从而使《预算法》已形同虚设"。参见张守文:《财税法疏议》,北京大学出版社 2005 年版,第 6 页。

势互补。在政府主体与非政府主体之间,尽管各有其责任界限,但政府主体应当就公共服务向公众负最终责任。

不同的分类体系,是诸多因素互动的产物,是特定知识型的产物,确定了理解社会的不同方式和角度。由于市场化政府经济行为受制于行为的政策意图和监督体制,具体类型的区分较为困难,实际存在的只是大致归类而不是严格分类。而且,上述分类都具有相对性,其中不乏交叉、模糊地带,如政府采购可属于市场规制型,也可属于宏观调控型。政府采购,作为财政支出方式是政府调节市场的行为;作为采购类型是市场行为。与此相应,政府采购法兼有财政法和市场规制法的双重归属。发达国家看重政府采购法的市场规制法属性,如德国《公共采购更新法》(1991年)被纳入属于市场规制法的《反限制竞争法》中作为第四章,并倾向于与《招投标法》统一起来,原《预算法》(属于宏观调控法)有关公共采购的规定失效。究其原因,主要在于:(1)政府采购在采购市场中的份额越来越大,供应商间的竞争越来越激烈,发挥政府采购法的竞争规制功能,对维护市场竞争的自由和公平意义重大。(2)在经济全球化的大趋势中,发达国家强调政府采购法的市场规制功能,有助于打破政府采购市场的壁垒,支持本国产品打入外国政府采购市场。(3)将政府采购法纳入财政法体系,旨在加强财政支出管理。而发达国家实行规范化政府采购已有很长历史,其预算法对政府采购的约束已十分健全有力,足以保证对财政支出的有效管理,于是财政支出管理对政府采购法的依存有所减弱。而我国政府采购制度刚刚建立,财政支出管理还存在很多问题,财政"重收轻支"的现象比较普遍,预算法的约束力还不够强,建立完备的政府采购法制,对于深化财政支出改革、强化预算法治观念、加强财政调控功能等大有裨益。我们可从我国《政府采购法》相关条文得到进一步的佐证。首先,从《政府采购法》第3条和第9条可看到,政府采购资金是政府财政资金,其"应当有助于实现国家的经济和社会发展政策目标"。《政府采购法》所调整的计划关系(财政预算)、产业关系(促进产业发展)、投资关系等,与宏观调控法中政府运用的手段几乎如出一辙。其次,《政府采购法》第3条和第9条只是提出了利用政府采购"维护国家利益和社会公共利益","有助于实现国家的经济和社会发展政策目标",是间接的实现调控经济和促进经济发展目标的体现,这也是宏观调控法的表现形式之一。再次,《政府采购法》第50条规定"政府采购合同的双方当事人不得擅自变更、中止或者终止合同",这表明政府在政府采购中并不是处于优势地位,这与市场规制法中政府充当市场管理者截然不同。当然,强调政府采购法的财政法归属,也要充分考虑《政府采购法》促进各类企业在市场上平等竞争的功能。经济全球化趋势不可阻挡,为争夺政府采购市场的国际份额,应充分运用《政府采购法》的市场规制功能,为我国企业打入国际政府采购市场创造条件。[①] 此外,政府基金可属于中央型,也可属于地方型;国债行为可属于收入型,也可属于支出型;等等,不一而足。

[①] 参见王全兴、管斌:《市场规制法的若干基本理论研究》,载《中国法学》2001年特刊。

第三章 市场化政府经济行为的合理性分析

"合理性分析"派生于黑格尔的"存在即合理"命题。"凡是合乎理性的东西都是现实的,凡是现实的东西都是合乎理性的。""存在是不合理的。"① 作为思辨哲学的集大成者,黑格尔用这个命题来表述"现实"与"理念"之间的指导和实现的过程:存在的东西必然会有其存在的合理性,即使是最不可思议的东西,如果我们称之为存在,就具有它的合理性,或者说,它具有促使其成为现实的合理因素。同样,存在的东西必然会有其不合理性,最理所当然的东西也是如此,总会有外力促使它消亡。存在的合理性总是力图保守住"现实",而存在的不合理性却促使其向"理念"前进,进而形成辩证关系。本章试图分析市场化政府经济行为为什么会存在,存在的合理性;同时,也讨论了这种合理存在的可能的暂时性和非主流。

第一节 市场弥补政府缺陷的主要形式

一、政府缺陷的产生

市场缺陷(或失灵)是政府干预的直接前提。自由主义对市场缺陷的承认和反思,为政府广泛而积极地干预经济与社会事务打开了缺口、提供了依据。市场机制在一定意义上是"嫌贫爱富"、"助强欺弱"、"大鱼吃小鱼"的机制,它可能会产生令人难以接受的收入和消费水平的巨大差异。早在 1792 年,托马斯·潘恩就针对欧洲国家奉行"市场神话"②下的弊病疾呼:"这些国家从表面上看,似乎一切都是幸福的;但在一般观察不到的地方,却有那么多的苦难的大众,他们除了在贫穷或屈辱中死去外,别无其他出路。"③ 因为不同市场主体间在教育、继承权、劳动能力、身份地位、努力程度、要素价格和运气等因素上的差别,都将通过市场转化为收入差别;并且,收入差别一旦形成,市场锦上添花而非雪中送炭的作派还会使之扩大。延至现代,萨缪尔森强调:"从福利经济学的立场出发,批评者指出,资本主义制度在四个重点上同他们的关于社会最优的说法相违背:不适当的收入分配,不完全竞争,外部经济效果,以及宏观经济的不

---

① 参见〔德〕黑格尔:《法哲学原理》,范扬等译,商务印书馆 1961 年版,1821 年出版的序言,第 11 页;〔德〕黑格尔:《小逻辑》,贺麟译,商务印书馆 1982 年版,导言§6。
② 自由主义时代的欧洲人感觉良好的认为,"欧洲的发展,甚至世界的发展,无非是市场经济的发展,市场经济不断扩大自己的领域,把越来越多的人,越来越多的远近贸易纳入理性秩序,而所有这些贸易加在一起就趋向于创造一个有整体性的世界。"参见〔法〕布罗代尔:《15 至 18 世纪的物质文明、经济和资本主义》(第 2 卷),顾良译,生活·读书·新知三联书店 1993 年版,第 227 页。
③ See Thomas Paine, *Right of Man*, Penguin, 1979, p.240.

第三章 市场化政府经济行为的合理性分析

稳定性。"①斯蒂格利茨指出,现实中单纯依靠私人解决的办法来解决市场失灵在某些情况下将会产生更高的交易费用,而政府可被看成"解决消除市场失灵的组织相关的交易费用问题"而设立的集体性组织;而且,政府被赋予的强制力"可能会削弱真正的自愿组织所寻求的实现协商解决的动力"。政府拥有的征税权、禁止权、处罚权和节约交易成本是克服市场失灵的四大优势。② 在这不绝于缕的社会思潮中,政府干预因弥补市场缺陷而具有必要性,政府借此发展了从宏观经济调控到微观厂商行为、从社会福利计划到人权与环境保护等一系列干预手段,权能范围走出政治领域,不断向经济、文化和日常生活领域扩展和渗透,国家经济化和社会国家化日益加剧,以致人们对政府产生了信任甚至仰仗。

政府干预只是手段,其目的是辅助市场机制对资源配置起基础性作用,以实现资源高效配置。干预是一种意志的渗透状态和对社会事物的强行改变,金泽良雄置于经济法语境中将其描述为"以人为的政策来变更和修改经济循环过程为自身目的"的行动。③ 问题在于,"政府干预的可取之处并不说明政府干预会使情形改善。一套政府决策会使情形改善的阐述同实际的政府决策是两码事,从逻辑上说,这种推理相当于将市场部分的理想运行等同于它的实际运行。"④当国家不再满足于为生产提供一般条件,干预甚至成为生产过程本身不可分割的一部分时,当不仅在危机时期而且在繁荣时期,经济运行也更多地采取政治方式时,国家偶像化的危机就来临了。"生活世界殖民化"、"国家合法性危机"并发症的出现遂成为不可避免的趋势。⑤ 换言之,政府在干预过程中,低效干预、无效干预甚至负效率干预,即政府宏观调控的范围和力度不足或方式选择失当,不能够弥补市场失灵和维持市场机制正常运行的合理需要,是常态,有效干预则是偶然;此外政府对市场常常进行过度干预,即政府干预的范围和力度,超过了弥补市场失灵和维持市场机制正常运行的合理需要,或干预的方向不对路,形式选择失当,往往还会促使国家急功近利,把一些"反危机措施"用来对待日常经济问题,其结果反而引起更加严重的"综合症"。⑥ 反危机措施的最大危险是它创造

---

① 参见〔美〕萨缪尔森等:《经济学》(第12版下册),高鸿业等译,中国发展出版社1992年版,第1162页。
② 参见〔美〕斯蒂格利茨:《政府为什么干预经济》,郑秉文译,中国物资出版社1998年版,第67、74—76页。
③ 参见〔日〕金泽良雄:《经济法概论》,满达人译,甘肃人民出版社1995年版,第50页。
④ 参见〔美〕贝克尔:《人类行为的经济分析》,王业宇等译,上海三联书店、上海人民出版社1995年版,第47—48页。
⑤ 参见曹沛霖:《政府与市场》,浙江人民出版社1998年版,第201页。
⑥ 参见李昌麒:《经济法——国家干预经济的基本法律形式》,四川人民出版社1995年版,第58页。布坎南从三方面批判了政府干预论:政府干预以人性假定的二重性为基础,理论的推演存在逻辑上的不一致;其次,政府干预的主要原因是因为市场没有达到"帕累托最优",但"帕累托最优"这个效率标准检验市场必然依赖一个全能全知的观察者;政府干预的最终目标是促进社会福利的增长,但推导社会福利函数的过程隐含着独裁的存在。参见殷剑峰:《从斯密到布坎南》,载《经济学消息报》2003年10月3日。

了一种在经济萧条结束后自我延续的惯性,因为在这个项目周围已经形成了利益群体。即便其中加入"日落"①条款,这种措施的后果都可能是长期存在的,因为"谁也无法阻止以后的国会删除该条款"。② 结果如美国总统里根所说,"政府解决什么问题,政府本身就是问题"。干预非但不能纠正市场失灵,反而抑制了市场机制的正常运作,导致"派生的外部性",即可能发生由干预而引起的系列副作用,而这些副作用同干预行为并没有直接的因果联系。

实践中,有些政府干预在一定程度上妨碍了市场机制对资源配置的基础性功能,政府不是解决市场失灵的手段而是市场失灵的原因,这就是政府缺陷的实质。英国经济学家西格维克在一百多年前曾作过这样的论断:"并非在任何时候自由放任的不足都是能够由政府的干预弥补的,因为在任何特别的情况中,后者的不可避免的弊端都可能比私人企业的缺点显得更加糟糕"。③ 用林德布鲁姆的话说,就是政府"只有粗大的拇指,而无其他手指"。④ 现实情况也在不断证明这一真知灼见,因为政府确实存在着甚至有时比市场更大的失灵,"政治领域的垄断及其他不完备性至少同市场领域一样突出,甚至更为严重……市场的不完备性能说明国家干预的合理性吗? 如果政府行为的不完备性超过市场的不完备性,那么,回答就是否定的。不去调节经济垄断而甘愿承受它的不利影响比进行调解从而蒙受更大的政治不完备性的影响或许对人们更为有利"。⑤

二、市场弥补政府缺陷的主要样态

政府干预仍然以市场机制为基础,其干预过程不可能摆脱市场规律的支配,各种政府缺陷(或失灵)在一定程度上都是市场规律的作用结果。⑥

例如,在政府诸缺陷中处于首要地位的内部性,其深层根源在于置身市场经济中的政府及其官员难以摆脱"经济人"本性的支配,导致政府干预偏离"公共

---

① 日落立法(sunset legislation),常称为"日落法案(sunset laws)",系指由立法机关定期检视某特定方案或特定政府机关运作状况,以决定该方案或机关是否继续存在或宣告死亡的一种机制。日落立法要求被拨款资助的政策方案或政府机关必须经过立法机关再核准的程序,否则就不能继续存在。届时终止的压力迫使有关机关必须随时检讨评估方案、机构、法律的运作情形,"日落立法"据此被认为是消除政府机关不必要支出,及迫使立法机关对行政机关进行真正监督、评估绩效的有效手段。参见维基百科:http://zh.wikipedia.org/wiki/%E6%97%A5%E8%90%BD%E7%AB%8B%E6%B3%95,访问日期:2009年10月10日。
② 参见〔美〕波斯纳:《资本主义的失败》,沈明译,北京大学出版社2009年版,第16、123—124页。
③ 参见〔美〕沃尔夫:《市场或政府》,谢旭译,中国发展出版社1994年版,前言第15页。
④ 参见〔美〕林德布鲁姆:《政治与市场·世界的政治——经济制度》,王逸舟译,上海三联书店、上海人民出版社1994年版,第91页。
⑤ 参见〔美〕贝克尔:《人类行为的经济分析》,王业宇等译,上海三联书店、上海人民出版社1995年版,第53页。
⑥ 政府失灵的理论主要包括四个假说:(1)信息不足或信息丢失;(2)决策成本过大;(3)决策者智慧不足;(4)决策者利益约束。参见陈东琪:《新政府干预论》,首都经济贸易大学出版社2000年版,第31页。这几个假说对分析和理解经济法学理论很有参考价值。

第三章 市场化政府经济行为的合理性分析

性"而倾向"自利性"。"现代社会中有几百万雇员的政府是一个强大的利益集团,官僚们与任何行业集团一样贪婪的为其利益而斗争。"①由于"内部性"的存在,寻租行为不可避免。公共选择学派将官员视作"经济人"固然失之偏颇,但现实中的政府的确不总是那么高尚,机构谋求内部私利而非公共利益的"内部性"现象在资本主义国家的"金元政治"中有着淋漓尽致的表现。在社会主义国家,理论上也不能排除机构"内部性"的可能性,实践中少数政府官员的腐败行为时有发生。我国经济体制改革的市场化程度尚未到位,更是助长了寻租行为的盛行。

又如,对市场来说,政府干预在很大程度上表现为一种外部力量,与市场主体和市场行为缺少信息沟通机制,使政府难以全面、真实和及时地获取干预所需的市场信息。政府干预实际上是一个涉及面广、错综复杂的决策过程(或者说是公共政策的制订和执行过程)。正确的决策必须以充分可靠的信息为依据,但由于信息在无数分散的个体行为者之间发生和传递,政府很难完全占有,加之现代市场经济活动的复杂性和多变性,增加了政府对信息的全面掌握和分析处理的难度。

再如,政府在公共产品供给或公共事务管理上处于垄断地位,不完全竞争必然降低干预效率;在政府垄断格局中,市场对干预的制约力减弱,政府经济职能必然扩张,官僚机构膨胀不可避免。

还如,政策实施过程中,既由于政府垄断所带来的官僚机构膨胀,这些机构部门间的职权划分、协调配合、部门观点都影响着政府干预,使政策效率随着实施环节的增多、代理成本的增加而递减;又由于"市场—社会中间层—政府"框架中诸主体都受其独立利益的驱使而呈现多重博弈②,可能使政策效率随着政策适用时间的延长和政策规避对策的成熟而递减。

可见,政府缺陷因政府干预才存在和显露,是市场规律支配政府干预的结果,故政府缺陷的存在不可避免,且难以为政府自身所修补。

除加强民主法治建设外,政府缺陷应可由作为政府干预之基础的市场机制来弥补。解铃还须系铃人。"市场不能单独满足我们全球社会的所有公共需求,这是一个事实;然而市场在满足个人需求方面却能做得非常好"。③ 一方面,市场提供了市场主体之间知识交流和互通有无的机制。市场机制作为社会化大生产资源配置的有效方式,它像一架精致的机构,通过一系列的价格和市场,无意识地协调着人们的经济活动。它也是一具传达信息的机器,把千百万个不同个人的知识和行动汇合在一起。虽然不具有统一的智力,它却解决着一种当今最大的计算机无力处理的、牵涉上百万未知数和关系的复杂问题。另一方面,市场机制是个体性的创造性机制:尊重个体自由和独立性,构成市场主体交流和互通有无的基础和体现;也推崇竞争及其所衍生的创造性,具有减少无知、扩散知识和

---

① 参见〔美〕弗里德曼:《法律制度》,李琼英等译,中国政法大学出版社1994年版,第188页。
② 参见张守文:《经济法学》,中国人民大学出版社2008年版,第12—13页。
③ 参见〔美〕索罗斯:《开放社会》,王宇译,商务印书馆2002年版,致中国读者。

抑制错误的功能。① 哈耶克视竞争为"一个发现过程的竞争",竞争是发现一类事实的过程,即只要不借助于竞争,这类事实就不会被任何人知晓,也绝不会得到利用。② 林德布鲁姆指出:"在当今这个时代,市场机制已经变成了全球性的协调器,或者说,至少有 30 亿人参加到了这一合作的行列之中。无论是从广度还是深度上来说,没有哪一个社会合作方式能与市场机制相媲美。我们时常把政府当作头号的合作的组织者,但是政府从来就没有把如此众多的人组织起来过,也无法组织起来,因为它交代不清每个人活动任务的详情细节,从而不能对合作中的角色给出明确的分工。姑且不论其他,全球性的市场机制是有目共睹的,但到哪里去找一个世界性的政府呢? 即使在一国之内,市场体制将合作的细枝末节都组织起来了,将成千上万的任务准确地传达到每一个具体的角色,可是如果要让政府来做这些事,它永远也完成不了,更何况它还不想这样自找麻烦呢。"③他还指出:"国家指导的制度同市场制度之间惊人的相似之处,混淆了两者间任何简单的差异。市场制度的某些用途,即使是对于中央计划制度来说也是必不可少的。1917 年俄国革命的最早的雄心勃勃的目标之一,是在废弃货币和价格的同时废弃市场制度。布尔什维克初尝禁果,却面临了接踵而至的极度的社会混乱。从此无论是苏联的制度,或是任何其他的共产主义制度,再没有企图打发市场……世界上所有国家的制度都从各种设计中选用了市场,以征募和分配劳动者从事各种工作。所有国家的制度都是通过市场。把多数消费品分配给有意的买者。所有国家的制度都使用着货币和价格。当然,它们也都大量使用国家政权。"④政府永远也不会像市场一样敏锐地感受到供需信息的变化并及时作出反应。

决定一种资源在社会生产中到底归属于何种用途的基本因素是市场,市场利用其价格机制和比较优势原则就像一只"看不见的手",在协调中决定和确定每一种资源在什么时间、以什么样方式进入社会生产过程。价格机制是每一种资源的所有者在确定资源的具体归属时所必不可少的信号。我们每一个人都根据价格信号确定我们所拥有的资源的具体归属。在讨论价格机制的时候,我们同样不能忽略比较优势原则。一般来说,人们总是趋利避害,即"利害相权择其利"。但是在现实生活中,情况往往更为复杂多样,我们所作的任何选择都不会具有"生存还是死亡"这种哈姆雷特般的确定性。在更多的情况下,我们面临的选择是"两利相权择其大"或"两害相权择其小"。"政府是否应当干预市场"的价值判断问题,可转化为"政府与市场的获取知识/信息能力"的事实问题。

---

① 参见〔德〕柯武刚、史漫飞:《制度经济学》,韩朝华译,商务印书馆 2000 年版,第 274—275 页
② 参见〔英〕哈耶克:《经济、科学与政治》,冯克利译,江苏人民出版社 2003 年版,第 120 页。
③ 参见〔美〕林德布鲁姆:《市场体制的秘密》,耿修林译,江苏人民出版社 2002 年版,第 35 页。韦伯也分析了计划经济条件下经济计算的困难。参见〔德〕韦伯:《经济与社会》,林荣远译,商务印书馆 1998 年版,第 123—132 页。这种观点和论证,在很大程度上被历史所证实,而且,作为证据的,不仅有学者们的数据和逻辑,更有千百万生灵的命运!
④ 参见〔美〕林德布鲁姆:《政治与市场·世界的政治——经济制度》,王逸舟译,上海三联书店、上海人民出版社 1994 年版,第 12 页。

第三章　市场化政府经济行为的合理性分析

"市场意味着选择(而不是单一),市场意味着竞争(而不是垄断),市场意味着机会(而不是墨守成规)。"①较之纯粹政府或市场机制,政府经济行为中引入市场机制,政府运用"运动员"的规则和机制来执行"裁判员"的功能,增加了干预的"柔性",便于政府机制与市场机制的沟通、融合和对接,减少政府干预对市场机制的损伤。换言之,"实现部分政府经济行为的市场化,则可有效制衡政府经济行为的任性与扩张,减少政府对信息及成本效益的错误分析,最终形成政府经济行为与市场调节的均衡机制"。②这是因为,"将市场过程和动力渗进到非市场领域的功能中,而不是将政府掺杂到市场功能中,可发现有这样几个潜在的好处:一是可减少对于政府干预整个社会和官僚化的需要。二是可减少对信息以及详细的、经常出错误的成本—效益分析的需要,因为这些错误分析会误导政府的干预活动。三是促使政府改革的市场方法可在诸如污染控制、减少交通拥挤以及增进环境质量等方面,在私有领域中提供一种促进技术变化的动力,以使其向社会所期望的方向努力。"③市场化政府经济行为注重市场机制的引入,通过许可制度,以及更为市场化的管制进路,维持或模仿市场机制来优化资源配置,成为克服不完全竞争、非均衡市场、市场缺位以及不希望的市场结果等带来的负面影响的手段,使得传统政府行为的强制性、单方性、暴力性与专横性特点相对弱化,使行政主体和政府行为变得富有人性,促使市场主体/行政相对人积极参与政府行为,提升和强化政府能力,促进公共产品供给效率的提高。

在干预过程中引入市场机制,已成不可逆转的世界潮流。"各地的国家和政府对公共领域的价值以及公共行动的有效性都不那么自信了,它们越来越多地把主动权让给私人部门,或者是挑选私人部门作为伙伴。政府也必须进行改造,以使其更富于进取心。"④从治理原则的角度看,在我们必须弄清的有效和合法的范围内,市场满足了辅助性、权力下放、由消费者监控以及向各种可能性敞开大门的要求,而这些要求都是合法治理的特征。⑤市场化政府经济行为更能发挥政府权威制度与市场交换制度的功能优势,也遵循了公共产品供给规律的客观需要,更是提高政府能力的必然选择。例如,实施市场化政府经济行为,在公共服务领域不断扩大、财政难以为继的情况下,有利于减轻财政压力,促进财政资源合理配置;在公共产品由政府垄断供给的情况下,有利于开拓公共产品供给的资源和渠道,提高其供给效率,使政府成为社会合作力量的发动者和促进者,形成"多中心治理"格局。

我国传统体制存在的问题在于,政府管了本不该管的事,过多地参与和干预

---

① 参见[美]奥斯本、盖布勒:《改革政府》,周敦仁等译,上海译文出版社1996年版,周敦仁序。
② 参见程宝山:《经济法基本理论研究》,郑州大学出版社2003年版,第161页。
③ 参见舒尔茨:《私人利益的公共利用》,转引自黄德发:《政府治理范式的制度选择》,广东人民出版社2005年版,第286页。
④ 参见[英]赫顿、吉登斯编:《在边缘》,达巍等译,生活·读书·新知三联书店2003年版,第3页。
⑤ 参见[法]卡蓝默:《破碎的民主》,高凌翰译,生活·读书·新知三联书店2005年版,第121页。

了"私人物品"的生产与交换(越位);没有管好自己该管的事,即安排好"公共物品"的供给(缺位)。这种全能的、强制的暗箱行政,对市场的过度干预为寻租活动提供了更多的机会和条件;"由于缺乏市场竞争,至少在经济效率和质量的发展方面已被远远抛在实行市场经济的各个国家的后面。这当然不会有利于居民,而只会有利于惰性十足的寄生官僚。"① 囿于后发的发展中大国的基本国情,我国体制改革又明显表现为政府推动型改革,是国家在推动社会的转型。这种强制性制度变迁是一种供给主导型制度变迁,易造成政府的自我扩张。在体制改革过程中,重视运用市场化政府经济行为,对于适度把握干预的力度、范围和内容具有特别意义。

第二节 市场与政府共生的典型状态

一、共生的界定

共生是指各单元之间共同生存的关系。它最先于 19 世纪中叶为生物学家所发现和研究,20 世纪五六十年代后逐步引起人类学家、生态学家、社会学家、经济学家、管理学家,甚至政治家的关注。如俄国著名学者克鲁泡特金于 1902 年所发表的《互助论》中不同意社会达尔文主义者将"生存竞争"看做是进化的主要因素,认定"互助"是生物的本能,"互助法则"是一切生物包括人类在内的进化法则。物种因为多样而形成彼此共存的生态链,文化因为多元而构筑着和谐共处的精神家园,社会因多变而塑造着绚丽多彩的未来。尊重多样性,学会共同生活,学会合作,增进对他人的理解以及彼此间相互依存关系的认识,才能使"共生的理想"成为时代强音。② 共生是一种生物现象,也是一种社会现象,普遍存在于自然界和人类社会,有同种单元之间的共生,也有不同种单元之间的共生,呈现出寄生、偏利共生、对称互惠共生等多种模式,其实质是表达异质群体的结合方式。③ 万物并育而不相害,道并行而不相悖④。没有共生,就没有生态世界,也没有人类社会,更没有进化和发展。

二、市场与政府共生的典型状态

市场是自我组织并有路径依赖的社会制度。市场的主要参与者之一是政府,政府是产权的所有者、监管者和保护者(在有的情况下还是掠夺者)。政府内生于市场,市场与政府之间是共生关系。

政府干预存在着缺陷,但干预在市场经济中仍不可替代:没有适度的国家保

---

① 参见〔捷〕锡克:《一种未来的经济体制》,中国社会科学出版社 1989 年版,第 245 页。
② 参见〔俄〕克鲁泡特金:《互助论》,李平沤译,商务印书馆 1997 年版。
③ 参见〔日〕尾关周二:《共生的理想》,卞崇道等译,中央编译出版社 1996 年版。
④ 参见《中庸》右第 29 章。

第三章 市场化政府经济行为的合理性分析

护和干预,没有国家提供基础性的秩序和公共设施,市场自身就不能有效配置资源。对此,经济学、法学及政治学领域①的多数人在这个问题上达成了共识②。在经济学界,萨缪尔森等认为,市场机制和命令经济"这两种极端的形式都不能代表当今美国经济制度的现实。我们的经济是私人组织和政府机构都实施经济控制的'混合经济':私有制度通过市场机制的无形指令发生作用,政府机构的作用则通过调节性的命令和政府刺激得以实现"③。诺思指出:"事实上,人们对国家无能为力,但与此同时,没有国家,人们将一事无成。"④在此之前,他曾这样描述过政府干预的"困局"⑤:"国家的存在是经济增长的关键,然而国家又是人为经济衰退的根源;这一悖论使国家成为经济史研究的核心,在任何关于长期变迁的分析中,国家模型都将占据重要的一席。"⑥沃尔夫认为:"非市场干预、活动和再分配,在一定程度上,对减轻由无约束的市场力量带来的机会与结果方面的不公平是必需的。"⑦林德布鲁姆认为:"市场体制不能靠自身来形成,而是政府通过对自由和财产的立法,从而帮助市场经济体制的建立","政府是市场体制的参加者","没有政府的参与和调节,市场体制就会崩溃。"⑧史普博还认为,特别是从管制机构被看作国会决策程序的延伸以来,由行政机构实施管制已经成为美国政府的固有形式。⑨ 就连哈耶克也承认:"一个功效显著的市场,乃是以国家采

---

① 有些哲学家也十分关注政府干预问题,如哈贝马斯将政府干预视为维系现代社会的三种媒介之一。参见李远行:《哈贝马斯程序主义民主观述评》,载《政治学研究》2000年第3期。"守夜人"时期,政府是"对自我调节的市场交易的补充机构",其主要职能有:(1) 按照民法维护资产阶级商品;(2) 保护市场机制,使其免受自我破坏力的影响;(3) 从整体上满足经济生产的先决条件(公共教育、运输、通信);(4) 使民法的制度适应积累过度的需要(税收、金融、企业法)。这四个方面是确保资本主义再生产过程的基本前提。See J. Habemas, *Legitimation Crisis*, Boston: Beacon Press, 1975, p.21. 对私人领域进行公共干预的质的证明在于,国家不仅在旧有功能内部扩大其行为,更增进了一系列新的功能。参见[德]哈贝马斯:《公共领域的结构转型》,曹卫东等译,学林出版社1999年版,第175页。政府必须相继地专门完成这样一些任务:起初是古典的维持秩序任务,然后是对社会补偿的公正分配,最后是应付集体性的危险情况。制约绝对主义的国家权力,克服资本主义产生的贫困,预防由科学技术引起的风险,这些任务提供了各个时代的议题和目标:法律确定性、社会福利和风险预防。参见[德]哈贝马斯:《在事实与规范之间》,童世骏译,生活·读书·新知三联书店2003年版,第537页。
② 后现代主义的重要人物利奥塔认为,共识有两种:一种是哈贝马斯所主张的共识,指有认知心智的人之间的一致性,是通过对话实现的;另一种是卢曼所说的共识,是一个系统的组成部分,行政管理程序的一个目标,因此,这个意义上的共识是实现目标的一种手段和工具。参见盛宁:《人文困惑与反思》,生活·读书·新知三联书店1997年版,第242—243页。
③ 参见[美]萨缪尔森等:《经济学》(第12版上册),高鸿业等译,中国发展出版社1992年版,第68页。
④ 参见[美]诺思:《绪论》,载[美]德勒巴克、奈编:《新制度经济学前沿》,张宇燕等译,经济科学出版社2003年版,第16—17页。
⑤ 困局研究,参见[美]赫勒:《困局经济学》,间佳译,机械工业出版社2009年版。
⑥ 参见[美]诺思:《经济史中的结构与变迁》,陈郁等译,上海三联书店、上海人民出版社1994年版,第20页。
⑦ 参见[美]沃尔夫:《市场或政府》,谢旭译,中国发展出版社1994年版,第136页。
⑧ 参见[美]林德布鲁姆:《市场体制的秘密》,耿修林译,江苏人民出版社2002年版,第89、176页。
⑨ 参见[美]史普博:《管制与市场》,余晖等译,上海三联书店、上海人民出版社1999年版,第15页。

取某些行动为前提的;有些政府行动对于增进市场经济的作用而言,极有助益;而且市场经济还能容受更多的政府行动,只要它们是那类符合有效市场的行动。"①被喻为"扎着长辫、穿着长袍徜徉在21世纪的现代都市中"的学术怪杰何新提出的"新国家主义经济观"亦是如此。他认为,有必要重新设计和规划中国社会主义市场经济的理论模型。根据中国现有经济基础,理想经济形态应是混合经济的国家资本主义体制;适合中国国情的经济体制是用国家计划指导与市场调节相结合的混合经济体制,类似于德国社会市场经济。在这种模式中,国家职能不能削弱,反而应随中国经济的扩张而不断深化和强化,"这也包括运用国民经济计划的手段,规划和引领中国经济的发展方向"。②"没有'国家的'法律秩序,经济制度,尤其是现代经济制度是不可能存在的。"③在政治学界,美国一些政治学家认为:"政府调控把政治目标与价值以指导市场行为的规则形式注入经济。一切经济制度都是各种规则和法规的集合。"④有学者在分析了美国经济制度的特点后重申了这一共识,认为"政府调控是美国经济制度的普遍特点"⑤。号称市场化程度最高的美国都离不开政府干预,其他国家的政府干预的存在自是不言而喻。世界银行1997年世界发展报告专门探讨了现代经济条件下政府的作用。在对各国政府作用历史考察和现实分析的基础上,该报告提出了以下观点:(1)一个有效政府对提供商品和服务——以及规则和机构——必不可少。(2)有效政府包括的内容,在不同的国家及不同的发展阶段相差极大。即便处在同等收入水平的国家,在国家大小、民族构成、文化和政治体制上的差异也使得它们各不相同。(3)在过去的一个世纪中,政府的规模和职责范围大幅度扩大,工业国尤其明显。第二次世界大战之前的政府扩张,除其他因素外,主要原因是政府必须解决因大萧条带来的经济和社会体系中的沉重负担。战后对政府的信心培育了对政府的需求,要求它做更多的工作。工业国中福利国家增多了,而许多发展中国家采纳了政府主导的发展战略。其结果是,世界各国政府的规模及其管辖事务范围极度扩张。这种政府影响的极大增长使得问题的重点从数量性转向质量性,即从政府的规模及其干预措施的范围转向它们满足人们需求的有效性上来。(4)政府亟须集中更大的能力以提高有效性:选择做什么和不做什么至关重要。有五个基础性任务处于每个政府使命的核心地位,如不能完成这五项任务,就不可能取得可持续的、共享的、减少贫困的发展。五项基本任务是:建立法律基础;保持非扭曲性的政策环境,包括宏观经济的稳定;投资于基

---

① 参见〔英〕哈耶克:《自由秩序原理》,邓正来译,北京三联书店1997年版,第116页。
② 参见何新:《思考:新国家主义的经济观》,时事出版社2001年版,第137、447、456—457页。
③ 参见〔德〕韦伯:《论经济与社会中的法律》,张乃根译,中国大百科全书出版社1998年版,第35页。
④ 参见〔美〕伯恩斯等:《民治政府》,陆震纶等译,中国社会科学出版社1996年版,第922—956页。
⑤ 参见李世安:《一只看得见的手》,当代中国出版社1996年版。

第三章 市场化政府经济行为的合理性分析

本的社会服务与基础设施;保护承受力差的阶层;保护环境。世界银行行长沃尔芬森就此指出:"经济发展需要有一个有效的而绝不是最低纲领派政府……历史反复地表明,良好的政府不是一个奢侈品,而是非常必需的。没有一个有效的政府,经济和社会的可持续发展都是不可能的。"①而且,"政府是一个感染力极强的以身示教的教师,不论教好教坏,它总在以自己的楷模行为教育整个民族"。②市场机制这只"看不见的手"和政府机制这只"看得见的手"的有机结合,是现代市场经济中政府与市场关系的本质特征。没有政府和没有市场的经济都是"一个巴掌拍不响"。③

任何单一的机制,不论是市场还是政府,如被看作是绝对的和压倒一切的,并且被严格运用的话,就可能导致极端。"政府—市场"是一个虚妄荒谬的二元论。在政府与市场均面临失效的威胁时,"在大多数情况下,并不是站到市场一边或站到国家一边的问题,而是在两者的各种结合和两种资源分配方式的不同程度之间进行选择的问题"。④ 客观讲,"市场与政府间的选择是复杂的,而且,通常并不仅仅是两个方面。因为这不是纯粹在市场和政府间的选择,而经常是在两者的不同组合间的选择,以及资源配置的各种方式的不同程度上的选择。""在市场和非市场选择之间进行公共比较是相当困难的。因为它们之间的选择没有普适的公式",而且,"市场与非市场间的选择并不是一种纯的选择,而是一种程度上的选择。然而,从产生这种制度的经济和社会行为的角度来看,选择的程度还是至关重要的。选择越倾向于市场,其体制就会面临更多的导致市场缺陷的危险;选择越倾向于非市场,其体制就会面临更多的导致非市场缺陷的危险"。⑤ 政府机制和市场机制的结合是现代经济运行的基本模式,政府已从市场外部进入内部,从外生变量变为内生变量,政府干预经济须尊重市场。"对今天的各国政府而言,并不是简单地在自由市场或国家干预间作选择。它们的任务是决定哪种类型的政府干预能更好地支持市场的有效运转,最能鼓励对企业、技术和人民进行生产性投资,并能帮助处于不利地位的劳动者。"⑥"我们应撇开在实现自由市场的道路上我们应有'更多'或者'更少'政府参与、'更多'或者'更少'这样或者那样东西这个越来越枯燥同时也越来越无益的问题。这些将问题一分为二的方法过于简单粗糙。""市场依赖于政府,有时政府能通过为社会理想的行为建立好的激励机制来改善现有市场。有时市场应由政府服务加以补充,

---

① 参见《1997年世界发展报告:变革世界中的政府》,中国财政经济出版社1997年版,"前言",第1—5页。
② 参见黄之英编:《中国法治道路》,北京大学出版社2000年版,第16页。
③ 参见〔美〕萨缪尔森:《经济学》(第12版上册),高鸿业等译,中国发展出版社1992年版,第87页。
④ 参见〔法〕勒卡荣:《混合经济》,宇泉译,商务印书馆1995年版,第20页。
⑤ 参见〔美〕沃尔夫:《市场或政府》,谢旭译,中国发展出版社1994年版,第132、150页。
⑥ 参见《1995年世界发展报告:一体化世界中的劳动者》,中国财政经济出版社1995年版,第14、16页。

如教育、职业培训、医疗保健等。主张在某些领域更多地依赖于市场机制,同时在其他领域强调公有因素起更大的作用,这两者之间并不矛盾。只关心应有'更多'或'更少'规制对于将来问题的解决没有太大意义。真正的问题是,什么样的规范(值得强调的是,包括那些能够使市场成为可能的规范)能够在不同情境下实现人类的幸福。"①

然而,这种认识经过长期的曲折过程才取得。受意识形态的禁锢,我国长期盛行着"计划等同于社会主义,市场等同于资本主义",世界两大阵营也围绕此问题聚讼纷纭。这实际上是对政府与市场共生关系的怀疑或否定,对政府与市场对立与替代关系的强调②。突破市场经济与社会主义的对立,最早是1979年11月邓小平与美国不列颠百科全书出版公司副总裁吉布尼的谈话:"说市场经济只存在于资本主义社会,只有资本主义的市场经济,这肯定是不正确的。社会主义为什么不可以搞市场经济,这个不能说是资本主义。我们是计划经济为主,也结合市场经济……"③邓小平在中国首次提出市场经济,是一次伟大的思想创新。彻底摆脱制度属性的市场经济理论,即"经济手段论",是邓小平1992年南巡讲话中提出:"计划多一点还是市场多一点,不是社会主义与资本主义的本质区别。计划经济不等于社会主义,资本主义也有计划;市场经济不等于资本主义,社会主义也有市场,计划和市场都是经济手段。"④"经济手段论"从根本上将计划和市场融入社会主义基本制度的思想框架,是一次伟大的制度创新。1992年10月,中国共产党的十四大确立了社会主义市场经济体制的改革目标。同年10月,中美达成有关关贸总协定的《市场准入备忘录》。在中国建立和完善社会主义市场经济体制的过程中,和资本主义社会的市场经济一样,"自由市场作为一种经济制度不是天然状态,而是国家通过行政权力嵌入社会的"。⑤ 在国际上,从

---

① 参见〔美〕孙斯坦:《自由市场与社会正义》,金朝武等译,中国政法大学出版社2002年版,原书序(第9—10页)。
② 也许是唯一的例外,"弗赖堡学派"学者一直强调市场和政府的"协和"。如阿尔马克认为,"协和的认识意味着各立场的靠近和放弃自我封闭"。"每一世界观立场都面对克服思想上的自我封闭和思考其他立场所关心的事物的任务。未来将不可能再属于那些封闭的,完全出自某一派别的制度,而是属于这样一种制度:每一派别在自己的思维中也考虑其他派别的立场。"参见〔德〕何梦笔主编:《德国秩序政策理论与实践文集》,庞健等译,上海人民出版社2000年版,第43、44页。又如欧根强调,"在探讨经济政策问题时不要立刻陷入关于'资本主义'或'社会主义'的带有'世界观'色彩的争论之中。"参见〔德〕欧根:《经济政策的原则》,李道斌译,上海人民出版社2001年版,第5页。如席勒和克吕塞尔贝格认为,"市场经济是一种由国家所确立秩序和生长秩序混合而成的多层结构体。这些秩序植根于复杂的意愿形成和决策过程。一国财富增加的发展,关键取决于政治、国家和经济各大领域中行为主体的共同作用。"参见〔德〕席勒、克吕塞尔贝格主编:《秩序理论与政治经济学》,史世伟等译,山西经济出版社2006年版,中文版序。修建"柏林墙"的,正是那些确信所有问题都只有一个答案的人。资本主义也应拆除"柏林墙","弗赖堡学派"为后文述及的"混合经济"、"趋同论"、"第三条道路"、"市场社会主义"提供了深厚的支援意识。
③ 参见《邓小平文选》(第2卷),人民出版社1994年版,第236页。
④ 参见《邓小平文选》(第3卷),人民出版社1994年版,第373页。
⑤ 参见〔英〕格雷:《伪黎明》,张敦敏译,中国社会科学出版社2002年版,译后记。

第三章 市场化政府经济行为的合理性分析

20世纪80年代开始掀起一场大规模的从中央计划经济体制向现代市场经济体制的转型,正如波兰学者科勒德克所说:"21世纪前夕,全球经济一个最重要的特点是广泛的后社会主义转轨过程。在欧洲和亚洲一共有三十多个国家,其人口多达15亿或占全人类的1/4,卷入了这场急剧而壮观的变革。"① 与此同时,西方世界的认识也逐渐发生变化。如有人认为,"市场和国家总是资本主义这同一事物不可分离的两个方面"、"市场和国家相辅相成"。② 有人认为,"在探讨经济政策问题时不要立刻陷入关于'资本主义'或'社会主义'的带有'世界观'色彩的争论之中。"③有人认为,"计划和市场一直被教条的社会主义者和教条的反社会主义者看做是两个不可调和的对立物。然而,完全有理由宣称,任何现代社会都以两者的混合为基础。"④有人甚至认为,"资本主义对社会主义的概念是一个虚妄荒谬的二元论,给20世纪全世界的人民带来了深重的灾难"⑤。于是,进入21世纪后,伴随着"经济国家"⑥的全面建构,全球弥漫着"去意识形态化"思潮,政

---

① 参见〔波兰〕科勒德克:《从"休克"到治疗》,刘晓勇等译,上海远东出版社2000年版,第78页。
② 参见〔德〕库尔茨:《资本主义黑皮书》,钱敏汝等译,社会科学文献出版社2003年版,第543、544页。
③ 参见〔德〕欧根:《经济政策的原则》,李道斌译,上海人民出版社2001年版,第5页。
④ 参见〔美〕伊特韦尔、米尔盖特、纽曼编:《新帕尔格雷夫经济学大辞典》(第3卷),陈岱孙等译,经济科学出版社1996年版,第946页。
⑤ 参见〔美〕V.奥斯特罗姆:《美国联邦主义》,王建勋译,上海三联书店2003年版,中文版序。
⑥ 参见〔美〕赖克:《国家的作用》,徐荻洲等译,上海译文出版社1997年版,第一部分的标题就是"经济的国家";史际春、陈岳琴:《论从市民社会和民商法到经济国家和经济法的时代跨越》,载《首都师范大学学报》2001年第5期;陈乃新等:《略论"经济国家"》,载《南华大学学报》2003年第1期;〔英〕布朗、劳ους:《资本主义与社会进步》,刘榜离等译,中国社会科学出版社2006年版,第一部分的标题就是"经济国家主义";等等。随着经济社会的发展,国家的经济职能和权力在不断膨胀;各国政府财政支出占本国GDP比重的不断提高。对此,"瓦格纳定律"和其他诸多学者的研究给予了证实。
自托克维尔以来的政治理论家已注意到该现象,即国家内部的行政机构在历史因素的作用下出现了前所未有的规模与复杂性;这一趋势在近一个世纪以来大大强化,行政开始包裹政治。当代行政学家将这一趋势称为"行政国家"。某种意义上说,当今世界上所有国家都已经是行政国家。参见白锐:《"行政国家"解析》,载《云南行政学院学报》2005年第2期。"行政国家"易遭误解,因为它给人行政权力飞扬跋扈、肆意践踏人民的极权国家的印象。事实并非如此。主流公共行政学界对行政国家的界定是:所谓行政国家,是指公共部门的工作人员在人数上大为增长,而行政部门也相应地在结构与功能上大为增加,并且复杂化。公共部门支配了相当数量的社会资源;公共行政管理者在相应的政府过程中发挥重要的作用;行政行为本身政治意义或许不大,但是政治后果却是明显的;国家通过行政行为来解决其面临的问题并达成目标。参见〔美〕罗森布罗姆、克拉夫丘克:《公共行政学》,张成福等译校,中国人民大学出版社2002年版,第49页。在"行政国家",政府的职能已不仅限于维持社会治安,国家的活动几乎遍及社会生活的各个方面。显然行政国家这一概念包含了两层意思,其一是行政机构在各级政府中的迅速膨胀,其二是行政机构与行政人员的政治作用大大增强。也许正是这样,行政国家首先是公共职能现象,其次是公共权力现象,同时也是公共事务管理现象,主要是指19世纪末20世纪初,与垄断的进程相一致,尤其是第二次世界大战以后,在资本主义国家立法、司法、行政三权分立的权力主体的关系中,行政权力和活动扩展,具有制定同议会立法效力相当的行政命令权和取得同法院判决效力相近的行政裁判权,大量直接管理和介入国家事务和社会事务,从而起着最活跃和最强有力国家作用的一种国家现象。参见张国庆主编:《行政管理学概论》(第2版),北京大学出版社2000年版,第16—17页。

作为学术概念和理论,"行政国家"最早是由美国行政学家沃尔多(Dwight Waldo)于1948年发表、1984年再版的《行政国家:美国行政学的政治理论研究》(Dwight Waldo, *The Administrative State: A Study of the Political Theory of American Public Administration*, 2nd ed., New York: Holmes & Meier, Publishers, 1984.)中提出的,经过马克斯(Fritz Morstein Marx)于1957年发表的《行政国家:科层体制概论》(Fritz Morstein Marx, *The Administration State: An Introduction to Bureaucracy*, Chicago, Illinois: University of Chicago Press, 1957.)研究成果的发展,已成为一种确认的理论和公共行政的研究领域。罗森布罗姆和克拉夫丘克对行政国家,尤其是美国的行政国家的发展轨迹作了深入分析。行政国家在当代的发展已不仅仅是结构上的庞大而已,正沿着管理、政治和法律三个维度扩张,从立法机构、司法机构到个人的各类主体都努力对此作出回应,因为行政国家从本质上而言对个人自由是一种潜在威胁。例如,行政国家完全有可能从多个方面给个人权益带来损害,个人远不能和行政国家对抗,只能依靠制度性保护措施。比如,"当公共行政人员作为立法者、裁判员、法官和陪审团给个人或是商业带来不利的时候,司法机关作为个人权利的保护者,就不能袖手旁观"。参见〔美〕罗森布罗姆、克拉夫丘克:《公共行政学》,张成福等译校,中国人民大学出版社2002年版,第83页。

行政法学者一般将此现象定性为"行政国(家)",参见王名扬:《法国行政法》,中国政法大学出版社1997年版,序言;〔德〕毛雷尔:《行政法学总论》,高家伟译,法律出版社2000年版,第17页;〔日〕杉原泰雄:《宪法的历史》,吕旭、渠涛译,社会科学文献出版社2000年版,第113—145页;〔英〕韦德:《行政法》,徐炳等译,中国大百科全书出版社1997年版,第3页;〔美〕卡恩:《行政法原理与案例》,张梦中等译,中山大学出版社2004年版,第8—16页;〔美〕舒克:《行政法基础》,王诚等译,法律出版社2009年版,第6页以下。龚祥瑞教授认为,行政国家是指行政制度相当发达的国家。参见龚祥瑞:《比较宪法与行政法》,法律出版社1985年版,第6页。姜明安教授认为,"行政国家"是指人类社会发展到这么一个阶段——国家行政权渗透到人们社会生活的各个领域,人们在其生命的整个过程中都离不开行政机关,行政机关的行政行为成为影响人们生命、自由、财产和国家安全、稳定、发展的一种几乎无所不能之物。参见姜明安主编:《行政法与行政诉讼法》,北京大学出版社、高等教育出版社1999年版,第4页;姜明安:《行政国家与行政权的控制和转化》,载《法制日报》2000年2月13日第3版。

桑斯坦、布雷耶等学者将其定位为"规制国"/"监管型国家"/"监管型政府"。参见〔英〕哈洛、罗林斯:《法律与行政》(下),杨伟东等译,商务印书馆2004年版,第572页;〔美〕桑斯坦:《权利革命之后:重塑规制国》,钟瑞华译,中国人民大学出版社2008年版;〔美〕布雷耶:《打破恶性循环》,宋华琳译,法律出版社2009年版,译者的话之002;〔英〕胡德等:《监管政府》,陈伟译,生活·读书·新知三联书店2009年版,第2页;吴敬琏主编:《比较》(2),中信出版社2002年版,第51—73页。规制国的兴起是20世纪市场经济以混合经济的形式得到发展的另外一种描述。这种说法意味着现代国家越来越多地运用受到约束的公共权力,通过制定规则和标准来干预经济社会事务,替代了早期政府无所作为的自由放任体制,也替代了那种政府无所不包、主导一切的全能模式。也有学者认为,从来不存在一个"放任主义的时代"。政府干预绝不是产生于集体主义思潮出现的突变,而是在整个19世纪逐步发展的,对社会问题的一个现实主义回应:"英国自发地蹒跚进入现代行政国家"。参见〔英〕奥格斯:《规制》,骆梅英译,中国人民大学出版社2008年版,第8页。也有学者认为,由于法律存在空白(即法律不能处理特定的损害行为)和法律条款的开放性(即法律的边界没有被清晰加以界定),现代监管政府的兴起是对这种法律不完备而导致的威慑失灵现象的反应。法庭执法的被动性和中立性决定了其无法履行监管职能,而被设计为主动执法的监管者可补充法庭在弥补法律的功能性不足,改进甚至恢复法律的威慑作用。参见皮斯托、许成钢:《不完备法律之挑战与不同法律制度之对应》,载《洪范评论》第2卷第1辑,第136页。王绍光强调,在非国有化和市场化的背景下,中国的"全能主义国家"的接替者不应是哈耶克式的守夜人政府,而应是监管型政府。参见吴敬琏主编:《比较》(13),中信出版社2004年版,第80页。

随着生产力发展,上层建筑也相应改变,其最大变化是经济职能在国家职能体系中地位的上升,履行经济职能的行政机构大量产生。在这个意义上,"向福利国家发展的运动也是朝向行政国家方向发展的运动。"参见〔美〕施瓦茨:《美国法律史》,王军等译,中国政法大学出版社1997年版,第228页。"福利国家"最早出现于德语中,一开始就是"警察国家"的变异,不同于当代的"福利国家"。这个英美国家惯用的概念,在德语中常被"社会国家"替代。"社会国家"也首先在德语中使用。参见〔日〕芦部信喜:《宪法》(第3版),林来梵译,北京大学出版社2006年版,第14页。行政国家表明当代政府的一些主要特点:公共部门使用了庞大的社会资源;公共行政管理者在政府运作过程中发挥着重要作用;他们总体上处于政治的核心地位;国家通过行政行为解决其面临的问题并达成目标。但行政活动须具有更大的法律力量,才能成为执行职务的手段。关于经济的"行政法"的数量和重要性就此增加,产生了现代经济法部门。因"经济国家(包括租税国家、债务国家、预算国家、合同国家、福利国家等)—行政国家(监管国家)—法治国"存在合乎逻辑的因果演进,笔者倾向"经济国家"的说法。

府与市场的互动和共生关系终得肯认,这在"混合经济"、"趋同论"、"第三条道路"、"市场社会主义"、"公共行政的社会建构"①等理论或思潮中皆有体现。如在新千年来临之际,哈佛大学经济学教授曾撰文指出,混合经济是20世纪最宝贵的遗产。他说:"19世纪发现了资本主义。20世纪学会了如何驯服并提高资本主义的生产能力,同时还为市场经济配置了机制性要素:中央银行、有利于稳定的税收政策、规范化和反垄断政策、社会保险和民主制度。"②在市场经济体制中,政府与市场既是两种单元,也是两种机制。政府与市场的共生,既表现为相互依存,这是两种单元的共生;也表现为相互渗透,这是在各个单元内部两种机制的共生,后种共生是前种共生的基础。政府经济行为不仅会影响市场结构,而且它本身就是市场结构的一个组成部分。③ 政府经济行为中引入市场机制,就是后种共生的具体表现。

第三节 经济民主理念的重要表现

一、经济民主的界定

"民主"源于公元前5世纪希腊的 Demokratia 一词,历史学家希罗多德最早使用。它由代表人民、地区的 Demos 和代表权力、统治的 Kratos 组成,意味着由人民掌握权力并实施统治的政治制度,简称人民主权。这一定义是雅典式民主的直接反映,以区别于希腊的贵族统治和寡头统治。这种词源意义上的民主观影响颇为广泛,亚伯拉罕·林肯曾将民主政府称为"民有(of the people)、民治(by the people)、民享(for the people)";在中国,民主就是"人民当家作主",政府"为人民服务"。民主本是一个政治概念,用来表示一种政治思潮、政治制度、政治体制。

然而在现代,民主意味着一个更为广阔的由所有公民参与社会力量的操作系统。仅将民主局限于政治民主,对经济民主鲜有涉及,致使"民主失去了一

---

① 参见辛向阳:《"趋同论"研究》,中国人民大学出版社1996年版;杨雪冬、薛晓源编:《"第三条道路"与新的理论》,社会科学文献出版社2000年版;〔英〕吉登斯:《第三条道路》,郑戈译,北京大学出版社·生活·读书·新知三联书店2000年版;〔英〕皮尔森:《新市场社会主义》,姜辉译,东方出版社1999年版;〔美〕全钟燮:《公共行政的社会建构》,孙柏瑛等译,北京大学出版社2008年版。
② 参见〔美〕罗德里克:《混合经济是20世纪最宝贵的遗产》,载《参考消息》2000年9月4日第1版。
③ 参见杨灿明:《市场结构与政府经济行为》,湖北教育出版社1997年版,第1页。《简明不列颠百科全书》第9卷(中国大百科全书出版社1986年版)第416页也指出:"20世纪人们都明确认识到政府在经济活动中的重要性,认为各级政府必须是现代经济中决定生产和消费的重要参加者。经济资源(资本、劳力、物资)在公私两个部门如何配置才有相对的功效,这需要不断衡量和比较两者的损益和利弊。如何使资源最适当地配置于公私部门,乃是现代社会最为关心的问题之一。"政府观念的历史转化,英国法学家韦德形象地说,在200年前,人们希望国家不要压迫他们;在100年前,人们希望国家给他们更多的自由;而在今天,人们则期待国家为他们多做些事情。参见李东方:《近代法律体系的局限性与经济法的生成》,载《现代法学》1999年第4期。

半",分配给人民的只是全部社会力量的一半。社会力量的完整内涵还应包括经济力量,只有政治力量和经济力量都实现民主化,我们才真正拥有民主——这一为人类而设计的社会结构。① 在一国中政治经济的决策力广泛地平等地分散,是民主主义社会中所希望的。如果少数人手中的经济实力显著集中,它便会危及民主社会。② 作为一个完整概念,民主至少应包含经济民主和政治民主。这是因为,自20世纪以来,伴随着国家对市场干预的日渐强化,市场经济力量愈趋集中以及资本所有原则的极度彰显,经济民主问题便日渐为人们所关注。各国实践表明,民主政府既强调政治民主,也重视经济民主。正如1944年德国工会联合的基本纲领所指出的那样:"要实现一个真正的民主的社会秩序,形式上的政治民主是不够的,因此,政治生活的民主化必须由经济民主来补充。"③从发生学意义上讲,政治民主先于经济民主而存在,经济民主是政治民主在经济领域的延伸,是对政治民主的理念和制度框架的继承。在此意义上,经济民主是政治民主的一个特殊组成部分。这也意味着,政治民主需要有经济民主来支撑和充实。在没有经济民主的地方,就不可能有真正的和普遍的政治民主。真正的政治民主必须包含被统治者有通过他们的代表来控制经济决策的权力。"如在经济领域内民主受到排斥,在其他领域内民主会更易于受到限制或排斥。"④

　　经济民主是一个"无以捉摸的概念",很难给出一个简要定义。《新帕尔格雷夫经济学大辞典》只有"经济自由"、"社会民主"的辞条,而没有"经济民主"的辞条,这也说明"经济民主"至今尚无定论。美国学者萨托利认为,"经济民主所关心或反映的便是财富的平等","它的政策目标是重新分配财富并使经济机会与条件平等化","是政治民主的一个补充,也可以是政治民主的简单扩大"。有时经济民主也指"劳动者对经济的控制","是由经济生产过程控制权的平等构成的"。⑤ 美国学者科恩认为,"经济民主"的概念本身带有暧昧性质。因为"经济民主不是某种特殊的经济体制,而是社会选择它所需体制时的能力"。它并不构成"任何真正民主的必要条件"。如果说"经济民主"只是指经济生活领域内的民主,它就不能够成为与"政治民主"或"社会民主"比肩而立的另一种民主制度,而只能是"政治民主"的一个特殊组成部分。"因此,经济领域内的民主应该只是'政治民主'的一部分,虽然是很重要的部分。""'经济民主'既不是一种民主,也不是民主条件本身。'经济民主'是指经济领域内的民主。当社会成员有权力选择他们所要追求的经济目标及达到这些目标的经济手段时,就算有了经

---

① 参见〔美〕路易斯·凯尔萨、帕特里西亚·凯尔萨:《民主与经济力量》,赵曙明译,南京大学出版社1996年版,第11—12页。
② 参见〔日〕植草益:《产业组织论》,卢东斌译,中国人民大学出版社1988年版,第44页。
③ 参见〔德〕格罗塞尔等:《德意志联邦共和国经济政策及实践》,晏小宝等译,上海翻译出版公司1992年版,第93—96页。
④ 参见〔美〕科恩:《论民主》,聂崇信等译,商务印书馆1994年版,第118页。
⑤ 参见〔美〕萨托利:《民主新论》,冯克利等译,东方出版社1998年版,第10—11页。

济民主。"①而真正能够成为政治民主或社会民主之必要条件的,不是所谓"经济民主",而是一种经济平等,或者是平等水平上的经济福利。日本学者金泽良雄认为,经济民主是谋求在构成市场的事业者之间实现经济机会均等和经济平等。② 我国学者王慎之认为,经济民主不过是人们在一定的经济关系中享有的某种自主的权利,是人处于主人的地位分享经济利益。③ 王保树认为,经济民主是发生在经济领域的民主",相对经济集中(包括经济管理的集中和市场上的集中)而言,强调企业法人和自然人的合法权利的保护。④

笔者认为,民主的本质在于人民作主,决不是为民作主——如果民主需要谁来恩赐,那只能是民主的异化。经济民主是市场经济的基础,是社会基础设施的核心内涵。经济民主是作为经济高度集中或者"经济专制"的对立物而存在的,其基本涵义是指在充分尊重经济自由的基础上,通过公众平等参与、多数决定、保护少数的机制,在共同体内实现财富、机会、权力(利)的平衡。基于民主的自由、平等和共生理念,经济民主至少应包括市场主体自主、利益共享、合作参与和结构均衡等内涵,其实质是多元经济利益的协调、多元发展机会的均等、多元控制机制的并存。⑤ "经济民主"和后文述及的"宪政民主"将"经济"、"宪政"置于"民主"之上,相当于将"民主"关入"鸟笼"。换言之,"经济民主"、"宪政民主"就是"鸟笼民主"。"经济"看上去是开辟了一片新天地,实际上是给民主划了个圈,在一个小圈里,你可以民主;在圈圈之外,民主靠边站,那是"经济"、"宪政"的领地。从这个意义上讲,"经济民主"仍是一种非常有限的民主。

二、经济民主理念的重要例证

与一般政府经济行为一样,市场化政府经济行为中的经济民主,包括政府决策民主与决策实施民主。它要求通过多元平等参与的机制来确保政府经济行为的公平与效率,建立有限政府与有效政府。其中主要是市场主体和社会中间层主体对政府经济行为的参与、地方政府对中央型政府经济行为的参与。在政府经济行为中引入市场机制,则是实现这种参与的有效途径。市场配置资源的特征是:"(1)分权;(2)众多的信息都被压缩在价格这一公开的信息里,价格作为一种信号被加以利用;(3)经济主体以价格为信号追求自身最大效用和利润的一种激励机体系。"⑥故以市场机制促进对政府经济行为的参与,较之动员参与者

---

① 参见〔美〕科恩:《论民主》,聂崇信等译,商务印书馆1988年版,第114—118页。
② 参见〔日〕金泽良雄:《经济法概论》,满达人译,甘肃人民出版社1985年版,第182页。我妻荣认为,"经济民主以经济机会均等和经济平等为主要内容"。转引自曹士兵:《反垄断法研究》,法律出版社1996年版,第39页。
③ 参见王慎之:《经济民主论》,载《新华文摘》1987年第12期。
④ 参见王保树:《市场经济与经济民主》,载《中国法学》1994年第2期。
⑤ 参见王全兴、管斌:《经济法与经济民主》,载《中外法学》2002年第6期。
⑥ 参见〔日〕青木昌彦、奥野正宽、冈崎哲二编著:《市场的作用 国家的作用》,林家彬等译,中国发展出版社2002年版,第83页。

的授权、号召等方式,在调动参与资源上具有其优势:(1)给予作为政府经济行为相对人的参与者以平等地位和竞争机会,使参与者获得更多的参与机会,并增强参与行为的自主性和约束力。(2)给予参与者以直接和显性的经济利益,形成参与的激励机制,利用参与者的"经济人"本性,提高参与行为的效率,进而提高政府经济行为的效率。(3)扩大了参与者的范围和参与者的参与范围,以社会资源补充政府能力,使政府行为的民主性和合法性基础更为宽厚。

依前所述,民主在本质上是权力的分配与运行方式,国家权力的结构变迁是民主形式发展的外在根据。政府经济行为一旦市场化,权力行使就会发生三种变化:第一,权力主体的扩大。在市场化政府经济行为中,不再是中央集权,而是权力分散;不再是由国家进行再分配,而是国家只负责管理;不再是行政部门的而是根据市场原则的管理;不再是由国家指导,而是由国家和私营部门合作。政府已并非唯一权力中心,各种公共和私人的机构只要其行使的权力得到了公众认可,都可成为各层面上的权力中心。第二,权力的外移。权力主体的扩大引发了权力的外移,带来组织变革,包括组织的分散化和分权,对组织灵活性的追求,脱离高度标准化的组织体制,日益加强的战略和预算责任的非中心化,日益增加的合同承包,小的战略核心与大的操作边缘的分离等。第三,权力的依赖。市场化政府经济行为中各方主体,无论是政府还是参与主体,都不拥有充足的知识和资源来独自解决一切问题,必须彼此依赖,进行谈判和交易,在实现共同目标的过程中实现各自目的。政府作为权力网络中的一员,由位居市民社会之上的公共权力管理机关重归市民社会之中。这种公共行政的建构方式体现着人类在解决问题的过程中,对人们基于实践行动而形成的话语的尊重,对人们在分享、互动基础上达成共识的尊重,是对公众民主参与治理过程的倡导,是对公共治理中政府与公民社会等主体间积极互动关系形成的张扬。① 更重要的是,市场自身就是一种民主,市场经济的风险性和主体的独立性,客观上要求决策的分散化和责任化。② 我们完全可以将市场化政府经济行为中的参与看成一种利益表达的方式,在交涉、沟通、互动过程中尊重他人的利益,同时在参与过程中理解尊重法律的价值。③ 毕竟,"经济竞赛的基本原理认为:在经济竞赛中,正义者只可能是参与者的行为而不可能是竞赛的结果"。④

民主是一种社会实践,也是一种生活方式。有别于一般政府经济行为,市场化政府经济行为中的经济民主还赋予公众选择公共产品提供者的权利。公民参与公共领域控制公共物品的生产、提供和分配的需求。萨瓦斯总结为两个方面:

---

① 参见〔美〕全钟燮:《公共行政的社会建构》,孙柏瑛等译,北京大学出版社2008年版。
② 参见李昌麒:《经济法:国家干预经济的基本法律形式》,四川人民出版社1999年版,第204页。
③ 参见〔英〕拉兹:《法律的权威》,朱峰译,法律出版社2005年版,第218—228页。
④ 参见〔英〕哈耶克:《法律、立法与自由》(第2、3卷),邓正来等译,中国大百科全书出版社2000年版,第127页。

第三章 市场化政府经济行为的合理性分析

一是对公共服务应拥有更大的选择权;二是他们应有权界定并处理共同需求。① 民主的核心是选择。② 选择本身就是一种自主性实现的过程,在市场经济中,消费者之所以被奉为上帝,关键就在于其能够通过对商品的选择确立其消费者主权的地位。"市场就是民主,每一便士都获得了投票的权利。"③ 公共物品的传统提供方式是垄断性的集中配置,划片服务或其他形式的客户分割。这种集中配置方式保证了公共物品提供者的稳定客源,但却剥夺了公众作为消费者的选择权。公众是公共物品的消费者,消费者对公共物品应有直接选择权。这里的选择权在纯概念上不能与《消费者权益保护法》完全等同。波斯纳描述了这样一个"被纵容的囚徒",他被要求住在一栋大房子里,那里具备发展他个人技艺和才能的任何资源,他拥有很多选择。但没有人会看到他的选择:没有人会赞扬或者谴责他的选择,所以他并不拥有很多的自治权。显然,消费选择权是物质的选择权,通常是纯个人领域的选择,选择者不必在乎他人的评价,他人一般也没有兴趣去评价某一个人的消费选择。④ 而在市场化政府经济行为中,作为"消费者"的参与者和相对人的选择权则不同,因选择权享有及行使而产生的内含愉悦,来源于外在的、社会的价值评判。相对于政府部门,只有消费者才最关心自己所享用的公共物品的质量和数量,没有消费者的选择权就没有市场机制;同时,也只有给予消费者选择的权利,使政府对公众需求快速回应,才能满足消费者的多元偏好。在制定和实施政策时忽视公众需求的政府,不是民主政府。"使公益服务者对他们顾客需要做出灵敏反应的最好办法,是把资源放在顾客手里让他们挑选"⑤,消费者对公共物品的选择权利构成了市场化政府经济行为的基础。就像消费者对商品或服务的选择决定经营者的命运一样,在公共物品市场确立公众选择机制,使公众作为公共物品的消费者能够通过对服务方式和内容的选择,达到对包括政府在内的运营机构的控制,以实现公众主权,进而实现民主行政。所以,政府对公共服务的直接供给是"无效的",私营部门参与公共服务的生产是"节约成本的、富有创意的、民主的"。⑥ 经济领域中的竞争就相当于政治领域中的民主……在这两种背景中,接受者——一种情况下是消费者,另一种情况下是选举人——都被赋予了选择权。这样,人们用竞争强化了自由但是并没有忽略团结,竞争同时作为经济政策和社会政策的基础。⑦ 这种选择机制正是通过对公共物品供给垄断性所导致的官僚主义、效率低下及其对公众利益侵犯的校正来

---

① 参见〔美〕萨瓦斯:《民营化与公私部门的伙伴关系》,周志忍等译,中国人民大学出版社2002年版,第13页。
② 参见〔美〕科恩:《论民主》,聂崇信等译,商务印书馆1988年版,第39页。
③ 参见〔奥〕米塞斯:《货币、方法与市场过程》,戴中玉等译,新星出版社2007年版,第224页。
④ 参见〔美〕埃里克·A. 波斯纳:《法律与社会规范》,沈明译,中国政法大学出版社2004年版,第314页。
⑤ 参见〔美〕诺斯:《经济史的结构与变迁》,陈郁等译,上海三联书店1991年版,第199页。
⑥ 参见宋世明:《美国行政改革研究》,国家行政学院出版社1999年版,第121页。
⑦ 参见〔比〕纽尔:《竞争与法律》,刘利译,法律出版社2004年版,第32页。

体现的民主,这种"公众选择—竞争—民主的实现"的模式,保证了社会公众意志在公共行政中的表达,自下而上地维护着社会整体利益,体现市场化政府经济行为中的民主理念。在这里,市场是经济民主的内生力量,市场化政府经济行为要依靠契约来链接,依靠选择来鼎托。进而,因为民主内含有促进经济增长的积极因素,即民主是一种有效的社会组织方式,是一种能够发掘人的潜力的最好手段,其价值观具有鼓动自由和充分的交流、通过达成共识以解决冲突、尊重人的需求和特性等内容①,市场化政府经济行为使市场主体充分自治。

此外,现代新制度主义政治经济学研究表明,产权与民主之间具有共同演进的关系。② 产权与民主的相关性假设,不仅涵盖私有产权,还可延展到"公产权"中,即形成"公共资产和共和权利"的相关性理论假设。③ 市场化政府经济行为强调公民参与,让公民直面作为公共资产、公共领域和共和国的"res public",使之成为享有共和权利、富有公共精神、认同和热爱共和国的共和公民,在此基础上,逐步形成一种以共和权利为行动依据、以公民竞争为激励要素、以公民的爱国情怀为情感动力的"三位一体"的驱动机制。

在当前我国,市场化政府经济行为还是增量民主的典型表现形式。相对于存量民主,增量民主④强调民主政治发展是渐进的和缓慢的,是"先前的历史发展的某种延伸而非离开先前的历史轨道",遵循帕累托改进原则,"在不损害民众原有利益前提下,尽可能地增加原来所没有的政治利益并逐渐放大新增利益"。它是在不对现有政治权力格局进行大的调整的情况下,通过扩大参与渠道,部分满足一部分社会群体的政治利益。如吸纳私营企业和非国有资本共同提供公共物品;扩大各级地方政府的相关权利等。一个主体想实现更多的利益,唯一的办法就是改变其在社会中的身份位置,因而这是一种"位置权利准则"。⑤ 是故,市场化政府经济行为扩大了参与渠道,部分满足一部分社会群体的政治利益,在某种意义上,是建基于权利和利益重新配置基础之上的民主革命。

学者佩龙(C. Bellon)和葛尔力(G. Goerl)曾指出,企业型政府理论包含企业自主(entrepreneurial autonomy)与民主责任(democratic accountability)、公共企业愿景(public entrepreneurial vision)与民众参与价值(citizen participation)、企业隐秘性(entrepreneurial secrecy)与民主开放性(democratic openness)、企业的风险承

---

① 参见〔美〕弗兰克:《产业民主与趋同对经济的影响》,载梁能主编:《公司治理结构》,中国人民大学出版社2000年版,第63—64页。有学者认为,民主和经济进步不会相伴而来。参见《"民主和经济进步不会相伴而来"》,载《参考消息》1993年9月18日第2版。经济发展与民主的关系,参见王绍光:《民主四讲》,生活·读书·新知三联书店2008年版,第77—89、192—195页。
② 参见唐贤兴:《产权、国家和民主》,复旦大学出版社2002年版。
③ 参见肖滨:《让公民直面"Res public"》,载《南京大学学报》2006年第6期。
④ 参见俞可平:《积极实行增量政治改革,加快建设社会主义政治文明》,载《理论动态》第1595期。
⑤ 参见郑杭生:《转型中的中国社会和中国社会的转型》,首都师范大学出版社1995年版,第116—119页。

第三章 市场化政府经济行为的合理性分析

担(entrepreneurial risk taking)与民主的公共财政处置责任(democratic stewardship)等四组内在价值矛盾。① 上述矛盾反映了企业型政府在效率与民主之间的悖论,也是市场化政府经济行为的基本价值困境。尽管如此,笔者认为企业型政府并没有从根本上忽视民主价值,一定意义上甚至增进了民主和效率的融合并促进了实质民主的落实。一方面,企业型政府通过设立执行机构或代理机构的方式,将决策功能与执行功能分开,后者以市场竞争的多元化方式进行,但前者仍保持了权力的集中。企业型政府并不意味着政府功能的弱化,相反它通过执行的市场化而达到了高效率并减轻了政府的负担,提高了公共服务的质量。而且,由于市场化主要集中在"执行"领域,因此并没有侵蚀决策的政治责任和民主价值机制,反而由于决策的集中而实现了民主的落实。另一方面,企业型政府主张将权力下放至社区和私人部门,众多第三部门和私人部门以适当的方式参与公共管理,使政府管理进入一个更加开放的领域,也使公共服务更加贴近民众和民意,这在提高行政透明度、参与度和自治性的同时,有力地推动了民主的落实。和传统官僚制的形式效率导致实质无效率相反,企业型政府或市场化政府经济行为以形式不民主落实了实质民主。当然,民主与效率是一个动态的关系,企业型政府对企业管理方法或市场机制的广泛应用,很容易引起忽略民主的嫌疑。② 以从公法角度考察民营化的限制为例,"对民营化成果的分析,不能仅看到片面的点与线,只关注于生产力或私人利润的获得是不够的,应从整体上考察民营化对国家福利、对工人、消费者、政府、公司的购买者、竞争者以及广大公民之间得失的分配"。"民营化不可避免地会有赢者与输者,如民营化有一个考虑多方因素的综合计划,输者应是从原体制中享有特权的人。这些人不应得到慷慨的补偿。得到补偿的应是没有能力承受制度重构代价的那些人,如退休工人应受到保护。"③英国通过制度设计避免"人们可能认为公法以及公法所体现的公共服务精神在已实施民营化的领域消失了"。在已被民营化的公共设施领域,英国建立了相应规制机关,并有相应立法要求大臣和规制机关对消费者利益,特别是那些居住在农村的人、靠救济金过活的人,以及残疾人的权利予以特殊关注,这些义务的核心是为确保社会弱势群体可得到普遍服务。在所有个案中,满足消费者合理需要都成为立法的基本要素。这些义务在2000年《公用事业法》(Utilities Act 2000)得到体现并进一步被强调。④

民主政府的目标之一不仅仅是为了保证在满足偏好的过程中实现自治,而

---

① See C. Bellon and G. Goerl, Reconciling Public Entrepreneuryship and Democracy, *Public Administration Review*, Vol.52, No.2, 1992.

② 参见王定云、王世雄:《西方国家新公共管理理论综述与实务分析》,上海三联书店2008年版,第70—71页。

③ See Ahmed Galal, Mary Shirley, *Does Privatization Deliver?* The World Bank, Washington D.C., 1994, p.27, p.21.

④ See Tony Prosser, Public Service Law: Privatization's Unexpected Offspring, 63 *Law & Contemp. Probs.* 63(2000), p.65.

且更根本的是为了在偏好形成的过程中保证自治的实现。① 市场化政府经济行为应彰显的经济民主,对政府来说偏好于经济秩序,强调行政变革在追求效率的同时不至于损害公平、公正、平等、责任等基本公法价值;对纯粹的市场主体来说偏好于经济自由,将市场化控制在公法价值体系内的前提下主要钉住效率这根绳索。

第四节 政府能力建设的创新实践

一、政府能力的界定

何谓政府能力?这一问题在不同政治条件和行政运作背景之下具有不同意义。在现代法治国家,政府的职责范围和权力边界受到严格限制,政府经济行为过程在很大意义上是政策过程,即制订与实施公共政策的过程。因此,西方学者往往都侧重于从公共政策角度来理解和界定政府能力。如回归国家学派的美国学者米格达尔认为:"国家能力是国家通过种种计划、政策和行动实现其领导人所寻求的社会变化的能力,主要表现在渗透社会组织、规制社会关系,抽取资源和以特定方式使用资源等方面。"②结构功能学派的阿尔蒙德认为:"政府能力是指建立政治行政领导部门和政府行政机构,并使它们具有制定政策和在社会中执行政策,特别是维护公共秩序和维护公共性的能力。"③德国学者海贝勒认为:"国家能力包括实施政治决策的能力、讨价还价的能力以及在不同利益群体之间寻求平衡的能力。"④兰德公司研究报告指出:"一个政府的基本能力可以概括为在政府与社会之间的动态结构中按照'自我动机'或目的而产生的能力。基本能力是指政府能够安排、处置各方面的压力,即把内部与外部压力转化为其目标支持因素的权力。它是'政府实际上深入其国民社会并在整个领土范围内贯彻政治决议的能力'。"政府能力主要体现在两个方面,一是"自我控制能力",即政府确定其目标的能力,它主要取决于精英的凝聚力,以及政府动员群众支持某项以加强国家实力为目标的战略决策的能力。二是"社会控制能力",即政府实现自己确定的目标的能力,它主要取决于作为政府合法性重要体现的政府权力通过非高压手段向整个社会扩展的"渗透能力",政府通过社会劳动、参与、合作获得

---

① 参见〔美〕孙斯坦:《自由市场与社会正义》,金朝武等译,中国政法大学出版社2002年版,第13页。

② 转引自时和兴:《关系·限度·制度:政治发展过程中的国家与社会》,北京大学出版社1996年版,第152页。

③ 参见〔美〕阿尔蒙德、鲍威尔:《比较政治学》,曹沛霖等译,上海译文出版社1987年版,第433页。

④ 参见〔德〕海贝勒:《转型国家的战略集团与国家能力》,刘合光等译,载《经济社会体制比较》2004年第1期。他分析了中国作为转型国家,私营家这一战略性集团的成长对国家能力的影响。他认为,私营企业家的成长有利于中国现代化的推进,作为战略群体的私营企业家正式和非正式的战略行动通过组织方式出现,不仅不会削弱国家能力,反而会增强国家能力。

第三章　市场化政府经济行为的合理性分析

实现其目标所需要的资源的"汲取能力",以及政府保证自身的意图不被或许存心阻碍其实现的联盟破坏的"规范社会关系能力"。① 笔者将它理解为"社会主导力",即葛兰西所说的 hegemony,既指国家的支配能力(针对统治),也指国家的领导能力(针对道义权威),这二者都是国家非强制性的实际影响。菲米尔在解释葛兰西的观点时这样区别非强制的"主导力"和强制的"统治力":"'主导力'指的是一个阶级或群体对其他阶级或群体的优势,这种优势依靠赞同而非强力所获得。而'统治力'则主要是通过国家的强迫性机器所实现的。(主导的)'知识或者道德领导'主要体现在'公民社会'中,也经由公民社会来实现。"② 显然,国家权力对社会越是具有"主导"作用,不需要动用强制性"统治",就越具有合法性。

我国学者理解国家/政府能力,除个别从公共理性的角度切入③外,多数人从实现国家职能④的能力的角度理解。吴国光从三个方面来概括国家职能,即"消极的国家职能"、"积极的国家职能"、"超国家职能"。与此相对应,国家能力也可区分为三种形式,即"消极国家能力",主要包括调节社会冲突、维护起码的社会秩序、防止暴力和犯罪等;"积极国家能力",主要表现为促进经济发展和发展社会福利;"超国家能力",主要体现为实现某种意识形态目标,在深层次上改造社会,并在这个意义上重新安排社会秩序,促进社会发展,实现社会福利。⑤ 王绍光和胡鞍钢则将政府(国家)能力理解为"将自己的意志、目标转化为现实的能力",并突出强调了政府汲取财政能力的特殊重要性。他们主张以汲取能力(extractive capacity)和规管能力(steering capacity)作为衡量国家能力的指标,凡是这两个指标值高的,就是强政府和强中央,对经济发展和制度变革就有利;反之,就是弱政府和弱中央,就不利于经济发展和体制转轨。其中财政汲取能力是政府动员吸取全社会资源的能力,是政府能力的核心,是政府实现其他能力的基础。政府只有掌握了财政资源,它才能实现其他的政府能力和职能(参见图表3-1)。⑥ 这种政府能力概念同国家能力概念基本一致。制订和实施公共政策是政府的主要行为方式,因而政府能否制订出合理的公共政策,并加以切实贯彻执

---

① 参见兰德公司:《国家绩效的衡量》,载《中国国情分析报告》2002 年第 77 期。
② See Joseph V. Femia, *Gramsci's Political Thought*, Oxford: Clarendon, 1981, p. 24.
③ 参见黄建洪:《公共理性视野中的当代中国政府能力研究》,中国社会科学出版社 2009 年版。
④ 福山曾总结过国家职能的范围,从最小职能(提供纯公共产品、国防法律及秩序、财产权保护、宏观调控、公共卫生、增进公平、保护穷人),到中等职能(应对经济外部性、教育环境保护、反垄断、职业教育、保险金融监管、社会保险),再到积极职能(产业政策、财富再分配)的变化,一定程度上反映了国家构建(state-building)过程中的职能范围扩张。参见〔美〕福山:《国家建构》,黄胜强等译,中国社会科学出版社 2007 年版,第 9 页。
⑤ 参见吴国光编:《国家、市场与社会》,牛津大学出版社 1994 年版,第 95—97 页。世界银行也认为,"政府能力是指有效地采取并促进集体性行动的能力",即"有效的提供集体物品的能力。"参见《1997 年世界发展报告:变革世界中的政府》,中国财政经济出版社 1997 年版,第 38 页。
⑥ 参见王绍光、胡鞍钢:《中国国家能力报告》,辽宁人民出版社 1993 年版,第 6—9 页;王绍光:《民主四讲》,生活·读书·新知三联书店 2008 年版,第 132—135 页。

行,是衡量政府能力的一个重要尺度。施雪华从政府权能角度出发,将政府能力界定为"为完成政府职能规范的目标和任务,拥有一定的公共权力的政府组织所具有的维持本组织的稳定和发展,有效地治理社会的能量和力量的总和"。从能力群的角度进行分析,多项政府之间的有机联系即构成一个"能力群",不同的能力群构成不同的政府能力结构,可分为政府的社会行为能力群、公共职能能力群、公共产品生产能力群、社会资源配置能力群、政策过程能力群、政治社会化能力群、社会发展能力群以及国际关系能力群。① 此外,李江涛从能力要素的角度将政府能力划分为财政能力、控制能力、协调能力、危机处理能力和组织动员能力。② 侯万军将政府经济管理能力界定为"一个国家或某一区域的政府引领、促进经济实现良性、健康发展的能力"。简言之,"政府经济管理能力就是实现政府经济发展目标、履行其自身经济职能的能力,它包括决策规划、宏观调控、市场监管、公共产品供给、政府基础等五个方面的能力。"③李国文提出了政府的常态能力和非常态能力概念,认为政府能力是这两者的结合,但他并未对这两者进行清晰界定。④

图表 3-1　国家能力的定义与衡量指标

六大能力	定义	衡量指标
强制能力	对外保卫政权和领土完整,对内维护社会秩序	每十万人暴力致死率
汲取能力	建立现代公共财政,保证国家各项机制的正常运作	财政收入占GDP比重
濡化能力	树立以国家认同与公民平等为特征的核心价值体系	贝塔斯曼国家认同指数
规管能力	对市场和社会中的信息不对称和权力不对称加以规范和限制	每十万人交通事故死亡率
统领能力	对国家工作人员和国家机关(包括各级政府)加以规范和限制,使国家工作人员尽职、廉洁,使整个国家机器统一协调	世界银行腐败控制指数
再分配能力	用再分配降低各类社会风险,维护社会稳定	UNDP人类发展指数

笔者认为,从实现国家职能的能力的角度理解国家/政府能力有一定道理:第一,政府能力总是和完成一定政府职能的政府行为联系在一起。一方面,履行任何政府职能必须以一定的政府能力作为条件和保证,能力直接影响职能实现速度的快慢、质量的高低和绩效的优劣;另一方面,能力又总是在实现职能的政府行为中外显的,人们也总是从完成一定活动的角度来了解、考察和确定一个政

---

① 参见施雪华:《政府权能理论》,浙江人民出版社1998年版,第309、312—322页。
② 参见李江涛:《论政府能力》,载《开放时代》2002年第3期。
③ 参见侯万军:《论政府经济管理能力》,黑龙江人民出版社2008年版,第1页。
④ 参见叶国文:《非常态政府能力:法治政府的逻辑》,载《理论探讨》2004年第3期。

第三章　市场化政府经济行为的合理性分析

府的能力。在一定意义上讲,离开政府职能谈政府能力比较空泛和抽象。第二,政府职能与行政主体、环境、目标、工具、绩效、过程等都具有密切的关联性。政府职能就是指政府的行为方向和基本任务,是政府对社会承担的责任和法定的管理权限,它涉及的是政府"想干什么"或"要干什么"的问题,体现的是政府对社会应尽的义务,一般由宪法和法律予以规定。政府能力是政府履行职能的基本条件或依据,涉及政府"能干什么"或"会干什么"。"政府职能的实现上以政府能力为基础的,缺乏有效能力的政府即使法律上具有广泛的职能,实际上不会真正有所作为;而政府能力所赖以建立的许多资源又与政府职能有关,政府职能为政府能力的形成和发展提供了制度保障。显然,政府职能与政府能力是一种互动关系。"① 概括地讲,"政府职能框定了政府能力的基本内容和发展方向;政府能力的大小强弱则决定了政府职能的实现程度。"② 政府能力应与其职能相匹配,合理界定了其职能后,政府能力就要进行相应调整——总体上加强或弱化,或者结构上在某方面加强或在某方面弱化。

笔者认为,侧重从公共政策角度界定政府能力的思路,有利于区别政府权力与政府能力,统摄性、包容性和解释力更强。伯恩哈德认为,民主体制下唯一良好的权力配置就是强国家和强社会共存;在这种格局下,国家有能力有效地工作,公民社会也足够强大以防止国家权力过度扩张侵犯公民权利;双方中任何一方过于弱小,都会产生严重问题。③ "并非所有的政府政策都是由政府雇员所执行的,实际上很多政策是由私营组织或公民个人执行的。"④ 给予社会自我管制尽可能大的空间,有助于实现公共政策意图,是政府能力的"消极"表现之一,却并不是政府职能所寄。由此,政府能力可界定为政府运用公共权力和公共资源,履行职责,实现公共政策意图的可行制度能力。⑤ 政府能力是综合性的,它既包括

---

① 参见陈国权:《政府能力的有限性与政府机构改革》,载《求索》1999年第4期。
② 参见金太军:《政府能力引论》,载《宁夏社会科学》1998年第6期。
③ 参见〔美〕伯恩哈德:《第一次转轨之后的公民社会》,载《共产主义和后共产主义研究》1996年第3期。
④ 参见〔美〕彼得斯:《美国的公共政策——承诺与执行》(第6版),顾丽梅等译,复旦大学出版社2008年版,第5页。
⑤ 笔者的"可行能力"观点受印度经济学家阿玛蒂亚·森和美国法上的"制度能力"理论启发而生。阿玛蒂亚·森的相关观点,参见〔印度〕阿玛蒂亚·森:《以自由看待发展》,任赜等译,中国人民大学出版社2002年版,第85页;《资源、价值与发展》,杨茂林等译,吉林人民出版社2008年版,第280—299页;王春萍:《可行能力视角下城市贫困与反贫困研究》,西北工业大学出版社2008年版,第28—58页。森的可行能力方法(the capability approach)在《什么样的平等》(1979年)中第一次正式提出,后来在《商品与能力》(1985年)和《生活水平》(1987年)中臻于完善。这个方法通过聚焦于人们所能做的和所能达到的状态——可行能力,成为评价个体福利、贫困、不平等、社会安排、制度设计等的宽广标准。"对个人而言,可行能力方法将他或她能够实现各种有价值的功能性活动的实际能力评价为个人生活的实质内容。对社会而言,可行能力方法为了获得一种综合性的评价和作出制度、政策选择,将个体可行能力集看作构成评价和选择的一个必不可少的核心部分。"See Amartya Sen:Capability and Well-Being, in Amartya Sen and Martha Nussbaum(eds), The Quality of Life, Oxford:Clarendon Press, 1993, p.30. 美国法上的"制度能力"理论,参见宋华琳:《制度能力与司法节制》,载《当代法学》2008年第1期。

公共物品提供者的行政或技术能力,也包括更深层次的以灵活性、规则和制约机制来促进公共物品提供者按照集体的利益行事的机构性机制,如政府部门自身权力的配置及各相关部门的权力协调能力、政府官员的决策能力、政府财产的多少,等等。根据我国政府面临的实际挑战和对政府职能的界定,政府能力可划分为经济发展能力、社会管理能力、公共服务能力、技术创新能力等,经济发展能力还可具体化为市场规制能力和宏观调控能力。从这种角度讲,"权力并非自由或解放的障碍,而恰恰是实现它们的手段"。权力与资源存在着内在的关联,权力是指对资源经常转换的能力。① 政府权力是一种被广泛接受的影响力、有价值的生命力量,与政治合法性观念紧密相关。它意味着,政府拥有其他经济组织所不具备的强制力。权力是一种客观存在,是政府能力的前提和实质,是实现形成或被赋予的一种权威。而政府能力则指政府实现其权力的实际能力,它主要取决于政府实际可以支配的、用于实现公共政策意图的种种手段和资源,尤其依赖于交通、通信等等技术因素。② "凡力均是物质运动的一种特性和表现,需以一定的物质为依托和基础,权力也不例外。"③权力本身并无善恶之分,其道德层面的考量,在于拥权者本身的道德素质和行权的目的性。政府正确运用权力,不仅会游刃有余地处理一切,而且还能体验到利用权力去实现有价值的目的,这是最合道德的生活。政府不应受那些似是而非的假道学的影响而刻意回避权力,也不要因渴望权力而追腥逐臭,在参与正常的权力游戏时,偷偷摸摸地采用欺诈的手段从而造成他人的不安。④ 有多大能力,办多大事。政府能力的大小直接决定了政府干预市场的实然范围、方式及相关的经济法的绩效。市场失灵不是政府干预的充分条件,局限于自身能力,很多形式的市场失灵政府对其也无能为力。犹如治病,医生如果没有能力作脑部的手术,则有病的大脑是绝对不能让他们动的,否则,后果不堪设想,但这需要对医生的能力作出判断⑤,还需要医生通过向内挖潜、向外学习等方式提升自己的能力。国家具有对市场不均衡的修复能力,这种"治病"能力在市场的强大压力下通过自身改良甚至改革逐步获得,主要包括政府职能的合理化、组织体制的优良化及政府过程的民主化,还包括立法机构和立

---

① 参见〔英〕吉登斯:《社会的构成》,李康等译,生活·读书·新知三联书店1998年版,第377、77页。吉登斯认为,权力是解释国家乃至人类社会的最重要因素,而权力必须以资源的生产和储存能力为前提。资源是权力实施的媒介,可分成配置性和权威性两类:前一类资源表现为各种物质产品,体现人与物的向度;后一类资源表现为各种社会关系(如血缘关系、宗教传统),体现为人与人的向度。参见郭忠华:《资源、权力与国家:解读吉登斯的后马克思主义国家观》,载《中山大学学报》2008年第4期。权力就是把成本强加给他人的能力。参见〔美〕巴泽尔:《国家理论》,钱勇等译,上海财经大学出版社2006年版,第6页。

② 国家权力与国家能力的区别,参见李强:《国家能力与国家权力的悖论》,载张静主编:《国家与社会》,浙江人民出版社1998年版,第17—23页。

③ 参见漆多俊:《论权力》,载《法学研究》2001年第1期。

④ 参见〔美〕菲舍尔:《权力没有过错:用权力实现有价值的目的》,张云峰等译,京华出版社2005年版。

⑤ 参见应飞虎:《经济法应重视政府能力问题》,载《经济法制论坛》总第4期。

第三章　市场化政府经济行为的合理性分析

法程序的优化,使国家干预的法能够准确反映市场的总体需求。如2006年3月5日,温家宝总理在十届全国人大四次会议上所作的《政府工作报告》中指出,建立健全行政问责制,提高政府执行力和公信力。这是"执行力"第一次被写进《政府工作报告》,标志着政府能力建设被正式纳入国家治理范畴。

在后发国家,政府能力似乎在经济发展追赶的过程中比法治或民主重要得多。"东亚奇迹"似乎和"强政府"之间有着直接的因果关系。① 在20世纪60—70年代的韩国、新加坡以及1978年以来的中国,产权保护算不上完善,法治还不算是有效率的,法律基础设施也处于完善之中,但它们都有一个强大的发展型政府,维持政治稳定,并推行有力的发展政策。这些地区的增长率远比那些已经引入"宪政民主法治体系"的一些拉美国家高。因为,"依靠市场机制本身不可能自行高效地完成转轨进程,需要政府利用各种手段积极引导和推动,用政府机构去代替不完善的市场成为转轨中发展中国家的必然选择。"②奥尔森在《权力与繁荣》将经济繁荣的条件概括为一种特定的政府,这种政府有足够大的权力来保护产权,保障契约的实施,但又受到特定的限制,使它无法以自身的行动剥夺个人产权。奥尔森称之为"市场促进型政府"(market-augmenting government,有译为"强化市场型政府")。③ 在此基础上,笔者愿意秉持"在市场中的政府"的分析路径④,强调平衡地看待政府和市场在发展中的作用:二者的作用并非单向而是双向,要看到政府对市场的影响,也不能忽视市场对政府的影响,二者处于相互转化的关系之中。一定条件下,政府与市场可摒弃冲突(零和博弈),能相互促进,形成双赢局面,即"强国家,强社会,强经济"。

---

① 参见李晓:《东亚奇迹与"强政府"》,经济科学出版社1996年版。
② 参见〔美〕迈耶等:《发展经济学先驱》,谭崇台等译,经济科学出版社1988年版,第65页。
③ 参见〔美〕奥尔森:《权力与繁荣》,苏长和等译,上海人民出版社2005年版。相应研究,参见姚震宇:《理性、权力与经济繁荣:奥尔森经济增长思想研究》,上海人民出版社2008年版;张宇燕:《强化市场型政府》,载《读书》2005年第3期;易宪容:《权力运作与经济繁荣》,载《国际经济评论》2001年第3—4期。饶有意味的是,美国加州大学伯克莱校区社会政策专家内尔·吉尔伯特(Neil Gilbert)教授在20世纪80年代后期针对西方发达国家的福利国家危机,提出了"能促型国家"(the enabling state),强调在提供公共服务和增加公共福利方面,政府由原来的事必躬亲转向将更多地依靠非营利的民间组织(甚至营利企业),政府的职责在于激励、支持、保护和规范与监督公共服务的提供者。参见顾昕:《能促型国家的角色》,载《河北学刊》2005年第1期。
④ 这种分析路径受米格代尔的"在社会中的国家"(state in society)启发而成。详见〔美〕米格代尔:《强社会与弱国家:第三世界的国家社会关系及国家能力》,张长东等译,江苏人民出版社2009年版。正如该书标题所展示的那样,国家并不一定是强大的,相对于社会,国家可能是很弱的——看上去是庞然大物的国家,往往无力从社会中提取足够的资源,无法按照自身意志改造社会。此书面世后,一些学者提出了诸如"失败国家"(failed state)、"无力国家"(powerless state)、"无国家的社会"(stateless society)等概念来描述那些未能有效完成国家建构、提高国家能力的国家。

1997年亚洲金融危机后,东亚国家和转型国家特别重视"经济制度基础设施"①的建设,政府能力理所当然地涵盖政府供给经济制度能力。中国政府能力的提升,不仅仅在于其能推出有别于传统的市场行为和政府行为且促进经济发展的市场化政府经济行为,更在于其能为市场化政府经济行为提供"与时俱进"的制度生态。政府功能常被比喻为"看得见的手";变革现实中的政府的"手"在不同环境下"手"法各有不同:(1) 保护产权,促进市场发育和经济发展的"帮助之手";(2) 公开向市民社会课以重税,或"创租"、受贿,阻碍经济发展的"掠夺之手"②;(3) 暗中侵吞、盗窃国有资产,造成国有资产流失的"扒手"。政府天生不是"圣人",关键在于设立一种适宜的制度环境,或一种相对合理的激励和约束机制,减少政府机会主义行为的实施空间,使政府更多地发挥"帮助之手"的功能。有效规制市场化政府经济行为,是政府能力建设的题中应有之义!

二、政府能力建设的创新操作

如前所述,市场化政府经济行为主要为提供诸如基础设施、医疗保健、教育等公共物品而存在,本身就是政府经济发展能力建设的具体实践。富国为什么富裕?一个已经被经验证明的原因是他们拥有更多的诸如基础设施之类的公共物品,这些公共物品使得这些国家具有生产和分配方面的更高的生产力。公共物品,尤其是具有自然垄断性的准公共物品的供给,如果难以满足国家不断增长的要求,其造成的供需缺口使平均增加的经济成本约相当于 GNP 的 1%。③ 美国学者西蒙·派顿将公共基础设施视为劳工、资本、土地之外的"第四个"特别的生产要素,强调公园、下水道和学校促进了所有生产性阶层的健康,提升了他们的智力,并因此使他们能够生产出更廉价的商品,同时在他国市场中更有竞争力。④ Aschauer 研究表明:美国生产力的增长,主要由道路、机场、城市排水和供水系统这些公共物品所决定。⑤ 事实上,发达国家历来重视基础设施类公共物品的提供。而且,随着经济、社会的发展以及收入水平的提高,医疗保险、文体设施、社

---

① "在自由市场经济体制中,经济基础设施本身假定是存在的",它包括"与经济关系密切的法律框架条件"。参见〔德〕斯特博:《德国经济行政法》,苏颖霞等译,中国政法大学出版社1999年版,第202、204页。我国学者也有相关说法,如易宪容、卢婷将金融法称之为"金融基础设施"。参见易宪容、卢婷:《基础性制度是金融生态的核心》,载《经济社会体制比较》2006年第2期;《论金融市场基础性制度》,载《江苏社会科学》2006年第1期。

② "掠夺之手"的研究,参见〔美〕詹姆斯·加尔布雷斯:《掠夺型政府》,苏琦译,中信出版社2009年版;〔美〕施莱弗、维什尼:《掠夺之手》,赵红军译,中信出版社2004年版;〔美〕巴泽尔:《国家理论》,钱勇等译,上海财经大学出版社2006年版,第187—209页;陈抗、Arye L. Hillman、顾清扬:《财政集权与地方政府行为变化》,载《经济学(季刊)》2002年第2卷第1期。关于"掠夺型国家模型",参见〔美〕莱尔:《无法预料的后果》,葛立成等译,商务印书馆2007年版,第218—227页。

③ 参见世界银行:《1997年世界发展报告:变革世界中的政府》,中国财政经济出版社1997年版。

④ 参见〔美〕赫德森:《私有化的神话与现实》,李春兰译,载《国外理论动态》2007年第9期。

⑤ See Aschauer, D. A., Is public expenditure productive? *Journal of Monetary Economics*, 1989 (23), pp. 177—200.

第三章　市场化政府经济行为的合理性分析

会保险、公共安全以及社会公正和自由等公共物品的需求也在不断增长,人们的"共同需要"伴随着人们物质财富的增长也在逐渐增加,这些旨在提高人们福利、保持社会稳定的人本类公共物品客观上导致政府必须对这类需求给予及时、充分、高效的回应。所以,发达国家提供的这类公共物品和服务也越来越多。理论上,马克思早就预言到,用于"共同需要"的那部分"扣除"随着社会的发展将会日益膨胀。国民收入应扣除的部分须划成三份:(1)"和生产没有关系的一般管理费用"。(2)用于满足"共同需要"的部分,"如学校、保健设施等"。(3)为丧失劳动能力者等设立的基金。其中用于满足"共同需要"的那部分将随着社会发展显著增加。① 当然,在现代社会,政治意识形态话语已逐渐被消费主义话语取代。冷战时期,在美国副总统尼克松与苏联共产党书记赫鲁晓夫之间发生的著名的"厨房辩论"中,有关社会公正、消灭剥削等意识形态争论与制度区分被转化为消费的"丰富性"问题。② 就此,我国通过市场化政府经济行为供给更多的公共物品,有利于显示我国社会主义市场经济的优越性。

另一方面,在市场政府经济行为中,政府在不放弃"掌舵"的前提下,通过引进市场机制调动社会一切可利用的资源,也提高和增强了供给公共物品能力。引进市场机制的核心就是竞争机制的引入,奥斯本和盖布勒在《改革政府》中将竞争分为三类:一是公对私的竞争,即让公营组织和私营组织都来提供公共服务,从而促使其竞争;二是私对私的竞争,即政府要求私营企业彼此竞争,以提供一些公共服务;三是公对公的竞争,即政府促使自己内部组织之间进行竞争,以达到良好的服务效果。③ 提供公共产品并非政府的能力和义务,政府的能力和义务是保证公共产品得以提供。

市场化政府经济行为强化了政府能力,主要表现为:

1. 决策和执行的分离,"苦练内功","内生"强化

决策和执行的分离,即将政府的"掌舵"与"划桨"分开,就是谋求政府权威的功能优势和市场交换的功能优势的有机结合,既强调公共部门的公共服务使命,又采用私人部门的良好实践中的质量管理思想。它赋予新型的公共部门——它们既与以往旧的公共组织决裂,又保留了明确的认同感和目标使命——以合法性。这是因为,政府的决策和执行分开,实质上是对"公共产品"的生产与供给作区分。比如,1993年,新西兰卫生系统改革所采取方案就是把政府作为出资者、购买者和供应者的职能分开。卫生部长是最高决策者,卫生部是卫生服务的政策建议者和出资人。六个区域性卫生当局从卫生部获取资金,该机

---

① 参见《马克思恩格斯选集》(第3卷),人民出版社1972年版,第9—10页。
② 消费主义是推动"苏东事件"产生的重要力量;此生活方式在苏联、东欧迅速成型从侧面说明消费主义的文化主导权的社会建构意义。消费主义生活方式在前苏联、东欧的发展情况,See A. T. Durning, *How Much Is Enough?* Earthscan Publications Ltd., London, 1992, p.35.
③ 参见〔美〕奥斯本、盖布勒:《改革政府》,周敦仁等译,上海译文出版社1996年版,第63—68页。

构在全国卫生政策和优先目标的指导下,通过合同向公立及私立医院购买卫生服务。医院被公司化,改组为皇家卫生事业,这些事业通过竞争向区域性卫生当局争取合同获取资金,按商业化运营,又承担法定的社会责任。①

理论上,生产与提供/供给之间的区分明显,没人关注二者的差异。但实践中,二者的区分相当重要,直接关系到政府的职能边界。政府可用公共开支来提供某种公共产品,但不意味着必须依靠政府雇员和设施来生产这种服务。"提供是指征税和支出的决策,决定适当类型的服务及其供给水平,并安排生产和监督生产。"②因此,供给的组织过程基本与消费、融资、安排物品和服务的生产与监督有关。只要物品和服务是由一个集体来供给,无论是政府单位还是一组私人用户,都必须进行这些活动。而生产,是指将投入变成产出的更加技术化的过程,制造一个产品,或者在许多情况下给予一项服务。政府一旦决定供给某一种公共产品,它就必须决策是自己生产还是让别人生产。在这种情况下,政府有五种选择:第一,无视这个问题;第二,建立一个竞争性的政府企业;第三,赋予政府企业垄断权;第四,适用法规制度和税收规定保持竞争;第五,约束私人垄断。③ 对许多公共产品来说,政府本质上是一个提供者,是一种社会工具,在提供中主要作出以下决策:(1) 指定一组人提供各类物品和服务;确定被提供物品和服务的数量与质量;(2) 决定与这些物品和服务有关的私人活动被规制的程度;(3) 决定如何安排这些物品和服务的生产;(4) 如何对这些物品和服务的供给进行融资;(5) 如何对生产这些物品和服务的人进行管理。④

我国各种市场化政府经济行为,公共产品的生产和提供有合一的,也有分开的,没有绝对模式。这是因为当提供者和生产者合一时会产生官僚制的成本,即维持和管理层级系统的成本;当提供者和生产者不同时,会产生交易成本,即聘用和管理独立生产者的成本。只有根据这两种成本的相对值,才能判断公共产品的提供和生产功能的分离是否值得。换言之,我国政府经济行为的市场化程度不一。若是这般整体上保持相当复杂结构的市场化政府经济行为使政府能从直接提供公共服务、直接干预企业和社会的繁琐事务中解脱出来,将主要精力集中于制定规则、政策引导、依法监督,以及做好大型公共产品、相对较纯的公共产品、社会不愿意或无法提供的公共产品等的供给,进而更加高效而节约地工作,从而使其更具有活力与能力来完成公共使命,承担公共责任,促进政府能力的提高。如1998年年底,温州市永嘉县将楠溪江江面以公开招标的公平方式承包给

---

① 参见程样国、韩艺:《国际新公共管理浪潮与行政改革》,人民出版社2007年版,第140页。
② 参见〔美〕麦金尼斯主编:《多中心体制与地方公共经济》,毛寿龙等译,上海三联书店2000年版,第423页。
③ 参见〔美〕斯蒂格利茨:《政府为什么干预经济》,郑秉文译,中国物资出版社1998年版,第73页。
④ 参见〔美〕E. 奥斯特罗姆等:《制度激励与可持续发展》,毛寿龙译,上海三联书店2000年版,第86—87页。

第三章 市场化政府经济行为的合理性分析

私人承包商,水域面积达 3.5 万亩,几乎包括整个楠溪江淡水鱼水域,这种全流域的承包方式在全国属于先例。同年,浙江萧山伟波实业公司以 2.5 万元的管理费,投入管理人员 6 人的投标建议书,取得烈士陵园为期一年的管理权。由民政局进行管理,一年需要投入的管理费用约 6 万元,这一合同承包方式为公用事业的管理节约了 3.5 万元。①

概括地说,市场化政府经济行为有利于政府减轻财政压力、促进财政资源的合理配置和合作;精简政府机构、促进政府及公务员管理能力的提高;增大服务数量,提高服务质量;等等。在这一点上,这种有中国特色的政府治理制度是与国际接轨的。例如,美国邮政管理局将 4500 条农村邮递线路承包给私人经营,每条的费用相当于其他 4 万条邮递线路每条费用的一半。它还将小社区的邮局承包给私商经营,其费用也相当于它自己经营的社区邮局的一半。在法国,委托管理已成为公用事业管理的主流,地方政府迅速"精兵简政"。据对 25 个大城市的调查统计,委托管理在城市供暖方面占 95%,布线方面占 95%,城市交通占 90%,水生产占 76%,供水与污水处理占 60%,公共场地占 60%,垃圾处理占 35%。②

2."团结一切可以团结的力量",消解对立,合作发展

"除了扩大和完善官僚制结构之外,还可以有其他提供公共物品和服务的组织形式。官僚结构是必要的,但对于富有生产力、富有回应性的公共服务经济并不是充分的。特定的公益物品和服务可以超越特定政府管辖的限制,通过多个企业的协作行为来共同提供。"③"现代资本经济是一个完全混合的系统。其中公共部门与私营部门以一种整合的形式相互作用"。"任何一个行动者,不论是公共的还是私人的,都没有解决复杂多样、不断变动的问题所需的所有知识和信息;没有一个行动者有足够的能力有效地利用所需的工具;没有一个行动者有充分的行动潜力单独地主导一个特定的政府管理模式。"④治理的实质在于建立市场原则、公共利益和公众认同之上的合作。它所拥有的管理机制主要不依靠政府权威,而是合作网络的权威。其权力运行向度是多元的、相互的,而不是单一的、纯粹自上而下的。合作是 20 世纪法律的文明观念,今后法学思想的道路似乎是一条通向合作理想而不是通向相互竞争的自我主张理想的道路。⑤ 合作的原则,无论是自发还是议定的,都是社会的基础,而社会的目的永远都是在那些伟大的合作计划中使每一个成员各得其构建合作的意识形态。⑥ 市场和国家两

---

① 参见吴锦良:《政府改革与第三部门发展》,中国社会科学出版社 2001 年版,第 222—226 页。
② 参见潘小娟:《西方国家地方政府是如何"精兵简政"的》,载《中国国情国力》2001 年第 2 期。
③ 参见〔美〕V. 奥斯特洛姆:《美国公共行政的思想危机》,毛寿龙译,上海三联书店 1999 年版,第 26 页;《美国联邦主义》,王建勋译,上海三联书店 2003 年版,第 169—202 页。
④ 参见〔美〕罗茨:《新的治理》,载俞可平主编:《治理与善治》,社会科学文献出版社 2000 年版,第 92—93 页。
⑤ 参见〔美〕庞德:《通过法律的社会控制》,沈宗灵等译,商务印书馆 1984 年版,第 67—69 页。
⑥ 参见张康之:《行政伦理的观念与视野》,中国人民大学出版社 2008 年版,第 380—389 页。

者都是手段,合作就通过这些手段而被组织起来并成为可能。① 政府能力的建设,有必要突破政府作为唯一治理主体的思路,从单独依靠政府的能力转变为借助其他主体的能力和资源实现政府的职能目标,将其他主体作为治理中的伙伴。② 政府行为的市场化实质上是政府力量与市场、社会力量之间相互适应和增权的过程:一方面,社会中分散的利益按照功能分化的原则组织起来,有序地参与到公共服务乃至公共行政中;另一方面,从这种制度化的参与中,公共决策将更加公正,国家权力也获得了稳定的合法性和控制权。市场化政府经济行为打破了公域与私域泾渭分明的界限,"不仅仅是一个管理工具,更是一个社会治理的基本战略"。③

PPP 这种市场化政府经济行为就是公共部门和私营部门合作发展的适例。PPP 以政府和私营机构之间达成协议为前提,由政府向私营机构颁布特许,允许私营机构在一定机构内筹集资金建设某一基础设施,并管理和经营该设施以及相应的产品和服务,以偿还债务、收回投资并赚取利润。在事先约定的期限届至,私营机构按照约定中所规定的条件将该设施移交给政府部门。它"充分利用私营部门建立一个可靠、有效、竞争性的以及公开的采购体制,将原来由公共部门提供的产品和服务转包出去,通过合同形式购进中间形态的产品和服务,并终止供应的垄断现象和其他保护形式"④,是英国政府现代化进程的基石,大量的公私合作项目在地方层面上得以鼓励(参见图表 3-2 英国地方政府多个公私合作项目)。"市场导向的改革迫使处于经济转轨的国家减少甚至消除政府部门的活动,并将政府的这些职能部分地或全部地转移到正在形成的私人部门。"⑤更多地依靠私营部门的制度安排,而较少地依赖政府去满足社会需要。⑥ 我国常用的 PPP 模式包括 BOT(build-operate-transfer,即"建设—经营—移交")、特许专营权招标、合同外包等模式,它们在 2008 年北京奥运会场馆建设中居功至伟。

---

① 参见〔美〕布坎南、塔洛克:《同意的计算》,陈光金译,中国社会科学出版社 2000 年版,第 20 页。
② 非营利组织也可成为现代福利国家中政府提供公共服务中的伙伴。参见〔美〕萨拉蒙:《公共服务中的伙伴》,田凯译,商务印书馆 2008 年版。
③ 参见〔美〕萨瓦斯:《民营化与公私部门的伙伴关系》,周志忍等译,中国人民大学出版社 2002 年版,第 4 页。
④ 参见〔澳〕休斯:《公共管理导论》(第 2 版),彭和平等译,中国人民大学出版社 2001 年版,第 71 页。
⑤ 参见维托·坦齐编:《经济转轨中的财政政策》,中国金融出版社、国际货币基金组织 1993 年版,第 257 页。
⑥ See Felix A. Nigro, *Modern Public Administration*, New York: Harper & Row, Publishers, 1989, p.179.

图表 3-2 英国地方政府多个公私合作项目

公私合作项目名称	开始时间（年）	数量	2001—2002 年度确定的资金投入（英镑/百万）	目标
煤田计划	1998	—	135	煤田的重建
犯罪和动乱条例	1998	376	160	解决社区安全和犯罪恐慌问题
儿童早期发展和照料计划	1998	150	435	提供托儿所和儿童保健
健康行动区计划	1998	26	160	健康保健时间
健康城市计划	1999	—	60	改善城市居住状况
社区复兴基金	2001	88	200	在多数贫困社区地区改善服务
社区新协定计划	1998	39	112	解决贫穷社区的贫穷问题
运动行动区计划	1999	30	75	在贫困社区推广体育运动
确保开端计划	1999	500	284	在贫困家庭中促进儿童成长
单一再发展预算	1994	900	700	贫困社区地区的再发展

资料来源：Gerry Stoker, *Transforming Local Governance: From Thatcherism to New Labour*, Palgrave Macmillan Publisher, 2003.

基础设施和公用事业项目规模大、收益周期长，其建设经历了政府与市场作用的相互替代过程。BOT 项目融资方式风险低、投资回报稳定，使越来越多国内外私人资本进入基础设施和公用事业领域建设成为可能，使这些基础设施成为"共用承载器"，其拥有者可开价并征收一定的费用，但不能拒绝竞争者使用这些设施。"共用承载器"的使用价格一般是拥有者和使用者共同协商决定，但政府有时会根据需要实施批发价格管制和强制性干预。① 对政府而言，BOT 项目最大的吸引力在于，可融通社会资金来建设基础设施，减轻财政压力，政府对项目的支付不再是一次性巨额财政投入。BOT 模式也具有一定的风险，在实际运作中要注意防范：一是政府政策不稳定，这是民营企业介入环境基础设施领域的最大障碍和风险；二是项目设计和建设中的风险，包括项目设计缺陷、建设延误、超支和贷款利率的变动；三是项目投产后的经营风险，包括项目特有技术风险和价格风险。"私营部门在基础设施建设和法律体系方面须仰仗政府，否则市场将不能运转，政府要依靠私营部门生产和提供商品与服务并缴纳税赋。"② 政府通过制定

---

① 参见周志忍：《公共服务中的竞争机制》，载《中国行政管理》1999 年第 5 期。
② 参见〔澳〕休斯：《公共管理导论》（第 2 版），彭和平等译，中国人民大学出版社 2001 年版，第 98 页。

有效政策及具体措施,比如调整和修改税负、确定环保标准和要求、调整劳资关系、提供外汇担保、变化土地租让以及其他宏观经济政策等,促进国内外私人资本参与本国基础设施业的投资,形成风险共担、利益共享的政府和商业性资本的合作模式。政府改变为扮演组织者和促进者的角色,而不再是全部资金的供应者和经营管理者,不再承担巨大的投资风险和商业风险。

为更好地利用公共民营合作制拥有的潜能,必须深入认识和挖掘它的特有个性。首先,它为公私两个部门角色的互补和能力的重组提供了变通性较强的框架,使双方都有利益空间,能建立良好的长期合作关系。如政府设立独立投资项目,私营机构投资建设并负责运营。其次,这些项目的运作必须在公私双方划定的界线内展开,使合作双方能各展所长,共享投资收益,分担投资风险和承担社会责任,而政府对所提供的公共服务负有最终的责任。最后,尽管从形式上讲,公共民营合作制的经营活动是受调节的,但从效果上看,它只是被动地受制于政府的有关条例和合同,而不是法律的干预。① 只有这样,私营机构参与国家公共基础设施项目,并与政府机构形成伙伴关系,在互利互惠的基础上分配该项目的资源、风险和利益。在 PPP 项目的投资、建设、运营、服务、监管、支付等诸方面,政府与私营机构才会紧密而深刻地关联着,都不会指望靠牺牲对方利益的办法来谋求自身的高收益,只会运用各自的资源、知识、经验和技术,最大限度地发挥各自优势,在追求各自利益的过程中实现共同的公共利益。

Linder(2000)归纳了民营化起源和公私伙伴关系进展的三个逻辑理论,即替代逻辑论、实用逻辑论和辅助逻辑论。替代逻辑论(substitution logic)对于民营化起源的解释始自 20 世纪 80 年代,认为经济发展总是处在政府干预替代市场失灵和私人部门出现了以替代政府失灵两种情形之一。随后出现的实用逻辑论(pragmatic logic)认为公私在事实上往往混合而非替代,伙伴关系已经扩展到从为商业行为提供公共补贴到由营利性企业直接提供服务的宽泛领域。辅助逻辑论(subsidiarity logic)认为民营化是因为公私之间的依赖在加强。目前这三种逻辑观点正在日趋融合。实际上,公和私是一个统一体的两个极端,私有化和公有化代表着从一个极端到另一个极端的运动,两个极端之间的不同位置代表着公私混和程度的不同。在全球经济中,部门间的相互依赖在加深,任何私人部门都是置身于受到国家监督的社会中,没有企业能在贫困和危险的公共环境中持续繁荣。人们纷纷避开公私二元论,鼓励各种形式的伙伴关系,开始探究"第三途径"。② 私人与行政机关日益从对抗走向合作,对公共事业的直接参与日益加强,通过这种公私部门的合作安排,可共同发挥承担公共责任的道德感,让这样的非零和赛局关系,在一个公平而有正义的制度中发育,则成效一定会比任何独占局

---

① 参见〔英〕吉拉尔德:《论公私合作关系——公私合作并非私有化》,徐觉哉译,载《国外社会科学文摘》2002 年第 3 期。
② 参见李南:《港口民营化改革的理论与实践》,中国经济出版社 2008 年版,第 6 页。

面下的政策执行结果有多一层发挥的空间。可以说,办好事情的能力并不在于政府的权力,或政府下命令或运用其权威,政府可动用新的工具和技术来控制和指引;而政府的能力和责任均在于此。

3. 公共产品的供给者多元并存,打破垄断,竞争发展

作为提供一项公共服务之政治单位的组织不必一定生产该项服务。一个地方性的提供单位能够组织其自己的生产单位,例如建立一个地方政府的机构,但它也能够从额外的生产者那里购买服务,或者加入其他提供单位所组织的共同服务的安排中去。① 一旦公共产品的生产和提供分开,消费者将面临多种不同的制度安排,如(1)政府自己生产;(2)与一家或多家私人企业签约;(3)与另外一个政府签约;(4)政府自己生产和提供一部分物品与服务,剩余部分从其他政府或私人企业那里得到;(5)确立得到授权的生产者必须遵守的服务标准,并允许每一个消费者选择私人零售商,从而得到授权的供给者那里获得服务;(6)将凭证发给家庭,允许他们从任何得到授权的供应商那里得到购买服务;(7)政府可直接委托或通过提供物质利益刺激来鼓励第三部门来生产。政府的决策和执行分开,并不意味着由参与者承担原先政府部门承担的公共产品供给就一定有效率,关键是造就了一个供给市场,或者内部竞争"模拟市场",让供给组织之间存在竞争来代替垄断。这是因为"市场模式的根本要求是政府所提供的服务应符合公众的需求。它对政府批评最多的是施政成本过高而办事缺乏效率。为实现降低成本的目标,政府可能不得不以非常规的方式开展工作,例如通过允许许多服务提供者展开竞争的方式开展工作,但长远看,如政府以市场这种更像企业的方式运作,作为纳税人的公众就能得到政府更好的服务"。②

正如《改革政府》所强调,"商界总是比政府更富有效率的老生常谈并不正确。主要区别不在于公营对私营,而在于垄断对竞争。哪里有竞争,哪里就会取得较好的结果,增强成本意识,提供优质服务……任何公共机构都不欢迎竞争。但是,尽管我们中的大多数人喜欢舒适的垄断,竞争却促使我们实行革新,力争做出杰出的成果……竞争不能解决我们的一切问题。但是在解开使许多政府机构陷于瘫痪的官僚主义死结方面,它也许比(本书提出的)其他任何概念更加关键。"③

依施密特在《竞争政策与卡特尔法》中的说法,竞争有三个标志:(1)存在一个赖以生存的市场;(2)存在至少两个以上的生产者或消费者;(3)竞争参与者之间是互相对立,互相制约的,即一方经济利益和既定目标实现程度越大,另一

---

① 参见〔美〕麦金尼斯主编:《多中心体制与地方公共经济》,毛寿龙等译,上海三联书店2000年版,第423页。
② 参见〔美〕彼得斯:《政府未来的治理模式》,吴爱明等译,中国人民大学出版社2001年版,第52页。
③ 参见〔美〕奥斯本、盖布勒:《改革政府》,周敦仁等译,上海译文出版社1998年版,第57—58页。

方的实现程度就越小,从而受到的强制压力也就越大。只有在这种情况下,经济主体之间才处于竞争态势中,竞争也就表现为参与者之间内有动力、外有压力的持续不断的市场较量过程。① 竞争与竞争机制是市场经济主体所奉行的基本理念与原则,是市场化政府经济行为的理论支撑,也是政府经济发展能力建设的重要表现。

竞争在现实中的积极功能主要表现在:(1)竞争能够提升效益。竞争对经济效率的促进作用,表现在它能刺激生产效率和分配效率。只有效率较高的企业才能在竞争性环境中生存和发展,优胜劣汰规律会迫使企业自觉地优化生产要素组合以创造竞争优势。同时,在不完全信息的现实世界中,竞争还能产生一种信息发现机制,打破任何垄断者对信息的垄断,促使企业按包括正常利润在内的成本定价,促进分配效率。而政府规制者也能获得较多的规制信息,缓解规制双方的信息不对称问题,从而提高政府规制效率。(2)竞争能够激励创新。创新是将生产要素和生产条件的"新组合"引入生产体系,它包括技术创新(产品创新与工艺创新)与组织管理创新。竞争的优胜劣汰作用是企业技术创新的强大驱动力,随着市场态势向买方市场的转变、新技术革命的影响、消费者需求的多样化选择等,企业的营销管理观逐渐由传统的产品竞争转到科技实力的竞争上来,而科技实力的竞争,归根到底是技术创新能力的竞争。(3)竞争能够增加民众福利。拥有选择权的消费者会寻找能满足其个性化需求的供应商。但在选择权被剥夺的垄断状况下,消费者不可能表达他们对服务的偏好,所谓的公仆拥有垄断市场,缺乏动力倾听消费者声音,公共服务的控制完全取决于相关利益集团的政治影响力。② 市场化赋予公共物品的消费者自由选择权,以竞争的力量激励供给者提高其物品质量、降低成本。

竞争是获致繁荣和保证繁荣最有效的手段,只有竞争才能使作为消费者的人们从经济发展中得到实惠,它保证随着生产力的提高而与之俱来的种种利益,终于归人们所享受。为促进普遍繁荣,经济竞争是达到这个目标的唯一可能的途径。③ 自由原则与竞争原则同生共死,没有自由竞争就没有自由市场。"经济竞争又激发和增强了人的精神。"④生产者的自由竞争,消费者的自由选购,以及个性的自由发展等原则,比任何形式的国家指导或国家管制,更能保证经济与社会的进步。⑤

对转型中国而言,政府能力还表现在政府主体"放下身段",开始主动"带

---

① 参见陈振明等:《竞争型政府》,中国人民大学出版社2006年版,第84页。
② 参见〔美〕萨瓦斯:《民营化与公私部门的伙伴关系》,周志忍等译,中国人民大学出版社2002年版,第126页。
③ 参见〔德〕艾哈德:《来自竞争的繁荣》,祝世康等译,商务印书馆1983年版,第11、15页。
④ 参见〔德〕艾哈德:《大众的福利》,丁安新译,武汉大学出版社1995年版,第244页。该书英文本就是《来自竞争的繁荣》(*Prosperity through Competition*,1958)。
⑤ 参见〔德〕艾哈德:《来自竞争的繁荣》,祝世康等译,商务印书馆1983年版,第55页。

头"学习且适当运用竞争机制,以积极回应①公共物品的需求。"干中学"对私营企业乃至整个社会起到率先垂范的标杆效应。不妨将系统的"学习"看做是该系统内的结构性变化,这些变化使系统能对外界的持续刺激做出不同于以往的、因而更富于成效的回应。如系统的内部结构性变化是由外部的行为变化所致,系统具备怎样的"学习能力"便与其后备资源的数量以及种类紧密相关,与解决一个特定问题或回应一场特殊挑战所必需的资源相比,系统或组织的后备资源越充分,其学习能力在应对困难也就越自如,它在有限时间内作出恰如其分的回应的能力越强。②

---

① 丹麦于20世纪80年代初就开始流行回应性国家(the responsive state)的概念。回应性针对的是传统行政下的所谓"公事公办"的冷漠,要求政府部门将公民当作消费者、顾客、委托人等来看待,而不是将公民当作选民来看待,及时根据公民偏好的合理变化作出管理和服务回应。
② See Karl Deutsch, *The Nerves of Government: Models of Political Communication and Control*, New York: Free Press, 1966, p.164.

第四章 市场化政府经济行为的宪政语境[*]

卡尔·波兰尼(Karl Polanyi)似乎是极偶然提到,"在历史和比较视野中,经济总是嵌入(embedded)在社会关系之中,经济行为者的活动并非旨在最大限度地扩大其物质利益,而是为了维护其社会地位、身份和社会优势。"[①]随后,"嵌入性"被格兰诺维特(M. Granovetter)于1985年系统发展为"新经济社会学"的理论纲领,论证了经济活动不是在真空里进行,而是嵌入于社会结构之中的。波兰尼运用嵌入的意义在于将社会视为一个有机整体,经济是社会中的一个组成部分,被社会具体的网络和框架所包围,只是在19世纪资本主义扩张所发生巨变时,经济生活才从繁杂的社会纹理中摆脱出来。这是一种制度的、规范的、宏观结构的视野。而格兰诺维特更多地将社会结构理解为"社会关系网络",认为经济行动和经济制度在微观人际关系的互动和社会网络中产生,经济行动就是社会行动的一种。[②] 按照这一纲领以及哈里森·怀特(H. White)等人的研究结果,市场嵌入于社会结构之中,具有社会性起源,其运作就本质而言也是一个深受社会关系和社会结构作用的社会学过程。由于经济行动和社会互动首先是在各种法律、规章制度约束的基础上进行的,不从具体制度入手,网络嵌入性观点的解释力极为有限。倪志伟基此认为,格兰诺维特强调行动嵌入于个人的人际关系中,实是将分析单位由网络结构转化成主体中个人之间的互动行为,这是交换理论的研究范畴。如果仅仅将自身限定在人际关系的解释范围,就不能解释正式制度对经济约束的作用,如国家、法律、规范、合同、产权、组织,以及像社会规范

---

[*] 针对本章的相关内容,单飞跃、彭飞荣、郑少华、刘光华、杨忠孝、冯果等诸博士在2007年6月23—24日由西南政法大学主办的"第四届中国经济法青年博士论坛"上进行了点评;黑龙江大学王妍教授在2007年9月17日的邮件中提出了建设性意见;《华中法律评论》肖宁编辑在2007年12月也提出了若干建议;李扬、李红海、王三秀、齐海滨、易继明、洪浩、饶传平等同事在2008年5月8日的华中科技大学法学院第三十五期学术午餐会予以点评。在此一并致以谢意,但文责自负。

[①] 参见许宝强:《资本主义不是什么》,香港牛津大学出版社2002年版,第24页;周长城:《经济社会学》,中国人民大学出版社2003年版,第10页。Karl Polanyi(1886—1964),又译为卡尔·博兰尼,是20世纪公认的最彻底的、最有辩识力的经济史学家,著有《法西斯主义的本质》、《大转型》和《达荷美和奴隶贸易》(与A. 罗特施泰因合作)等。"嵌入性"理论在其《市场模式的演化》、《自我调节市场与虚构商品》、《经济:制度化的过程》等论著中皆有体现。对Karl Polanyi思想的评述,参见〔美〕西达·斯考切波编:《历史社会学的视野与方法》,封积文等译,上海人民出版社2007年版,第49—88页。

[②] 参见〔美〕格兰诺维特:《经济行动与社会结构:嵌入性问题》,载王水雄主编:《经济社会学(一)》,知识产权出版社2005年版;Granovetter M. S., Economic Action and Social Structure: The Problem of Embeddedness, *American Journal of Sociology*, Vol. 91, No. 3, 1985, pp. 481—510. 系统论述,参见〔美〕格兰诺维特:《镶嵌》,罗家德译,社会科学文献出版社2007年版。

这些非正式的约束。①

从波兰尼提出"嵌入性",到格诺维特提出"关系嵌入",再到倪志伟对"制度嵌入"的强调,嵌入性理论经历了从概念到命题,再到操作性框架这样一个发展过程。不难发现,新古典模式的无声无息的市场在实际经济生活中并不存在,而且所有的交易都充盈着所表述的社会关联。一切市场过程都应接受社会学分析,正是这种分析,揭示了市场过程的核心的而非边缘性的特征。所以,对社会行动和社会制度的分析,必须被置于对社会关系的分析的基础上。② 市场被社会嵌入。它们的结构和重构不仅取决于清晰的社会—政治过程,而且还取决于文化背景、社会价值、规范和公平原则以及市场外部的社会关系。

仍然是波兰尼,分析英国资本主义发展史后指出,市场经济是在各种超经济的政治的和社会力量干预下,特别是政治权力的积极介入,才得以历史地形成。马克思称之为"从头到脚每一个毛孔都滴着血和肮脏的东西"。而此后的资本主义发展,按布罗代尔(Fernand Braudel)的论断,那些大工业家、跨国企业、大财团等资本主义世界中呼风唤雨的"成功者",所依据的主要是与政治、军事力量紧密结合而获得的垄断位置,既避免相互竞争,又便于联手压榨底层民众。所以,资本主义从根本上反市场。而市场经济下的自由、公平原则更根本上就是一个修辞。③ 但是,正是在这样的修辞的蛊惑下,中国"用二十年走完资本主义二百年的路",1978年开始的经济转型是宪法化和市场化的统一,创造了人类经济增长史上前所未有的奇迹。与此同时,经济转型过程中所出现的一系列深层次问题,表明改革遇到了"规则"瓶颈,市场化进程内生出对宪政秩序的需求。加入WTO为推动中国法治进程提供了契机,改革已由资源配置层面深化到权利—权力配置层面。④ 我们必须认真对待市场政府经济行为中的"政府",立基于中国式市场经济的宏观大局,建构市场化政府经济行为的宪政基础,避免其沦为"权贵资本主义"或"裙带资本主义",走向"好的市场经济"。

第一节 威权主义国家与市场化政府经济行为

威权主义国家(the authoritiarian countries, authoritarianism),又称权威主义国

---

① See Nee, V. and P. Ingram, "Embeddedness and Beyond: Institutions, Exchange, and Social Structure", M. C. Briton, and V. Nee. (eds.). *The New Institutionalism in Sociology*, New York: Russell Sage Foundation, 1998.
② "嵌入性"理论,参见张其仔:《新经济社会学》,中国社会科学出版社2001年版,第18—32页。
③ 参见许宝强、渠敬东选编:《反市场的资本主义》,中央编译出版社2001年版,第18—33页。
④ 参见王小卫:《宪政经济学》,立信会计出版社2006年版,第165页。

家,具有广义和狭义两种说法。① 广义是指民主化前的国家,统治者以个人、集团、地方的意愿和利益取代国家的意愿和利益,强加给政治体系中的社会成员而不顾及社会的意愿和利益。狭义专指后发国家中那些奉行现代化发展取向的权威主义政权。② 立足于东亚和拉丁美洲地区现代化历史,罗荣渠对威权主义国家作出了精当概括:"那些曾经遭受过西方侵略的国家,因面临严峻的外部世界的挑战,在强烈的民族主义意识与时代紧迫感的鼓动下,把现代化作为国家重建的全民任务,这样,就需要国家利用政治杠杆来改组行政机构,通过威权政治来加速经济增长和推行强制性的工业化战略。在战后现代化第三次浪潮中涌现的一批经济发展卓有成效的集权国家,就属于这种类型。由于执政当局把推行高速增长作为国家发展的首要目标,故又称为'发展型国家'(developmental state,或译为发展取向的国家)③;在拉丁美洲被称为'官僚威权主义型国家'(bureaucratic-authoritarian state)④。"过于集中的政治权力导致社会参与和宪法制约的双重缺失,是威权主义国家的基本特征。

18世纪以来,市场经济一直被奉为圭臬。在主要依靠市场配置资源的大前提下,因国情、历史、文化传统、思维模式的不同而导致全球市场经济模式千差万别。德国《明镜》周刊载文将世界上成熟的市场经济体制大体分为三种模式:第一种为盎格鲁—撒克逊模式,以英美为代表;第二种为莱茵模式,以德国为代表;第三种是公司资本主义市场模式,又称"亚洲模式"或"东方模式",以日本和亚洲"四小龙"为代表。⑤ 学界对它们的利弊优劣进行了广泛争论,却并未形成"教科书式"的盖棺定论。其中,亚洲模式最富争议,而争议所迸发出的灵光和智慧让笔者颇受启发。如有学者认为,在东亚地区"有指导的市场经济"中,国家扮演了"推动国民经济利益的组织者角色,同时在竞争性的市场经济中有效地激发了

---

① 时和兴从国家与社会的角度区分了威权主义国家与独裁主义国家、威权主义与开明专制,参见时和兴:《关系、限度、制度:政治发展过程中的国家与社会》,北京大学出版社1996年版,第60页。关于威权主义国家,还可参见刘军、李林:《新权威主义》,北京经济学院出版社1989年版;孙哲:《权威统治》,复旦大学出版社2004年版;陈尧:《新权威主义政权的民主转型》,上海人民出版社2006年版,第20—42页;陈尧:《难以抉择:后发展国家的政治发展战略研究》,上海人民出版社2008年版,第141—146页;卢正涛:《新加坡威权政治研究》,南京大学出版社2007年版;谢岳:《社会抗争与民主转型:20世纪70年代以来的威权主义政治》,上海人民出版社2008年版;〔英〕黑格、哈罗普:《比较政府与政治导论》(第5版),张小劲等译,中国人民大学出版社2007年版;〔阿根廷〕奥唐奈:《现代化和官僚威权主义》,王欢等译,北京大学出版社2008年版;等等。黑格和哈罗普除了探讨威权统治之外,对威权主义国家的政治文化、传媒、政治参与、选举、利益集团、宪法与司法体系、次国家政府、立法机构、行政部门、官僚制、公共政策等作了系统论述。
② 参见潘伟杰:《现代政治的宪法基础》,华东师范大学出版社2001年版,第45页。
③ 参见〔美〕禹贞恩编:《发展型国家》,曹海军译,吉林出版集团有限责任公司2008年版。发展型国家有四个特点:(1)持续的发展意愿;(2)具有高度自主性的核心经济官僚机构;(3)紧密的政商合作;(4)有选择的产业政策。它通过对政商合作以及对产业政策的实施来促进发展,是其他后发国家和地区学习的楷模。
④ 参见罗荣渠:《现代化新论》,北京大学出版社1993年版,第188—189页。
⑤ 参见何勤华主编:《德国法律发达史》,法律出版社2000年版,第301页。

第四章 市场化政府经济行为的宪政语境

微观经济主体的活动"。① 有学者认为,东亚模式的本质内涵就在于,在共同或相近的历史传统或文化背景下,形成了致力于经济发展的"强政府"。这种"强政府"不仅以较高乃至极高的"政府强度"(government strength),实现了有利于发动经济增长和缓解随之而来的各种社会、政治、经济压力的制度创新和供给,且以较高的"政府质量"(government quality)确保了各种制度安排的顺利实施,有力地推动了经济增长和工业化进程。② 有学者认为,东亚成功迫使我们重新思考这样一种理念,即有效参与全球化经济,可通过限制国家对经济事务的干预来充分实现;更广泛的国家干预也许是成功地参与全球市场的最佳手段;高度的国家性与获得全球经济中的成功之间具有正相关的可能性。③ 世界银行总结的"东亚模式"强调国家的自主性在发展过程中的积极意义。还有学者认为,战后日本历经了大规模的宪政转轨,但由于其外生强制的性质,并没有成为西式立宪民主国家,而是成为一个具有权威主义倾向的官僚制多元主义国家,政党与官僚的长期结盟,导致了相对集权的政治结构出现,形成了实际政治经济过程的官僚制控制。由于三权分立不充分和民间部门的诉讼成本过高,日本政府比欧美政府具有更强的讨价还价能力,其具体的承载者则是官僚制及其人格化的官僚,并通过政府内部分权的职能部门与民间经济利益集团的关系,在法律或政策制定后的事后谈判中达成符合政府偏好的结果中体现出来。在由后发展经济向工业化经济转变的特定阶段,由于日本政府具有更强的讨价还价能力,从而在协调与企业的关系和促进经济发展方面比欧美国家的政府具有更大的比较优势。④ 这些观点一定程度上承认了威权主义国家的合理性。

20世纪后半叶以来,全球社会最为引人注目的事件之一便是中国的改革开放,以及与改革开放相伴随的三种转型:从落后的农业社会向城市化的工业社会转型;从社会主义计划经济向市场导向型经济转型;从非世界贸易组织(WTO)国家向WTO国家转型。与苏联东欧国家不同的是,这种转型既没有带来大规模社会混乱,也没有导致国家解体,反而创造出惊人的经济绩效。依主流经济学的理论逻辑,经济增长须建立在产权明晰的基础之上,价格自由、充分竞争、市场开放都是经济繁荣不可或缺的条件。中国却在制度改革滞后、存在价格管制、竞争不充分和政策缺损的条件下获得了持续的经济增长。剑桥大学彼得·诺兰教授将

---

① 参见〔美〕韦德:《驾驭市场》,吕行建等译,企业管理出版社1994年版,第17—26页。
② 参见李晓:《东亚奇迹与"强政府"》,经济科学出版社1996年版,第14页。
③ See Peter Evans, The Eclipse of the State? Reflection on Stateness in an Era of Globalization, *World Politics*, 50 (October 1997), p.70.
④ 战后日本的宪政转轨及其与经济发展之间的关系的讨论,参见莽景石:《政府的比较优势变化与日本经济的长期萧条:一个宪政转轨的政治经济学分析》,载《世界经济》2002年第8期。

这种不一致的局面称为"中国之谜"①。

面对举世瞩目的经济成就,国内外学者争先恐后地试图破解"中国之谜","地方政府论"最为引人注目。该理论认为,市场的产生,在大陆改革过程中主要通过两种途径:一是国家把一部分权力下放给企业,二是国家容许非国有部门在一定范围内发展。在权力下放的过程中,中央政府客观上不再干预企业的日常事务,地方政府却基于路径依赖并不完全愿意让国有企业变成真正的市场个体自主活动,地方政府的经济权力得以大大增长。中央政府的放权让利,使地方政府具有了独立的行为目标和模式,具有了追求本地区经济快速增长以及响应获利机会进行制度创新的强烈动机。②然而,中央给予地方在国有经济的权力运作空间很有限,改革的难度和成本大,迫使地方政府从传统体制外入手,进行增量制度创新,培育新产权主体③,获得改革的比较效益。一些地方政府就此作出种种制度安排,直接投资、组织或扶持非国有产权制度,如兴办乡镇企业,鼓励和扶持个体和私营企业的发展,引进外资和促进"三资"企业的发展,发展股份合作制等,使原有单一产权制度向多元产权制度过渡。"狭义的市场基础是特定的效用产品向量的现实对应物,而市场空间则是围绕一种有价值的产品人们在其中博弈的领域。"④从这个意义上讲,市场和地方政府(权力)这两方就可能意识到,与对方合作可能更有利于自己获利,结果双方关系就既非纯粹意义上的对抗(就是零和博弈,即一方所得必为另一方所失),也非完全意义上的合作,而是对抗性合作或称合作性博弈,即参与者从各自利益出发选择行动,其结果对双方都有利。所以,一个地方非国有部门经济的成长状况,往往取决于当地政府的政策与能力。由于非国有部门往往控制在地方政府手中,促成非国有部门的增长进而深化地方经济事务成为可能。在原来的政治权力不肯退出决策领域,新生的市场经济活动会处处受制于政府机构的控制。美国学者白威廉、麦宜生的《政治与市场:双重转型》透彻地分析了大陆市场化进程中隐藏着的政治逻辑。他们把大陆在20世纪80年代中期自上而下放松中央政府的控制视为一种非正式的讨价还价机制得以发挥作用的结果,将大陆"政治市场"类型化为三种:第一种是工人和管理者之间、管理者与国家科层组织之间的正式与非正式的讨价还价。它既依赖于某种潜在的经济能动性,又依赖于更具参与性的政治体制中的讨价还价。第二种是基于国家官僚和国有企业之间需要继续保持联系而形成的。官僚控制原材料和销售渠道,可为国有企业提供庇护。因此,与官僚们保持紧密的网络关

---

① 在解释中国改革的经济成就时,经济学家们要么套用某种传统的理论模式,要么把一些转轨国家的研究结论不恰当地推广到中国。当解释无法自圆其说时,他们便称中国的转轨是一个谜。哈佛大学韦茨曼和经济学家麦金农也提出了几乎一致的"中国之谜"的命题和困惑。参见陈国富:《契约的演进与制度变迁》,经济科学出版社2002年版,第163—166页。

② 参见杨瑞龙:《我国制度变迁方式转换的三阶段论》,载《经济研究》1998年第1期;《阶梯式的渐进制度变迁模型》,载《经济研究》2000年第3期。

③ 参见陈天祥:《论中国地方政府制度创新的角色及方式》,载《中山大学学报》2002年第3期。

④ 参见王水雄:《镶嵌式博弈》,格致出版社、上海人民出版社2009年版,第149页。

系对企业有利。这种双赢关系具有相当的持久力。第三种是地方政治。市场机制的扩大不是使地方保护主义消失,而是使其由传统形态转变为现代形态,即地方精英在国家和地区充当沟通纽带和中介人的角色。这样,地方政治活动家所广泛拥有的具有经济价值的对外社会联系使其成为具有相对持久力的广义交换模式中的组成部分,从而使与之交往的企业易处于地方政府的保护网络之中。①变革过程会使旧的游戏规则瓦解,新的游戏规则却一时无法建立。这种脱序或失控状态,是改革的最大敌人。因此,中国需要新的过渡性的游戏规则,需要新的开放性的权威主义,这种新权威体制的最终目标就是实现中国的自由与民主;现代化和最终的民主化在相当长时间必须依靠政府。据此,中国社会转型并非纯粹靠市场"无形之手"的推动,在很大程度上还靠政府强大的"有形之手"。"中国式"市场由政府创造出来,地方政府竞争是"中国式"市场经济的柱石。建立在这两种力量的巧妙结合基础上的社会变革,是世界现代化过程中的一个特例。"地方法团主义"②、"地方政府即厂商"③、"地方性市场社会主义"④和"谋利型政权经营者"⑤等诸多观点,都强调地方政府对企业的直接干预对经济发展起着关键作用,认为中国经济增长主要是乡镇集体经济推动,乡镇集体经济的发展主要得益于中央政府推动的以财政改革为核心的行政性分权改为地方政府参与经济发展提供了强大的制度性激励,同时,行政级别较低的地方政府对企业有着更少的非财务利益和更强的监督能力,促使地方政府官员同时扮演"企业家"的双重角色积极地推动当地经济的发展。关于经济改革的"地方分权化"作用,笔者愿引用美国前助理国务卿谢淑丽(Susan Shirk)的专著《中国经济改革的政治逻辑》加以佐证。谢淑丽认为,20世纪70年代末以来的邓小平改革,在毛泽东时代形成的"地方分权化"基础上进行,从而创造出一条与苏联东欧不同、不符合西方逻辑的道路。⑥ 难怪,福斯特不无揶揄地指出,在今日中国,法团主义只具其形,而不具其实,因为大多垄断性组织并不真正代表组织成员的利益,而更多的

---

① 参见边燕杰主编:《市场转型与社会分层》,生活·读书·新知三联书店2002年版,第555—557页。

② 参见戴慕珍(Oi, Jean C.):《中国地方政府公司化的制度化基础》,载甘阳、崔之元编:《中国改革的政府经济学》,牛津大学出版社1997年版;地方法团主义(local state corporatism)是一种以促进市场导向的经济增长为目的,地方政府、财政机构与企业之间的松散联盟。将县、镇、村作为一个统一整体对待,三级政府被容纳于一个总体性的地方法团内部,勾连成组织内部不同层级之间的关系。

③ 参见安德鲁·G. 沃尔德:《作为工业厂商的地方政府》,应奇译,载《国外社会学》1996年第5—6期。沃尔德(又译为魏昂德)"政府即厂商"的观点,强调政府作为"裁判"和"球员"的双重角色参与市场改革的过程:地方政府扮演企业集团总部的角色,积极发展自己的企业,从而推动了经济的增长。参见边燕杰主编:《市场转型与社会分层》,生活·读书·新知三联书店2002年版,第27页。

④ 参见林南:《地方性市场社会主义:中国农村地方法团主义之实际运行》,载《国外社会学》1996年第5—6期。

⑤ 参见杨善华、苏红:《从"代理型政权经营者"到"谋利型政权经营者"》,载《社会学研究》2002年第1期。

⑥ 经济改革的"地方分权"道路分析,参见甘阳、崔之元编:《中国改革的政治经济学》,牛津大学出版社1997年版。

是代表政府的利益。① 亨廷顿甚至说:"中国领导人选用了一种新的'体用'版本:一方面是资本主义和参与世界经济(用),另一方面是政治权威主义和重新推崇中国传统文化(本),两相结合。这个政权以蓬勃的经济发展所赋予的实绩合法性和中国文化独特性赋予的民族主义合法性,取代马克思列宁主义的革命合法性。"② 饶有兴味的是,金耀基也以这种"行政吸纳政治"对香港的崛起进行了理论探索,突出了威权主义的合理性③;而康晓光则强调,大陆通过"行政吸纳政治",使"政治行政化",从而有效地回避了"政治民主化",在市场与威权主义政治之间找到了新的平衡。④

对照前述市场化政府经济行为的类型化研究,我们不难发现,中国国家并不仅仅扮演消防队的角色,被动地回应着经济变革和全球化带来的消极后果。相反,国家主动采取措施重构国家体系。这些有意识行动不仅使国家现代化,也增强了国家在许多方面的权力。国家权力在某些领域遭到削弱,在另外一些新领域却得到了增强或巩固。⑤ 市场化政府经济行为充分显示了后发国家在民族独立和民主建设的初始阶段试图将发展和维护权力垄断与框架的多样性结合起来的景象,在结构性地限制公民权利和扩张政府权力,以及扩张公民权利和限制政府权力的基础上推动了国家的经济发展和社会进步,充分佐证了我国奉行威权主义。当然,中国国家与社会关系特性,表现为在介于欧洲式的全权国家和部落式的裂变体系之间的一种"裂变型国家形态",具有两面性:一方面,国家似有凌驾于社会之上的能力;另一方面,它所要治理的社会却时常因各种原因,而长期处于非洲部落世系群式的裂变自我治理的状态之中,从而也致使国家不得已参照社会的裂变性来制定其治理的方式,使自身不断摆动于强制式的绝对主义统治与疏离式的超地方统治模式之间。⑥ 受制于从局部试点到全国推广的改革模式、地方政府推动型改革路径和地方政府的公司化导向⑦,决定了我国市场化政府经济行为不同于西方国家的运行轨迹,它并没有在厘清国家与社会、政府与个人、个人与个人、政府与政府等诸多关系的基础上突出政府作用。因此,当威权主义国家不会自觉地缓解国家与社会、政府与个人、个人与个人、政府与政府等诸多关系之间的冲突时,市场化政府经济行为的运行必然遭遇到制度瓶颈,甚至引发经济危机、政治危机和社会危机。这里的政府事实上是被利益所分割的

---

① See Foster, Kenneth W., Embedded within State Agencies: Business Associationsin YanTai, *The Australian Journal of Chinese Affairs*, Vol. 47, 2002, pp. 62—63.
② 转引自河清:《破解进步论》,云南人民出版社 2004 年版,第 158 页。
③ 参见金耀基:《行政吸纳政治》,载《中国政治与文化》,香港牛津大学出版社 1997 年版。
④ 参见康晓光:《再论"行政吸纳政治"》,载孤独书斋(http://www.cngdsz.net),2007 年 3 月 8 日访问。
⑤ 参见郑永年:《全球化与中国国家转型》,郁建兴等译,浙江人民出版社 2009 年版,第 2、19 页。
⑥ 参见赵旭东:《权力与公正》,天津古籍出版社 2003 年版,王铭铭序言第 7 页。
⑦ 参见张剑荆:《中国崛起》,新华出版社 2005 年版,第 68—72 页。

第四章 市场化政府经济行为的宪政语境

一个个与政府相关的集团。人格化的国家权威原则亟需完成向制度化的国家权威原则的转换,"因为任何社会,最终只能保留一个支配其他一切行动原则的基本行为原则"。①

事实上,进入21世纪的中国社会开始面临大量的治理难题:不规范的市场化政府经济行为的运行,已造成了诸多发展后的普遍性危机,如政治与经济的一体化带来的社会贫富不均、政府的无限扩张导致的社会自主性缺失、经济与经济的一体化形成的发展依赖性;在部分地区,以地方保护主义、财政危机和"诸候经济"为标志的严重的治理性危机已经出现,地方政府的这种病变不仅仅是国家政权出现了功能性异化,而更严重的是一种结构性退化。由此,我们不难想到新功能主义者的论断:社会对冲突与分化的回应不可能终结社会冲突。"新的分化结构仅仅是通过按自己的利益来行动的那些群体所建立起来的,这一事实解释了为什么通过社会变迁而产生的制度反过来又是会产生它自己的新的问题。"②换言之,地方政府当下的制度角色作为一种"通过社会变迁而产生的制度",有可能由于"按自己的利益来行动的那些群体"的行为而引发这个治理模式"自己的新的问题"。利普塞特在20世纪60年代初就对后发国家这种政治社会发展作了总结:"一个社会一边是大批贫穷的群众,一边是少数受到优待的精英,结果如不是寡头统治(少数上层的独裁),便是专制(有群众基础的独裁)。"③那么,"那些群体"及其"行为",也即市场化地方政府经济行为中的主体(who)、过程(how)以及诱因(why)三个问题理所当然应成为研究焦点。

经济基础是决定社会发展的首要因素④,但经济合理性并不直接等同于或者决定道德合理性,以及政治合法性。合法性就是对政府权力的证成和加强,通过源于统治者和被统治者的同意加强了国家的道德权威。⑤ 为经济提供方向的最终还有养育经济于其中的文化价值系统。经济政策作为一种手段可能十分有效,不过只有在塑造它的文化价值系统内它才相对合理。⑥ 如国家将合法性建立在政绩基础上,对人民许诺要进行经济和社会改革,就可能出现"政绩困局",即在政绩平平或下降时,政府出现合法性危机。如人民对政府更替的程序有认同,即使否定政绩也不会导致对国家的威胁,而只会导致执政者的更替,重新承认

---

① 参见〔美〕托克维尔:《论美国的民主》(上),董果良译,商务印书馆1988年版,第289页。
② 参见杨善华主编:《当代西方社会学理论》,北京大学出版社1999年版,第154—155页。
③ 参见〔美〕利普塞特:《政治人》,刘刚敏等译,商务印书馆1993年版,第33页。
④ See Anthony Giddens, *Central Problems in Social Theory*, London: Macmiillan Press Ltd., 1979, p. 151.
⑤ 合法性取决于公意与服从。参见〔美〕华勒斯坦:《历史资本主义》,路爱国等译,社会科学文献出版社1999年版,第76页。权力是合法性的一个要素,但合法性也可锻造权力。"合法性并不是包裹权力蛋糕的糖衣,烘焙后涂抹上去,蛋糕本身不发生任何改变。合法性更像酵母,渗透整个面团,使得面包之所以成为面包。"
⑥ 参见〔美〕贝尔:《资本主义文化矛盾》,赵一凡等译,生活·读书·新知三联书店1995年版,第21页。

程序。

　　拒绝直面现实的国家不会可持续发展。市场化政府经济行为的运行实践与制度保障之间的冲突,以及威权主义国家所可能出现的经济危机、政治危机和社会危机,只能由威权主义国家通过向立宪主义国家或宪政民主国家的体制转换来解决。亨廷顿曾对威权政治进行分析:"在经济萧条、衰退、或通货膨胀期,这种政权就会失掉合法性。从长远眼光来看,一个更深一层的合法性基础能使其生存下去,即便其经济成效低或当其面临一些不祥事态时。"①更深一层的合法性基础,就是指立宪主义对威权国家的制度化改造。原因在于,社会的发育,标志着社会组织结构上的发达和调整规范的完善——当其中的社会权威演变成为整个社会的统治中心时,调整这一中心权威体系内部构造及其与社会个体之间关系的规则也就同时诞生。社会的成员就如同有组织的细胞那样结合在一起,习惯便在这些成员中引入某种纪律,这种纪律在各个个体之间确立了相互依赖的关系,从而显得像是有机组织围绕细胞的联合;其中那根起着中枢神经功能的细胞网络,便是宪法。②

　　宪法的目的是给政治体系规定一套超规则,实际上就是规制政府本身的规则。与政府确立整个社会的秩序规则一样,宪法的目的是为了使政府行为具备稳定性、可预测性和秩序性。③ 具体而言,在政府功能上,权力必须分解在立法、行政和司法等部门中,彼此间相互制约,大体平衡,因为"立法、行政和司法权置于同一人手中,不论是一个人、少数人或许多人,不论是世袭的、自己任命的或选举的,均可公正地断定是虐政"。在地理区域上,权力必须分散为两个以上的层次,体现自治与共治。这意味要建立复合共和制:在单一共和制里,人民交出的权力首先交给一个政府执行;在复合共和制里,人民交出的权力首先分给两种不同的政府,然后将各个政府分得的权力再分给同个分立的部门。这样,人民的权利就有了双重保障,因为两种政府将互相控制,同时各个政府又自己控制自己。④ 在政府征税上,确立公民权利保障与政府征税的相关性与互惠性:对政府而言,无税收即无公民权利保障,公民必须纳税;对公民来说,无代议制度即无税收,政府必须体现民主。这一原则由 1783 年美国新罕布什尔州宪法(New Hampshire State Constitution)最早确立。该宪法第一部分中的第 12 条即为"[权利]保障与征税的互惠性"(protection and taxation reciprocal)。事实上,"一个宪法不能组织有效的、公共支持的、能够征税和开支的政府,它必然不能在实际中保护权利。"⑤

---

① 转引自刘军、李林:《新权威主义》,北京经济学院出版社 1989 年版,第 318—319 页。
② 参见〔法〕柏格森:《道德与宗教的两个来源》,王作虹等译,贵州人民出版社 2000 年版,第 6 页。
③ 参见〔英〕海伍德:《政治学》(第 2 版),张立鹏译,中国人民大学出版社 2006 年版,第 344 页。
④ 参见〔美〕汉密尔顿、杰伊、麦迪逊:《联邦党人文集》,程逢如等译,商务印书馆 1995 年版,第 246、265—266 页。
⑤ 参见〔美〕霍尔姆斯、桑斯坦:《权利的成本》,毕竞悦译,北京大学出版社 2004 年版,第 37 页。

就此,借助一部获得民主承认并带有权利法案的宪法,公民实体一劳永逸地确定某些宪法根本内容,比如说,平等的基本政治权利和自由、言论和结社的自由,以及保护公民安全和独立的那些权利和自由——诸如,移居自由和职业选择的自由、法律规则的保护。①

第二节　我国应由威权主义转向宪政民主

我们无法断言,市场化政府经济行为必定内生于威权主义国家,但强有力的政府行为是中国现代化进程赖以顺利推进的保证,政府扮演着协调资源的配置、组织社会动员、直接推动市场经济体制的建立等重要角色。中国转型是政府主导型的制度变迁方式;初始阶段,中央政府是权力中心,是改革的倡导者和组织者,其创新能力和意愿是决定制度变迁的主导因素,这种方式有纵向推进、增量改革、试点改革、利用已有组织资源推进改革的特征;但是这种方式对完成向市场经济的过渡有障碍,因此,改革模式随改革推进要向"中间扩散性制度变迁"方式转变,即要求地方政府在改革中发挥特殊的作用,成为区域经济的组织者、调控者、服务者和参与者,最终将走向由市场力量主导的"诱致型制度变迁"方式。从这个意义上讲,"中国现实发生的最深刻的变化,不是某一方面,也不是某项制度的变革,而是20年改革所累积的社会结构性的改变"。② 我们注意到,市场化政府经济行为实践,充分体现了威权主义国家所存在的进退失据的两难困境,一方面必须制约政府权力的运作空间与模式;另一方面为"又好又快"的建设与发展,必须巩固政府的主导地位。政府角色极为混沌:既是转型客体,又是转型主体;既是国有产权主体,又是公共权力主体。在我国转型实践中,市场化政府经济行为以拒绝宪法对政府权力的监督以及控制公民权的自觉行使为手段。应承认,当国家在民族独立后推进民主政治建设的软件和硬件的基础还相当脆弱的前提下,该行为降低了政治一体化的成本,有效维护了发展经济的政治环境,提供了发展经济的政治资源。我国现代化奇迹的创造源,通过市场化政府经济行为得以充分彰显。让人担心的是,市场化政府经济行为所隐含的政治全能主义和权力的个人化倾向,极可能导致国家利益与社会利益、政治利益与经济利益、政府力量与市场力量之间的冲突,导致经济波动、政治动荡和社会失序。曾几何时,税收优惠的权限被滥用,一些地方政府为了吸引外资、增加其政绩,从本地方利益出发,单独制定了许多区域性的税收优惠措施。一些地方违反《税收征收管

---

① 参见〔美〕罗尔斯:《政治自由主义》,万俊人译,译林出版社2000年版,第246页。
② 参见张树义:《中国社会结构变迁的法学透视》,中国政法大学出版社2002年版,自序第6—7页。

理法》,擅自作出税收停征、减免税和退补税,甚至买税①、包税②的行为和决定。《国务院关于纠正地方自行制定税收先征后返政策的通知》(国发(2000)2号)规定:"对以先征后返或其他减免税手段吸收投资的做法,必须采取有力措施,坚决予以制止。"2003年6月25日,李金华审计长在第十届全国人大常委会第三次会议上所作的《关于2002年度中央预算执行和其他财政收支的审计工作报告》指出:"有一些地方政府从本地利益出发,越权开政策口子。如某区政府违规自定'招商引税'政策,采取将部分税收返还给纳税人和中介人的办法,吸引区外企业到区内注册,造成国家财政资金大量流失……"③优惠层次过多,税收法定流于形式,严重破坏了税法的严肃性、权威性、统一性和公正性。这种"力争下游的竞争"(race for/to the bottom),使实际赋税水平在很大程度上取决于当地政府。这是一种缺乏合法性、竞相向下堕落的"坏的市场经济",它滞留在低层均衡的市场,表面上看来符合经济学教科书里竞争市场的抽象要件,不管是出于无知或者自私,反而很容易就被业者甚至舆论拿来当成合理化现实的借口,阻断想象市场制度往更加均衡变迁的可能性。在这种情况下,市场化政府经济行为,以及其据以支撑的威权主义国家都无可避免地要面临何去何从的选择。

"主要的问题并不是法律的起源,而是法律的目标。如果根本不知道道路会导向何方,我们就不可能智慧地选择路径。"④威权主义国家的变革方向是奠基于立宪主义理论的宪政民主国家⑤,以保证市场化政府经济行为的规范运行。这是

---

① 又称"引税",指一些地方政府干部设法将外地的税收联系到本地来上交税务机关,回报条件是由给予纳税人"折扣"优惠。比如,纳税人拿到纳税1万元的税票,实际上交了5000元的税金。靠"买税"能完成财税任务,又有"政绩",使得一些地方干部没心思琢磨本职工作。一些地方政府买税的"折扣"甚至超过五折,这中间形成的亏空,大多由该政府以"借款"的形式在上级财政"挂账",风险也随之向上级财政聚积。在一些基层地区,"买税"之风盛行,使得财税虚长、政绩注水,还为腐败提供了条件。参见熊伟:《"引税"现象的调查与思考》,载《法学杂志》2002年第6期。各地区之间针对外资的具有恶性竞争性质的"引税"行为,除了干扰市场经济秩序、国家财政秩序外,还将损害国家税利益,大量的税收利益让外资获得。

② 又称"税收承包",指当事人通过协议对他们之间的税收事项予以事先安排。其内容主要包括对纳税人的安排、对应纳税额的安排和对纳税时间的安排等。据包税主体的不同,可把包税分为政府与征税机关之间的包税、征税机关上下级之间的包税、政府与纳税人之间的包税、征税机关与纳税人之间的包税以及纳税人之间的包税等。对包税现象进行合法性分析需以税收法定主义为指导,综合运用税法和私法关系的相关理论。合法的包税要加以引导和鼓励,非法的包税要取缔。参见马骏:《包税制的兴起与衰落:交易费用与征税合同的选择》,载《经济研究》2003年第6期。

③ 参见李向前、孙俭:《揭开"招商引税"背后的黑幕》,载《中国审计》2003年第20期。

④ 这是卡多佐的观点,转引自〔美〕波斯纳:《超越法律》,苏力译,中国政法大学出版社2001年版,第449页。邓正来曾比照卡夫卡《在电车上》的那段名言作出了一种宣言式论断:"不知道目的地,选择走哪条路或确定如何走某条路是无甚意义的;然而,不知目的地的性质,无论选择哪条路还是确定如何走某条路,却都有可能把我们引向深渊。"参见邓正来:《中国法学向何处去》,商务印书馆2006年版,第1页。卡夫卡写道:"我站在电车的末厢,我茫然不知我在这个世界上、这个城镇中、我的家庭里的步履。我甚至也不能提出我的要求:我愿意走向何方。甚至我也道不出为什么要站在这节车厢中、抓住这条皮带、任我被电车载着前行;对那些闪避电车或安宁地散步或者驻足盯看商店橱窗的人们,我也是如此。的确,没有人要我说一个所以然,但这又有何干?"

⑤ 参见〔美〕林茨、斯泰潘:《民主转型与巩固的问题》,孙龙等译,浙江人民出版社2008年版;〔美〕海哥德、考夫曼:《民主化转型的政治经济分析》,张大军译,社会科学文献出版社2008年版;〔美〕威亚尔达:《比较政治学导论》,娄亚译,北京大学出版社2005年版,第113—133页;等等。

第四章　市场化政府经济行为的宪政语境

因为,"宪法秩序从四个方面影响制度创新。第一,宪法秩序可能有助于自由的调查和社会实验,或者可能起根本性的压制作用。就后者而言,制度变化所依赖的知识基础将受到削弱,变化将受到扭曲或阻碍。第二,宪法秩序直接影响进入政治体系的成本和建立新制度的立法基础的难易度。第三,……宪法秩序影响到公共权力运用的方式因而影响到由公共政策引入经济的扭曲的类型。如果这些扭曲很大,则市场便会显示出(用拉坦的术语表示)引入的制度变化将发生方向性错误。第四,一种稳定而有活力的宪法秩序会给政治经济引入一种文明秩序的意识——一种关于解决冲突的基本价值和程序上的一致性,这种意识会大大降低创新的成本或风险。"①无独有偶,诺思也曾指出,宪政民主政制在四个方面可以确保一个市场经济的良序运作:"第一个命题意味着……对政治官员行为的限制。政治秩序的关键就在于对政治官员的可信限制。公民权力及其所隐含的对政府的限制,必须对政治官员来说是能自我实施的,即违背这些限制就会危及一个政治领导人未来的政治生命。第二,成功的宪法可以通过赋予公民权利以及对政府决策施加一些其他限制来部分减少政治舞弊。第三,产权和个人权利必须得以很好地界定,以致这些权利被侵犯时,公民们能清楚地知道。第四,国家必须提供尊重这些权利的可信承诺,以保护人们不受公共官员的机会主义以及剥夺行为所侵害。"②

在后发国家由威权主义政治向宪政民主体制的转换过程中,亨廷顿概括了在威权主义政治体制下,后发国家的威权主义领袖面对合法性的剥落可能采取的五种方式:第一种方式是直接拒绝承认威权政治合法性的衰落,同时希望或相信他们能够把权力保持下去。不过,不论是希望还是信念本身都不大可能有什么真凭实据。第二种方式是威权政权可以试图通过用强制的服从来取代日益消失的忠诚而生存。第三种方式是挑起外部冲突,并试图通过诉诸民族主义来恢复合法性。第四种选择是为他们的政权涂上一些民主合法性的外表。第五种选择是威权政权的领导人可以毅然决然、因势利导地主动结束威权统治,引入民主体制。③顽固地维持或逆反地倒退都不是合理选择,延缓转换过程只会增加政治成本和社会耗费。只有继续将民主建设引入到国家建设总体过程中,推动威权主义政治向立宪主义政治的转换。立宪主义政治已被视为威权政权的唯一合法可行的替代者,宪政民主国家通过这种方式得以产生。用托马斯·杰斐逊的话讲,宪政民主国家提供了一个处理政治发展的和平途径,而传统政体下的政治变迁演绎的则是专制、反抗、革新的不合理循环,这样没完没了地反复下去。④

---

① 参见〔美〕V. 奥斯特罗姆等编:《制度分析与发展的反思》,王诚等译,商务印书馆1992年版,第12—13页。
② See North, Douglass C., *Understanding the Process of Economic Change*, Princeton, NJ: Princeton University Press, 2005, pp.107—108.
③ 参见〔美〕亨廷顿:《第三波》,刘军宁译,上海三联书店1998年版,第64—68页。
④ 参见〔美〕比尔德:《美国政府与政治》,朱曾汶译,商务印书馆1987年版,第4页。

"后发展国家在现代化起步的时候由于不存在发展的国家内蕴发育而成的政治经济分化,即政治与市场的分离的社会性结构,因此,从一开始就面临这一种两难抉择:一方面它得运用权威推行现代化改革。另一方面又得适时地建立一种新控制体系(法制),这就意味着自己去削弱自己的权威。"①从历史上看,后发国家现代化早期的新权威主义多是人治,即意识到不改革就会丧失政权合法性的统治者,会以人治的方式来推进变革与发展经济。权威主义与法制并没有必然关系,有些新权威主义体制会拒绝法制化,最终堕落为劣质化的权威主义政权,形成一种退化了的家长制,主政者权力任意,把国家当作私产,组织朋党化,等等。政治学中把这种拒绝法制化的现象称之为"苏丹化政权"。另一方面,历史上相当一些新权威主义政权,在社会多元化中,中产阶级与市民社会的良性发展会形成法制文化普及与发展,而法制文化又会渗透到社会各阶层中去。法制化又进一步促进新权威主义向后权威主义乃至民主体制的过渡。使一个新权威体制避免走向"苏丹式的权威主义",而通过法制化走向良性发展,颇值关注。②

　　问题的关键是,威权主义政治向宪政民主的转换,既要面向政治发展,也要面向经济发展。在我国这样的后发国家,宪政民主的确立过程不同于西方国家宪政民主的建立过程:中国经历的是主权民族国家确立和民主政治建设、经济发展和政治发展共时并发的过程,西方经历的是从主权民族国家确立到民主政治建设、从经济发展到政治发展前后衔接的过程。由于西方先发国家对后发国家的殖民化加剧了这个过程的同步性③,全球化强化了这个过程的紧迫性④,我国向宪政民主国家的体制转换,在厘清经济与政治、政府与企业、个人与国家、个人与个人、政府与政府等诸多关系的同时,经济发展必须保有优先地位,以维系政府合法性。这种政治合法性维系于经济发展的模式,笔者称之为"经济爱国主义"。

　　"在一个复杂的社会里,政治共同体的稳定依赖于社会政治制度化的程度,且政治制度化就是组织和程序获取价值观和稳定性的一种过程。"⑤宪政

---

① 转引自〔美〕沃拉:《中国:前现代化的阵痛》,廖七一等译,辽宁人民出版社1989年版,第4页。
② 参见萧功秦:《中国的大转型》,新星出版社2008年版,第457页。
③ "在这些社会的这种共同特征中,最重要的是它们有一个外国人的中心强加在他们头上。"参见〔以色列〕埃森斯塔特:《殖民地和传统政治制度对后传统社会和政治秩序发展的影响》,载〔美〕布莱克:《比较现代化》,杨豫等译,上海译文出版社1996年版,第209页。所以,后发国家的宪政民主的确立过程,"最初多半是在外力的冲击下产生的,而只是在较小的程度上通过其广泛群体和阶层的内在主动性和转变所促成。"参见〔以色列〕埃森斯塔特:《现代化:抗拒与变迁》,张旅平等译,中国人民大学出版社1988年版,第96页。这是一个民族主义与民主主义结合在一起的过程。毛泽东曾指出,殖民地国家政治解放是集民族革命与民主革命于一身的过程。这对认识后发国家的政治现代化过程的特点具有普适意义。参见《毛泽东选集》(第2卷),人民出版社1991年版,第623—637页。
④ 参见王绍光:《开放性、分配性冲突和社会保障:中国加入WTO的社会和政治意义》,载《管理世界》2002年第1期;郑贤君:《WTO与我国的宪法改革》,载http://chinalawedu.com/news/2004%5C12%5Cma9436975212121140022736.html,2006年8月14日访问;草庵居士:《中国加入WTO——中国宪法必将改变》,载http://www.boxun.com/hero/caoan/19_1.shtml,2006年8月14日访问。
⑤ 没有最低限度的社会政治秩序,正常的经济活动很难进行。参见〔美〕亨廷顿:《变化社会中的政治秩序》,王冠华等译,华夏出版社1989年版,第12—13页。

第四章 市场化政府经济行为的宪政语境

经济①呼唤经济宪政制度的建设。"在社会的巨大转变中,例如在制定和通过宪法所引起的剧变中,经济的'力量'可说是原始的或基本的力量,而且比其他力量更足以'解释'事实。"②能带来巨大经济活力的市场化政府经济行为,可作为我国宪政民主建设的切入点,以形成新的政治认同,并结合民族区域自治制度来容纳不同民族的文化传统和历史记忆。中国正处在社会转型之中,政治和经济体制改革作为政治制度化的过程,必将导致新的治理规则、社会结构、社会组织和关系原则。基于上述"中国问题"③与"中国经验"④,我们须构建合法有效的政府治理结构,在宪政框架下推进和实施市场化地方政府经济行为,既应弘扬地方政

---

① 参见唐任伍、王宏新:《宪政经济:中国经济改革与宪政转型的制度选择》,载《管理世界》2004年第2期;赵世义、李永宁:《从资源配置到权利配置——兼论市场经济是宪法经济》,载《法律科学》1998年第1期。

② 参见〔美〕比尔德:《美国宪法的经济观》,何希齐译,商务印书馆1984年版,第12页。

③ 中国问题是现代性问题的一个样板。中国在面对现代化、工业化、市场化和全球化等问题时,由于其自身独特的文明传统和社会结构不同于西方国家,"中国问题"所涉及的"中国"至少包含着以下特征,即具有独立主权和明确边界意义上的民族国家,具有自己的国民经济和国家根本利益,其面积等同于整个欧洲大陆国土并存在着多种经济形态的经济体,至今还是一整套古老且还活着的文明形态。参见黄平、崔之元:《中国与全球化:华盛顿共识还是北京共识》,社会科学文献出版社2005年版,第9—11页。中国是在面对"中国问题"和保持"中国特色"的前提下,有步骤地参与经济全球化。

④ "经验"不仅指"成就",也包括"教训",包括走过的发展路程的一切特殊经历;"中国经验"不是无所不包、没有选择的发展经历,它特别是指一些具有独特性的新规则。不同于"中国模式"、"中国奇迹"等概念,"中国经验"是开放的、包容的、没有定型并在不断变化和发展中的经验,它尊重其他的经验选择,不是作为西方经验的对立面而存在,它也不强调自己的普适性。参见李培林:《"中国经验"的内涵和基本要点》,载 http://www.gongfa.com/liplzhongguojingyan.htm,2005年12月14日访问。康晓光认为,不能用其他国家的经验简单推断中国的未来,甚至不能用中国过去的经验简单推断中国的未来。中国经验的"特殊性"表现在两个方面:一是成功的变化,表现为大规模的制度变迁,以及与之相伴的持续的高速经济增长、社会指标的大幅度提升和国际地位的提高;二是成功的保守,主要表现为共产党继续执掌政权,而且政局越来越稳定。第一个方面的表现很少出现在第三世界国家。而第一和第二个方面的表现则很少出现在转型国家。对主流理论而言,中国经验是一个"例外"。相对于其他社会主义国家和第三世界国家而言,中国经验与众不同。这就是"中国特殊性"的基本含义。西方经验不能支配中国的未来,中国的未来不会简单地重演他人以往的经验,基于西方经验的理论自然无法准确预测中国未来。这就是"中国特殊论"的基本命题。时至今日,中国似乎已经找到了自己的发展道路,建立了一套方法论(如保持强大政府,"摸着石头过河",广泛实行双轨制改革,通过开放促改革与发展等),树立了走自己道路的信心。能否成功,取决于中国问题发展的速度与问题解决的速度的竞赛,取决于中国政府的学习能力和人民的创造能力。参见康晓光:《中国特殊论——对中国大陆25年改革经验的反思》,载 http://www.tecn.cn/data/detail.php?id=2860,2006年6月28日访问。郑永年主张从五个方面看待中国经济:(1)经济改革和政治改革的关系。两者互为条件。(2)经济社会发展和最低限度的社会秩序之间的关系。经济发展需要一个最低限度的社会政治秩序。(3)保护产权与经济发展积极性之间的关系。经济发展需要有效的产权保护。(4)基本社会正义和可持续发展的关系。经济的可持续发展要求基本社会正义,或者说基本社会正义是可持续发展的前提。(5)社会经济基础结构和民主化之间的关系。民主化需要一定的社会经济基础结构。参见郑永年:《国际发展视野中的中国经验》,载《开放时代》2007年第4期。2007年9月,诺斯在国家统计局举行的学术报告会强调,中国经济改革的某些经验对西方经济学理论提出了挑战。中国经济改革是通过解决现实问题而不断进行渐进式的经济变革,比如通过联产承包、乡镇企业就促进了经济的发展。他认可并希望中国经济改革的经验能够丰富其制度经济学的思想。参见王永志:《诺斯:中国经济改革经验挑战经济学理论》,载 http://finance.sina.com.cn/economist/jingjixueren/20070709/19313767232.shtml,2007年7月9日访问。这种对"中国经验"的重视和研究,价值取向上与主张"立足本土资源建构中国经济法学大厦"的经济法学界相当一致。

府间的"制度生态"①竞争,以推动地方政府主导型改革②的进程;又避免地方政府过度"经济人"化,导致地方市场分割和政府间恶性竞争。这也是"宪政可以强国"③的奥秘所在——它与"得民心者得天下"这句中国老话有异曲同工之妙!

威权主义政治向宪政民主的转换,除了面对政治发展和经济发展问题,还要面对民族认同问题。推进和实施地方型市场化政府经济行为,所衍生出的地方市场分割和政府间恶性竞争,客观上极有可能破坏民族团结,甚至引发民族对立。

笔者发现,哈贝马斯在对前政治体(民族)和政治体(民主共和政体)加以区别的基础上所提出的"宪法爱国主义"对此问题颇具砥砺作用。哈贝马斯指出,民族和传统文化所形成的共同体是前政治性的共同体,它的成员的身份不是公民,而是民族或文化群体成员。现代意义上的政治共同体与民族或者传统文化共同体不同,它的维持框架不是自然的血缘或文化亲情,而是刻意构建,因此也是"非自然"的社会公约。这个社会公约就是宪法。哈贝马斯还指出,一个民主国家的理性宪法体现了一种预先确立的、抽象化的原则性社会契约,它是一切具体共识和妥协的基础:"在多元化的社会中,宪法代表一种形式的共识。公民们在处理集体生活时需要有这样的原则,这些原则因为符合了所有人的利益,因而可以得到所有人的理性赞同。这样一种社群关系是建立在相互承认的基础上的,每个人都可以期待别人待他如自由和平等之人。"④进而,社会成员由宪法获得政治共同体成员的公民身份,承担起公民身份也就意味着把与此不同类的民族或文化身份搁置起来。有鉴于社会成员对国家的忠诚和热爱应当是一种政治性的归属感,是他在以宪法为象征的政治共同体内的成员身份的表现,哈贝马斯将这种全新的政治认同称为"宪法爱国主义"(constitutional patriotism)⑤,特别强调真正稳定的国家统一应当体现为公民们因分享共同的政治文化而表现出来的宪法爱国主义:"共同的政治文化必须成为既形成多元意识又培育多元社会共存感的宪法爱国主义共同标准。"⑥

---

① 参见吴志攀:《WTO 后时代我国产业发展的制度生态》,载陈安主编:《国际经济法论丛》(第6卷),法律出版社 2002 年版,第 20—43 页。
② 参见何晓星:《破解中国初期市场经济之谜》,广东人民出版社 2003 年版,第 404—499 页;杨瑞龙:《"中间扩散"的制度变迁方式与地方政府的创新行为》,载张曙光主编:《中国制度变迁的案例研究》(第 2 集),中国财政经济出版社出版 1999 年版。
③ 这是约翰·豪的话,转引自王焱编:《宪政主义与现代国家》,生活·读书·新知三联书店 2003 年版,前言。"宪政可以强国"的说法具有相当浓的修辞意味。宪政与国家富强的目标从长期看能达成一致,并不意味着在特定情境中总是一致。有意思的是,杨度 1915 年 3 月写出《君宪救国论》,阐述"非立宪不足以救中国,非君主不足以成立宪"。
④ 转引自徐贲:《宪法爱国主义和民主政治文化》,载《二十一世纪》1998 年 6 月号。
⑤ 近代以来,公民对国家认同的基础发生着由血缘因素、文化因素转向宪政制度因素的转变,即所谓的"宪法爱国主义"。参见〔德〕哈贝马斯:《公民资格与民族认同》,徐彬译,载《国外社会科学》2000 年第 6 期;《公民身份与政治认同》,载〔德〕哈贝马斯:《在事实与规范之间》,童世骏译,生活·读书·新知三联书店 2003 年版,第 654—680 页;许章润主编:《历史法学(第三卷):宪法爱国主义》,法律出版社 2010 年版。
⑥ 转引自徐贲:《宪法爱国主义和民主政治文化》,载《二十一世纪》1998 年 6 月号。

第四章　市场化政府经济行为的宪政语境

当然,如没有商谈原则作为爱国主义的理念基础,"经济爱国主义"和"宪法爱国主义"理论上都不能自洽。因为不借助商谈原则所蕴藏的视域融合的力量,"经济(发展)"/"宪法"框架中所要求的普适性要求与"爱国主义"所要求的特殊性要求之间的悖论将无法消解。"经济爱国主义"将无法解释,建构在经济发展认同基础上的现代民族国家为什么因经济衰退、波动而土崩瓦解?"宪法爱国主义"也无法解释,建构在民族认同基础上的现代民族国家为什么可通过民主的政治过程走向后民族结构?

借用哈贝马斯所撰写的《欧洲是否需要一部宪法》对"欧洲认同"的总结,我们可以对市场和政府、政治和经济、民族和统一,以及涵摄上述三种关系的市场化政府经济行为与宪法的关系加以反思——"欧洲认同的核心,与其说是痛苦学习的结果,不如说是学习过程本身。回想一下,国家主义暴行曾把我们推到了道德的深渊,这就使得我们今天更有义务作出我们的积极贡献。这样的历史背景有助于我们相互承认民族文化的差异,并铺平了通往'后民族民主'的道路。这段历史所需要的模式,将既不是'同化',也不是纯粹的'共处';它将启发我们,怎样才能建立一种越来越抽象的'团结他者'的模式。"①

第三节　市场化政府经济行为的宪政基础

人们不约而同地一窝蜂地涌进欢呼民主时代到来的合唱队②,我国将不可避免地转向宪政民主,正如马克斯·韦伯所说:"一切经验证明,没有任何一种统治自愿地满足于仅仅以物质的动机或者仅仅以情绪的动机,或者仅仅以价值合乎理性的动机,作为其继续存在的机会。毋宁说,任何统治都企图唤起并维持对它的'合法性'的信仰。"③合法性的基础是同意,"对统治的同意"。④ 这就使宪政民主具有一种强烈的意识形态⑤色彩。"一种意识形态意味着一个抽象原则,或

---

① 参见〔德〕哈贝马斯:《后民族结构》,曹卫东译,上海人民出版社2002年版,第159页。
② 参见丛日云:《从"权威主义的马基雅弗利"到"民主的马基雅弗利"》,载《天津师大学报》1998年8月(增刊)。
③ 参见〔德〕韦伯:《经济与社会》(上卷),林荣远译,商务印书馆1997年版,第239页。
④ 参见〔美〕罗斯金等:《政治科学》(第6版),林震等译,华夏出版社2001年版,第5—6页。
⑤ 意识形态(ideology)最早是由18世纪法国哲学家德拉西(Antoine Destutt de Tracy,1754—1836)所创,用以描述他所称的新兴的"观念学"(science of ideas)。法文为ideologie,原意是"思想的科学",表达一种学习理论,描述人心中不是由感官经验形成的抽象观念起源。但后人使用"意识形态"所表达的意义,则呈现出分歧。参见关中:《意识形态与美国外交政策》,台湾商务印书馆2005年版,第1—4页。意识形态是"一种有关美好社会的文字象,一种建构此种社会的信仰形式。""人类的现代是一个卓越的意识形态的时代。""现代最重要的政治制度、政党和民意动员,就是在观念与理想业已成为政治动力的世界中操作运转。将男男女女带入政治生活的,不仅在于人们对权力和荣耀的传统追求,而且在于人们对理想秩序的种种构想怀有满腔的热忱。"参见〔美〕罗斯金等:《政治科学》(第6版),林震等译,华夏出版社2001年版,第104页;〔美〕克拉莫尼克、华特金斯:《意识形态的时代》,章必功译,同济大学出版社2006年版,第1—2页。"一套信仰或观念系统若要成为意识形态,必须满足人们可以用它来为某种政治制度辩护,以致为实现某种社会秩序提供根据和方法。See Martin Seliger, *Ideology and Politics*, London: Allen and Unwin Ltd., 1976, pp. 119—120.

一套抽象原则,它独立地被人预先策划。它预先给参加一个社会安排的活动提供一个明确表述的、有待追求的目的,在这么做时,它也提供了区分应该鼓励的欲望和应该压抑或改变其方向的欲望的手段。"①"意识形态是一种节约机制,通过它,人们认识了他们所处环境,并被一种'世界观'导引,从而使决策过程简单明了。"对中国这样一个通常将价值取向的信念伦理置于首要地位的民族国家来说,意识形态有可能取得优势地位,或以指导思想的形式构成制度安排的"理论基础"和最高准则,成为决定性因素。这就意味着,在宪政民主时代的现代语境中,西方立宪主义理论已为中国宪政民主事业提供了"一个明确表述的、有待追求的目的",而且,提供了用于达到这些目的的基本原理。毕竟,"如果没有一种明确的意识形态理论或知识社会学理论,那么,我们在说明无论是资源的现代配置还是历史变迁的能力上就存在着无数的困境"。②

值得指出,使用中文词汇表达外来制度的概念时,往往已涉入了以自己的文化观点来诠释,而可能使原有含义改变甚多。③ 不仅如此,使用词汇的目的虽在于概念传达与沟通,但在政治过程中所使用的中文词汇,由于所具有特定的政治目的,故可构成"语言和翻译的政治"(politics of languages and translation)④。所以,"宪政"的使用值得认真对待!

宪政是一个综合性概念,可区分为相互关联又有一定区别的三个层面:一是制度层面上的宪政,其对应的英文词是 constitutional government,译为立宪政体或立宪政府。它指:"受到常规性法律和政治约束,并对公民负责的政体。在立宪政体下,公共权力和公民一样,都必须服从法律与宪法。"⑤二是思想和观念层面上的宪政,其对应的英文词是 constitutionalism,译为立宪主义。⑥ 立宪主义就是以宪法或一系列法律(超出政府任意修改能力之外的)来有效约束政府强制性权力、保障人权这种观念。⑦ 三是实践层面上的宪政,其对应的英文词是 constitutional politics,译为立宪政治。它与专制政治相对,表示一种宪政的实施状态,侧重于立宪过程和立宪运动。如"宪政是以宪法为前提、以民主政治为核心、以法治为基础、以保

---

① 参见〔英〕欧克肖特:《政治中的理性主义》,张汝沦译,上海译文出版社 2003 年版,第 41 页。
② 参见〔美〕诺斯:《经济史中的结构与变迁》,陈郁等译,上海三联书店、上海人民出版社 1994 年版,第 53、51 页。
③ 参见吕亚力:《政治学方法论》,台湾三民书局 2000 年版,第 27 页。
④ 在中文世界,"语言与翻译的政治"之所以是有待开发的研究新领域,就在于语言、用词及翻译词汇等的使用,都牵涉了殖民政治、国际政治或国内政治的运作。以 Rebell 为例,分译为"起义"、"反抗"和"叛变",各有各的"主义"。相关著作可参见许宝强、袁伟选编:《语言与翻译的政治》,中央编译出版社 2000 年版。
⑤ 参见〔英〕米勒、波格丹诺:《布莱克维尔政治学百科全书》,邓正来译,中国政法大学出版社 1992 年版,第 172 页。
⑥ 参见〔美〕戈登:《控制国家》,应奇等译,江苏人民出版社 2001 年版,第 5 页。
⑦ 参见刘守刚:《西方立宪主义的历史基础》,山东人民出版社 2005 年版,第 44 页。判断一个国家是否是立宪主义国家,可用人权保护、人民主权、政府的权力分离与制衡、成文宪法和宪法的高级法地位五个标准衡量。

第四章　市场化政府经济行为的宪政语境

障人权为目的的政治形态或政治过程。"①就此,民主国家建设是现代国家建设的重要内容②;宪政不仅仅是某种意识形态的体现,更是一种政府管理的设计。

现代宪政民主的建构是一项全球性的工程,虽然它在时空方面起源于欧洲,但它无论在历史上或是文化上并非欧洲的特定产物。相似点的存在昭示了历史变迁的某些共同方向,但其相似性所受的局限性也提醒我们历史的差异性。③宪法和所有的法律一样,绝不是那种应由立法者以专断刻意的方式制定的东西,而是那些内在地、默默地起作用的力量的产物;它深深地根植于一个民族的历史之中,而且其真正的源泉乃是普遍的信念、习惯和民族的共同意识。而且,每一个时代的人,只能制定出与其智慧相适应的宪法;而特定时代的人的智慧总是特定时代的产物,它不能超越其所在的时代。"对任何法律制度的理解都不能完全脱离该法律制度所为之服务并且对之加以调整的社会的历史。"④如果我们用欧美社会的立宪主义政治图式来套中国的宪政民主,就无异于海市蜃楼般"看上去很美",它既不属于任何中国社会角落,也不真正存在于任何中国法律之中。

法律的灵魂不是逻辑性,乃是经验⑤;经验就意味着人类生活在具体的社会中。现代中国公民不可能在一张白纸上挥洒自如地建设宪政民主制度,作为走向现代民主宪政制度的基础在我们能够对其作出选择之前早已存在。现代中国的人们是在既定的历史条件下追求宪政民主制度。"发展是硬道理"⑥。但我们必须基于中国国情,"发现"⑦出很可能被表象所遮蔽的最根本的经济宪政制度

---

① 参见李龙:《宪法基础理论》,武汉大学出版社1999年版,第144页。当然,我国许多学者对宪政的界定侧重于宪政价值层面,如李步云提出,"宪政应包括民主、法治和人权三个要素"。参见李步云:《宪政与中国》,载《宪政比较文集》,中国民主法制出版社1993年版,第2页。
② 参见徐勇:《现代国家建构中的非均衡性和自主性分析》,载《华中师范大学学报》2003年第5期。
③ 参见〔美〕王国斌:《转变的中国》,李伯重等译,江苏人民出版社1998年版,第264页。
④ 参见〔英〕尼古拉斯:《罗马法概论》,黄风译,法律出版社2000年版,第2页。
⑤ See Oliver Wendell Holmes, *The Common Law*, Harvard University, 1963, p.5.
⑥ 笔者曾对"发展是硬道理"作过反思,指出在一定的历史阶段,人们把"发展是硬道理"片面理解为经济发展是硬道理,在国家政策目标体系中重视经济发展,而对社会发展没有给予足够重视,致使社会问题不断积累。参见管斌、王全兴:《社会法在中国的界定和意义》,载漆多俊主编:《经济法论丛》(第11卷),中国方正出版社2005年版,第318页。尽管如此,持续、健康、稳定地发展经济仍是现代中国的"意识形态"。
⑦ 狄摩塞尼斯说过:"每一种法律都是一种发现,是神赐的礼物。"库利奇也说:"人们并不是制定法律,他们只不过发现法律而已……如果一个国家具有发现法律的最佳机制,那这个国家就再幸运不过了。"参见〔美〕考文:《美国宪法的"高级法"背景》,强世功译,生活·读书·新知三联书店1997年版,第1页。马克思也有类似观点,他提出"法"应成为法律的本质。合理的立法活动应是一种揭示客观规律的活动,因为法律既然以公正的面貌参与人类社会,组织和维护人类社会的秩序,它就必须遵循并客观反映社会运行的发展规律;这样,立法者就不是去创造、发明和创立法律,而是应努力揭示和表述法律;立法者应是一个自然科学家,他的任务是将人类社会的各种关系的内在规律表现在有意识的现行法律中,他的观点应反映市场规律的必然性。这种法律的客观规律性使法律不是意志的同物,意志不等同也不可能代替法律,它的作用恰恰是于发现和拟定客观地反映事物本质的法律。无论是法的关系,还是国家形式,都不能从它们本身来说明,或因此所谓人类精神的一般发展来解释清楚。恰恰相反,必须从它们的根源——物质生活关系——中去寻找答案。这些论述散见于马克思的《第六届莱茵省议会的辩论(第三篇论文)》、《论离婚法草案》、《黑格尔法哲学批判》等文章之中,参见《马克思恩格斯全集》(第1卷),人民出版社1965年版,第142—144、163、178、183、184、248—249、316、395页。

和原理。

秩序理论的弱点,远不仅仅是思想上的问题,而是对应着它所涉及的社会中的实际状况。社会越是远离理想,人们越是不能建构一种前后一致的秩序理论,因为,人们越来越不能具有这样一种前后一致的秩序。理论上的秩序问题,就像方法问题一样,也是一个政治问题。解决这个问题的局限性,也就是政治自身的局限性。① 中国建构宪政民主秩序的过程,一方面,不止是拥抱西方立宪主义理论,还应该是对它的批判,另一方面,不止是中国旧的传统政治秩序的解构,还应该是它的重构。中国的宪政民主是"现代的",也是"中国的"!我国的宪政民主不可避免地会塑造因应于政治发展、经济发展和民族认同的社会结构,同时也被因应于政治发展、经济发展和民族认同的社会结构所塑造。可断言的是,当今中国所面临的不仅仅是经济增长快慢的挑战,更是经济宪政制度供给的挑战。我们应秉持"宪法爱国主义",而不仅仅是"经济爱国主义"。

一、制度层面

从制度层面上讲,我国宪政改革的首要任务是与国际接轨、与市场经济接轨,将政府引入到有限政府、服务政府、责任政府、法治政府、透明政府轨道。② 换言之,市场化政府经济行为中的"政府"应定位为:

1. 是"有限政府",不是"全能政府"

宪政民主最基本的教条就是:需要一个有效的国家提供公共品和公共服务,包括维护和平的秩序,但是,国家的权力需要受到约束,以使之不至于损害个人的财产和自由。因此,必须思考的主题始终是:如何驯服权力?"一切权力都有危险性,因此,唯一公道的政府只能是一个权力有限的政府。"③而且,"有限政府也许比无限政府更强有力。制约可能是力量的源泉,这并非自相矛盾,而是一种充满悖论的洞见。这一见解是自由主义宪政的核心。……一部宪法通过限制政府官员的专断权力,可能在适当条件下增加国家解决特定问题以及为了共同目标而动员集体资源的能力"。④ 在计划经济体制下,我国政府曾长期担当着"全

---

① 参见〔美〕昂格尔:《现代社会中的法律》,吴玉章等译,译林出版社 2008 年版,第 222—223 页。

② 笔者在 2003 年 12 月 16 日至 17 日召开的第十一届全国经济法理论研讨会上指出:当今中国所面临的不是经济增长快慢的挑战,而是经济宪政制度供给的挑战;我国宪政改革的方向是将国家引入到有限政府、服务政府、责任政府、法治政府和透明政府的轨道。参见管斌等:《第十一届全国经济法理论研讨会综述》,载《法商研究》2004 年第 2 期。后来,笔者还注意到,布坎南在《自由的限度》中曾提出这样的论断:"我们时代所面临的不是经济方面的挑战,而是制度和政治方面的挑战,我们应该发明一种新的政治技术和新的表现民主的方式,它们将能控制官僚主义特权主义阶层的蔓延滋长。" See Buchannan, *Limits of Liberty*, University of Chicago Press,1975, p. 156;〔法〕勒帕日:《美国新自由主义经济学》,李燕生译,北京大学出版社 1985 年版,第 153 页。

③ 参见〔美〕伯恩斯:《当代世界政治理论》,曾炳钧译,商务印书馆 1983 年版,第 6—7 页。

④ See Stephen Hommes, *Passions and Constraint: on the Theory of Liberal Democracy*, Chicago: University of Wales Press,1995, p. XI.

能的父爱主义"角色,将社会里的所有人当成不懂事和易于受到伤害的孩子,分配资源、安排生产、照顾社会。于是,政府职能日增,机构不断膨胀,地位日趋显赫,行使权力自没界限可言;企业和普通老百姓不"找市场"、"找市长"。今后,我们需要改变政府机关及其工作人员权力无边的状态,避免行政权的无处不在,限制行政权的无所不管,转化行政权的无所不能,重点放在依法宏观调控和市场规制上,为实现有限政府的合理目标扫清障碍。对这一问题,德国学者卡尔·施米特(Carl Schmitt)的洞见值得重视。

施米特在魏玛共和国期间目睹国家的混乱、民生的凋敝、社会的动荡①,倡导建立一个强有力的国家,以实现健康的经济(a strong state and sound economy)。不过,施米特敏锐地注意到,强有力的国家不等于权力宽泛的国家。为了从理论上探索强国家的特征,斯密特将从文艺复兴以来的国家工分为三种类型:第一是17世纪的绝对主义国家;第二是自由主义的中立国家,国家在社会传统中保持中立地位,任凭社会各种团体之间在竞争与冲突中寻求平衡;第三种国家是随着福利国家的发展,逐步形成所谓全能国家(total state)。全能国家的特征在于,国家权力无限扩大,并最终完全控制社会。"这将导致国家与社会合二为一。在这种状态下,所有事情至少在潜在意义上都是政治的。国家因此便无法声称其独特的政治特征了。"②

2. 是"服务政府"③,不是"管制政府"

作为公共权力代理人,政府有效作为的领域是公共领域,而在公共领域,公共服务作为政府的核心价值或主导价值是人类社会治理发展的结果。公共服务的职责,是人民向政府进行公共权力委托时以"政治契约"方式赋予。经济制度的转型能否成功,除了个体必须拥有经济自由并根据这种自由独立承担责任外,政府能否从根本上反思其职能的转变也至关重要。在市场经济条件下,政府存在的根据不是国家的宏伟或假想的"历史铁则",而是为委托人—公民—服务。④我国政府及其工作人员"为人民服务"的宪法原则,正是这种公共服务责任的契约化。2004年2月21日温家宝总理在中央党校省部级主要领导干部"树立和落实科学发展观"专题研究班结业式上正式提出"建设服务型政府"以来,一场旨在建立"服务政府"的行政改革运动行动起来。今后,政府应将主要精力放在加强和改善宏观调控上,创造和维护规范有序、公平竞争的市场环境,提高公共物品供给质量。而在传统体制下,我国政府更多地扮演了生产者、监督者、控制者,为

---

① 魏玛共和国的情况,参见〔法〕理查尔:《魏玛共和国时期的德国(1919—1933)》,李末译,山东画报出版社2005年版;〔美〕盖伊:《魏玛文化》,刘森尧译,安徽教育出版社2005年版。

② See Carl Schmitt, *The Concept of the Political*, University of Chicago Press, 1996, pp. 22—23. 其中译本参见〔德〕施米特:《政治的概念》,刘宗坤等译,上海人民出版社2004年版。

③ 参见孙选中:《服务型政府及其服务行政机制研究》,中国政法大学出版社2009年版;谢庆奎、佟福玲主编:《服务型政府与和谐社会》,北京大学出版社2006年版。

④ 参见〔德〕柯武刚、史漫飞:《制度经济学》,韩朝华译,商务印书馆2000年版,第523页。

社会和民众提供公共服务的职能和角色反被淡化,有些部门和工作人员甚至忽略了"为人民服务"的最终任务;在管理上讲究计划和控制功能,视组织成员和民众为规制的对象和客体,而忽视了公共管理的内在价值。

3. 是"责任政府"①,不是"权力政府"

政府是社会的公器,公民提出需求,政府部门提供回应——不仅解决问题,而且给予答复——如公民不满意,还可进一步提出要求。回应性是政府适应社会发展、提高公共物品质量和供给效率的基本要求,也是政府的重要责任。具有回应性的政府能敏锐地觉察公民偏好和社会问题,并能迅速对社会要求作出回应。这种回应是指向解决问题而不是掩饰问题,是寻求有利于公众而不是有利于官僚政府自身的解决方案。承担责任是政府的第一要义,它既意味着政府行使的每一次权力背后都连带着一份责任,也意味着违法行使权力必须承担法律责任。责任是法律的生命,政府责任是法律责任的主导方面。没有政府责任,行政权的运行就没有制约,公民权的行使就没有保障,违法行政就不可能受到追究,依法行政就不可能真正推行。传统政府将权力、管理、服从作为政府存在和行使职能的唯一方式,而忘记政府的服务功能,更将政府承担责任放在脑后。权力政府在权力膨胀的同时,既造就了官僚主义,也为腐败的滋生提供了肥沃的土壤。更为可怕的是,它颠倒了民众与政府的主仆关系,消解了政府的责任,从而使擅断的权力更加恣意。有学者以北美洲、南美洲以及亚洲国家为例,分析了一些国家允许甚至鼓励政治家通过滥用国家资源来进行治理的范围。研究显示,国家应建立这样的政治制度:它既能使不同社会群体从经济发展中受益,也能够使政治家对政策结果负责。② 现代政府应有较完善的责任机制,将责任落实到具体的岗位和个人,提高政府的运作效率和质量。对于政府的失职行为,人民有权对政府提出质询、进行追究甚至予以罢免。促使政府从权力本位转向责任本位,有助于市场化政府经济行为才能呈现出更大程度的市场机制弹性和政府责任刚性。

有限政府,不但是有限权力的政府,也是有限责任的政府。政府责任的有限,依赖于纵向下的明确分权,以合理化地掐断责任和风险的向上移动,防止最高权力中枢成为一切责任的"多米诺骨牌"的最终归咎点。一种良好的政治制度,不应允许、也不能鼓励地方将自己权限内的问题提交到上级权力部门去。因为这等于陷上级政权于不义。

4. 是"法治政府"③,不是"人治政府"

法治是这样一种治理状态,即存在着法的普遍性和有效适用性,奉行"宪法

---

① 参见李军鹏:《责任政府与政府问责制》,人民出版社 2009 年版;杨淑萍:《行政分权视野下的地方责任政府的构建》,人民出版社 2008 年版。

② 参见〔美〕梅斯奎塔、鲁特主编:《繁荣的治理之道》,叶娟丽等译,中国人民大学出版社 2007 年版。

③ 参见焦洪昌主编:《宪法制度与法治政府》,北京大学出版社 2008 年版;卓泽渊:《法治国家论》,法律出版社 2008 年版;陈新民:《法治国家原则之检验》,台湾元照出版公司 2007 年版。

至上"①。宪政的根本原则是限政与法治。宪政的核心特征就是对国家权力的法律限制。② 现代政府应由人民经法定程序选举产生并受人民监督的,代表人民利益,为人民谋福利的民主政府,其权力来源于人民通过宪法、法律的授予,其提供的公共物品在法律职权范围内,以法定程序进行,坚持"依法行政"。换言之,政府应提供什么公共物品?如何提供?这些都取决于宪法、法律的授权,绝不能超越职权。因为宪法和法律就是人民意志的集中体现,代表人民利益。同时,也只有将行政机关及其公务员的活动约束在宪法和法律的规定范围内,才能避免或减少权力的滥用,保证人民意志和利益的顺利实现。市场化政府经济行为要求政府保有一套与WTO规则相适应的市场经济管理的法律体系,确保政府政策的稳定和理性化程度,用法律原则构造公平、合理的竞争环境。依我国《宪法》第5条"依法治国,建设社会主义法治国家"的规定,我国政府带有计划经济痕迹的管理体制和"人治"型管理模式须彻底放弃,实现政府管理模式的创新。

5. 是"透明政府",不是"神秘政府"

传统体制下的政府在神秘氛围中保持权威。政府的诸多活动处于不公开状态,从机构设置、人员安排、职责权限,到权力的运行规则和方式,乃至工作流程都很难为"外人"所知。事关百姓切身利益的各种政策和决定在这种习惯性思维中出台和实施。建设透明政府是我国宪政改革的目标之一,透明原则应由道德自律转变为法律强制。透明政府是指政府秉承政务信息公开的原则,使公众清楚地知道政府在做什么、怎样做以及效果如何。透明政府的内涵至少包括:(1)组织透明。公众有权知道政府在做什么。作为享有知情权的公民应知道政府是如何组织的,政府有哪些组成部门,各个部门的职责是什么,等等。(2)决策透明。公众有权知道政府为什么要这样做,政策、法规为什么这样制定。政府决策公开,特别是政府重大决策公开,以防止权力严重错位,避免官僚主义。(3)管理透明。公众有权知道政府怎样做。政府执行的公开是指行政机关在实施具体的行政行为时,应向公众公开,既要让当事人了解,也要让其他人或有关的组织了解,为公众和有关的组织评价行政机关的具体行政行为的合法性与合理性提供机会。

值得一提的是,20世纪80年代初,法国学者米歇尔·克罗吉耶(Michel Crozier)曾指出,"现代国家是谦虚的国家",要求国家减少干预。十几年以后,法国

---

① 参见朱福惠:《宪法至上》,法律出版社2000年版。以美国为例,"美国工人感到自己国家的宪法有一种神圣的启示,因而对它有着一种虔诚的敬畏,这是常常被人们观察到的特性。工人对宪法的感情就好像它是某种神物,能够经受致命的打击。这被正确地称为'宪法拜物教'。"参见〔德〕桑巴特:《为什么美国没有社会主义》,赖海榕译,社会科学文献出版社2003年版,第99页。

② "法治"有两层经济学含义,其一是约束经济人行为,包括产权界定和保护、合同履行、公平裁判和维护市场竞争;另一个是约束政府,即约束政府对经济活动的任意干预,该作用涉及有限政府问题,实际上就是以宪法约束政府行为,即"宪政"(限政),以获得公众对政府的"可信承诺"。参见钱颖一:《市场与法治》,载《经济社会体制比较》2000年第3期。通过这两个作用,政府和经济人(企业或个人)之间的保持距离型关系在制度上才得以确定。

总统希拉克(Jacques Chirac)旧话重提,同时还认为一个"谦虚的国家"更应是一个"有抱负的国家"。他强调现代国家应继承"公共服务"观念,提高公共效率,更好地为公众服务,更好地扮演普遍利益保障者的角色,加强协调以提高国家的竞争能力。① 当代宪法的核心是要在限制政府权力和利用政府的职能之间保持必要的张力。政府须干预而非消极无为才能真正实现自由。② 我国的市场化政府经济行为实践,有利于提升国家竞争力,凸显政府在法治秩序、市场秩序以至社会生活中的作用。它呼唤宪政架构为"有效政府"的生成提供制度保障。③

二、思想层面

宪政所力图解决的无非是政府与社会、政府与政府等关系,但深层次的观念问题还在于对权力的分立与制衡,进而体现对威权主义国家的整体性改造和"创造性转换"。"绝对的权力导致绝对的腐败","权力受到有效约束时是天使,不受约束时就是魔鬼"。一个被授予权力的人,总面临着滥用权力、逾越正义与道德界线的诱惑。"不受限制的权力乃是世界上最有力的、最肆无忌惮的力量之一,而且滥用这种权力的危险也是始终存在的。"④

前文曾论及意识形态,我们仍须进一步明确的是,其相关学说意义非常复杂,甚至被说成是"整个社会科学中最难以把握的概念"⑤,但从根本倾向上来说,它也特别重视权力与意义之间的关联。⑥ 这进一步证明,宪政具有强烈的意识形态色彩。这主要在于,"立宪本身就是一种对权力不信任的行为:它为权力设定了限制。假如我们相信政府具有永远正确的禀赋且永远不会走极端,宪法

---

① 参见杨祖功等:《国家与市场》,社会科学文献出版社 1999 年版,第 109 页。
② 参见朱苏力:《法治及其本土资源》,中国政法大学出版社 1996 年版,第 259 页。
③ 有学者据此特别强调借鉴法德宪政主义的制度内涵,而且"法德国家的制度建设总是沿袭着大陆法系的公法传统,把政治法(孟德斯鸠)、国家法(黑格尔)视为国家宪政体系的关键机制"。参见高全喜:《宪政政治理论的时代课题》,载《政法论坛》2005 年第 2 期。
④ 参见[美]博登海默:《法理学——法哲学及其方法》,邓正来等译,华夏出版社 1987 年版,第 346—347 页。
⑤ 参见[英]麦克里兰:《意识形态》,孔兆政等译,吉林人民出版社 2005 年版,第 1 页。马克思、恩格斯说:"每一个企图代替旧统治阶级的地位的新阶级,就是为了达到自己的目的而不得不把自己的利益说成是社会全体成员的共同利益,抽象地讲,就是赋予自己的思想以普遍性的形式,把他们描绘成唯一合理的、有普遍意义的思想。"参见《马克思恩格斯全集》(第 3 卷),人民出版社 1995 年版,第 54 页。这段话是我国学者进入意识形态语域的主要立足点。关于对意识形态的研究,除了麦克里兰的《意识形态》外,另参见[德]曼海姆:《意识形态与乌托邦》,黎鸣等译,商务印书馆 2000 年版,第 56—76 页;[斯洛文尼亚]齐泽克等:《图绘意识形态》,方杰译,南京大学出版社 2002 年版;Jorge Larrain:《意识形态与文化身份:现代性和第三世界的在场》,戴从容译,上海教育出版社 2005 年版;童世骏主编:《意识形态新论》,上海人民出版社 2006 年版。
⑥ 这差不多是当代西方学术界的主流看法。例如,汤普逊在对意识形态的理论遗产加以梳理并予以重新概念化的时候,就直接将意识形态理解为"服务于权力的意义。"参见[英]汤普逊:《意识形态与现代文化》,高铦等,译林出版社 2005 年版,第 7 页。

第四章 市场化政府经济行为的宪政语境

便没有必要设定这些限制了。"①"一部宪法的优越性,可以根据它将一个国家中的最高权力加以划分和取得平衡的精巧程度来衡量。这一点在政治文献中已经成为常识,而对于一切有教养的人们来说也成了一种自明的真理。"②依据笔者对西方宪政理论的不完全梳理,我们至少可总结出三种限权方式③:第一,"以权力制约权力",这是最基本的也是人们最熟悉的限权方式,孟德斯鸠是其集大成者。④ 第二,"以权利制约权力",即在法律上规定人的无论任何权力都不能剥夺的基本权利,划定个人权利与公共权力之间的界限,这是贡斯当的重大发现。⑤ 第三,"以社会制约权力",这是托克维尔为人类留下的思想遗产:一个由各种独立的、自主的社团组成的多元社会可以对权力构成一种"社会的制衡"。托克维尔表达了这样的希望:多元论者关于独裁性社会的权力分散理论需要更新,一个社会中独立的社团能够成为国家权力的抗衡力量。⑥

就市场化政府经济行为讲,其治理结构和行为取向本身就内蕴"以权利制约权力"和"以社会制约权力"两种方式,而"以权力制约权力"的制度需求却极其强烈。三权分立是一种横向分权(separation of power),针对的是全权主义;联邦主义是一种纵向分权(division of power),它瓦解的是某种中央集权体制。宪法要为市场化政府经济行为提供制度支持,既要完成对权力的横向(horizontal)划分,也要完成对权

---

① See Jack Hayward, *After the French Revolution: Six Critics of Democracy and Nationalism*, New York: Harvester Wheatsheaf, 1991, p. 117. 林语堂曾从中国文化的深层结构层面表达过在中国制定宪法的担忧:"制定一部宪法的前提是认为我们的统治者可能是一些无赖、骗子或窃贼,他们可能会滥用职权,侵犯我们的'权利'……而中国人有关政府的观念却恰恰与此相反,我们认为政府官员是'父母官',他们实行的是'仁政'。"参见林语堂:《中国人》,浙江人民出版社1992年版,第180页。

② 参见〔英〕边沁:《政府片论》,沈叔平等译,商务印书馆1995年版,第69—70页。

③ 马克思曾提出防止国家权力蜕变的三种途径,即社会参与国家、社会制约国家和社会收回国家。参见《马克思恩格斯全集》第1卷,人民出版社1956年版,第389—390页。社会收回国家是遥远的共产主义社会的事,我们大约可以不去管它!"社会参与国家"可大致对应于"以权利制约权力","社会制约国家"可大致对应于"以社会制约权力"。参见郭道久:《以社会制约权力:民主的一种解析视角》,天津人民出版社2005年版;菅从进:《权利制约权力论》,山东人民出版社2008年版。

④ "越是有权力,就越是拼命想取得权力;正因为他有了许多,所以要求占有一切。"参见〔法〕孟德斯鸠:《罗马盛衰原因论》,婉玲译,商务印书馆1962年版,第61页。"一切有权力的人都容易滥用权力,这是万古不易的一条经验。""要防止滥用权力,就必须以权力约束权力。"参见〔法〕孟德斯鸠:《论法的精神》(上册),张雁深译,商务印书馆1961年版,第154页。对这种趋向于阶级内部的分权与制衡,恩格斯说:"以极其虔诚的心情把这种分权看神圣不可侵犯的原则,事实上这种分权只不过是为了简化和监督国家机构而实行的日常事务上的分工罢了。"参见《马克思恩格斯全集》(第5卷),第224—225页。密尔也对国家权力增长作了假设:"它不惜牺牲一切而求得机器的完善,因为它为求机器较易使用而宁愿撤去了机器的基本动力,结果将使它一无所有。"参见〔英〕密尔:《论自由》,程崇华译,商务印书馆1959年版,第125页。在此值得体味一下美国大法官布兰迪斯的名言:"分权原则是由1787年制宪会议确定的,其目的是为避免专断独行的现象,其办法不是为了提高效率。它的目的是要避免磨擦,而是通过三个部门分享受统治权力时不可避免的磨擦来使人民避免遭受独裁的宰制。"转引自〔美〕亨金:《宪政·民主·对外事务》,邓正来译,生活·读书·新知三联书店1996年版,第96页。

⑤ 参见〔法〕贡斯当:《古代人的自由与现代人的自由》,阎克文等译,商务印书馆1999年版。

⑥ 参见〔法〕托克维尔:《论美国的民主》,董果良译,商务印书馆1988年版,第61—64页;〔英〕米勒等主编《布莱克维尔政治学百科全书》(修订版),邓正来等译,中国政法大学出版社2002年版,第819页。达尔的思想不容忽视,参见〔美〕达尔:《民主理论的前言》,顾昕等译,生活·读书·新知三联书店1999年版,第28页。

力的纵向(vertical)划分。任何宪政制度不是建立在任何一个理论基础之上,而是建立在实际的社会力量对比之上。增长(包括衰退)的结果会改变社会结构,新的社会力量会提出改变秩序或制度的要求,从而推动制度的进一步变迁。现代西方国家在宪政民主的基础和前提下,通过对行政集权的改造和发展,使政府权力在变得更为集中、强大和富有效率的同时,却已失去了个人集权或个人专制的特性。与此同时,宪政民主制正从"议会主导"的民主制逐步发展成为"行政主导"的民主制,进一步迈向了密尔所谓的"熟练的民主制"。① 宪政制度设计的核心问题在于回应中央与地方的关系,以及附带的地方与地方的关系。

前述"地方政府论"对解释"中国之谜"和地方政府角色理论的启示是:

第一,在对中国经济增长原因的解释中,国家(包括中央政府和地方政府)、市场(市场机制)、社会(结构)三者的作用可能不是孰重孰轻、非此即彼的关系,更可能是在彼此互动演进过程中共同促进了经济发展,在不同的发展阶段发挥不同的作用、扮演不同角色。在我国"鸟笼经济"和"鸟笼法治"②的背景下,是地

---

① 参见曹沛霖等:《比较政府体制》,复旦大学出版社1993年版,第13—14页;许崇德、王振民:《由"议会主导"到"行政主导"》,载《清华大学学报》1997年第2期;孔祥俊:《论行政权力的强化和弱化》,载《中国博士后社科前沿问题论集》,经济科学出版社1997年版;〔英〕密尔:《密尔论民主与社会主义》,胡勇译,吉林出版集团有限责任公司2008年版。发展型政府观念取代了单纯的保护型政府观念,意味着现代国家立宪政治更加嵌入到总体性的社会运动之中。政治过程一旦按技术专家体制被设计(或错误地设计)出来,议会对它就无法提供特别的帮助——而所有这些现象(我们可加上跨国公司和跨国家组织的运行)的影响积累起来,就要使议会退出国家有效的政治生活中心,使其被国家执行机构,特别是现在完全与那些各种各样控制非国有势力的机构交织在一起的象征机构所控制(参见〔美〕波齐:《近代国家的发展》,沈汉译,商务印书馆1997年版,第137—139页)。而且,随着行政权力的膨胀以及对有效政府的诉求,立法权越来越受到政府治理权的约束,并进而与行政行为混淆在一起,成为二者合一的政府权力,导致行政立法激增(参见高全喜:《法律秩序与自由主义》,北京大学出版社2003年版,第288—320页),以及行政独立监管机构激增。接下来,在行政部门中,权力由政治家向文官(官僚制)的转移。后一种权力转移的机制用韦伯的话说,是知识加秘密。"所有官吏的权力地位都在……于知识,首先是第一,通过专业训练得到的专业知识,广义上称作'技术'……第二,官场知识,它是相关于为官实践的具体知识,唯一适用于官吏利用行政部门。""对于官吏来说,最重要的权力手腕是将官场知识变为机密知识,并以臭名昭著的'官方机密'名义为借口。这是保障行政免受外界控制的简明方式。"(转引自〔英〕比瑟姆:《马克斯·韦伯与现代政治理论》,徐鸿宾等译,浙江人民出版社1989年版,第75—76页。)不予公开的知识使得官僚制成为有效的行政工具,而且成为一种为所欲为、自行其是的潜在力量。如何控制官僚制遂成为政治实践和理论一个巨大而持久的挑战。包括市场化政府经济行为的中国实践,以及当今世界各地弥散的"新公共管理"运动,包含了解决这一难题的孜孜努力。

② 陈云1982年12月在出席第五届全国人民代表大会第五次会议时与上海代表团部分代表座谈,提出将搞活经济比喻为鸟,将国家计划比喻为笼子,意思是搞活经济、市场调节,只能在计划许可的范围以内发挥作用,不能脱离计划的指导。江平指出:"计划经济的时候,陈云同志说了一个鸟笼经济,计划经济就是一个鸟笼经济,这个鸟笼如何做得大一点,今天我们搞市场经济是不是就不是一个鸟笼?不对,凡是由国家控制的都有鸟笼,无非是鸟笼的大小。在某种意义上说中国的法制也是一个'鸟笼',有些允许你做,有些不允许你做,任何国家任何社会法律都是有禁止的、有许可的,社会的自由是要有限度的。""中国的法治还是鸟笼法治。这和过去陈云说的鸟笼经济一样,中国经济不能跳出鸟笼,中国法治也不能跳出鸟笼,我们现在的任务就是尽量把鸟笼做大一点。"参见江平:《我所能做的是呐喊》,法律出版社2007年版,第71页。在此之前,美国学者陆思礼1999年于斯坦福大学出版社出版了其撰写的《笼中鸟:后毛泽东时代中国的法律改革》(Stanley B. Lubman, *Bird in a Cage: Legal Reform in China after Mao*, Stanford University Press, 1999)。参见强世功:《笼中鸟:法律制度还是法律知识》,载《中外法学》2000年第5期。

方政府而不是中央政府,在经济上更加靠近市场(市场机制),在政治上更加靠近民主(地方民主)。① 国外对经济转轨的研究中,用"市场记忆丧失度"这样一种特征或变量,来描述一个国家对市场经济的不熟悉程度,用实行计划经济的年限表示,反映改革起始时该经济对市场经济的距离。② 地方政府的行为在市场转型过程中,在国家、市场、社会三者之间的互动过程中逐步演变,最终演变的路径是:从政府直接参与企业,既当官员又当企业家的"地方法团主义"发展到地方政府退出企业,从外部大力地为地方经济的发展提供全方位的服务的"后地方法团义"再到地方政府培育中介组织取代自己的部分功能的"后后地方法团主义"。这种循序渐进的做法可逐渐唤醒中国的"市场记忆"。

第二,作为大国,中央政府难以对地方政府进行周密监控。为解决对地方政府的激励问题,中国采取了财政分权体制,用放权让利的办法调动地方政府的积极性,并从法律上作出调整,赋予地方政府一定的自主性权力。这样,一方面使经济领域出现主导性的权力下移和去中心化的趋势;另一方面也使地方政府有更强的激励去努力发现各种有利的选择机会,拥有较强的制度创新能力。各地方政府纷纷根据本地的资源禀赋和要素价格作出切合实际的制度安排,从而使中国进入了制度创新的繁荣时期,出现了各具特色的制度模式。其中,最有代表性的是所谓的"苏南模式"、"珠江三角洲模式"和"浙江模式"③。各级地方政府积极发展经济和相互激烈竞争,被海内外学者认定为中国经济改革的一大特色,是经济高速增长的原因。④ 同时,作为大国,中国的另一个重要特征是各地区之间在历史、地理、政治、文化等方面存在着巨大的差异。在改革开放和中国加入全球化的进程当中,各地区巨大的历史、地理、政治、文化等方面的差异就转化成

---

① 改革开放过程中,垄断了很多政治经济权力的地方官员变成许多的地方小"皇帝":他们设立了本地的规范和标准,还设法抑制中央政府在本地的影响力。结果,中央政策很难深入基层,或政策下达基层时已变样。这种现象被一些学者称为"中国的再封建化"。从长远看,地方政府在很大程度上制约了中央权力,就如同欧洲历史发展所表明的,这种等级型的权力分割可能有助于民主制度的形成。但地方官员随意限制本地居民的政治经济权利,这种权力分割又和民主政治的原则相背离。与西方民主的发展过程相反,在中国经济发展较快的地区,民主化实践反而障碍更多,这与地方政府在经济发展过程中扮演的企业家角色有关。在富裕地区,地方干部手中掌握了大量的经济资源,他们可用这些资源"换取"选票,求得居民的"服从"。另一方面,居民感到,如不支持这些掌握经济大权的地方干部,他们的生活水准就会受到很大影响,在政治权利和经济福利之间不容易做选择。当地方政府官员扮演地方经济推动者的角色、掌握本地的大部分经济资源时,居民就不得不对这些官员有所依赖,而民众能获得多少民主权利,往往取决于地方政府的意愿。

② See Martha de Melo, Cevdet Denizer, Alan Gelb and Stoyan Tenev, Circumstance and Choice: The Role of Initial Conditions and Policies in Transition Economics, *The World Bank and International Finance Corporation*, October, 1997.

③ 参见陆立军、王祖强:《浙江模式:政治经济学视角的观察与思考》,人民出版社 2007 年版。

④ 参见 Andrew Walder, The County Government as an Industrial Corporation, in Andrew Walder (eds) Zouping in Transition: *The Process of Reform in Rural North China*, Cambridge, Harvard University Press, 1998;张军、周黎安主编:《为增长而竞争:中国增长的政治经济学》,上海人民出版社 2007 年版;等等。张五常特别强调了县际竞争,参见张五常:《中国的经济制度》,中信出版社 2009 年版,第 144 页以下。

地区间的经济发展水平差距和收入差距。日益扩大的地区差距对社会和谐和经济增长产生了危害,而地方政府在地区差距之下也可能产生分割市场、保护本地产业和重复建设的激励,以更多获得本地利益,而这些举措则可能进一步导致地区之间在分工方面的效率损失。① 例如,某些省份出现"汽车"事件、"啤酒"事件等,就证明了地方政府为维护当地企业利益,禁止或者阻止竞争者进入该市场。②

本来,大国国内市场为充分发挥本国产品的比较优势、规模经济优势和竞争优势,提供了一个初始的有效环境。但国内市场一旦被地方保护主义分割成区域性市场,又兼国内区际分工和区际贸易并不发达,使得要素价格均等化的国内资源配置效率无法实现,从而使我国在参与国际资源的优化配置过程中缺乏国内资源配置合理化的支持,最终影响到我国企业在国际市场上的竞争力。基此,我们不难发现地方民主对增长颇为复杂的影响。即便政府能力很强的中国,政府推行发展型政策的能力可能会受到突然增加的政治参与度的负面影响。更大规模的政治参与会要求政府推出更多的再分配政策和更多的寻租活动,从而阻碍增长和发展。但对那些"掠夺型政府"③,更高的政治参与度可能扭转社会发展的颓势。④ 这也许是渐进式改革的一大特色:随着改革开放的逐步深入,增长和发展的难度日趋增强。难怪王沪宁认为,中国改革导致资源配置方式发生了根本变化,社会物质资源不再由政治体系直接管理,而由市场分配,政治体系逐步转向主要对非物质资源(譬如权力配置、规范制定、制度安排、秩序保障)的管理。⑤ 其间,中央—地方权力结构再造的基本取向是分权的"资源分配—利益满足"体制,因社会需求超过中央分配份额的极限,中央向地方授权,扩大地方调控

---

① 何帆认为,地方政府的"邪恶行为"恰恰相反是分权的不规范所致。参见何帆:《为市场经济立宪》,今日中国出版社 1998 年版,第 106 页。这总让我想起美国 1865 年前后那种"经济发展,地方主义和现代化的紧张局面。"参见〔美〕布朗:《现代化:美国生活的变迁》,马兴译,世界知识出版社 2008 年版,第 98—126 页。

② 曾几何时,各地方行政机构或产业主管部门通过颁布规章或授权,使个别企业在某些产品的生产或销售方面在一定产业部门处于垄断地位,或采取种种措施限制某些产品流入或流出某一地区。参见陈富良、万卫红:《企业行为与政府规制》,经济管理出版社 2001 年版,第 69 页。行政垄断及其相关法律问题,参见郑鹏程:《行政垄断的法律控制研究》,北京大学出版社 2002 年版。其实,即便同一行政区域,行业之间也可能产生分割市场。湖南的有线电视与电信网之间的竞争升级到了双方大打出手。参见《湖南有线网络大战伤亡百人》,载《解放日报》2000 年 7 月 28 日。

③ 国家在经济中发挥作用,并非总是出于善意——为增加社会福利。国家也有自身利益,并会使用强制力实现自身利益,成为"掠夺/攫取之手"(grabbing hand),它与倡导"不干预主义"(abstencialismo)的无为之手、善意干预的扶持之手(helping hand)相对应。应存在制约和平衡的机制,使国家在有效发挥作用的同时无法滥用权力,成为掠夺之手和寻租之源,阻碍经济发展。这种机制,就是宪政、法治与民主。

④ 参见吴敬琏主编:《比较》(37),中信出版社 2008 年版,第 27—31 页。

⑤ 参见王沪宁:《市场发展和权威基础:保护和开发政治资源》,载《复旦学报》1995 年第 2 期。他将政治体系的权力资源的结构分为三种:宪法性权力(即基本法所规定和赋予的权力)、物质性权力(即国家强制机关对权力行使的保障)和保障性权力(包括体制、规范、人事和财货四个方面)。政治体系对社会调控的实现基本上是这三个方面权力的结构安排和相互作用。宪法性权力属于结构性权力,物质性权力是最后保证权力。改革开放后,政治体系对社会的作用要经过市场中介,从而使政治权力在行使中糅合了市场因素。

能量,地方利益和意识逐步确立,造成中央没有足够能量和合适机制实现一体化的纵向调控,横向调控一体化失衡更为强烈。①

第三,改革过程中,急于摆脱财政压力的中央政府事先并没有一套可供选择的整体方案,只规定了原则的衡量标准和大方向,没有具体操作性硬性行为指标,使制度选择集的边界具有相当弹性。"如果统治者思想的变化允许人们以从前被禁止的方式进行活动……在基本的经济因素没有变化的情况下也可能存在着允许有更大的行动自由的制度变化。"②从中央集权变为向地方分权,中央政府从地方事务中撤出,地方政府越来越多地扮演直接推动本地经济发展的角色,可视为"发展型地方政府"③。中央政府通过政绩考核使地方政府目标与其目标一致,通过经济集权分权之手段实现政治集权统一之目的④。另一方面,地方政府也截留了很多本来中央政府想下放到社会团体和个人的权力,与中央集权的时代相比,地方政府对企业和个人的干预有过之而无不及。在集权体制国家,中央政府的分权并不一定必然导致社会团体和个人权利的扩大,也未必带来所谓的"市民社会"的兴起。基此,Thomas P. Bernstein 和 Xiaobo Lu 严格区分了中央国家(central state)与地方国家(local state)对农民的态度,在地方国家侵犯农民利益的同时,中央国家依靠政策作为连接农民的纽带,在乡村中通过选举、政务公开来制约地方国家的行为。⑤ 崔之元也强调,当地方国家利益出现集团化时,中央国家应与底层民众联盟以制约地方国家。⑥

通过"多中心治道"(polycentric governance)的思想史梳理,我们发现:从渊源看,流行于公共治理领域的"多中心性"(poly-centricity)是从英国自由主义思想家迈克尔·博兰尼(Michael Polany)的资本主义经济管理学说中移植过来的,最初见于《利润与多中心性》和《管理社会事务的可能性》⑦。博兰尼的"多中心性"思想,与哈耶克的"自发秩序"、波普尔的"开放社会"一起代表了二战前后对计划经济、东西方极权政治所进行的自由主义批判。博兰尼的基本命题是资本主义的利润获取由生产、市场、消费等多个中心构成的体系实现,对这些获取利润的各个"中心"的管理模式的设计十分关键。遵从自生自发的市场秩序,由不同

---

① 参见《调整中的中央与地方关系:政治资源的开发与维护——王沪宁教授访谈录》,载《探索与争鸣》1995 年第 3 期。
② 参见〔美〕刘易斯:《经济增长理论》,梁小民译,上海三联书店、上海人民出版社 1994 年版,第 259 页。
③ 参见莎琳:《财富和福利的创造——企业家精神和中国农村的发展型政府》,丁开杰译,载《经济社会体制比较》2002 年第 1 期。
④ 参见朱红琼:《中央与地方财政关系及其变迁史》,经济科学出版社 2008 年版,第 214—225 页。
⑤ See Thomas P. Bernstein, Taxation Without Representation: Peasants, the Central and Local in Reform China, *The China Quarterly*, Sep 2000, ISS. 163.
⑥ 参见崔之元:《混合宪法与中国政治的三层分析》,载《战略与管理》1998 年第 3 期。
⑦ 两篇论文的中译本,载〔英〕博兰尼:《自由的逻辑》,冯银江等译,吉林人民出版社 2002 年版。

的管理者去管理各个"中心"的运行,资本就可以正常积累,而"对于货币获取及利润获取的体系,就不存在什么根本性的替代手段","国家对市场的力量,必须引导、矫正和补充,它却绝不能对市场进行任何大规模的替代"。[①] 在博兰尼的理论中,"多中心性"的对应物是生产、市场、消费各个经济"中心"的"计划化管理";社会事务的可管理性(相互依存的可治理性),是一个若干要素排列组合的多中心任务,同时也构成了一个成本最小化和满足最大化的经济命题;多中心的任务只有靠相互调整的体系才能被社会所管理,而多中心任务的社会管理要求一整套自由的制度安排。然而,迈克尔·博兰尼的观点受到了文森特·奥斯特罗姆(Vincent Ostrom)的批判。后者强调指出,多中心秩序不应该被贬斥为市场经济的自发秩序;就政治体制而言,他认为分立(自治)而重叠(共治)的联邦(复合)体制,这是一种多中心的治理体制。多中心秩序还是一种公共经济的组织秩序,也就是说,分立而重叠(多中心)的制度安排有助于公共物品和服务的有效供给。在区分提供与生产的基础上,以奥斯特罗姆夫妇为代表的布卢明顿学派(Bloomington School)强调公共物品和服务的多中心供给体制。公共物品和服务可理解为,公共性程度从0到100%的一切物品和任务。[②] 通过物品和服务的分类,布坎南试图探索(公共)物品和服务的可抉择供给模式。由此可见,国民经济的协调发展就在于可抉择供给模式之间的结构关联性。如果说博兰尼的"多中心性"理论以一种新的表述方式阐述了古典自由主义的经济—社会秩序观,抗拒二战前后国家干预的政治方案,维护市场制度的价值;文森特·奥斯特罗姆的"多中心性"理论则在社会治理模式上产生深刻影响,从市场领域进入公共服务领域,"适当地概括了交叠生产层次和多个领域政治互动的智慧","实际上是在说明一种有序关系的体制,它是权力分散和管辖交叠的基础。"[③]张昕基此一脉指出,作为一种宪政秩序,多中心秩序表现为一种多元复合的规则体系,也就是一种新混合经济的制度框架;其中,市民社会、市场经济与政治国家之间呈现出分工与协作的关联性结构。这种结构既意味着公共、私人和第三部门之间的伙伴关系,也意味着公共物品和服务的多中心供给体制。通过针对转型中国的经验研究,张昕强调治理的多中心秩序有助于公平而有效的经济增长。[④]

作为现代性重建进程中的一个核心范畴,"多中心"在表达形式上与后现代社会哲学中的"去中心化"、"废弃元叙事"这些追求差异政治的思潮没有差别。"由更加灵活的、中心分散的权威系统取代官僚等级制的趋势很明显。……民主

---

① 参见〔英〕博兰尼:《自由的逻辑》,冯银江等译,吉林人民出版社2002年版,第150、166页。
② 参见〔美〕布坎南:《民主财政论》,穆怀朋译,商务印书馆1993年版,第20页。
③ 参见〔美〕麦金尼斯主编:《多中心体制与地方公共经济》,毛寿龙等译,上海三联书店2000年版,第7、69页。
④ 参见张昕:《宪政主义与创新政府》,载《中国行政管理》2002年第3期;张昕:《转型中国的治理与发展》,中国人民大学出版社2007年版。

第四章　市场化政府经济行为的宪政语境

化进程再次与制度的自发性联系到了一起,且明显表现出自治原则。"①中国的市场化改革是一个针对地方的放权让利过程,也是地方政府成为"中心"的过程。"分权可以提高效率,提高官员接触民众与获取信息的机会,从而更好地控制以提高责任感。"②"分权使行政体系变得复杂,但更合乎法律形式了:……同时地方行政和专门行政也具备了各自的身份;诸多的行政主体之间建立了法律关系,日常行政实际上成为法律上的多方共同行政。"③地区差异的增大和市场的一体化倾向,使中央与地方之间、地方之间呈现出极为复杂的利益冲突,将逐步突破中央集权制的管理边界。地方政府的价值性④被充分张扬,既充分发挥其在地方治理中的积极性、责任性和主体性,也使其在开放系统环境里依据实际的区域社会经济发展制定更符合地方情况的政策,权变应对各种现实挑战。而宪政的价值预设,主张"每一种利益都有自我伸张的权力"(阿克顿),不承认一个唯一正当的利益代表中心,只有多元化的个别利益在博弈和妥协中产生的那个结果才是正当的。因为如此,笔者尝试通过话语转换,从中央政府与地方政府关系的角度对市场化政府经济行为进行宪政架构,为公共权力提供更有效、更丰富和更具有说服力的配置空间。我们需要"走向对话的宪政"⑤,在这种对话之中,地方政府不可或缺。历史已经而且将进一步证明,地方政府作用的提升,在宪政不健全的情形下,对中央集权制有一种消解、抗衡和某种"预备立宪"的作用,如清末庚子之变时汉人督抚的"东南互保",即是以地方政府的力量拯救了中央的合法性危机。⑥ 地方政府借此可慢慢积累与中枢进行制度博弈的技术,促成整个政治国家的权力架构及其合法性的逻辑转换,最终使大一统的集权化的中央成为宪政体制下接受地方让渡权力而组成的"有限政府"。

地方型市场化政府经济行为,是地方政府有步骤且安全地逐步退出企业的合理有效的行为,是名为保守改良、实为渐进革命的宪政民主行为,在我国有长期集权历史的大国背景下将较长时间存在!毛泽东早在20世纪20年代就对

---

① 参见〔英〕吉登斯等:《自发性现代化》,赵文书译,商务印书馆2004年版,第245页。
② 参见国家行政学院国际合作交流部:《西方国家行政改革述评》,宋世明等译,国家行政学院出版社1998年版,第50页。
③ 参见〔法〕奥里乌:《行政法与公法精要》,龚觅等译,春风文艺出版社1999年版,第181—182页。
④ 地方政府的价值性论证,参见〔英〕密尔:《代议制政府》,汪译,商务印书馆1997年版,第207—221页;俞可平:《治理与善治》,社会科学文献出版社2000年版,第189—196页。密尔认为(代议制)地方政府扩大了公民政治参与的机会,有利于培养公共精神和发展才智;能够根据对地方的了解、利益以及专门知识管理地方事务,并使之比任何其他机构,当然还有遥远的中央政府更有可能提供有效、公正的服务。边沁强调更多的是代议制民主的三个特征——责任性、反应性和代表性上,地方政府明显比中央政府做得更好。斯密还将选举组成的地方政府视为对抗中央集权的一个重要堡垒。
⑤ 参见〔美〕米歇尔曼:《法律共和国》,钱岩译,载冯玉军选编:《美国法律思想经典》,法律出版社2008年版,第201页。
⑥ 参见胡春惠:《明初的地方主义与联省自治》,中国社会科学出版社2001年版,第27页。

"大国"这个具体语境作了表述:中国是一个大国,各地区政治经济发展不平衡。[①] "一个社会的地域空间并不仅仅是一个空间的问题,它还意味着形成统一法治所面临的难度和所需要的时间。"[②]对于一个地方性差异相当大的国家来说,中央立法和政府干预一味地追求深刻、具体,奉行"一刀切",显然不妥。这就决定了中央立法和政府干预都具有程度不同的抽象性,有待地方立法和地方政府规制进一步细化。更重要的是,但凡地方分权的社会,"共同体内部极少能扩展为社会爆炸"[③]。反之,地方分权原则一旦不被政体所容忍,中央财政汲取能力越强,政治风险就越高。大一统的权力集中制,最后就变成风险的集中制。历史是继续前进的基础,也是开创未来的启示。我们应确立中央控股的地方政府"公司主义"利益格局,通过地方分权调动地方政府的积极性充当该体制中的"负责任的利益攸关方"(responsible stakeholders),实现公共物品的更优化供给。在此之前,孙中山从权力角度思考中央与地方关系,提出了兼采集权分权两家之长的"均权主义"思想,认为中央与地方的权限划分,不应以中央或地方为对象,而应以权之性质为对象,权之宜属中央者,属之中央可也,权之宜属地方者,属之地方可也。[④]我国市场经济体制的建立和完善是政府主导的制度变迁过程,扮演从国家控制社会的工具、到促进经济社会发展,进而实现国家和社会有效互动的联结点角色的地方政府,为社会发展提供公共物品时面临责权不一的制度掣肘。另一方面,当地方立法和地方政府规制将本应统一、开放、竞争、有序的全国市场分割成一个个"孤岛"时,这不仅没有发挥地方政府在制度变迁中的良性主导作用,反而提高了交易费用,导致市场范围与容量的萎缩,具有潜在的比较优势(包括人力、土地、货币等资本优势)的不同地方因市场交易费用太高而不能转化为现实。[⑤] 陆思礼注意到,中国经济改革的后果之一是地方分权化以及非国有部门在国民经济中的地位的上升;中央和地方在法律实施上的不一致性,而且"随着地方政府对当地经济资源控制的加强,他们扩充管辖权限的能力日益让中央政府感到不安"[⑥]。总之,地方主义和地方意识在更大程度上被唤起,地方政府成为一个在行动当中有着自身利益诉求的政治经济行动者。"解构政府"(unpacking the state)和地方的复兴(bring the local back in)[⑦],使地方政府权力如何被运作和被

[①] 参见《毛泽东选集》(第1卷),人民出版社1991年版,第188、189页。
[②] 参见苏力:《道路通向城市》,法律出版社2004年版,第36页。
[③] 参见秦晖:《传统十论》,复旦大学出版社2003年版,第69页。秦晖将中央集权制的传统称为"大共同体本位",将地方自治的传统称为"小共同体本位",指出"大共同体本位"恰恰是造成中国史上周期性的"社会爆炸"的根源。
[④] 参见张连红:《从联邦到均权》,载《史学月刊》1998年第2期。
[⑤] 参见宋功德:《论经济行政法的制度结构》,北京大学出版社2003年版,第173页。
[⑥] See Stanley B. Lubman, *Bird in a Cage: Legal Reform in China after Mao*, Stanford University Press,1999, pp.140—144.
[⑦] 参见杨雪冬、赖海榕主编:《地方的复兴:地方治理改革30年》,社会科学文献出版社2009年版。

制度化,成为当下中国经济宪政必须解决的根本问题。我们对市场化政府经济行为的研究,无论是"市场"的研究,还是"政府"的研究,必须将其置于这一实践背景加以理论抽象。

在欧美,地方政府被视为民主政治训练的场所、公民道德和意识培养的基地、切合公民需要的公共服务和产品的提供者、中央政府集权倾向的制衡者之一。第二次世界大战以来,地方政府在发达国家中的地位渐趋重要,其承担的公共服务职能随着福利国家的出现越来越多,公共开支不断增加。地方政府与中央政府的关系更加紧密和相互依赖。这种情形使地方政府成为公众关注的焦点,成为各种潜在矛盾的对象。到20世纪70年代中后期,地方政府管理体制中的问题由于全球性经济危机而变得越来越明显。地方政府开支紧缩而公民的服务需求仍在增加,地方政府要求改变对中央政府的依赖和减轻其负担,公共服务传送中存在的协调困难和目标偏离问题越来越突出,公民中弥漫着对地方政府与政治的冷漠情绪。在这种背景下,一股从英国开始的地方政府改革浪潮席卷全球,并一直持续至今。①

国内外实践亟需经济法理论做出积极回应,但由于经济法现象的复杂性,现代法律的技术手段还没有完全适应集体主义目标,法院、法官还不能很好地利用这些新的部门等原因的存在②,而使得目前的经济法理论并未努力寻找包括地方政府制度在内的经济法律制度事实作为法律制度规则的基本形式和内在品格。在计划经济向市场经济的转型过程中,中央政府是制度规则的制定者,而地方政府是最终的制度实施者和贯彻者。地方政府能不能在中央适度集权下,充分发挥地方优势,制定出适合各地发展的策略、措施和制度,在竞争中给予整合,在合作中提供指导,在发展中进行协调,这对提高国家竞争力具有重要意义,也为研究中国发展模式提供了直接的数据、案例和事件。据此,经济法学打破了抽象"政府"的"黑箱",强调政府的科层与分级,将"单一权威结构"分解成一种具有多种交叉部门化网络的"组织间相互关联的结构",促使"丛林结构"替代等级金字塔的对称性结构③,进而引发了地方政府之间的竞争。从表象上看,政府之间的竞争是两个以上的政治经济实体之间就有形和无形资源展开的竞争,但究其

---

① 参见〔美〕文森特·奥斯特罗姆、罗伯特·比什、埃莉诺·奥斯特罗姆:《美国地方政府》,井敏等译,北京大学出版社2004年版,万鹏飞译丛总序。
② 这是阿蒂亚针对英美经济法制现状提出的洞见。"法所追求的许多较近代的集体主义福利目标,现在并未得到普通法院的广泛实施。这就意味着,法律界和法官们对这一性质的法律还没有太多的了解,他们仍在继续主要研究更为传统类型的法律,尽管这些法律已作了大量的修改和补充,以考虑到现代理想。"参见〔英〕阿蒂亚:《法律与现代社会》,范悦等译,辽宁教育出版社·牛津大学出版社1998年版,第141—142页。
③ 参见〔美〕文森特·奥斯特洛姆:《美国公共行政的思想危机》,毛寿龙译,上海三联书店1999年版,第46页。

实质却是不同制度或体制之间的竞争①。我们必须重视地方型市场化政府经济行为的"多中心治道",重视地方政府的制度供给和理论研究,这既是经济法保障科学发展观实现的价值体现,凸显经济法学的中国关怀,也能使经济法主体理论研究进一步深化,特别是主体类型化研究更加周全。毕竟,现代经济法关注的是国家和政府如何管理和引导经济发展的问题。②

宪法规范中央政府和地方政府的权力运作和保障公民权利的实现,"宪法秩序塑造了制度在政体范围内变化的速度和方向"。③ 地方政府在中国社会所表现出来的民主协商和制度创新等突出作用,充分说明了在"行政④主导"的全球民主制大背景下,给地方政府以明确的宪政定位,是当下立宪建设的当务之急和"重头戏"。从政治发展的逻辑看,"一个政治体制应当能够成功地同化现代化所造就的获得新的社会意识的各种社会势力。在这些新生的社会集团要求参与政治体制之时,政治体制或是以各种与现存制度继续存在相和谐的方式提供参与手段,或是将这些集团排斥在政治体制之外,从而导致公开的或隐藏的内乱和叛离"。⑤ 令人侧目的是,自 20 世纪下半叶以来,欧洲正试图创造一个"多样性"和"统一性"两不耽误的政治共同体。欧盟(EU)不是高于国家的权力中心,而只是为多国联盟提供服务的"经理机构",提供谈判、协商和协作等服务,它只代理了服务而没有代理权力,各个主权国家仍然是真正的"老板",于是满足了"既要欧洲,也要各国"这一苛刻要求,成就了"欧盟"这一新的存在创新榜样。⑥ 研究表

---

① 参见刘大志:《地方政府竞争与资本形成》,中山大学出版社 2008 年版;刘亚平:《当代中国地方政府间竞争》,社会科学文献出版社 2007 年版;时红秀:《财政分权、政府竞争与中国地方政府的债务》,中国财政经济出版社 2007 年版;杨虎涛:《政府竞争对制度变迁的影响机理研究》,中国财政经济出版社 2006 年版;汪伟全:《地方政府竞争秩序的治理》,上海人民出版社 2009 年版。

② 参见徐强胜:《经济法和经济秩序的建构》,北京大学出版社 2008 年版。2001 年 3 月 9 日,在全国人大常委会的工作报告中,经济法被认定为"调整因国家对经济活动的管理所产生的社会经济关系的法律"。2005 年 9 月,在世界法律大会上,中国代表的主旨发言重申了中国法律体系包括宪法及宪法相关法、民商法、行政法、经济法、社会法、刑法、诉讼法与非诉程序法七个方面内容,经济法被称为"国家调控市场运行的法律体系"。参见肖扬:《中国的法律、法治与法院》,载《法制日报》2005 年 9 月 9 日第 4 版。

③ 参见〔美〕V. 奥斯特罗姆等:《制度分析与发展的反思》,王诚等译,商务印书馆 1992 年版,第 3 页。

④ 对"行政"的理解,有"政治论"和"管理论"两个版本:(1) 从威尔逊到古德诺以及魏洛比,在构建行政学体系时都依据三权分立原则,立足于政府组织。我国学者以此为基础,一般将行政理解为行政机关(区别于立法机关和司法机关)及其活动,这是"政治论"。(2) 西蒙、怀特等学者从"管理"的角度解释行政,认为行政是为了达到共同目的所作的合作的集体行动,是为完成一项公共政策而采取的一切行动,行政与管理无明显差别,这就是"管理论"。在西方,行政的主体不断延伸,管理的特点越来越鲜明,行政学者逐步拓展行政的内涵。行政的含义,参见张帆:《"行政"史话》,商务印书馆 2007 年版;王沪宁:《行政生态分析》,复旦大学出版社 1989 年版。

⑤ 参见〔美〕亨廷顿:《变化社会中的政治秩序》,王冠华等译,生活·读书·新知三联书店 1989 年版,第 127 页。

⑥ 青木昌彦认为,联邦主义的最近两个案例是欧盟和中国。欧盟是通过精心设计整合而成,中国则是通过自发的分权化形成的,二者的相同点是成员国或者地方政府的财政自主权。参见〔日〕青木昌彦:《比较制度分析》,周黎安译,上海远东出版社 2001 年版,第 173 页。

明,成功解决非洲行政管理问题的关键在于一个有效率的和民主的地方政府体制:"'地方的'是因为政府体制必须接近于普通民众和他们的问题。'有效率的'是因为必须在某种程度上能够管理地方服务,即要帮助提高生活水平,而'民主的'是因为它不仅必须为增长的受教育者阶级找到位置,而且同时必须博得人民大众的尊敬和支持。"①地方化是指地区所表达出来的对得到自主权和表达政治意愿的一种要求。造成地方化有许多原因:一是对国家政府履行发展承诺的能力表示不满意;二是有教育、更好的通信设施以及城市地区人们的日益集中所强化出来的或种族的"同一性";三是在全球化正在熨平文化差异时,人们有对一个地方的归属感加强的愿望;四是在开放的环境中地方实体间有着尖锐的竞争,较为富裕的社区不愿与其较穷的邻居分享资源。一些政治观察家〔如肯伊希·奥迈(Ohmae, Ken'ichi)或罗伯特·卡普兰〕在谈到美国时认为,地区而不是国家是未来的关键经济单位。② 大前研一明确提出,美国国内经济的繁荣,以及在全球地位的持续稳固主要取决于"美国联邦政府相对于地方(例如各州)政府的职能(和规模)上的局限性,给予各地区以很大的灵活性。其他国家的中央政府拥有较为强大的影响力,在无国界的现实世界中却不具有优势"③。

"意识形态所要质疑的不仅是当前如何组织权力的问题,同时也关注将来如何组织权力的问题。"我们能否与时俱进,运用"后发优势",创造出一个地方多样性和中央统一性相结合的中国,是市场化政府经济行为给中国宪政提出的重大课题。当然,"人们需要明白当前社会与政治的设想都是有历史根源的,而不是自然产生的,这点尤为重要"。④ 早在西汉,名臣贾谊在《治安策》中指出:"欲天下之治安,莫若众建诸候而少其力。力少则易使义,国小则无邪心。"⑤在中央和地方的关系问题上,毛泽东一贯强调中央和地方两个积极性,主张中央给地方放权以调动地方的积极性。毛泽东的这一思想被写进了宪法,成为我国1954年《宪法》第3条第4款的内容,成为宪法中的一个原则。然而,这一原则一旦贯彻,就会出现"一放就乱,一乱就收,一收就死,一死就放"的局面。邓小平曾将"权力要下放,解决中央和地方的关系"视为我国政治体制改革的三项内容之一。⑥ 国务院2004年3月22日发布的《全面推进依法行政实施纲要》,要求"合

---

① 参见〔美〕麦金尼斯主编:《多中心治道与发展》,毛寿龙译,上海三联书店2000年版,第270—271页。
② 参见〔美〕普赖尔:《美国资本主义的未来》,黄胜强等译,中国社会科学出版社2004年版,第249页。
③ 参见〔日〕大前研一:《无国界的世界》,黄柏棋译,中信出版社2007年版,第ⅩⅩ页。
④ 参见〔英〕豪厄尔斯:《视角文化》,葛红兵等译,广西师范大学出版社2007年版,第58—59页。
⑤ 这被认为是中国历史上第一次以现实主义原则解释中央与地方的关系,其思想被张宇燕等学者概括为"贾谊定理"。参见何帆:《为市场经济立宪》,今日中国出版社1998年版,第212—213页。主张通过分权来实现"强干弱枝",避免出现"弱干强枝"或"弱中央强地方"的局面。参见王绍光、胡鞍钢:《中国国家能力报告》,辽宁人民出版社1993年版,第120—121页。
⑥ 参见《邓小平文选》(第3卷),人民出版社1993年版,第177页。

理划分和依法规范各级行政机关的职能和权限"。2006年3月14日十届全国人大四次会议批准的《中华人民共和国国民经济和社会发展第十一个五年规划纲要》也提出,要"合理划分中央与地方及地方各级政府间在经济调节、市场监管、社会管理和公共服务方面的权责"。中国共产党的十七大也提出要统筹中央与地方的关系。针对这一局面,许多学者主张制定《中央地方关系法》或《中央与地方职能权限一般原则法》,使中央和地方各自拥有法定权力且相互监督,同时制定《财政转移支付法》,以依法推行健全的、与事权相匹配的财税体制,等等。长期讨论的要旨都是"明晰中央政府与地方政府各自的职责权限划分,并使之进一步规范化、法治化","维护中央权威,克服地方制度差异性引发的消极后果,处理好多样性与国家整合的关系"。① 胡鞍钢在《国家能力报告》中从权力统一与分散的角度来解释中央与地方的关系时,提出了"统一性"与"多样性"相统一的原则,将中央的职能和作用理解为"统一性",将地方的职能和作用理解为"多样性"。② 然而,到目前为止,地方的权力仍然难以定位,中央和地方的关系并没有规范化,以至于党的十六大报告继续强调要"充分发挥中央和地方两个积极性",要"依法规范中央和地方的职能和权限,正确处理中央垂直管理部门和地方政府的关系"。

政治是现在的历史,历史是过去的政治。过去无法绝对决定未来,却能界定和限制未来行动的各种可能。③ 而且,由于人的理性是有限的,其滥用也难以有效防止,我们更应赞同波普尔在《历史主义的贫困》中所提倡的"渐进社会工程"(piecemeal social engineering)。可能的话,宪政改革应一点点来,且在迈出每一小步之后,都有充分的时间检查并纠正改革中的错误。④ 基于中国的制度变迁将是一个比较长的时间、中国是一个政治经济文化发展不平衡的大国、中国过去五十多年来已经积累的分权经验和实际形成的一些惯例和制度、中国市场经济发展水平和各地区之间的联系正在且必定会日益加强、法治在中国的历史必然性,以及制度具有保持预期稳定的优点,我们必须进一步考虑如何从一种注重实践的眼光来总结宪政经验,注意制度化地保证和稳定中央与地方的分权,使作为一种宪政策略的两个积极性逐步转化为宪政制度的一个重要组成部分并得到制度化

---

① 转引自魏红英:《宪政架构下的地方政府模式研究》,中国社会科学出版社2004年版,第223—241页。
② 参见《胡鞍钢集》,黑龙江教育出版社1995年版,第49—50页。
③ 历史是最好的导师,也是最好的清醒剂。诗人舒婷在《这也是一切》写道:"一切的现在都孕育着未来,未来的一切都生长于它的昨天。"但经济学家们对社会的历史记忆在人们经济行为中的影响很少给予认真关注。贝克尔在其"扩展的效用函数"理论中以"个人资本"(personal capital)概念涉及这问题,仍限于对效用的影响。参见〔美〕加里·贝克尔:《口味的经济学分析》,李杰、王晓刚译,首都经济贸易大学出版社2000年版。更有学者指出未来不能依据历史经验和现存状况预测。我们生活在一个充满不确定的世界里,我们通过重复以往的处理经验已经无法对抗新风险聚升产生的危险效果。"未来不能被确定,因为它受随机性、涨落和放大的支配,未来不再由过去所确定,过去和未来之间的对称性被打破。"参见〔美〕普里高津:《确定性的终结:时间、混沌与新自然法则》,湛敏译,上海科技教育出版社1998年版,第4页。
④ 参见张千帆:《宪法学导论》,法律出版社2004年版,第50页。

保证,从而在保证国家的统一的同时为地方秩序的形成和发展创造可能性和激励因素。①

"庞大和中央集权的政府已经不合时宜。权力下放和分权才是时代的主旋律。"②面对经济全球化的深入,各国普遍进行了中央政府的分权和非集中化改革,分权、地方分权和非集中化事实上存在于每一个国家的改革实践中。③例如,日本1995年推出《地方政府分权推进法》,并建立中央与地方的平等协作关系实现分权。又如,法国分权改革力度较大,其主要做法是:(1)重新调整地方行政区划。1982年通过的《权力下放法》将行政区划分为大区、省和市镇三个层次,规定三级政府产生的议会自行管理,而且三级政府之间没有直接从属关系。(2)改革地方行政权力结构。取消中央对地方的监管,增强地方民选机构的权力;将省和大区的地方事务管理权由中央官员手中转到民选的地方官员——省议会主席和大区议会主席手中。(3)扩大地方自治权限。自1983年到1985年中央政府向地方政府下放了包括各地区的经济发展与计划、城市建设、住房、职业培训、交通运输、社会活动、司法、教育、文化、环境保护和警察等职权,使地方政府的管理权限明显扩大。(4)改革地方公职制度。法国政府还将人事权向地方转移,地方公职人员由地方政府管理;地方公务员享有与国家公务员相同的法律地位和基本保障。(5)扩大地方民主。1992年《共和国地方行政指导法》扩大了地方民主,增强了地方当选者的决策权和公民的参与权、发言权和知情权。④这种单一制国家的联邦化,或通过法律方式实行某种接近联邦制的局部安排,就是强调中央集权和地方自治之间的一种更适应发展需要的融合。这种融合对联邦国家来说早已发生了,如美国联邦政府通过整笔补助、解除规制、减税以及注重社区自治实现分权。

中国宪政制度的构架,首先须明确目前面临的是放权问题,但长远需解决的是分权问题。作为大国,我国国家结构形式有着传统单一制内核,却由于内部民族与文化的多样性、地区发展的不平衡性、改革开放与国家统一的特殊历史需求以及国家结构思想上现代主权原则与传统帝国原则并用的特殊构成,导致了其单一制具有丰富的制度弹性,有些制度——民族区域自治、特别行政区自治以及基于分税制的财政联邦制——直接体现了某种联邦制原则或分权原则。中央政

---

① 参见苏力:《道路通向城市》,法律出版社2004年版,第75页。"我们转型期的中国法学家必须超越形式主义、法条主义和概念主义,必须有一种宏阔的学术视野,充分理解包括分权问题在内的宪政制度从来不是在真空或恒定的社会条件下形成的,而是在一个不断变化发展的社会环境中,在当代中国还必须在各种国际力量的互动中,逐渐形成的,它必须针对和解决的首先是当时社会所面临的根本问题。"(第70页)中央与地方关系的宪政研究,参见熊文钊:《大国地方》,北京大学出版社2005年版。
② 参见〔英〕布莱尔:《新英国——我对一个年轻国家的展望》,曹振寰等译,世界知识出版社1998年版,第300页。
③ 参见程祥国、韩艺:《国际新公共管理浪潮与行政改革》,人民出版社2005年版,第305页。
④ 参见丁煌:《法国政府的地方分权改革及其对我国政府管理的启示》,载《法国研究》2002年第1期。

府与地方政府的分权,一方面在于最大限度地抑制因中央集权而破坏宪制,另一方面在于最大限度地规避"政府俘虏"的风险从而保持社会发展的活力。这就是强化地方政府地位、推进地方自治的重要理由。意大利1968年颁布《州制实施法》和1999年、2001年两次修改《宪法》的事实证明了,单一制国家可导入高度地方分权,发展地方自治不一定非得采取联邦制。① 再说,分权(division of power)和放权(decentralization)是两个不同的概念。分权意味权力分开行使、一方不能代替或阻止另一方行使权力,还意味着权力的归属不同。如在美国联邦制中,州不能裁定州际贸易纠纷,因为州不具备这种权力;联邦不能干预各州州议会的投票程序,因为那纯属州的权力范围。分权意指在规定范围内分权各方对自己的事务有绝对自治权。而放权则意味着权力由中央政府流向地方政府,权力的终极仍控制在中央,地方作为中央的派出机构,从中央接受权力,发展地方事务。分权靠的是法律手段,各方权力通过宪法或其他基本法固定下来,而放权是中央政府通过行政手段来实行的,伸缩性很大,放权的尺度完全掌握在中央。讨论分权问题,我们需考虑分权的基础是什么,分什么权,按什么程序,如何保障分开的权力的合理性和不可剥夺性等。这显然涉及国家政体的重新定义。一如黑格尔所指出的那样,宪法基本上是一系列的调和,而不是一系列的反对……其中最重要的调和是协调政府和人民之间的关系……更进一步的调和渗透到政制结构之中,使"潜在的彼此反对的部门不至于陷入事实上的反对状态",并使它们彼此之间作出某种妥协,甚至互相传递信息和主张。② 中国的当前改革还处于放权阶段,我们所讨论的也是放权问题。在这个过程中,中央政府对于如何放权,放什么权,放权到什么程度的思考直接反映中央在多大程度上想改变或维持原体制。

当然,分权和放权之间并不是有一道不可逾越的障碍。放权在"量"上的积累,会导致分权在"质"上的突破。中国改革中的放权完全可能导致真正意义上的中央和地方的分权。如前所述,改革成果很大意义上是充分发挥了地方的积极性和主动性所取得,中央政府利用行政手段将一部分管理经济、商业、财政的权力下放地方,使地方有较大的决策空间和自由,根据本地区情况搞活当地经济,这种放权无疑会带来明显的经济效果。由于放权引发地方政策与当地民众利益开始挂钩,人民开始重视地方政府的功能和权力;地方政府也开始将追求本地区的实际经济利益作为施政目标,而不再像过去那样以服从中央为其最重要使命。为给本地区提供更多发展机会,地方政府会向中央提出更多的权力要求,包括将已经下放的权力用法律形式固定下来;经济发达地区的要求会更加迫切。没有政治和法律上对放权所提供的保障,地方政府的主动性和积极性不可能持久,它们考虑本地区的发展可能只是短暂的、投机性的。与此同时,中央权力一

---

① 参见〔意〕里佐:《法律的缘由》,李斌全译,浙江大学出版社2009年版,第37—41页。
② 参见〔德〕黑格尔:《法哲学原理》,范扬译,商务印书馆1996年版,第321—322页;〔美〕罗森鲍姆:《宪政的哲学之维》,郑戈等译,生活·读书·新知三联书店2001年版,第130—131页。

第四章　市场化政府经济行为的宪政语境

经下放,并不能随心所欲地收回,因为旧体制的效力已大为减弱。如果地方利益发展得很有根底了,中央要收回放出的权力,使地方利益得不到尊重,就可能引起强烈反弹。此外,经济改革通过行政性放权进行,因各地区客观条件不同,享受改革政策的程度不同,改革效果差别很大。这种差别从一开始就决定了各地区与中央争权要权的基础,地区间的经济效益差别肯定会不断加大,各地区人民的实际利益差距也会加大。这种同一国家构架下实际公民权利和地区权力不平衡(多层次)的情况会给改革深入带来巨大障碍。已享有"地方特权"的地区不会轻易让中央把放出的权力收回去。地方间争权争利会成为左右中央决策的一个重要因素,尤其是在地方的经济势力不断加强、而中央又不得不依赖地方的财政上交的情况下。这个时候,就不再是放权问题,而是分权问题。值得注意,有些地方政府在自身利益驱使下,对中央政策已出现了五种类型的歪曲执行:(1)"你有政策,我有对策"替换性执行;(2)搞"土政策"附加性执行;(3)"断章取义,为我所用"选择性执行;(4)"阳奉阴违"象征性执行;(5)"虎头蛇尾"敷衍性执行。"宪政政体必须不止是限制国家权力的政体,它必须能够有效地利用这些国家权力,制定政策,提高公民的福利。"①在这种情况下,中央政府应对中国政治的未来走向有现实预测,及早利用宪政制度将中央与地方的政治和经济关系原则规定下来,实现由政策调整到制度创新的转型。

所以,我们所面临的问题,不是"是否应当分权",而是"什么形式的分权会提升公共精神和公共价值"。换言之,分权是一种手段,而不是目的本身。从世界各国的政治运作现实看,无论意识形态的分歧如何,每个政府体制内都存在不同形式的分权。法国政治学家安德雷·拉焦尔在其1968年出版的《行政部门的机构》中,以中央与地方权力分配比例划分了两者间的三种关系:将地方政府的法律地位划分为三种类型:(1)政治分权型(中央与地方权力分配比例为1∶1)。地方政府的权威直接来自宪法,其与中央政府间是对等关系;地方政府相对独立于中央政府,其领导人由地方选举产生。(2)行政分权型(中央与地方权力分配比例为2∶1)。地方政府的权力来自于中央政府;地方政府从属于中央政府,其领导人由地方选举产生,但需中央政府的任命和认可。(3)行政权转让(权力下放)型(中央与地方权力分配比例约为4∶1)。地方政府的权力完全来自中央政府的授权;地方政府从属于中央政府,其领导人不由地方人民选举,而由中央政府直接任命;地方政府在财政上完全依赖于中央政府,是中央政府的派出机构。上述模型是一种理想化的分析模型。世界各国的地方政府很少有符合其中一种模型的,只能说是比较像某种模型而已。② 美国学者罗斯在《从中心政府到民族

---

① 参见〔美〕埃尔金、索乌坦编:《新宪政论》,周叶谦译,生活·读书·新知三联书店1997年版,第156页。
② 参见杨小云:《近期中国中央与地方关系研究的若干理论问题》,载《湖南师范大学学报》2002年第1期。

范围的政府》中从中央与地方的依存关系入手,将中央与地方的关系分为三类:相互独立(双方各不统属)、相互依存(双方在许多事务上彼此参与、共同合作)和单方依存。英国学者艾伦在为1987年《布莱克维尔政治经济学百科全书》撰写的词条中分析了世界各国中央与地方关系的发展历史,将中央与地方的关系归结为两类:合伙型与代理型。合伙型将地方与中央看作以合作者身份结合在一起,而代理型则以强制和统治来看待中央与地方关系。关键问题是:中央必须保留什么样的权力?地方必须拥有什么样的权力?中央与地方的权力关系用什么方式来加以保证?

"关系"一词实在是既简单又神秘:可以是一加一等于二;又可以是一生二,二生三,三生万物。1978年以来,我国中央与地方政府关系的改革过程,是中央政府向地方政府放权的过程,并形成了倾斜分权、纵向分权和经济分权三种倾向。这种分权趋势有利于形成适应市场经济发展的中央与地方政府关系,却带来一些新的问题,例如:(1)倾斜分权,导致了地方政府间不平等和不公正的竞争,扩大了东西部差距和利益矛盾,压抑了中西部地区的积极性,出现了资源配置和流向不合理的现象;(2)纵向分权,引发了地方保护主义、地方政府间不正当竞争、个人专断等诸多问题;(3)经济权力的下放,掩盖了政治权力的下放,形成了政治体制改革滞后的局面。[①]

"处理和汇总本土知识的最有效机制,是参与性政治体制(participatory political systems)。实际上,民主是一种建设好制度的元制度(metainstitution)。"[②]笔者认为,中国考虑分权问题应注意[③]:(1)明确中央政府的主导地位。对于中国这样一个内部差异性很高的"巨型社会"来说,高度竞争性的国家与社会关系以及高度竞争性的多元主义模式,可能不但不会发挥有效的利益集中作用,相反却很有可能因无法达成政治共识而导致社会分裂。[④] 中央政府应掌握与国家利益休戚相关的大权;管理日常经济与政治生活的权力应属于省和地方政府。这里涉及定义"中央性权力"和"地方性权力"的问题,而且这种定义也不是一成不变。中国实行的少数民族自治区制度包含分权的成分,虽实际自治的内容有限,但可作为一种参考模式。就目前中国的政治结构看,地方自治的内容可扩大到地方政府人员的产生和地方主要经济和社会政策的制定。(2)在坚持分权的同时,要建立富有成效的地方和全国选举机制。不能重新搞中央集权,否则中央与地方政府间关系又会走回头路。地方自治能力与效果如何,很大程度上受地方选举的影响。选举可将地方政府的决策与当地人民的利益直接挂钩。选举的具体事务(如时间、地点、方式等),可由各地政府按情况规定,但公民的选举资格与权

---

① 参见谢庆奎:《中国政府的府际关系研究》,载《北京大学学报》2000年第1期。
② 参见罗德里克:《相同的经济学,不同的政策处方》,张军扩等译,中信出版社2009年版,第8页。
③ 参见王希:《从美国联邦制的发展看中国的分权问题》,载《当代中国研究》1995年第2期。
④ 参见康晓光:《权力的转移》,浙江人民出版社1999年版,第195页。

力必须有全国意义上的统一法律。(3)中央对于地方的控制和管理应逐步从过去的单一的行政命令的方式转向财政调控。这是最为艰难的课题之一。没有对经济的有效控制权,中央政府将是无能的,但仅靠行政命令显然不能奏效。(4)中央与地方的分权须有法律保障,还要有法律意义上的仲裁机制。没有一个有效的相对独立的仲裁机构,不仅中央和地方的权力得不到保障,分权也不具有法律上的约束力。(5)在分权的同时,必须考虑建立全国意义上的对公民权力的保护机制。与美国联邦制的发展相比,中国目前已有了一个权力很大的中央政府,其功能发挥得恰当,改革可免走许多弯路。改革须最有效地利用现有机制的功能,对一些重大问题(包括公民的基本自由权,法律机制的建立,国家体制和国家权力的定义等)作出有利于全体人民的规定。

中国分权必须面对一些困难的现实问题,其中最困难的是分权与国家体制的定义问题。如果说放权是对原体制的调整和改革,分权则必须对原体制进行改变。分权的极限在何处?分权超过了现政体的可接受度,现行体制是否能容忍它继续下去?或新的体制能否在分权过程中顺利产生?中国境内自1997年后出现了同一国家构架下的多政治体制的事实。这些不同的"制"实际上是各地方政府拥有的"地方自治"权。这种意义上的"地方自治"不再是一个空洞的概念,也不是可任意收回的权力,它涉及地区和该地区人民的具体权利和利益,并具有一种国际效力。如果说香港、澳门等地可有如此的"自治权",其他地方(如四川、云南等)可不可以有同等的自治权?对这些问题的处理不能不涉及国家的政体定义问题。"地方自治"绝对不是宪法中纯粹的组织规定而已,不仅如此,它甚至还要求基于此种观点之下一个有效与完善的有给付能力的行政结构。中国的分权引起地方自治权的不平等,如何减少直至最终消除这种不平等关系国家政权稳固。

中国分权面临的另一个现实问题是分权与国家整体利益的关系问题。在考虑有效地改革国内政治管理的同时,中国必须注意在后冷战时代有效地利用国家的实力来保证国际间的和平和公平竞争。西方发达国家对联邦制的探讨,是为了在民族国家的前提下保持地方实体的人格独立性和自治权,以此取代"中心—边缘模式"。[1]"联邦既像一个小国那样自由和幸福,又像一个大国那样光荣和强大"[2],实现了自由与力量的统一。即使不采取联邦制,我国也必须将中央和地方分权关系制度化,"一方面是保证国家的统一,另一方面是为地方性秩序的形成发展创造可能性和激励因素"[3],进而提升整个国家的竞争力。笔者相信,"分权政府是市场机能的延伸,而不是市场机能的替代。"[4]

---

[1] 参见[美]伊拉扎:《联邦主义探索》,彭利平译,上海三联书店2004年版,第16页。
[2] 参见[法]托克维尔:《论美国的民主》(上卷),董果良译,商务印书馆1993年版,第183页。
[3] 参见苏力:《当代中国的中央与地方分权》,载《中国社会科学》2004年第2期。
[4] 参见干学平等:《现代经济学入门》,经济科学出版社1998年版,第538页。

中国宪政制度的构架须重新规划国家结构形式,切实减少行政层次,妥善处理经济区划和行政区划的关系。中央和地方的关系难以规范化的重要原因之一就是地方层次太多。然而,如何减少层次?从哪个层次减起?从国家结构形式的角度讲,坊间有观点如下[①]:(1) 三实两虚论。如于鸣超认为,五级政府层级可保留,但应三实两虚:三实指中央政府,州、府、都政府,市、乡、镇、坊政府;两虚是指县政府,省政府。(2) 四级政府论。邓大才认为,乡级政权没有多少法定职能和实际职能,运作成本很高,是农民负担过重的重要根源,也是不正之风的根源之一,应撤销乡级政权机构,实行四级政府。值得一提的是,胡鞍钢曾主张取消州级政府,实行另一种模式的四级政府:中央政府、省、直辖市、自治区政府、市、县政府、区、乡政府。胡鞍钢的观点得到了政府部门的重视和实施。(3) 三级政府论。张怀远认为,州级政府没必要设立,可撤销,而代之以省级政府驻地方的代表。"中国自古以来实行郡县制,旧日皇权不下县,这种体制一直延续到清朝。"应取消乡级政权的建制,五级政权将简化为中央、省、县三级政权。(4) 两级政府论。刘大生主张,保留两级政府——中央政府和市政府,其余三级政府不予保留。争议颇大,但存在共识:机构改革不仅仅是横向的,也要进行纵向的机构改革,而纵向机构改革的任务是减少层次而不是增加层次。

至于协调行政区与经济区关系的基本思路,主要是按照市场经济发展规律的要求,在经济体制改革中,淡化地方政府的区域利益主体角色,彻底转化其经济职能,由以行政区经济为基础转化为经济区经济为基础,构建宏观分级调控体系。遵循这一思路,重构地方经济行政系统的框架,应从区域调整和区域经济行政系统调整两方面着手。

区域调整应从行政区划和经济区划两层面采取措施:(1) 合理调整行政区划。即按照经济区的实然格局,并适当考虑经济区格局的未来变化和民族区域自治政策,对行政区划作调整,使其尽可能与经济区格局相适应。改变"一刀切"式的实行"市带县"体制的作法,对经济实力较强的中心城市的地区可实行"市带县"体制,但"市带县"的地域范围不能超出中心城市经济辐射能力的有效范围;中心城市经济实力不足的地区不实行"市带县"体制。有趣的是,现行省级区划数量 2005 年时曾据报道可能由当时的 32 个增加到 50 个,网络上甚至出现了一张重新划界后的行政区划图。后来有关部门出面澄清,说"那只是一个学者建议方案,并非定案"。(2) 合理调整经济区划。鉴于行政区划必须保持相对稳定性,现阶段在既存行政区划的基础上划分经济区,应贯彻"国民经济全面发展与充分发挥地区优势相结合,地区经济现状与远景发展相结合,地区经济中心与其吸引范围相结合,以及地区自然条件、资源的相关性、地区经济联系的合理性和地区经济发展方向的一致性相合"原则。生产力布局(尤其是重大工程项目布

[①] 转引自刘大生:《城市宪法地位及城市体制改革研究》,载台湾《中华人文社会学报》2004 年第 1 期。

局)对经济区的形成有决定性作用,而生产力布局在政府职能尚未转换到位的现阶段又受到行政区划的制约,所以,应注重弱化行政区划对生产力布局的影响,在宏观上科学布局生产力,特别是要逐步改变和防范地区产业布局同构的现象。

区域经济行政系统调整是与区域调整相对应,并且制约区域调整的一个方面,应当围绕转换地方政府经济职能这一问题,对机构设置和权限划分作适当调整。这也应当从行政区和经济区两个层面采取措施:(1)在行政区层面,为淡化地方政府的区域利益主体角色,减少和消除地方政府的不合理经济行为,应当实行倾斜发展与公平发展相结合、区域政策与产业政策相结合的区域经济政策;构建开放式的区域市场体系;合理划分中央与地方的权限,并使财权与事权相适应;引导和促使政府职能由管理型向服务型过渡。(2)在经济区层面,鉴于目前行政区的区域利益主体角色弱化不够而经济区区域利益主体和决策主体缺位的局面,为建立以经济区为主体的宏观分级调控体系,应建立跨行政区的经济区协调与管理机构,允许其在各相关行政区共同参与和协商下行使一定的决策权、调节权和争端处理权;制定一套经济区内各相关行政区政府或其部门相互沟通、谈判、协作的制度,以实现经济区内各利益主体相互竞争与合作的规范化。

三、实践层面

民主化是全球大趋势,宪政民主是国家建设的目标。但世界经验显示,民主化可以是一股强大的摧垮非民主的旧制度的力量,却很难充当同样强大的力量来建设新制度:许多国家制度和国家机器就不是通过民主化建立起来;一旦民主化到来,或者一个国家成为民主政体后,有些国家制度就再也建立不起来了。因此,民主化可能不是一个国家建设的过程,而是一个国家解体的过程。[①] 国家建设是民主化的前提条件。从这个意义讲,"宪政民主是一个制约与平衡的制度。它在绝对价值与竞争价值中寻求平衡。政府必须在个人自由与集体安全和社会需要之间实现平衡。"[②]作为大国,中国的经济分权体制必然被保留,而作为减少经济分权的负面影响的相应的政治集权制度难被放弃。理论上说,功利主义(即最大化最大多数人福利)的中央政府加上经济分权创造出的地方政府在梯布(Tiebout)意义上的竞争,是一种实际上的民主,这种民主可能还优于西式民主。[③]中国宪政调整只需在经济分权和政治集权的框架下引入更多的更有效的政治竞争和权力制衡,让更多民众参与政策决定过程,改进各级地方政府的治理和责任

---

① 参见郑永年:《政治改革与中国国家建设》,载《战略与管理》2001年第2期。
② 参见〔美〕伯恩斯等:《民治政府》(第20版),吴爱明等译,中国人民大学出版社2007年版,第549页。
③ 姚洋曾指出,泛利性政党和地方性创新的成功结合,是中国改革开放以来经济增长的重要制度特征。东亚的成功得益于它的泛利性政府,即关心全社会长远利益的政府。这样的政府有利于赶超,也有利于发展模式的转型。参见参见姚洋:《地方创新和泛利性执政党的成功结合:对改革开放以来制度变迁和经济增长的一个解释》,天则经济研究所255次双周学术讨论会(2005);《泛利性政府》,载黄少安主编:《制度经济学研究》(第6辑),经济科学出版社2005年版,第1—10页。

制,以及削弱地方政府直接干预经济(特别是投资)的能力。抽象的价值诉求必须辅之具体的体制诉求加以体现。换言之,宏大价值的实现,主要依赖于具体政制、法律和程序。只有通过"具体法治"①才能使宪政、民主和法治达到名归实至的境界。那么,从哪个角度、何种制度切入,有助于破解当下中国的宪政困局,在错综复杂的利益格局和陈陈相因的制度沉疴中为市场化政府经济行为的规范运作奠定良好的宪政基础?

有国家就有财政,就存在财政问题,"任何一种社会制度只有在一定阶级的财政支持下才会产生。"②由于现代政府的巨大规模,没有财政政策就等于宣布死亡。熊彼特指出:"一个民族的精神,它的文化水平、它的社会结构、它的政策所部署的行动,所有这些以及更多的东西都被写进它的财政史之中。……谁懂得如何倾听它的信使的声音,谁就能在这里比其他任何地方更加明了地识别世界历史的雷鸣。"③法国学者布丹强调公共财政之于国家运作的决定性意义,并形象地比作国家的神经。④ 2008 年 3 月 18 日,温家宝在中国共产党十七届二中全会答记者有关政府改革的提问时强调:"一个国家的财政史是惊心动魄的。如果你读它,会从中看到不仅是经济的发展,而且是社会的结构和公平正义。"⑤财政是庶政之母、民生之喉、防腐之源、改革之基、富国裕民之道。"每个社会问题,实际上还有每个经济问题,说到底都是财政问题。"⑥

笔者认为,财政的本质在于它是公共风险的最终承担者,承担制度成本和最终风险。谋求本级政府财政收入最大化是各级政府的最高目标,中央与地方关系的实质就是中央财政与地方财政之间的关系。或者说,财政关系是政府间关系的核心问题⑦,税收的征集和分配从根本上影响着中央与地方关系。⑧ 季卫东在讨论联邦制、中央和地方关系,以及宪法的妥协性问题时指出,地方独立运动对中国来说是一场风险很大的游戏。中国的财政历来都是"单一制"体制,即中央政府对税收拥有完全的决定权,税种、税基和税率都由中央政府决定,全国实行统一标准。这种体制相对于以美国为代表的"联邦制"显得高度集权化,不利

---

① 参见贺卫方:《具体法治》,法律出版社 2002 年版。
② 参见《列宁选集》(第 4 卷),人民出版社 1995 年版,第 769 页。
③ 参见〔美〕萨缪尔逊、诺德豪斯:《经济学》(第 12 版下册),高鸿业等译,中国发展出版社 1992 年版,第 1214 页。
④ See Michael Mann, *State, War and Capitalism*, Blackwell, 1988, p.76.
⑤ 参见许斌:《财政体制改革:一场要将政府关进笼子里的改革》,载 http://news.sina.com.cn/c/2008-03-31/173315262826.shtml,2008 年 4 月 6 日访问。各个社会群体或明或暗的利益诉求,最后都会集中于财政这一点上,那就是如何收钱与用钱,并因此决定了社会的发展方向与公平、公正程度。进行财政体制改革,就是将政府关进笼子里的改革。
⑥ 参见〔美〕贝尔:《资本主义文化矛盾》,赵一凡等译,生活·读书·新知三联书店 1989 年版,第 287 页。
⑦ 参见董礼胜:《欧盟成员国中央与地方关系比较研究》,中国政法大学出版社 2000 年版,第 11 页。
⑧ 参见〔英〕梅尼、赖特:《西欧国家中央与地方的关系》,朱建军等译,春秋出版社 1989 年版,第 27 页。

第四章　市场化政府经济行为的宪政语境

于地方经济的发展和地方政府提供有效率的公共服务。20世纪80年代改革以来,虽然"单一制"体制没有改变,但是税收分配和支出责任变得越来越分权化,中央政府与地方政府实行"分灶吃饭",这给地方经济发展提供了强劲的动力。有些学者甚至认为,这种财政分权化的进程是我们理解中国经济改革成功的关键所在。① 但是,这种分权化与财政联邦制的分权化又完全不同,其特点是预算支出高度分权,但预算收入却在20世纪90年代中期分税制改革以后变得越来越集权化。同时,由于预算外资金处于完全分权的状态,中央对于地方政府的预算外资金几乎没有控制能力,这也导致了地方政府越来越热衷于"法外寻钱"。1980年以来的分权化改革在事实上已经形成了"功能性地方自主权",但离真正的地方自治还有很大的距离,单一制国家压抑了地方自治,于是联邦主义应运而起,寻求一种能够统合中央与地方立场的制度安排,它是妥协性的制度中介机制,首当其冲的是要处理好中央与地方的财政关系。② 因此,财政分权即中国式财政联邦主义(chinese style fiscal federalism)③,以及相应的地方财政税收制度成为一个焦点和切入点,有望起到事半功倍的效果。④ 进行相应的地方财政税收体系的改革,将地方财政转变为公共财政,势在必行。

多级政府结构的存在,衍生出中央政府与地方政府职责划分的议题,同时也衍生出政府之间财权与事权的匹配问题。职责的划分一般应遵循中央与地方政府关系的基本法律制度规定。很多国家将这一内容作为宪法的重要内容之一,规定政府整体与构成部分之间纵向权力和职能关系的划分标准,从而实现政府职能的纵向和横向配置的制度化,减少由于职能不清晰而产生的越权或推诿责

---

① See Qian Yingyi, Gabriella Montinola & Barry Weingast, Federalism, Chinese Style: The Political Basis for Economic Success in China, *World Politics*, Vol.48(1), October, 1995.
② 参见季卫东:《宪政新论》,北京大学出版社2002年版,详见"第八章宪法的妥协——对联邦主义及社会整合的看法"。
③ 财政联邦主义源于Wallace Oates1972年由纽约Harcourt Brace Jovanovic出版的同名著作。以钱颖一为代表的一批经济学家从软预算约束的视角出发,认为分权化制度安排可向地方政府提供市场化激励,保持和促进市场化进程,即"维持市场化的联邦主义"(market-preserving federalism)。See Qian Yingyi and Barry R. Weingast, Federalism as a Commitment to Preserving Market Incentives, *Journal of Economic Perspectives*, Vol.11(4), 1997, pp.83—92;钱颖一:《地方分权与财政激励:中国式的财政联邦制》,载http://bbs.cenet.org.cn/html/board48/topic12340.htm,2008年5月1日访问。
④ 近年来我国关于财税与宪政关系的论著大规模涌现,举其要者,如〔英〕斯塔萨维奇:《公债与民主国家的诞生》,毕竞悦译,北京大学出版社2007年版;〔美〕霍尔姆斯、桑斯坦:《权利的成本》,毕竞悦译,北京大学出版社2004年版;葛克昌:《税法基本问题(财政宪法篇)》,北京大学出版社2004年版;葛克昌:《所得税与宪法》,北京大学出版社2004年版;黄俊杰:《税捐正义》,北京大学出版社2004年版;周刚志:《论公共财政与宪政国家》,北京大学出版社2005年版;刘守刚:《西方立宪主义的历史基础》,山东人民出版社2005年版;朱孔武:《财政立宪主义研究》,法律出版社2006年版;刘丽:《税权的宪法控制》,法律出版社2006年版;钱俊文:《国家征税权的合宪性控制》,法律出版社2007年版;朱丘祥:《分税与宪政》,知识产权出版社2008年版;翟继光:《财税法原论》,立信会计出版社2008年版;刘蓉、刘为民:《宪政视角下的税制改革研究》,法律出版社2008年版;孙健波:《财税改革的理想与现实》,经济科学出版社2008年版;等等。

任行为。① 转型国家,包括欧洲和中亚国家在转型之后,也开始了对原有法律和制度框架的一系列废弃、修正或转化的工作,试图通过职责的明晰来加快财政改革的进程,对我国制度建设具有借鉴意义。图表4-1列举了转型国家地方政府的法律基础。②

图表4-1 转型国家地方政府的法律基础

国家	法律基础
亚美尼亚	地方自治法(1996)、地区管理法、预算制度法(1997)、财政均等化法(1998)
阿塞拜疆	预算法、地方行政权力由总统指定的地方官员履行
白俄罗斯	年度预算法
爱沙尼亚	宪法、地方政府组织法和其他法律
格鲁吉亚	宪法、预算法,没有正式的职责划分
哈萨克斯坦	宪法(第一部分第87条)、地方政府预算制度法(2001)
吉尔吉斯斯坦	宪法、地方自治法、预算原则法
拉脱维亚	地方政府法(1994)、地方政府预算法(1995)、预算和财政管理法(1994)
立陶宛	行政区域和边界法
摩尔多瓦	地方财政和1999行政地区改革法,年度预算决定了税收分享
俄罗斯	宪法、预算法
塔吉克斯坦	宪法
乌克兰	宪法和总预算法
乌兹别克斯坦	宪法和预算制度法
阿尔巴尼亚	地方政府组织和职能法(2000)
保加利亚	宪法、国家预算法、市政预算法
捷克	宪法、市政法、地区法、预算法则
马其顿王国	地方自治法(2002)
匈牙利	宪法和其他一系列法案
波兰	地方财政法、公债法、公共财政法
罗马尼亚	宪法、地方财政法(1998)、地方公共管理法(2001)
南斯拉夫	地方自治法

资料来源:国际货币基金组织2002年。

一般说来,根据奥茨的"财政分权"理论,中央政府应致力于全国范围内的宏观调控和收入再分配,地方政府则应致力于优化本地区的资源配置。通过公共资源配置的分权化决策模式,赋予地方政府更大的资源配置权力,替代中央政府

---

① 参见〔加拿大〕安德森:《联邦制导论》,田飞龙译,中国法制出版社2009年版,第46—63页;〔日〕三浦 隆:《实践宪法学》,李力等译,中国人民公安大学出版社2002年版,第259—276页。
② 参见王莹:《财政均等化理论与实践》,中国财政经济出版社2008年版,第129—130页。

集中的、标准化的集权决策模式来配置公共资源,能更好地满足社会公众多样化的公共需求。根据公共物品的受益原则,赋予地方政府更多的公共物品供给权力,能有效的解决公共产品的成本和收益在辖区间的外溢问题,在一定程度上克服公共物品消费上的"搭便车"行为。适度分权还有助于分散中央政府的财政负担和决策风险,增强地方政府治理公共事务的积极性、主动性和责任心。实践证明,适当分权的政府可使地方政府具有比较准确的成本和收益观念,贴近公民需要,切实履行为公民服务的责任,从而更好地实现配置效率;可减少"搭便车"的问题,减少寻租和腐败;可培养公民的自主和自治能力,减少政府的压力,使政府能够将有限资源用于最为迫切需要解决的问题上。

在中央与地方政府的权力划分关系中,其内容主要有事权、财权、责任的划分,其中事权划分是基础,财权和责任划分应当与事权划分相对应。事权划分的主要依据是不同层次的公共物品的受益范围。受益面及于全国的公共物品,应当由中央政府提供,提供这种公共物品的事权就划给中央政府;受益面及于某地方的公共物品,应由该地方政府提供,提供这种公共物品的事权就划给该地方政府;受益面从一定角度看限于一定地方而从另一角度看及于全国的公共事务,应按照中央政府为主、地方政府为辅的原则进行事权划分。在明确事权划分的基础上,应进行相应的财权划分。财权大小原则上取决于事权大小,但在地方经济和财政水平不均衡的情况下,一方面可在建立地方财政监控体制的前提下开放地方国债发行等融资渠道,另一方面有必要通过转移支付满足各地方实施事权的财力需求。回顾20世纪初20年代联省自治运动的经验,当时各省以地方税收为担保,曾多次成功地向公众发行过地方政府债券。有地方自治体的独立人格,再配以中央的契约化的权威和统一的协调能力,这种地方自治和联邦主义的政体安排,具有比中央集权制下的垂直管理更巨大的资源整合优势,既定条件下能滋养更强的国家能力。当前体制下,对地方债务的担保责任将给中央政府构成极大的经济和政治风险的捆绑。不能实现"信息充分披露"的非民主化体制,既不能给地方利益宪法上的名份,也不能给中央政府在支持地方发行市政债券的足够信心。最终如林德布洛姆所说,在许多只需要一根手指的地方,"却总是会出现一根大而无当的拇指"。那种简单地认为中央集权程度与国家能力大小成正比的观点,是经不起推敲的。一种非民主化的中央集权制度,不但损伤政府与人民之间的信任,而且也必将增加中央政府与地方政府之间的交易成本,从而削弱国家能力。[①] 财权的划分应注意中央政府与地方政府在财政收入权限,尤其是征税权限上的权力划分。历史上,税是触发宪政民主的导火线。无论是1215年的《大宪章》还是1776年开始的独立革命,和税都有着不解之缘。[②] 人民对税的

[①] 参见王怡:《宪政主义:观念与制度的转捩》,山东人民出版社2006年版,第338—339页。
[②] 参见张千帆:《宪法学导论》,法律出版社2004年版,第60—61、74—76页。

控制就是现代宪政民主的代名词。如以姜士林等主编的《世界宪法全书》①作为基本材料来源,对其中所搜集的亚洲、欧洲、美洲和大洋洲的 111 个国家的宪法文本进行考察,我们不难发现,包含有税收条款的有 105 个,占 94.6%,其中包含明确的税收法定原则的有 85 个,占 81.0%。责任的划分,应遵循权责对称原则,依事权和财权的大小进行分配。

笔者认为,在财政分权制度设计中,应重视中央政府的作用,让中央政府行使主要的财政立法权,使其拥有一定的宏观调控工具,如根据经济形势的需要开征或停征税种、调整税目、调节税率等②,同时在财政收益权和支出责任的划分上,让中央政府享有更多的收益权,而支出责任则适当向地方政府倾斜,使中央政府具有相应的财政实力完成其在经济体制运行中须完成的调控任务。"当今世界正在被捆绑为一个单一的全球化市场和村落,其程度和深度是前所未有的。另外,能享用当今全球化经济和信息网络,并被它们影响的人们和国家的惊人数量也是前所未有的——这个全球化的新纪元——是被涡轮增压的。"全球化"不仅仅包括经济活动跨越国境的地理扩张,而且更重要的是包含在国际上分散的经济活动的功能一体化,因此,本质上它们反映了经济活动组织方式的质变。"③全球化时代的突出特征是国家间在贸易、金融、投资等领域的相互依存关系日益密切,经济一体化程度加深,国际市场的风云变幻对国内市场的影响越来越大,影响国内经济稳定运行的外生变量越来越多。国际竞争带来的是工资低廉和工作条件恶劣的国家的"社会倾销"(social dumping)。分担一国内部各区域不均匀冲击和宏观经济波动的风险,要求更大的政府以及国家内部更强的财政集中化。此外,如果全球化促进了一国内部的异质化,考虑到社会对收入不公平的不满,以及不公平本身又很可能导致政治方面的分离,那么就有压力要求更多的政府支出用于再分配。换言之,全球化要求各国、特别是发展中国家的中央政府具备相应的能力去处理经济稳定和社会再分配问题。体现在财政分权领域,就是财政权限的划分要保证中央政府具有足够的财政权力,包括建立地方财政监控体制,去应付上述问题所带来的挑战。

地方财政监控体制主要有三种模式,其中以《俄亥俄州地方财政紧急状态法》(1979 年通过,1985 年修正)为标志的美国模式专门为预警目的而设立;以 1998 年 78 号法案为标志的巴西模式,以及以 1993 年 80 号法案和 1997 年第 358 号法案为标志的哥伦比亚模式都旨在为中央政府控制地方债务提供依据。类似的地方债务控制体系在其他国家得到运用(参见表 4-2 部分国家对地方政府借

---

① 参见姜士林等主编:《世界宪法全书》,青岛出版社 1997 年版。
② 在大型非现代国家中,国家与民众之间总体上的主要联系在于国家征税。参见〔英〕吉登斯:《民族—国家与暴力》,胡宗泽等译,生活·读书·新知三联书店 1998 年版,第 69 页。
③ 参见〔英〕迪肯:《全球性转变》,刘卫东等译,商务印书馆 2007 年版,第 10—11 页。世界被捆绑为一个全球市场的研究,详见〔美〕塞诺:《捆绑的世界——生活在全球化时代》,江立华等译,广东人民出版社 2006 年版。

款的限制)。① 虽然中国地方政府不得向银行借款和发行公债,但这并不意味着上述国家所使用的风险指标对中国没有任何借鉴意义。事实上,中国地方政府同样面临着偿付风险和流动性风险,只是这些风险从表面上看在中国表现为政府可能对担保、工资、各种社会保障支出的违约,和无力提供最基本水准的公共服务,而非对正式债务的拖欠。

表4-2 部分国家对地方政府借款的限制

国家	债务还本付息比例	债务收入比例	其他限制
日本	三年平均值≤20%(与普通收入相比);如果超过20%,有更多限制条件	无	主要用于地方基础设施项目;不允许向国外借款
印度	无	无	主要用于地方基础设施项目;不允许向国外借款;长期借款只能用于投资;由省政府逐项审批
意大利	≤25%(与一般收入相比)		用途仅限于资本性支出;不允许向国外借款
俄罗斯	≤15%(与一般收入相比)	≤30%(州) ≤15%(州辖市)	
立陶宛(提案)	≤15%(与一般收入相比)	≤30%(与总收入相比)	无国家担保;财政部能够降低省辖市的借款上限;长期借款只能用于投资
西班牙	≤25%(与总收入相比)		长期借款只能用于投资;向国外借款需要经过审批

值得注意的是,我国财政分权改革以来,关于中央与省级政府之间关系,一直是学术热点和实践焦点。1994年分税制改革,促使地方政府产生"地方政府公司主义"冲动,改变财政承包制时期的"避高就低"模仿性策略,转而采取差别化竞争策略,推动地区经济增长。这种自发性改革遇到的问题是:省政府通过和地方官员合谋可从省级人民银行获得大量廉价贷款,我国《中国人民银行法》禁止中央银行直接贷款给地方政府,后来又实行中国人民银行垂直和划区领导体制,试图堵住了"软预算约束"的漏洞,避免政府出于仁慈或者政治考虑向国有企业通过银行提供经济援助。但是,省以下基层地方政府间关系在财政分权改革中的变迁问题,却尚未得到充分讨论和有效探索。改革开放三十年来,从改革之初推行的"地市合并",到21世纪初为"强县扩权"而试行的"省管县"模式,地方各

---

① 参见 Hana Polackova Brixi、马骏主编:《财政风险管理》,梅鸿译校,中国财政经济出版社2003年版,第238—278页。

级政府间关系经历了一个否定之否定的"分中之分"的发展路径。① 2009 年 7 月 9 日,财政部公布《关于推进省直接管理县财政改革的意见》,"省直管县"财政改革将在 2012 年底前在大部分地区推行。分权化改革,使得省以下政府间财政利益逐渐分化,不同政府部门之间在财政收入方面的竞争日趋激烈,对自身利益的关注成为主导地方政府政策决策过程的首要因素。一系列旨在增加地方财政收入的政策被制定,用以保证地方政府的运转和公共服务职能的履行,在此过程中,政府的政策取向在对上和对下两个纬度上逐渐呈现出截然不同的特征。② 与此同时,乡镇政府受到较多关注,许多方面取得了开创性的研究成果。如沃尔德提出改革中国地方政府具有的"公司化"特征,将地方政府(乡镇政府)直接比喻为"厂商";奥伊在分析了以乡镇企业为经济基础的农村改革中乡镇政府的"商品化"特征后,提出了乡镇政府的政府职能与经济职能合一的制度形式为"集体法团主义"。维克多·尼也从"市场过渡理论"和对政治权力和地方经济关系的探讨,以过渡经济中不确定性增加的制度环境出发,来解释所称的"地方法团主义"等。荣敬本研究表明,县乡两级行政体制是典型的"压力型体制",从县到乡甚至到村层层加压,各种考评升级活动导致了基层政权各种各样的问题。③ 张静在分析乡村基层政权在基层管理中所起的作用时,提出了"政权经营者"的概念,认为"基层政权的组织头衔、集体代表等公共地位,合理发展出了他们对公共资产的合法运行权"。基层政权的一个引人注目的新角色是"从事经营,成为经济行动者"④。任宝玉以我国中部农业地区的刘乡为个案,以"财政合法性"概念为基本分析工具,深入考察了乡镇财政设立以来至农村税费改革这二十多年来刘乡财政的发展演变特点及其政治意义。⑤ 但是,这些研究较少地将关注点放在更高一级的政府行为,即县级政府行为的研究上。

---

① 参见韩大元主编:《公法的制度变迁》,北京大学出版社 2009 年版,第 275—280 页。
② 参见张闫龙:《财政分权与省以下政府间关系的演变》,载《社会学研究》2006 年第 3 期。
③ 参见荣敬本:《从压力型体制向民主合作体制的转变——县乡两级政治体制改革》,中央编译出版社 1998 年版;《再论从压力型体制向民主合作体制的转变》,中央编译出版社 2001 年版。
④ 参见张静:《基层政权:乡村制度诸问题》(增订本),上海人民出版社 2007 年版。此前,杜赞奇针对中国乡村基层政府的行为提出基层政权"内卷化"(involution)概念,描述 20 世纪前半期国家政权的扩张过程中正式机构和非正式机构同步增长,正式机构可依靠非正式机构来推行自己的政策,但它无法控制这些机构,从而导致乡村政治发展停滞不前,甚至出现政治衰败和乡村革命。参见〔美〕杜赞奇:《文化、权力与国家》,王福明译,江苏人民出版社 1995 年版。沿此思路,张静分析了乡村地方权威与地方公共利益相分离从而成为利益联盟,基层政权相对于国家、相对于农民都具有自主性,正是这种自主性的存在以及地方权威和地方利益的分离造成了当前乡村的冲突与秩序。
⑤ 参见任宝玉:《财源政治:"财政下乡"视角下的财政合法性研究——河南省刘乡的个案研究》,中国社会科学出版社 2008 年版。在传统财政体制下,乡镇财政增长的同时伴随着财政合法性下降的趋势,其根本原因就在于乡镇财政过程缺乏群众的合法性认同。农村税费改革解决了传统意义上的农民负担问题,其政治意义不可高估。建立与市场经济发展相适应的农村公共财政制度,是确立农村基层政府财政合法性、实现农村社会稳定与发展的根本途径。吴毅的《小镇喧嚣:一个乡镇政治运作的演绎与阐释》(生活·读书·新知三联书店 2007 年版)、刘能的《等级制和社会网络视野下的乡镇行政:北镇的个案研究》(社会科学文献出版社 2008 年版)和黄玉的《乡村中国变迁中的地方政府与市场经济》(中山大学出版社 2009 年版)也属于同类研究。

第四章 市场化政府经济行为的宪政语境

笔者认为,无论从我国《预算法》的相关规定,还是县域经济的蓬勃发展,县级财政制度是地方财政制度建设的重中之重,亟需完善。而这种制度完善,须立基于改革开放以来县级地方政府的不断变化的角色定位上。改革开放三十年来,从我国制度变迁本身的嵌入性、意识形态、路径依赖等理论层面系统分析,县级地方政府经历了制度变迁的三个阶段,其政府行为模式也发生了重要变化:(1)主导型政府行为(1984年县级机构改革至1993年财政分税制实施前)。改革初期,由于原有行政体制的路径依赖作用,县级政府依然通过带有单位制特征的行政行为模式,强化经济部门的功能和职责,很大程度上扮演了"政府经济人"的角色;作为一级行政法人机构,拥有政治权力的政府组织,行使着政治、经济和社会的职能,具有很强的动员和调度各方面资源的能力;主动经营国有、集体企业,而且在逐步走向市场化的制度环境中利用自身的优势和权力为企业获得资源。政府权力与市场紧密结合,在乡镇政府更为直接地介入所属企业的过程中起着决定性的作用,以实现政府利益最大化。(2)推动型政府行为(1994年财政分税制实施至2002年国有集体企业改制完成)。自1994年财政分税制改革后,国有集体企业实施股份制和公司制改造,乡镇企业实施改制。特别是1998年开始推行的国有集体企业改制,使县级政府不再对企业组织进行直接控制,不再直接干预企业经营和决策,不再扮演"政府经济人"的角色。政府与企业的关系在相当程度上体现在企业为政府提供更多的税收上。企业获得最大化的经济效益的结果,使政府有可能通过税收制度实现自身利益的最大化,在社会财富的再分配过程中去满足社会的公共利益。(3)服务型政府行为(2002年国有集体企业改制完成至今)。随着国有集体企业改制的完成,县级政府从企业的市场运行中脱离出来,通过从"新公共管理"的角度出来营造公共性的市场环境,试图与企业之间建立起"互助"或"互惠"的关系。县级政府在职能上朝向"治理"方面发展,通过更合理和积极地处理与公共利益的关系,为构筑适应新的制度背景下的政府与企业、公共利益之间新型的"公共空间"提供了可能。县级政府借助这种新型"公共空间",在经济和社会发展方向上谋求政府利益和效益的最大化。[①]

就县级政府行为来说,特别是县级政府的专门机构行为来说,有三个重要因素决定着其模式、作用及其效果:(1)宏观政策或制度层面,来自中央政府或上级政府的、由政府命令和法律引入实行的强制性制度变迁力量,无论是体制改革过程中的新型机构设置与职能配置,还是国家政策在基层行政组织中的具体安排和调整,都作为强制性制度变迁的基本动力,通过正式制度的形式决定并影响着。(2)当地经济发展水平的限制、要求和促动。当地经济发展的水平会形成一种诱导性的制度变迁力量,促使县级政府的相关机构在响应获利机会时自发倡导、组织和实行制度变迁。(3)行政意义上的制度安排层面,县级政府以经济

[①] 详见胡伟:《制度变迁中的县级政府行为》,中国社会科学院2005届博士论文(导师为李汉林)。

指标为核心的考核体系所形成的内部需要,亦是促发制度变迁的重要动力。这一因素主要表现在两个方面:一是衡量县级政府政绩的经济指标,二是其他地区同级政府在经济体制改革过程中的示范效应。

  财政供给的能力和结构是制约地方政府的存在规模和运行效率的瓶颈。现代各国的地方政府,都兼有公共管理者与国有资产所有者的双重身份[①]。公共管理者作为政权主体,对所辖区域的公共事务行使管理权,而所有者作为所有权主体,对国有资产和国有企业行使所有权。二者的主要区别在于:(1)管理领域不同。公共管理者所管理的范围及于政治、经济、社会等各领域,不受所有制的限制。而所有者所管理的范围只限于国有资产的运行和占有国有资产的机关、企业和事业单位。(2)管理目标不同。作为公共管理者应当追求政治、经济、社会等多重目标,如政权稳定、国家安全、宏观经济均衡、市场竞争有序等。而作为所有者对经营性国有资产应当追求保值增值目标,而对非经营性国有资产应当追求非营利性的使用效益目标。(3)干预方式不同。公共管理者以公权介入的方式干预市场,相对于市场交易者与竞争者而言属于局外人;所有者利用其资产进入市场,以其市场参与行为进行干预,在市场中不仅是干预者,而且还是市场交易与竞争的当事人。尽管如此,二者还有许多共性,如都是公共产品(或准公共产品)的提供者、都应当追求社会公益目标。在市场经济中,公共管理者和所有者是两种不同性质的主体,其地位和运行规则存在明显差别,因而各市场经济国家将二者相对分开,即设置专门机构行使所有者职能,并为国有资产的运行制定特别规则。我国地方政府的公共管理者和所有者的双重身份,由合一走向分开,就需要财政由"单元模式"转向"双元模式"。在计划经济体制下,公共管理者和所有者双重身份合一存在于地方政府,由此决定着当时财政处于单元结构,财政分配主体是作为政权主体和所有权主体统一体的政府。此时的地方政府,作为政权主体要承担公共管理任务,作为所有权主体要承担整个国家的经济建设和组织企业生产经营的任务;而此时的财政,必须同时兼顾政府履行这两种身份的职责的财力需要,既要保证公共需要的财力,又要满足国家经济建设和企业生产经营的资金需要。我国正处在经济体制转轨阶段,地方政府的双重身份分开已是大势所趋,然而,财政模式未能及时从实质上作出相应的变迁。虽然在财政改革中已出现了"双元模式"的迹象,如财政收入中的利、税分开,但在财政支出体系中却未能形成清晰的双元格局,即公共财政支出和资本财政支出仍存在一定的混淆,特别是资本财政支出挤占公共财政支出的现象相当严重,以致普遍存在着公共管理部门资金短缺的现象。为此,财政体制上应建立与地方政府双重身份分开相应的"双元模式",一是以税收为主要收入形式、以提供公共管理和服务为支出目的的非盈利性公共财政;二是以国有资产增值性收入的集中部分为主

---

  ① 政府双重主体假定的论述,参见刘尚希:《财政风险:一个分析框架》,载《经济研究》2003年第5期。

要收入来源、以国有经济的经营为支出目的的盈利性国有资本财政。为确保"双元财政"的独立运行,应当实行严格意义的双元(复式)预算,分别设置各自收支项目,同时还应在制度上划清"双元财政"的界限,对"双元财政"的运行实行严格的隔离控制,并制定不同的运行规则。为扭转迄今为止存在的公共财政支出严重不足、资本财政支出比重过大的局面,应伴随着国有经济宏观布局的调整,特别是国有资本从某些竞争性行业的退出,调整财政收支结构,适当提高公共财政的比重和地位、降低资本财政的比重和地位。但应明确的是,在社会主义市场经济体制中,应确保资本财政的比重和地位能够满足国有经济发挥主导作用的财力需求。

第五章 市场化政府经济行为的制度设计

按《辞海》解释,"制"指节制、限制,"度"指有尺度、标准,制度是指节制人们行为的尺度。制度的第一含义是指要求成员共同遵守的、按一定程序办事的规程。制度是维系各个组织体系正常运转、确保整个社会得以有序发展的重要保证。制度所反映的事物一般有两个特点:其一,它们在过去被证明是有用的;其二,它们是人们为追求其个人目标而与他人交往所必需的。① 人类社会的历史就是制度演变的历史,各国较量的历史就是制度较量的历史,企业竞争的历史就是制度优胜劣汰的历史。我们不能否认,人类步履蹒跚的起点完全相同,各国却存在巨大差异。我们没有理由不相信这一切差异源于制度差异。制度决定成败和兴衰,决定高度与跨度。制度化管理,是当今最为流行和有效的管理方式。②

第一节 制度设计与经济发展

现代经济学家不仅仅从纯经济学的角度去解释经济发展的原因,关于制度设计和经济发展之间的关系,已形成两种观点:"发展决定制度变迁"的大转型论和"制度决定经济发展"的制度优先论,其中制度优先论更是受到学界普遍认同。③ 比如,英国经济学家克拉克定义"经济发展"时强调了八个方面的内容,其中之一是"制度的进步",即指控制经济、社会的管理技术的进步,这包括了社会的、经济的和政治的管理技术。美国正是创造了一种适合经济发展的制度,即在自由资本主义的基础上,建立了一种政府控制下的公私结合的所谓混合经济制度,才迅速取得了经济发展的伟大成就。④

制度在市场运行中的作用是什么?肖特在其《社会制度的经济理论》(1981年)中用博弈论语言界定制度之前就提出了这个问题。⑤ 这部著作中第一个博弈模型就是"交通博弈",而交通博弈的理论映射恰恰在于昭示制度功用。"交通博弈"模型大致是这样的:假如甲、乙两个人靠右驾车交叉到了一个十字路口,甲要

---

① 参见〔德〕柯武刚、史漫飞:《制度经济学》,韩朝华译,商务印书馆2000年版,第113页。
② 参见盛洪:《为什么制度重要》,郑州大学出版社2004年版;张振学:《制度高于一切》,中国商业出版社2006年版;孙明强:《制度胜于一切》,新华出版社2007年版。
③ 有学者对大转型论和制度优先论进行了多方位的实证分析,如可靠性检验、因果关系检验、对比检验和分组检验等,强调目前证据并不足以证明哪一种观点更胜一筹。两种观点都说明了发展过程的复杂性,单凭某一种观点来组织理论和事实,得出理论推断或做出重大的政策决策,有可能犯下大错。参见吴敬琏主编:《比较》(37),中信出版社2008年版,第88—114页。
④ 参见方甲等编译:《西方经济发展理论》,中国人民大学出版社1989年版,第2页。
⑤ 参见〔美〕肖特:《社会制度的经济理论》,陆铭等译,上海财经大学出版社2003年版。

第五章　市场化政府经济行为的制度设计

左转,而乙要保持直行,他们将如何做?是甲让乙先直行呢?还是乙让甲先左转呢?市场失灵,要达到帕累托最优配置,新古典经济学家就会想象有一个站在路口中间的拍卖者,这位拍卖者快速地从两个司机那里接受出价,然后将优先使用路口的权利卖给出价较高者。然而,这在现实中难以出现;即使可能,而且拍卖过程也极有效率,这种机制仍然成本偏高。如按照制度分析思路,这个问题就比较简单了:你可想象存在一条交通规则(且不管这一交通规则是由计划者颁布,还是由驾车者自发形成的惯例出现),并且强迫每个人在被允许上街开车之前就学习并掌握它。一旦有一条经验性的或制定出来的交通规则(例如,"拐弯必须让直行")的存在,就不必再产生任何协调成本了。当然,如这条规则得不到执行或实施,仍然要产生很大问题。① 此例旨在说明,制度有着降低交易成本的显著功能。

由此,制度设计可决定一个国家的经济选择和经济发展水平。这是因为,制度结构对人类的经济选择有非常重要的作用,制度影响人类选择是通过影响信息和资源的可获得性,通过塑造动力,以及通过建立社会交易的基本规则而实现的。制度创新通过提供更有效率的组织经济活动的途径而对发展作出贡献,而这些途径通常导致经济基础的调整。② 托克维尔曾说:"世界上的重大事件主要原因应当归因于它们的最为一般和最为深刻的根源;但不能否认,制度本身确有一定的能力,并依靠自身的力量促使社会繁荣或贫困匮乏。"③ 诺斯、托马斯、奥尔森等制度经济学家却一再证明:制度在经济成长中的确扮演关键角色。在《制度变迁与美国经济增长》、《西方世界的崛起》和《经济史的结构与变迁》三部著作中,诺斯试图解释有效的经济制度如何影响经济绩效,以及它们如何形成和演化。在第一本书中,诺斯和合作者戴维斯研究了美国的经济制度变迁及其对美国经济增长的作用;在第二本书中,诺斯和合作者托马斯研究了欧洲从中世纪到17世纪的产权演变;在最后一本书中,诺斯进一步提出了分析整个人类历史产权演变的理论框架。在所有三本书中,诺斯的分析方法都是新古典的:有效的制度导致经济增长,而历史上相对价格的变化导致制度的变化。"有效的经济组织是经济增长的关键;一个有效的经济组织的产生导致了西方的崛起。"④ 奥尔森进而

---

① 参见韦森:《社会制序的经济分析导论》,上海三联书店2001年版,第178—179、209—212页。
② 参见〔美〕V. 奥斯特罗姆、D. 菲尼、H. 皮希特:《制度分析与发展的反思》,王诚等译,商务印书馆1992年版,第4页。
③ 参见〔法〕托克维尔:《论美国的民主》,下卷,董果良译,商务印书馆1988年版,第906页。
④ 参见〔美〕诺斯、托马斯:《西方世界的兴起》,厉以平等译,华夏出版社1999年版,第1页。"组织"在这里相当于制度。和当时绝大多数经济学家一样,诺斯和托马斯将这两个概念混用。康芒斯早在20世纪30年代就对制度(一种集体行动)和组织(进行集体行动的群体)进行了区分,可见他的超前性。诺斯直到1990年才在《制度、制度变迁和经济绩效》中对制度和组织进行了严格区分。但将制度与组织混用并没有妨碍诺斯和托马斯的研究,因为在他们的研究中组织是不重要的,它的角色被单个的行动主体,如庄园主、农奴、国王等所取代。

强调,一国的竞争力归根结底与一国的制度安排有关。当许多发达国家一直徘徊不前时,一些发展中国家在经济增长方面却取得了惊人成就。这种大相径庭的经济结果,决非是因为不同的国家拥有各异的资本或其他资源。这一切也并非是由于那些经济状况最佳的国家获得了很多的资本,或某些国家的人民曾经被迫大量地去储蓄,更不是源于这些国家人均享有极多的土地和丰富的自然资源。经济上成功的国家往往拥有各种各样的制度——不同的法律和组织安排以及经济政策,而那些在经济上不那么成功的国家则缺少这些制度。换言之,一个国家的制度的质量在根本上决定了其经济成效。[1] 伯恩斯坦也一再强调,制度——人们在其中进行思考、互动和从事商业的框架——是国家经济表现的基础。更明确地说,四种制度是经济增长的前提条件:(1)可靠的财产权,不仅是针对实物资产的权利,还包括知识产权和公民自由。(2)科学理性主义或科学方法,即分析和解释世界的系统方法。(3)现代资本市场,它可为新发明的开发与生产提供融资。(4)交通与通信技术,这些技术可以传递重要信息,能够将人员和商品运输到世界各地。只有这四个要素全部具备后,一个国家才能繁荣起来,因为这些因素降低了对人的创造性的限制,使得发明的数量大增。[2]

近代以来,国人在面临西方文明冲击的过程中,从器物层面转向制度层面是自省聚焦的大转变。孙中山在《建国方略》中放言,定民权为制度,中华民族必能驾欧美而上之也。这种关于社会建设的制度构想充分折射出先贤对于制度强国的迫切心态。自中国确立社会主义市场经济的改革取向以来,国内学界对此也拥有共识:大国兴衰历史中,制度安排曾经和正在发挥的潜在作用至关重要;土地、劳动和资本这些要素,有了制度才得以发挥功能。例如,杨小凯指出,制度差异对经济增长特别是工业革命的发展有着关键作用。[3] 又如,张幼文认为,经济全球化下的竞争,是国家间体制的竞争。只有具有竞争力的体制,才能铸造有竞争力的国际企业,才能有国家的国际经济地位。[4] 又如,黄景贵认为,"制度瓶颈",包括制度质量不高、制度效率低下、制度竞争力缺乏,是当前发展中国家经济"起飞"的根本障碍;发展中国家贫困的真正原因是"体制性贫困",短缺是"体制性短缺",落后是"制度性落后"。[5] 以胡鞍钢、王绍光、周建明为主要成员的"国家制度建设"课题小组在充分肯定了1978年第一次转型——以经济建设为中心战略的同时,指出该战略还不能解决和应对的经济繁荣条件下日益突出的社会不平等、不公平、不稳定及其他社会危机,提出了第二次转型——以国家基

---

[1] 参见〔美〕奥尔森:《国家兴衰探源》,吕应中译,商务印书馆1999年版。
[2] 详见〔美〕伯恩斯坦:《财富的诞生》,易晖译,中国财政经济出版社2007年版。
[3] 参见杨小凯:《为什么工业革命不在西班牙发生》,载《南方周末》2003年4月24日趋势版。
[4] 参见张幼文、黄仁伟主编:《制度竞争与中国国际分工地位》,上海远东出版社2003年版,总序,第2页。
[5] 参见黄景贵主编:《发展经济学研究:制度变革与经济增长》,中国财政经济出版社2003年版,前言,第2页。

本制度建设为中心的战略构想,目的在于通过国家制度建设实现全社会福利最大化,保证党和政府代表并实现最广大人民的根本利益。①

作为一种客观实在,法律的功能与时代状况紧密相关。自19世纪末以来,欧美社会由于传统的秩序机制逐渐失灵,对国家以及计划理性的期待随之抬头,法律工具论以及技术官僚与职业法律家的合作也得到强调,社会生活在各方面更大程度地依赖于明示性和普遍性的法律制度进行组织和调节,这就是社会的法律化趋势。因此,整个20世纪的法学思想是历史进步的理念加关于社会工程的方法论②,法律得以越来越频繁地以整个社会为着眼点扩张其功能,"是一种以法为手段来组织和改革社会的新趋势。法已不再是被看做单纯的解决纠纷的手段,而逐渐被公民们甚至法学家们视为可用于创新新型社会的工具。"③法律作为政府的社会控制④,是社会变革的首要工具。法律的经济功能不仅通过直接规定经济关系的法律规范来体现,而且还通过服务于经济活动的法律规范来体现。"把法律作为一种大规模社会和经济计划的有效工具这样一种现代法律观念"⑤,在经济法律的现实运行过程中开始慢慢地深入人心。舒尔茨将"为经济提供服务的制度"列为四种:(1)用于降低交易费用的制度;(2)用于影响生产要素的所有者之间配置风险的制度;(3)用于提供职能组织和个人收入流之间的联系的制度;(4)用于确立公共品德和服务的生产与分配的框架的制度。⑥法律,不是制定而是被发现的,只能追随社会经济的发展而不是相反。法律一直都是经济发展的核心,而经济发展也应是法律变革的重心。随着现代社会经济发展,整个法律制度已从过去的侧重"秩序性法律"转向重视"调制性法律"⑦,作为现代国家调制性法律的主要表现形式的经济法反映了上述四种属性,尤其是它介入资源分配秩序的构造从而发挥着更加积极的塑造功能。

中国经济法得以发轫并勃兴的根本,乃在于其契合了改革开放以来中国经济发展对于法律调整的强烈需求。有研究表明,在市场范围比较小、分工程度低(市场不完备)的发展阶段,经济主体间的交易会跨越多个"市场"同时互动,使得单一市场上无利可图的关系合约在互联的情况下内化跨市场和跨地区之间的

---

① 参见胡鞍钢、王绍光、周建明主编:《第二次转型 国家制度建设》,清华大学出版社2003年版。
② 参见〔美〕施瓦茨:《美国法律史》,王军等译,中国政法大学出版社1997年版,第199页。
③ 参见〔法〕达维:《当代世界主要法律体系》,漆竹生译,上海译文出版社1984年版,第378页。
④ 参见〔美〕布莱克:《法律的运作行为》,唐越等译,中国政法大学出版社2004年版,导论部分。
⑤ 参见〔英〕科特威尔:《法律社会学导论》,潘大松等译,华夏出版社1989年版,第51页。
⑥ 转引自赵震江主编:《法律社会学》,北京大学出版社1998年版,第264页。
⑦ 德国学者维·豪依恩(Werner Heun)认为,在19世纪的自由竞争阶段,法律主要体现为秩序性的法律,主要从规范功能方面调整私人经济活动;而从19世纪末到20世纪初,随着传统国家转变为现代福利国家和社会干预国家,国家的调控作用和对经济发展的影响也大大增强。参见〔德〕豪依恩:《论国家对整体经济平衡的保障责任》,载南京大学中德经济法研究所编:《中德经济法研究所年刊》(1993),中国大百科全书出版社1994年版。

外部性变得可行;从政府与经济发展的关系的角度说,一个具有较高的自主性①和较强的国家能力的政府,可通过实施这种互联性的关系型的经济政策来克服市场缺失,促进经济成长;在市场范围比较大、市场比较完备的发展阶段,经济主体之间交易的互联性和关系性都会降低,这时候基于第三方实施的正式制度安排(民主与法治)就变得更为重要。② 经济法的回应性、建构性、经济性和协调性组成的特质系统,使得经济法通过发现力、整合力和促进力实现了其在缔造制度竞争力中的驱动性价值。在产权和竞争两个制度板块上的创新代表着完善和强化中国经济法制度竞争力的主要方向。基于公私融合这一时代背景,中国经济法在制度竞争的视角下展现出极其重要的价值。③ 作为一门应用学科,经济法学主要体现在制度设计和执法案件的应用上。我国经济法和经济法学在 1979 年以来的经济体制改革过程中产生和发展,而我国市场经济由于是自上而下由国家直接启动的,法律的重要经济功能就是安排改革进程并重构社会。在此意义上,包括经济法在内的法律正被赋予创造历史的功能。因而,强调经济法学在制度设计中的应用特别有意义。经济法学研究应以经济体制改革中的制度设计研究为基础,这样既可有利于经济法理论创新,又有利于加强对经济体制改革和经济法制建设的理论指导。以经济法为核心,对市场化政府经济行为进行制度设计,就是笔者遵循上述理念所作的努力。

当然,作为直接推动装置的经济法通常以社会变革启动器的面貌出现,立法机关或政府通过制定新的规则替代旧的规则,直接引发行政改革和经济发展。但就总体而言,经济法是通过积极手段创建一种外生秩序,而且这种外生秩序是"由一个主体设计出来强加给共同体的",成功与否在很大程度上取决于设计者的知识与理性。根据哈耶克的"有限理性"与"无知观"的命题,这种出于"人的设计"而非"人之行动"的外生秩序④,其成功存在相对的风险。特别是,"当试图用外在制度来取代一个社会的所有内在制度,就会出现问题——就像 20 世纪的各种专制政体的情形一样,它们推行越来越多损害市民社会内在运转的外在规则,监督和执行成本急剧上升,人们的自发动力萎靡不振,行政协调部门不堪重负。在那种情况下,外在规则常常导致行政失灵。"⑤以经济法形塑、支撑乃至影响市场化政府经济行为的内在规制结构,需在深入研究其立法任务的基础上谨慎择之。

---

① 自主性指的是政府不受某些利益集团的控制,从而能够实施有利于全社会的经济政策。
② 参见王永钦:《大转型》,格致出版社、上海三联书店、上海人民出版社 2009 年版,第 6—13 页。
③ 参见冯辉:《制度、制度竞争与中国经济法的发展》,载《华东政法大学学报》2008 年第 6 期。
④ 参见〔英〕哈耶克:《法律、立法与自由》(第 1 卷),邓正来等译,中国大百科全书出版社 2000 年版,代译序之第 39—68 页。
⑤ 参见〔德〕柯武刚、史漫飞:《制度经济学》,韩朝华译,商务印书馆 2000 年版,第 130、138—139 页。

第二节 立法任务

法律是重要的。更关键的是,一国的现行法律未必就是合理的,怎样制定出"良法",以及发展必要的制度和规范维护这些法律?任何体制改革和制度创新都是一项系统工程,牵一发而动全身,必须有一套宏观的、整体的、系统的思路和设计,单骑突进最终都会演化成一种失败。因为不同结构之间存在着"制度上的互补性"。一个经济体制存在着多样性的制度结构,正是由于相互间存在着制度上的互补关系,才能使该经济体制得到强化。[①] 一种制度安排的功能会强化另外一些相关制度的功能,从而在制度之间产生一种功能放大的协同效应。

市场化政府经济行为作为含有大量私法行为因素的公法行为,在政府治道变革已成为世界潮流的背景下,其适用范围不断扩宽,已普遍存在于国民经济的各个主要领域。因而,它涉及宪法、民商法、行政法、环境法、劳动法、社会保障法、教育法、诉讼法等多个法律部门。

制度优劣的判断标准是看它是否有利于市场交易的发生与深化。一国的制度有利于交易市场的容量最大化和经济的深化,就表明该国具有高的制度资本。[②] 经济法,作为一种实用性法律,其特点就是它所具有的灵活性与适应性。经济法已经成为一种引导工具,其标志就是,具有强制性法律规范之地位在后退,而让位给确定简单方向的非权威性法律技术。这种"简单的方向"以要达到的目标、须遵循的导向或者纯属激励倡导性建议为基础。因为,法律规范依据经济与社会的平衡的波动随时都在发生变化。[③] 据此,规制市场化政府经济行为的法律部门要特别重视最能体现制度竞争力的经济法。在经济法中,规制市场化政府经济行为的法律部门涉及政府采购法、税收征管法、国债法、金融法、国有资产法、竞争法、消费者权益保护法、产品质量法等多个部门。由于市场化政府经济行为是政府经济行为中的一个特殊类型,并且在不同领域都存在专业性很强的特殊问题,为实现市场化政府经济行为的规范化,我们应将专门立法与相关立法相结合。许多国家和地区就特定市场化政府经济行为制定了专门法规。例如,围绕政府采购,美国制定了《1948年军队采购法》、《1949年联邦财产和行政服务法》、《1984年合同竞争法》、《1994年联邦采购流程法》、《1996年克林杰—科恩法》、《联邦采购政策署法》、《1978年合同争议法》等。又如,为实现"市场价值的重新发现和利用",或"通过市场的治理",英国在20世纪90年代的"公民宪章运动"和"竞争求质量运动"中,制定了《公共服务法》(1992年)、《竞争与服务

---

① 参见〔日〕青木昌彦等:《经济体制的比较制度分析》,魏加宁等译,中国发展出版社1999年版,第9页。
② 参见陈志武:《媒体、法律与市场》,中国政法大学出版社2005年版,第2页。
③ 参见〔法〕马蒂:《世界法的三个挑战》,罗结珍等译,法律出版社2001年版,第85页。

法》(1992年)、《地方政府修正案》(1992年)、《放松管制与合同出租法》(1994年)等。① 再如,大多数国家将特许权作为一种独立权利来处理,具体的权利内容在授予特许权的文件中列明或者按照特定的法律规定设定。管理能力强的国家,如阿根廷和英国,大都对完全的特许经营权进行单独立法。② 我国澳门特区为规范博彩专营权,就先后制定了《娱乐场幸运博彩经营法律制度》(2001年)、《规范经营娱乐场幸运博彩的公开竞投批给合同以及参与竞标公司和承批公司的资格和财力要件》(2001年)等。③

市场经济是一种建立在利益主体分化基础上以分工生产为前提,以市场交换为手段,以满足主体消费为目的的多方博弈经济。"好的市场经济"是不同利益主体之间的一种良性博弈,即不同利益主体之间的冲突能由"好的制度"所容纳和解决,其焦点是我们的行为(what we do),核心是我们的身份(who we are)。换言之,好的制度不是消灭冲突,而是能够容纳冲突和用制度化的方式解决冲突。制度建设极为重要的内容,就是增强制度容纳冲突的能力。另一方面,法律体系有其相对自主性。德国法社会学者卢曼(Niklas Luhmann)认为,政治、经济体系虽往往利用法律体系作为工具,但法律体系仍有一定的内在运行逻辑,并不完全为其他体系所决定;尤其法律体系中合法/非法的判断与赋予更会成为政治、经济体系从事决定时的依据。卢曼探讨法律体系时,政治、经济与法律体系间的互动乃是其重要的切入点,并将焦点锁定于法律体系同时作为"政治体系之工具"与作为"自主性的功能体系"这两种角色的冲突与调解,展开其对各体系间互动的分析。④ 基此,结合市场化政府经济行为的特殊性,我们必须在规制内容上协调诸多冲突,在立法技术上平衡诸多矛盾。

一、规制内容上的协调

法律的生成和变迁由特定时间下社会经济结构的性状所决定。脱离时间和空间要素、脱离具体社会经济结构的立法,无异于空中楼阁和水中镜月。法律需求是诱致性需求。社会问题普遍性地积累到一定程度,并在不停地试错、博弈过程中对问题的解决提供多种选择时,法律才能水到渠成和呼之欲出。因此,"是社会创造了法律,而不是法律创造了社会"。⑤

---

① 参见包万超:《阅读英美行政法的学术传统》,载《中外法学》2000年第4期。
② See Bill Money and Geoff Hodgson, *Manual of Contract Documents for Highway Works: A User's Guide and Commentary*, Vol. 1, London Thomas Telford Services Ltd., p. 23; David Haarmeyer, Mody Ashoka, Private Capital in Water and Sanitation, *Finance & Development*, Washington, Mar. 1997.
③ 参见郭健青:《过渡期的澳门财政与博彩税》,厦门大学出版社2002年版;李昌道:《澳门依法改革博彩业论述》,载《政治与法律》2003年第1期。
④ 参见钟芳桦:《法律作为系统:试论卢曼的法律社会学》,台湾大学法律研究所1997年硕士论文,第93、106页。
⑤ 法国律师、政论家兰盖的名言,转引自〔德〕马克思:《剩余价值理论》(第1册),人民出版社1975年版,第368页。

第五章　市场化政府经济行为的制度设计

1. 政府行为与市场行为的冲突

20世纪40年代,哈耶克提醒我们:"市场上各方必须应该自由地按照他们能找到交易伙伴的价格进行买卖,任何人必须应该自由地生产、出售和买进任何有可能生产和出售的东西,进入各种贸易的通道也必须在平等的条件下向所有人开放,法律必须不能容忍任何个人或集团通过公开或隐秘的力量限制这些通道。任何控制某些商品的价格或数量的企图,都会使竞争失去它有效地协调个人努力的力量,因为这时价格的变化不再显示客观条件的全部有关变化,也不再对个人的行动提供一个可靠的指南。"①"市场的逻辑是将经济活动集中在便于发展生产并获得高额利润的地方,而国家的逻辑则是获取并控制经济增长及资本积累的过程。"②政府行为是侧重于公平并具有公益性和隶属性的单方行为,市场行为是侧重于效率并具有私益性和平等性的双方行为,而市场化政府经济行为是政府行为与市场行为两种因素的有机组合,其中政府行为因素是实质性和目标性的因素,市场行为因素是形式性和手段性的因素。科层集权系统下国家管理成本的支付能力的有限性和官僚体系内代理关系的复杂性为市场机制的引入和融合提供了内在需求和实施空间。但"市场机制的最大失败是它无法考虑未来人们的利益……市场具有一种强烈的短期倾向。虽然价格机制可以保证现有供需的均衡,它未必会使这种均衡机会在未来也达到最大化。其中一个原因是现在与未来的人们对快乐的看法不可能完全相同,另一个原因是未来的人们不可能在现在的市场上出价"。③ 因此,市场化政府经济行为应遵循市场行为的技术性运作规则,也应有利于政府行为目标的充分实现,对公益与效益充分平衡。相对于市场行为的自利性,政府的公共权力和公共事务及其管理含纳了独特的公共性内涵。公共性与自利性具有天然的悖离性。

2. 政府公共性与自利性的冲突

"公共"有两个来源:希腊语 pubes 或者 maturity 强调一个人业已进入成年,能够理解自我与他人之间的关系;希腊语 Koinon 意为"关心"。"公共"意味着不仅能与他人合作共事,而且能够为他人着想。这一本义在现代社会已经丧失,成为"政治"和"政府"的同义语。④ "公共"在《汉语大辞典》中被解释为"公有的"、"公用的"和"共同的";在美国日常用语中使用为"政府拥有"、"公众拥有"和"拥有权利开放"⑤。"国家"在拉丁语中意为"公共的事务","公共"又源自"人

---

① 参见〔英〕哈耶克:《通往奴役之路》,王明毅等译,中国社会科学出版社1997年版,第41页。
② 参见〔美〕斯蒂格勒茨:《经济学》(上册),梁小民等译,中国人民大学出版社1997年版,第18页。
③ 参见〔美〕布隆克:《质疑自由市场经济》,林季红译,江苏人民出版社2000年版,第181页。
④ 参见〔美〕弗雷德里克森:《公共行政的精神》,张成福等译,中国人民大学出版社2003年版,第18—19页。
⑤ 参见〔美〕萨瓦斯:《民营化与公私部门的伙伴关系》,周志忍等译,中国人民大学出版社2002年版,第5页。

民",国家就是指人民的共同事务。① 公共性是从古希腊时期起人类对自身提出的一种道德要求。在很多情况下,公共性和公共的涵义和所指②相同,从公共经济的角度可将其特征概括为:(1)主体责任的公共性,即政府公共部门是公共利益的代表;(2)服务对象的公共性,即公共经济服务对象是社会公众;(3)管理过程的公共性,即社会公众基于社会公共利益的考量而对公共经济活动实施充分的监督。在现代宪法基本原则、价值的基准下,公共性系以保障国民基本人权为目的,并以民主主义为实现手段。③

在法学界,以日本为例,宪法学者关谷指出,为避免因权力效果所带来的漠视或排斥,具有普遍性与包括性含义的公共性概念不应作为"构成原理"而应作为"批判原理"将其揭示出来,应从市民的公共性乃至社会的公共性而不是国家的公共性或者官僚的公共性的角度研究宪法。④ 民法学者小林直树在《现代公共性的考察》中对作为"公共性"的暂定性规定列举了三点:第一,共同社会成员有共通的必要利益;第二,原则上共同消费、利用的可能性向全体成员开放;第三,以这些为前提,主要从核算等理由出发,由公的主体进行操作、管理。他还指出,在今天国家的公共性和市民的公共性之间是存在对立的,阐述了后者即"市民共同的利益"应作为真正的"公共性"。第一、第二是对被作为民法学上的"公益法人"中的"公益"的分析,第三是对日本"公益国家垄断主义"做法的指摘。⑤ 经济法学者金泽良雄强调:"现代资本主义社会经济的法律秩序是以自由主义经济之法即市民法为基础,并由国家干预经济的各种法律制度构成的。后者是适应市民社会关于协调社会的需求而产生的,是以市民法为基础的,同时又表现出与之不同的特征,因为这些法与市民社会中的私人性是相对立的,具有社会的公共性。"⑥ 小杉荣一指出:"经济法所标榜的'公共利益'有两种,即产业优先和生活优先两种主张。产业优先的法律,不管它用怎样华丽的词藻来掩饰,只要揭下它的画皮,就能看穿它是维持垄断利益的。"⑦

在制度构造的潜意识中,我们总是有意无意地将政府假设为"性本善",设定为实现"社会正义"的机构,将政府利益直接等同于社会公共利益。在多元化时代,"社会正义"总是不断试图征服和捕获公众的想象力:"无论如何,我们都必须

---

① 参见王维国等:《现代社会的公共性观念》,知识产权出版社 2008 年版,第 37 页。
② 在结构主义语言学大师索绪尔(1857—1913)看来,符号划分为能指和所指两部分。能指(signifier)表现为声音或形象,是符号的物质形式;所指(signified)是指由这种声音或形象在人心理所引发的概念,是符号的内容。学术上的争论有很多也是由于对共同使用的"能指符号"的不一致导致的,而概念界定可以在一定程度上减少使用同一词语时各自心中的"所指"之间的不一。顺便指出,梳理学者们的"所指",有利于清晰界定"经济法"!
③ 参见蔡秀卿:《现代国家与行政法》,台湾学林文化事业有限公司 2002 年版,第 17 页。
④ 参见〔日〕千叶真、小林正弥编:《日本宪法与公共哲学》,白巴根等译,法律出版社 2009 年版,第 283—288 页。
⑤ 参见〔日〕星野英一:《民法劝学》,张立艳译,北京大学出版社 2006 年版,第 60 页。
⑥ 参见〔日〕金泽良雄:《经济法概论》,满达人译,甘肃人民出版社 1985 年版,第 28 页。
⑦ 转引自张世明:《经济法学理论演变研究》,中国民主法制出版社 2002 年版,第 268 页。

第五章 市场化政府经济行为的制度设计

承认,对'社会正义'的诉求,在今天已经变成政治讨论中使用得最为广泛而且也是最为有效的一种论辩。要求政府为了特定群体的利益而采取的行动绝大多数主张,都是以'社会正义'的名义提出的,而且,如果论者有办法把某个这样的主张弄得好像是'社会正义'所要求采取的一种措施,那么反对这种主张的意见即刻就会变得软弱无力、不堪一击……在今天,很可能没有哪场政治运动或者没有哪个政客不是经由诉诸'社会正义'来支持他们所倡导的各项特定措施的。"①它表明,政府不仅"性本善",具有公共性,同时也"性本恶"②,具有自利性。在许多国家,人们视政府为不得不忍受的邪恶,认为它是由追名逐利的官员和官僚组成的乌合之众。③ 将市场行为因素融入政府经济行为时,极可能给政府主体的"寻租"及其"合法化"提供更多方便,特别是可能出现政府主体基于自利性、市场主体基于营利性而"合谋"的现象,从而偏离政府经济行为的公共政策目标。

以公共服务市场化为例,海克(Haque M. Shamsu)断言,当前治理模式下的公共服务改革出现了公共性的衰退④:第一,公私间的区分削弱。公共服务领域市场化后,服务的标准、原则与态度越来越趋向于企业的管理模式,这很可能削弱了公私间本应有的差别,导致公共服务的规范性与公共性程度的衰退。第二,服务接受者的范围变得狭窄。自20世纪80年代以来,公共服务的主要目标已经从以公民权为中心转到以竞争与效率为中心的经济目标,公共部门更多地关注市场导向下的经济效率而不是公民的公共福利,服务接受者的构成范围已变得越来越狭窄。同时,服务接受者的定义也有所变化,即由公民转为顾客,而顾客导向模式是建立在购买能力基础之上的,必然在穷富之间区别对待,这将损害公民在享受服务上政府应平等对待的原则。第三,公共部门的作用弱化。20世纪80年代早期,公共服务的角色已经发生了较大转变,例如,在美国的政府再造中,公共部门要求扮演掌舵而不是划桨的角色,这种角色转换可能会增加私人部门在供给公共服务中的作用,公共部门在服务提供与满足公民需求上的作用被边缘化了。第四,公共责任的弱化。市场化改革中的诸多问题,如公私伙伴关系涉及公私交易的透明度问题,利用公共资源为某些私人企业谋利或对其投资是否危及公共利益的问题,政府对私人承包商的控制力削弱的问题,都有可能导致公共责任的弱化。另外,在市场化改革中出现的调控、管制和评价等职能难以测

---

① 参见〔英〕哈耶克:《法律、立法与自由》(第二、三卷),邓正来等译,中国大百科全书出版社2000年版,第120页。
② 幽暗意识是"发自对人性中的或宇宙的与始俱来的重视或省悟:因为这些黑暗意识根深蒂固,这个世界才有缺陷,才不能圆满,而人的生命才有种种的丑恶"。它是近代自由主义产生的一个不可或缺的思想层面。"幽暗意识"思想对我们理解人性恶假设与怀疑精神有所裨益。参见张灏:《幽暗意识与民主传统》,北京新星出版社2006年版,第24、42页。
③ 参见〔美〕萨瓦斯:《民营化与公私部门的伙伴关系》,周志忍等译,中国人民大学出版社2002年版,第11页。
④ See Haque M. Shamsu, The Diminishing Publicness of Publicservice Under the Cyrrent Mode of Governance, *Public Administration Review*, 2001, 614(1):67.

量,也不太为公民所关心,也使得公共部门容易淡化责任。第五,公信度下降。公共服务中的公信度下降固然受诸多因素影响,比如,新保守党政府和国际机构对官僚制的反对加深了公众对政府与公共机构的反感情绪,但市场化改革无疑加剧了这一趋势。

公共既是一种理念也是一种能力。如果我们把公共等同于政府,我们事实上限制了人民参与公共事务的能力。作为一种理念,公共意味着所有的人们,为了公共利益,而不是出于个人的或者家庭的目的才走到一起来。作为一种能力,公共意味着为了公共的利益而在一起工作的一种积极的、获取充分信息的能力。在许多情况下,这样的行动都是通过政府而进行的,但并不是所有的行动都要通过政府。志愿者协会、非营利组织、公司都是公共的表现形式。① 在此之前,赫希曼指出,"公共"包括公共行动,以及公民参与公共与社区事务的行动。② 但是,利益就其本性说是盲目的、无止境的、片面的,一句话,它具有不法的本能。为此,"改革的任务,就是要设计出这样的各种制度,它们允许和鼓励通过创造更多的消费者剩余而创造租金的那些竞争形式,打击那些志在获取和保留现存租金的竞争。"③立法应重视运用竞争、公开、监督等机制,防范政府主体自利性的扩张。

3. 政府主体利益目标与参与主体利益目标的冲突

在市场化政府经济行为中,政府主体试图利用参与主体的机制、资金、信息等方面的优势来实现公共政策目标,而参与主体则试图利用政府主体所提供的市场、政策优惠、资金等方面的优势来追求营利目标。可见,市场机制被引入政府经济行为后,仍然难以摆脱市场缺陷的内在制约,特别是存在政府缺陷与市场缺陷结合的危险,因而我们对政府经济行为中引入市场机制应保持应有的热情和冷静。

一方面,充分了解对市场界限的质疑。法国学者勒努阿针对市场神话归纳出了市场本身所具有的界限④:(1)政治界限。尽管政治民主可以保护和促进市场经济的发展,但是市场与民主并无直接联系。(2)分配界限。市场本身并不能保证公平分配,因为它不能阻止纯租金的出现。(3)社会化界限。企业关心的是短期的经济变动,对长期的经济发展不感兴趣。(4)伦理界限。市场经济的发展需要并创造了日益完善的社会保障制度,但这种制度并不是市场机制的产物。(5)生态学界限。从人类的生存、发展看,必须坚持生态原则高于市场原则的立场。(6)市场自发的消极和破坏因素。所以,那种市场原教旨主义(mar-

---

① 参见〔美〕弗雷德里克森:《公共行政的精神》,张成福等译,中国人民大学出版社2003年版,第46—47页。
② See Albert O. Hirschman, *Shifting Involvements: Private Interest and Public Action*, Princeton University Press, 1982, p. 6.
③ 参见〔美〕缪勒:《公共选择理论》,杨春学等译,中国社会科学出版社1999年版,第300页。
④ 参见〔法〕勒努阿:《没有国家的市场?》,李其庆编译,载《国外理论动态》1992年第41期。

ket fundamentalism)或市场神话及其推动的市场化,存在若干弊端:第一,忽略了公共部门竞争与完全竞争市场诱因结构的差异:公私部门的竞争存在本质上的不同,譬如公共部门产品的不可分割性;规模经济衍生的独断性;政府政策特有的强制性;服务具有的独占性;进入市场的高门槛;缺乏价格系统等等。公共部门引进竞争机制存在着限制,市场无法运作而交到政府手中的事项不能再丢给市场。第二,忽略了市场的缺陷:强调市场机制相对于政府机制的比较优势,主张政府在功能上作出策略性的后退,重新回到"守夜人"的角色,这突出了政府缺陷而忽视了市场缺陷,并且不符合当前行政事务日益增长繁复的趋向。第三,政府经济行为市场化或许已换得一些效率增进,但不能因"效率至上"、"小而能"等市场信仰而回避自身职责,以免构成一种不合理的"市场中心主义",扭曲公共物品供给的本质,削弱政府执行政策的能力,造成"空洞化的国家"(hollow states)。[①] 莫尔(Moe)更是直言:"以市场机制解决公共问题基本上违背了政府存在的目的。"[②]

另一方面,应充分了解对市场化政府经济行为的指责。在政府主体方面,许多地方政府市场化改革过程中,更多的考虑是解决财政与投资问题以及减少政府管理职能,减少人员编制等,而对于市场化后可能存在的公共责任空白估计不足,也或许主观上就希望能够减少政府责任,这都会引发对市场化政府经济行为的信任危机,最终损害公共利益。客观上,由于政府官员"多一事不如少一事",不可能深入市场化政府经济行为的具体操作环节,在这种情况下要求政府主体承担与以往相同的公共责任,政府主体甚不适应;参与主体的营利取向,又往往忽视了所应承担的公共责任。公用事业毕竟是不同于一般商品的独特领域。"在很大程度上,对公用事业民营化法律控制的支持,源于经验性担心垄断企业市场力量的剥削。Sherman 归纳为二:没有一种自由进入的竞争;一个单一的供应者总是被认为具有一系列可理解的垄断倾向。"[③]Lawrence K. Fineley 描述了公用事业私人经营者对竞争的矛盾心态:一方面他们希望公平竞争以获得市场准入机会,另一方面又渴望能从政府垄断形成的巨大利润中分得一瓢羹,最好是自己替代政府成为垄断者,从而反对竞争。[④] 其中问题,有些是由于改革的理论不完善,具体运作上存在法律制度漏洞,致使政府经济行为市场化过程中的责任不明确,从而为政府主体和参与主体相互推卸公共责任提供了法律制度空间。公

[①] "空洞化的国家"反映了公共部门正在变得更小、更分散的趋势,它导致分散化、调控困难和对责任心的侵蚀等。参见〔美〕弗里德里克森:《重塑政府运动与新公共行政学之比较》,陆玉林等译,载《国家行政学院学报》2001年第6期。

[②] See R. C. Moe, The Reinventing Government Exercise: Misunderstanding the Problem, Misjudging the Consequences, *Public Administration Review*, 1994, 54(2):114—115.

[③] See John Ernst, *Whose Utility? The Social Impact of Public Utility Privatization and Regulation*, Open University Press, 1994, p.54.

[④] See Lawrence K. Fineley, *Public Sector Privation: Alternative Approaches to Service Delivery*, Greenwood Press, 1989, p.155.

民权利、公平等公共责任便在政府主体与参与主体的相互推诿中流失。由于以我国《电力法》为代表的诸多公用事业立法奉行"经营者利益优先"[1],公用事业涨价、剥削消费者获得"合理"回报被"合法化",因涨价与发展相联,且被"正当化"。对消费者利益的保护以"能合理承受"为原则,但问题是凭什么要消费者"合理承受"使经营者获利的涨价? 通过涨价,以牺牲消费者的利益而促进的行业发展,是促进或实现公共利益,还是造就垄断者与特权者的暴富? 此外,市场化使公、私部门广泛接触,腐败最易发生。[2]

立法内容上的三组冲突显示,作为供给公共物品的行为模式,市场化政府经济行为强调效率可有效提升政府绩效和能力,但仍需以民主宪政为基石,强调追求人民主权、公民权利、人性尊严、社会公正、公共利益、社会责任等公共性价值。效率本身就是一种价值观,并且应与诸如个人责任或民主道德等价值观相竞争。单独以效率为中心,势必会忽视行政的民主责任,产生"民主赤字"。由于私营部门追求的效率与公共部门不单纯追求效率而更注重责任与公平之目标的不同,导致市场化政府经济行为中存在缺乏透明度、公共参与和责任问题,结果是减少了公共责任与公共精神的范围,责任机制没有落实。中国政府经济行为的市场化尚处于初级阶段,市场化有利有弊,其效果上的局限性自然不足为奇。但市场化的进一步推进,离不开一种更加有效的组织化的基础架构,它能认识市场和政府的局限,并能回应效率与公共性的需要。市场化政府经济行为的理想图景是,有机融合市场机制和政府机制的各自优势,最大限度地缓解市场机制和政府机制的各自劣势,切实避免市场机制和政府机制的劣势叠加和放大。立法者应充分了解市场界限,考虑参与主体的独立利益,利用其营利目标提高参与主体的积极性和责任感;同时也应赋予政府主体适度的主导性,控制参与主体的营利幅度,避免损害公共利益。总之,"在政府管理中注入一些市场因素,可以缩小非市场缺陷的影响"[3]。

二、立法技术上的平衡

1. 制度移植与制度适应的矛盾

"在历史上出现的一切社会关系和国家关系,一切宗教制度和法律制度,一切理论观点,只有理解了每一个与之相应的时代的物质生活条件,并且从这些物质条件中被引申出来的时候,才能理解。"[4]事实上,自孟德斯鸠的《法意》出版后,极少有人敢于自称本国的制度是世界上唯一最好的制度[5],美国也并非人类

---

[1] 我国《电力法》第1条规定:"为了保障和促进电力事业的发展,维护电力投资者、经营者和使用者的合法权益,保障电力安全运行,制定本法。"
[2] 参见钟明霞:《公用事业特许经营风险研究》,载《现代法学》2002年第5期。
[3] 参见〔美〕沃尔夫:《市场或政府》,谢旭译,中国发展出版社1994年版,第4—5页。
[4] 参见《马克思恩格斯选集》(第2卷),人民出版社1972年版,第117页。
[5] 参见龚祥瑞:《比较宪法与行政法》,法律出版社2003年版,第315页。

第五章 市场化政府经济行为的制度设计

发展规律的例外。① 任何制度都不是"天外飞仙",其发端、发展及所发挥的作用,都有赖于其适应特定的社会经济条件、法律政治传统和特殊的历史文化背景。由于"一些看不见而又是几乎万能的锁链把一个世纪的思想与前一个世纪的思想,把儿辈的志趣和父辈的爱好连拉在一起",无论我们多么坚决地要与前人决裂、多么全面而彻底地向旧时代宣战,但是"和前一代人作战容易,要与他们截然不同很难"②,看起来似乎已经被砸烂的旧社会仍在人们心灵深处留下难以磨难的印迹,那些非正式规则以不易察觉的方式"从坟墓里统治着我们"。从发展和增长的先决条件看,制度的存续至少应具备以下条件:造就了稳定的可预期的社会秩序;实现了资源的有效配置从而促进了增长;社会各阶层接受制度所规定的分配和再分配结果,即制度保证了基本的公正。这样被"生产"或"供给"出的制度的存续就受上述条件的制约。制度较之科学技术有更强的"资产专用性"③,要求其设计和实行必须根植于本国的制度环境中,相容于非正式规则,这是制度的内源性要求。制度移植面临约束,设计适宜的制度需要地方性知识和创造性。任何不分国情地照搬照抄、盲目移植,以此改变人们的行为模式,其结果将是"强扭的瓜不甜",再步"逾淮为枳"的后尘。"工业化国家在其援助发展中国家的项目中所犯的严重错误,某些可能就是由于没有全面理解正式制度与非正式制度之间的关系。"④ 俄罗斯转轨之初遵循的"华盛顿共识"之所以在实践中失败,是因为其假设的许多条件在现实世界中都不存在,政策被现实约束强制性地扭曲了。这是理论家们作为政策设计者经常犯的错误,因为他们掉进了"最佳实践的陷阱"。⑤

换言之,个性(特殊性)不同于共性(普遍性)。具有个性的发达国家的法律制度,不能普适于自有其个性的中国。前美国总统克林顿的经济顾问斯蒂格利

---

① "例外论"是一种美国学研究流行理论,认为美国与众不同、独一无二,甚至不受世界历史发展规律的约束。参见严维明主编:《比较美国学》,西安交通大学出版社1999年版,第24—26页。
② 参见〔法〕托克维尔:《旧制度与大革命》,冯棠译,商务印书馆1997年版,第278页。
③ 资产专用性,是指某种资产只能用于专门的用途,如转用于其他用途则其价值大大降低。越是高度专业性的资产,就越是要用内部组织的协调或命令取代市场机制的协调。否则,协调就要付出更多的监督和履行合约的费用。这一观点,对政府纯公共品、准公共品职能分解与确立,以及组织机构的设置具有重要影响。本书借此强调制度与其运行环境间的密切联系。
④ 参见〔美〕阿尔斯通等:《制度变革的经验研究》,罗仲伟译,经济科学出版社2003年版,第24页。
⑤ 参见吴敬琏主编:《比较》(37),中信出版社2008年版,第25页。张康之指出,任一社会都应有多种制度设计方案,最好是多种方案都能得到充分讨论,它们之间的相互辩驳更会使实践过程有更多选择,并在任何情况下都能获得适切的治理模式。从事社会治理实践的人们,特别是一个社会中处于核心位置的治理者,应学会在多种制度设计方案中分辨良莠并付诸于制度安排。社会是有分工的,从事制度设计的学者不应拥有制度安排的权力,否则,他就会表现出妄自尊大和冥顽刚愎;从事制度安排的人们不应觊觎制度设计的工作,否则,他就会在社会治理实践中朝三暮四和自以为是。参见张康之:《行政伦理的观念与视野》,中国人民大学出版社2008年版,后记。

茨曾对转型国家提出建议:"按我们说的去做,但别按我们做的去做。"①用一个模式去套用所有国家改革的方式行不通。制度资源存在国别差异;任何制度均无法自给自足,其有效性总是具体而抽象、历史而非永恒、相对而非绝对,不仅取决于制度本身,而且受制于诸多外部因素。随着时空的变化,许多经济、社会条件都会变化,因此与之相适应的政策和制度也要变化。诺思指出:"经济变迁在很大程度上依赖于适应性效率,即一个社会创造生产性的、稳定的、公平的以及广为接受的制度上的有效性——而且更为重要的是,这些制度要足够灵活,从而在应对政治和经济反馈时能够被变更或被取代。"这里的"适应性效率是指当问题演化时,社会不断修正和创造新制度所不断需要的条件。伴随适应性效率的一个要求是政体和经济体能够在面临的不确定时为不断的试错创造条件。"所以,"出现在西方世界的制度,如产权和司法体系,是不能够被原封不动地复制到发展中国家的。关键在于创造激励结构,而不是对西方制度的盲目模仿。从家庭(联产)责任制开始,中国发展出一种信念结构;这种信念结构无须借助任何西方的标准处方就实现了经济的快速发展。然而,如果中国想继续保持经济的快速发展,那么它必须在政治/经济结构中构建激励体系,这可能需要建立那些更具西方适应性效率特征的制度。"②

法律移植失败不能作为"法律不可移植"的论据,正如医学上某次器官移植手术的失败不能就此否定器官移植的可行性一样,而应从被移植法律的选择、被移植法律与本国传统法律文化的协调上做文章。加拿大学者彭德所倡导的选择性适用理论认为,全球化条件下的制度发展,人文准则是最为关键的因素。潜藏在正式的法律法规和非正式的惯例等各种社会规则下的本地化的人文准则,往往对制度选择发挥重要影响。在全球化的发展中,经济领域的全球化的准则,能否对一个发展中国家产生影响,影响程度如何,都主要决定于选择性适用的力量。由于源于欧洲的自由制度对全球经济的影响力,发展中国家大多采取选择

---

① 英文原文为"Do as we say, not as we do",转引自崔之元:《美国二十九个州公司法变革的理论背景及对我国的启发》,载《经济研究》1996年第4期。
② 参见〔美〕诺思:《理解经济变迁过程》,钟正生等译,中国人民大学出版社2007年版,第152、143页。在哈耶克看来,人们的交往行动过程中经由"试错过程"和"赢者生存"的实践以及"积累性发展"的方式而逐渐形成的社会制度就是"自发秩序"。"这种显见明确的秩序,并非人的智慧预先设计的产物,因而,也没有必要将其归之于一种更高级的、超自然的智能设计……这种秩序的出现,实际上还有第三种可能,即它乃是适应性进化的结果。"参见〔英〕哈耶克:《自由秩序原理》(上),邓正来译,生活·读书·新知三联书店1997年版,第67页。罗德里克也认为:"有效的制度结果不一定来自唯一的制度设计。由于从功能到形式没有唯一映射关系,在具体的法律规则和经济结果之间寻找必然的经验规律是徒劳无益的。哪种制度能够行之有效,取决于当地、当时的约束条件和各种机遇。""制度建设战略绝不能过分强调最佳做法的'蓝图'而牺牲实地试验。""选择合适的制度"至关重要。参见〔美〕罗德里克:《相同的经济学,不同的政策处方》,张军扩等译,中信出版社2009年版,第179、8、173页。"抓住老鼠的就是好猫",能够实现"和谐"的政策才值得采纳。"适宜制度与经济发展"的正相关理论正被我国学人所认同。参见上海市社会科学界联合会编:《当代中国 道路·经验·前瞻》,上海人民出版社2008年版,第53—231页;李若谷:《制度适宜与经济发展》,人民出版社2008年版;等等。

第五章 市场化政府经济行为的制度设计

性适用和拷贝战略,在保持本地规范和遵守外来准则上要求保持平衡。① 该理论借鉴凯尔森的法律规范理论,强调本地观念、传统、人文准则在全球化进程中的影响和作用,主要描述和解释外来准则如何被接受和吸收进本地社会的过程,对全球化条件的民族国家的法律发展做了独到分析,是解读发展中国家法律发展的一个有用视角。

"西方国家在市场经济中拥有制度优势,正是制度优势将西方国家推到游戏规则制定者的位置,正是制度劣势迫使发展中国家引进规则。但是,一个成功的引进者必须首先解决一些无法回避的基本问题,诸如:我们为什么要引进外国制度……是否真正了解我们打算引进的制度……对本国问题懵懵无知,对外国制度一知半解就开始崇拜、迫不及待地呼吁引进,这就导致了历史和现实中一幕幕'制度模仿秀'。"②中国市场化政府经济行为的发展,需要个性与共性相统一的适宜制度,即立足本土资源,根据经济社会发展情势,与时俱进地、有选择地吸收发达国家相关制度中的合理成分所构建的制度。"并不是为了亦步亦趋地模仿它所建立的制度,而是为了更好地学习适用于我们的东西;更不是为了照搬它的教育之类的制度,我们所要引以为鉴的是其法制的原则,而非其法制的细节。"③在某种经由长期经济、文化和历史传统所沿存下来并由一个社会内部的种种"张力"④所决定的既定制度安排,不能刻意追求制度的理论完美性(最优),而是制度的实践适应性(次优)。毕竟,"无论社会政治制度如何,无论有多少人在事实上能够参与公共选择的过程,制度改革都不是一个经济学家、少数'社会精英'认为什么应该的问题,而是一个要由社会上的主要利益集团的利益格局所决定的

---

① See Pitman B. Potter, Globalization and Economic Regulation in China: Selective Adaptation of Globalized Norms and Practices, *Washington University Global Studies Law Review*, Vol. 2 No. 1, 2003, pp. 119—150; Pitman B. Potter, Legal Reform in China-Institutions, Culture, and Selective Adaptation, *Law & Social Inquiry*, Vol. 28 No. 4, Spring 2004, pp. 465—495.
② 参见梁治平主编:《法治在中国:制度、话语与实践》,中国政法大学出版社 2002 年版,第 319—326 页。
③ 参见〔法〕托克维尔:《论美国的民主》,董果良译,商务印书馆 1996 年版,第 3 页。
④ 社会内部的"张力"概念很难把握。萨顿等人认为,社会内部的张力与意识形态有关:"意识形态是对社会角色的定型张力的模式化的反应。"按格尔兹的理解,这种社会内部的"张力","既是指个人的紧张状态,又是指社会的错位状况"。因为"张力理论"的出发点是一个明确和清晰的理念:即长期的社会不良整合。没有哪种社会安排能完全成功地应付其必须面对的功能问题。它们都被一系列无解的二律背反所困扰:自由与政治秩序、稳定与变迁、效率与人道、精确性与灵活性,如此等等"。依雅斯贝尔斯的《现代的人》、萨顿等人的《美国工商业信条》第 15 章和格尔兹的《文化的解释》第 8 章的论述,我们可进一步领悟出,这些学者所说的社会内部的"张力",大致是指在人们解决种种社会功能问题尤其是在社会变迁中的一种牵制力量。或者反过来理解,社会内部的"张力"是从各自定位于一种无形的社会网状结构中的人(们)在其行事、应付种种社会功能问题(如格尔兹所列举的种种无解的二律背反)时的"无可奈何"、"身不由己"和"无能为力"中体现出来。基此,韦森认为"张力理论"可能比"利益理论"更能解释当前中国经济改革和制度变迁的现实格局。参见韦森:《经济学与哲学》,上海人民出版社 2005 年版,第 10 页。

事情"。①

2. 短期政策操作与长期制度建设的矛盾

在中国的法治状态中,各项改革通常是政策主导、法律滞后。政策的主导性、灵活性和变动性有利于改革的探索,但改革成果以及与之相联系的社会秩序的稳定和持续发展仍需要依靠法律加以保障。因此,中国社会主义法制事实上存在着政策和法律两种社会行为规范形式,即"二元法制"。"二元法制"的功能在于弥补政策基础上的"一元法制"的不足,并逐步向法制基础上的"一元法制"过渡。但在目前的过渡时期,"二元法制"之间的权威冲突加剧,规范效力扭曲,行政体制改革的法制环境阻力加大。②

以公用事业民营化为例,市场化政府经济行为的短期政策操作强调提升经济效率、转变政府职能、满足民需等;其长期制度建设则侧重实现公益目标、平衡公私利益、促进社会公平等。就制度生态而言,短期的政策操作虽有理论顺序,但相机抉择仍是其基本特征;长期的制度建设虽是短期政策操作的累积效应所致,但仍可看作是规则一致性的表现。始于财政压力的短期政策操作,政府和民众都希望毕其功于一役,但其外部性使得其几乎不可能与预期的结果一致。二者的冲突因财政约束和利益纷争而成为普遍现象。近几年,各地方市场化政府经济行为出现诸多问题就是适例。"如果认真地对待目的,它们就能控制行政自由裁量权,从而减轻制度屈服的危险。反之,缺少目的既是僵硬的根源,又是机会主义的根源。"③政府在制定政策时考虑长期的制度建设是勉为其难,但探讨短期政策操作和长期制度建设的耦合——长期制度建设指导、保证短期政策操作的正确方向,短期政策操作反过来也能促进长期制度建设——仍是制度设计时的重要任务。研究表明,如果短期政策操作的外部效应促进市场的形成,产权的分散、收入分化程度的下降,以及权威的独裁过渡到民主等则是一种二者耦合的路径选择。这样一种客观地"摸着石头过河"的结果,一般很难达到理想境地。立法者的积极作用在于通过制度设计,使社会目标向此理想状态靠近。④

此外,发达国家的政府经济行为市场化之前,法律体系已相当完备,这是后发国家所不具备的。在后发国家,"只有当民营化以正确方式实施才会有收益。正确方式意指市场准入的公平性与广泛性、有效竞争的引入以及对垄断的规制。同时,对市场发育不足的低收入国家和从中央计划向市场竞争转型的社会主义国家的研究显示,其民营化的成功尚须其他额外的手段与条件,如增加政府行为

---

① 参见樊纲:《渐进改革的政治经济学分析》,上海远东出版社1996年版,第7—8页。有关改革的经济理论中最重要的概念,不是改革方案的"合理性"问题,而是任一改革方案的"可接受性"问题。

② 参见朱光华:《政府经济职能和体制改革》,天津人民出版社1995年版,第385—386页。

③ 参见〔美〕诺内特、塞尔兹尼克:《转变中的法律与社会:迈向回应型法》,张志铭译,中国政法大学出版社2004年版,第86页。

④ 短期政策操作与长期制度建设的冲突与耦合研究,详见魏凤春:《财政压力周期变动下的政府行为》,上海财经大学出版社2008年版,第137—150页。

第五章 市场化政府经济行为的制度设计

的可信度等。这些国家所缺乏的适当的经济与制度支持——包括有竞争力的私人主体、有效的运作的规制机构——都能阻止民营化有效发挥作用。"① 当上述法律环境发展迟滞时,民营化就会缺乏确定性与可持续性。没有发达的资本市场和有效的政府监管,"私有化在这些国家是落在坚硬干燥的土壤上的一粒种子。"② 我国近年来的政府经济行为市场化改革,特别是公用事业民营化,主要靠红头文件、内部文件操作,法律地位都较低或根本不是执法依据,导致国有资产特别是公益流失。

上述那些持久的、根深蒂固的却又不能被忽略的不和谐,政府经济行为市场化必须面对。"不和谐得以向我们显现,它是一种经验,这种经验对于一个最终不存在问题的世界来说,对我们现代的、植根于探寻和谐一致的追求来说,有着一种不安的影响。"③ 市场化政府经济行为的经济法制度设计,必须切实协调或消解上述冲突,朝着公私界限的流动化(即相互交替和非稳定性)展开,回归日常生活世界。没有一种选择是完美的,市场化政府经济行为本身也是不完美的存在。从经济转轨和制度变迁的角度看,由于制度本身就是公共物品,能可持续供给有效制度的政府能力至关重要。就此"生产"或"供给"的制度,既强化了经济法的"回应性"④与"模糊性"⑤,也强调了在经济关系复杂化和动态化背景下法律综合调整的必要性。

现代法治秩序不是制定一套完备的典章制度就万事大吉,更重要的是要致力于改变意识形态,获得文化霸权。⑥ 不同国家的竞争,不应当是在已有的"中心—边缘"模式中的竞争,而应当是在解决那些时代性的课题方面的竞争,只有在这些新的共同面对的问题面前,竞争才是在同等地位上展开的。谁率先解决了时代课题,谁就赢得了发展先机。⑦ 回望中国近代自西学东渐以来从器物、制度到文化(心性)的变革历程,我们认为,制度不可与它所生长和植入其中的文化秩序完全分离开来而外在地移植,也不可通过对传统的更具"独白"色彩的重新阐释而内在地"开出"。在这里,重要的是一种理性反思和对话原则所主导的集

---

① See Ahmed Galal, Mary Shirley, *Does Privatization Deliver*? the World Bank, Washington D. C., 1994, p. 5.
② 参见〔美〕布拉西等:《俄罗斯私有化调查》,乔宇译,上海远东出版社2000年版,第188页。
③ 参见〔美〕怀特:《政治理论与后现代主义》,孙曙光译,辽宁教育出版社2004年版,第22页。
④ 参见刘普生:《论经济法的回应性》,载《法商研究》1999年第2期;易继明:《知识社会中法律的回应性特征》,载《法商研究》2001年第4期。"回应性"也是目前公共行政学研究的热门话题,国际行政院校联合会2000年年会(2000年7月10—13日,北京)即以"责任性"、"回应性"和"效率"作为主题。因应性的核心是将实质正义与形式正义统一在一定的公共服务模式之中,通过减少中间环节和扩大社会参与等方法,在保证公共产品和服务正常供应的同时,努力满足民众多样性的个性需求和价值期望。民众对回应性的需求已成为政府改革的主要动因之一。
⑤ 参见陈云良:《经济法的模糊性研究》,载《法学家》1998年第4期;《法的模糊性之探析》,载《法学评论》2002年第1期。
⑥ 参见〔日〕川岛武宜:《现代化与法》,王志安等译,中国政法大学出版社1994年版,第7页。
⑦ 参见张康之:《寻找公共行政的伦理视角》,中国人民大学出版社2002年版,第4页。

体学习过程:我们的"对话者"不但包括"他人",也同样包括"前人";我们所"反思"的不但有"前人"的传统世界,更有"他人"的现代世界,因为在我们置身的全球化时代,"他人"的问题同时也是"我们"的问题——离开了"他人",甚至都已经没有办法来界定"我们"。从这个意义上讲,经济法制度特别强调全球性趋同与地方性维系,是为数不多的具有竞争力的法律制度①,志在超越历史而立于强大民族之林!

第三节 制 度 要 素

科学哲学的"模型方法"理论为我们解决上述立法任务提供了理论指导。由于设计是一种目的性的、有时间和资源限制的活动,完美的设计是不存在的。模型方法的主旨是通过简化抽取相关的影响因子,以有效地实现设计目的。简化的主要目的是保证制造的便利,而非揭示事实的规律,并且简化模型在很多情况下就实现技术指标而言卓然有效。基于模型方法与简化因子基础之上的技术指标,仍是技术的不确定性的重要根源之一。对法律制度的模型设计,即为法律制度描绘一个大致的理论框架。笔者认为,设计市场化政府经济行为制度模型,立法上应着重下述制度要素:

一、适用范围

从政府直接提供一种公共物品,到政府向一个私人运营商外包部分或全部服务的所有梯形决策,它的实质就是市场化政府经济行为的适用范围。"假如在我们所有的行为中都存在取舍,我们必须面对的问题是如何作出最佳的选择。"②市场竞争的意义在于让各组织尝试以它认为最低的生产成本提供消费者需要的满足。在竞争条件下,技术或制度性的突破无法预期;也因此,由消费者所决定的私人企业、地方政府、与中央政府的生产结构也不是固定不变的,而其长期的变化趋势也无法事先预测。但政府经济行为对市场机制的引入不能过多、过滥,立法对市场化政府经济行为的适用范围必须作出应有限制,原则上应考虑以下问题:

---

① 参见单飞跃、李莉:《语境中的经济法》,载《南京大学学报》2005 年第 3 期。陈乃新也认为,从主体的行为角度说,经济法乃是经济竞争之法。参见陈乃新:《经济法精神之展开》,中国政法大学出版社 2005 年版,第 214 页。
② 参见〔美〕米勒、本杰明:《公共问题经济学》,楼尊译,上海财经大学出版社 2002 年版,第 9 页。

第五章　市场化政府经济行为的制度设计

　　第一,可引入市场机制的政府经济行为,其提供的"公共物品"(public goods)①应具有可交易性和可竞争(选择)性,且市场机制的引入不致损害社会公益,较之不引入市场机制还可提高公共产品供给效率。

　　市场化政府经济行为的适用范围,取决于国家任务的确定②,一般处于"公共物品"和"私人物品"之间的"灰色地带"③,限于"非纯公共物品"(impure public goods)或"准公共物品"(quasi-public goods)的提供,而具有"公共财富"性质的纯"公共物品"不易被推向市场。并非所有的政府行为都可市场化。若一行为越具有完全的非竞争性(non-rivalry)④和非排他性(non-excludability)⑤,这类行为的公共性就越强,所提供的"物品"越接近于纯公共物品,这类行为基本没有市场化的可能,所提供的"物品"只有优先由政府生产才可保证物品的公益性;若一行为的竞争性和排他性越高,这类行为的公共性就越小,私人性越强,所提供的"物品"越接近于纯"私人物品",对这类行为进行市场化可降低成本和提高效率。⑥ 是故,许多学者肯定,诸如司法、强制执行、警察与军事等本质上必须运用物理上强制力的国家任务,不容许民营化。⑦ 更有学者认为,在今日的社会条件下必须作统一决定的事务,诸如货币、公证乃至外交、度量衡等事务,为不容许民营化的国

---

① public goods 最早是由 Lindahl (1919)在其博士论文《公平税收》中使用,萨缪尔森 1954 年 11 月在《经济学与统计学评论》上发表《公共支出的纯理论》将私人物品与公共物品两概念分开使用并给出定义。对于这个术语,国内有很多译法,如"公共物品"、"公共财产"、"公共商品"、"公共财"、"公共产品"。参见吴伟:《公共物品有效提供的经济学分析》,经济科学出版社 2008 年版,第 22—34 页;雷晓康:《公共物品提供模式的理论分析》,陕西师范大学出版社 2005 年版,第 15、18 页。苏力甚至充满德性地理解和翻译为"公共善品"。笔者认为,只要"公"与"私"相对应使用,如公共产品与私人产品、公共物品与私人物品,这些称呼皆无不妥,可互通使用。本书中"public goods"既包括了劳动产品,也包括自然产品,还包括制度。

② 国家任务的确定,向来为一般国家学所探讨。现代国家享有自我定义活动领域以及将该特定活动纳入自己权限之下之权限,即国家之"权限的权限",有学者称之为国家之"全面管辖权"。国家,尤其是立法者,原则上享有一般且空白之授权,得决定将哪些特定之公共任务透过实定法予以"国家化",赋予国家任务之特性;反之亦然,立法者享有将一现存之国家任务予以"私人化"之形成权限。就量上而言,国家得自行决定拥有"较多"或"较少"之国家任务。参见詹镇荣:《国家任务》,载台湾《月旦法学教室》第 3 期。

③ 参见〔德〕理查德:《德国公共服务的市场化》,孙晓莉译,载《北京行政学院学报》2003 年第 3 期。

④ 非竞争性是指一个人对于公共物品的消费不会减少其他人对于该公共物品的消费,即在公共物品数量一定的情况下,公共物品多分配给一个消费者的边际成本为零。美国经济学家 Reynolds 认为纯公共物品最基本的特征就是非竞争性。公共物品的非竞争性产生于公共物品供给的联合性。参见〔美〕雷诺兹:《微观经济学》,马宾译,商务印书馆 1984 年版,第 11 章。

⑤ 公共物品消费的非排他性是指当公共物品被提供出来后,就不能拒绝其他人的消费,或者说由于排除其他人消费的成本过高而不可能排他。这是由 Musgrave(1959)最早提出。See Musgrave, R. A., *The Theory of Public Finance*, McGraw-Hill, 1959, p. 9. 公共物品消费的非排他性也说明了公共物品的消费具有非拒绝性,一个人不可能拒绝使用某种已经被提供出来的公共物品。

⑥ 参见宋世明:《工业化国家公共服务市场化对中国行政改革的启示》,载《政治学研究》2000 年第 2 期。

⑦ 参见许宗力:《论行政行为的民营化》,载《当代公法新论(中)》,台湾元照出版公司 2002 年版,第 595 页。

家任务。①

准公共物品的特征主要表现为:一是只具备非排他性和非竞争性之一种特征;二是非排他性和非竞争性的程度不充分。它又可分为三类②:"公共—私益物品",即无排他性或弱排他性,但有一定竞争性的物品,这是被奥斯特罗姆所称的"公共池塘物品"③;"排他性公共物品",即有排他性,但非竞争性的物品;"拥挤的公共物品",即具有一定的非排他性和一定的竞争性,易发生拥挤,类似私人物品中的"俱乐部物品"。(参见图表5-1④)

图表 5-1　物品的类型

	非竞争性(公益)	可竞争性(私益)
非排他性(高成本)	纯公共物品	公共池塘物品
可排他性(低成本)	可收费物品	纯私人物品

萨瓦斯在对物品进行分类时,认为除了有个人物品外,还有"共用资源"、"可收费物品"和"集体物品",类同于"公共—私益物品"、"排他性公共物品"、"拥挤的公共物品"。但萨瓦斯就公共物品提供的制度安排(参见图表5-2)⑤,对我们研究市场化政府经济行为的适用范围颇有参考意义。

图表 5-2　公共物品提供的制度安排

生产者	提供者	
	公共部门	私人部门
公共部门	公共政府服务、政府间协议	政府出售
私人部门	合同承包、特许经营 补贴	自由市场、志愿服务 自我服务、凭单制

前述物品分类着重于消费者视角,但不是所有公共物品都可当作消费品来分析。例如,对于渔民来说,海洋天气预报可能更多的是一种生产者产品或生产要素。在生产领域中类似公共产品的由一些厂商同时使用的生产要素被称为"中间型公共物品"⑥或"公共生产要素"。除了天气和海洋预报,典型的例子还有知识与技术创新、公共信息、公共人力资源培训等。从这个意义上讲,格林(R. T. Green)和哈伯尔(L. Hublel)的观点别具特色:要区分政府提供服务的"同质

---

① 持此观点的德文文献,参见陈爱娥:《国家角色变迁下的行政任务》,台湾《月旦法学教室》2003年1月第3期,第108—109页,注30—33。
② 参见席恒:《公与私:公共事业运行机制研究》,商务印书馆2003年版,第16页。
③ 参见〔美〕埃莉诺·奥斯特罗姆:《公共事物的治理之道》,余逊达译,上海三联书店2000年版,第1—61页。
④ 参见毛寿龙、李梅:《有限政府的经济分析》,上海三联书店2000年版,第161页。
⑤ 参见〔美〕萨瓦斯:《民营化与公私部门的伙伴关系》,周志忍等译,中国人民大学出版社2002年版,第62、70页。
⑥ 参见〔美〕鲍德威、威迪逊:《公共部门经济学》,邓力平译,中国人民大学出版社2000年版,第45页。

性"和"异质性"①,即对于同质性或可代换的公共服务可采取市场化,例如垃圾回收、卫生清扫、伙食供应之类的服务;但是异质性的服务由于"难于测度或者评价的成本极高",则由政府去制造和提供,例如国防、外交等事务。②

当政府行为涉及公共利益、国家安全、社会公平等基本价值取向的社会综合目标时,该行为是否可市场化,以及在哪些方面通过哪些方式市场化才不会超越合法性和合理性的边界,需要具体分析。据报载,从2002年9月5日开始,温州市瓯海区公安机关在南堡、新桥等地率先试点治安防范招标承包制,将治安防范任务以招标的形式由社区居民竞价承包,由中标人组织人员开展巡防工作,并规定承包人的职责包括"抓获现行,严厉打击一批违法犯罪分子","加强对可疑人员的盘问,遣送一批'三无人员'"等。这一市场化、社会化的治安防范举措在浙江省尚属首例。这种治安承包制,针对原有社会管理机制和行政强制手段等措施难奏效的现状,将市场竞争机制引入治安防范工作中,有利于落实责任,提高防范效益,其初衷不可谓不好。但公安机关将部分行政权让渡与社区公众,似乎并没有得到国家法律的认可和授权。治安防范是公安机关的行政权力,也是其行政职责。巡逻中的"抓获权"只有人民警察在执法时可以行使,治安防范承包人不是行政执法主体,其盘问和抓获犯罪嫌疑人的权力并无法律根据。在市场经济条件下,行政效率的提高和成本的节约是我们追求的目标,但若要冒公共责任重大缺失和公共权力非法使用的风险,则该项公共服务该在多大范围内、多大程度上和以何种方式市场化,需要我们慎重对待。政府行为寻求市场化运作,首先要以合法界限为前提,找足法律根据。③ 从这个角度讲,Marmodo(1999)采用宪政经济学的分析方法所提出的一个宪政意义的公共物品理论应受到重视。④ Marmodo认为,物品的供给决策有两个层次:第一个层次是全体消费者在宪政层次上对物品的供给方式进行的决策。公共物品对应于政府供给,私人物品则对应于市场供给。所谓"公共"和"私人"只是指不同的供给方式,而与物品本身的特性无关。只有物品的"公共供给"和"私人供给"而无"公共物品"和"私人物品"的区分。第二个层次是"后宪政层次",传统经济学所论述的效率问题正是对应于这一层次,消费者效用的最大化和生产者的利润最大化是这一层次上的核

---

① 参见胡象明、鲁萍:《治理视野下的政府公共服务市场化》,载《北京行政学院学报》2002年第5期。

② 参见毛寿龙等:《西方政府的治道变革》,中国人民大学出版社1998年版,第156—157页。

③ 参见傅达林:《公安招标:寻求行政权力市场化运作的合法界限》,载 http://news.xinhuanet.com/newscenter/2002-09/25/content_573832.htm,2007年3月15日访问。

④ 包括市场化政府经济行为在内,一切行为的善治,除了依靠德先生(民主)和赛先生(科学),还要靠康先生(宪政)和劳先生(法治)。如只是实用性地"选择性移植"制度,不在价值层面接受宪政精神,具体法律制度也逃不脱"逾淮为枳"的命运。从这个意义上讲,笔者对王晓晔教授将经济法体系分为经济宪法、一般经济法(包括企业组织管理法、市场管理法、宏观调控管理法、涉外经济管理法)和部门经济法(如铁路法、电力法、煤炭法等)三个层次的观点颇为赞同! 参见王晓晔主编:《经济法学》,社会科学文献出版社2005年版,第30页。

心问题。物品是由市场还是政府来提供全体消费者进行宪政决策的结果,政府和市场不存在谁先谁后的次序,两者处于平等的地位。政府应是"生产性政府",政府和市场各有不同的分工,分别提供公共物品和私人物品,在各自领域中发挥各自的作用。①

第二,适用范围有可变的"游移地带",受市场经济的发育程度、技术发展水平、行业资产专用性程度、市场供求状况、价值观念等诸多因素的制约。

首先,政府行为内容与方式的转变,与市场经济的不断发育完善互相促进:政府行为的转变将牵涉到市场、企业、社会的一系列转变,市场化政府经济行为必然受到其他制度安排的制约。市场化每一步、每一个环节都对政府行为提出要求,政府行为的转变必然随着市场化进程而逐步推进,市场主体的发育程度、市场体系的建设、市场环境的形成等都将构成对政府行为转变的需求制约。另一方面,政府行为的不断成熟也将推进市场经济的深化。随着政府对经济活动的直接干预不断减少,市场的调节作用逐渐加强,政府不再是无所不包、无所不做的公共服务提供者。"政府开始转向一种政策制定(掌舵)同服务提供(划桨)分开的机制。"②

其次,政府经济行为可市场化的范围与技术发展水平一般呈正相关关系。技术变化日益加快的步伐使得公共物品成为一个"移动的靶子"。特别是基础部门的自然垄断特性,多依赖于具有垄断特性的网络传输系统,正随着技术条件的变化、市场规模的扩大、金融创新对资本进入和退出壁垒的克服,而日趋减弱,甚至由纯公共产品蜕变为准公共产品,政府经济行为引入市场机制将有更大的选择空间,如公共工程的招标投标、承包合同的制定、项目融资技术、特许经营权转让等管理规则上的创新屡见不鲜。③

再次,政府经济行为可市场化的范围与行业资产专用性强度成反比关系。例如,自然资源种类繁多、性质各异,对不同自然资源的有偿利用和资源市场应该区别对待、先易后难、有条件先上,可优先考虑对土地资源、矿产资源、森林资源、草原资源、野生动植物资源、水产资源(渔业资源)、海域资源、水面资源等实行有偿利用、建立资源市场;然后在条件成熟时对水资源、环境容量资源、大气资源等实行有偿利用、建立资源市场。可以先确立国有土地使用权,建立国有土地

---

① See Marmolo, E. A., A constitutional theory of public goods, *Journal of Economic Behavior & Organization*, Vol. 38, 1999, pp. 27—42. 近年来,我国政府特别关注如何更有效率地提供公共物品以满足公共需求:什么样的物品应是公共的?它们应如何提供?如何分配公共物品的收益并分担其成本?由谁来作出上述决策?按何种规则作决策?以上问题,学者们多关注前三个问题,希望找到一种用来回答这些问题的"规范"或标准,而对后两个问题缺乏必要关注。

② 参见〔美〕奥斯本、盖布勒:《改革政府》,周敦仁等译,上海译文出版社1996年版,第64—65页。

③ 参见常欣:《规模型竞争论:中国基础部门竞争问题》,社会科学文出版社2003年版,第62—102页;迟福林主编:《走入21世纪的中国基础领域改革》,中国经济出版社2000年版,第286页;程漱兰等主编:《世界银行发展报告20年回顾》,中国经济出版社1999年版,第60页。

第五章 市场化政府经济行为的制度设计

使用权流动和交易(包括出让、转让等)市场。对农村集体土地使用权(承包经营权)、探矿权、采矿权、海域使用权、水面养殖权、森林使用权、草原使用权、水资源使用权(主要是取水权)、水运资源使用权、水力资源使用权、捕鱼权、狩猎权、垂钓权、自然景观使用权、排污权等各种自然资源使用权区别对待,已具备有关条件的应该实行有偿使用、建立资源市场,有可能但时机不成熟的应创造条件实行有偿使用、建立资源市场,难度大或没有可能的不要急于实行有偿利用和建立资源市场。① 以土地使用权流转为例,世界银行研究报告指出:当人均 GDP 小于 500 美元时,农民以分散的自给自足式经营土地为主;只有当人均 GDP 大于 1000 美元之后,农村土地的商业运作和市场价值才能开始体现出来,表现在土地拥有者有转移土地的强烈意愿,而土地经营者又有扩张规模的迫切需求,两者的共同作用是土地使用权进行流转的根本动力。② 在这时候,政府可以土地储备中心、土地整理中心、土地信托中心和土地银行等形式,为土地流转提供多方面服务。在公共服务领域,极少数可完全市场化。例如,由政府参与运营的旅馆业,在"东欧剧变"后都被逐渐交由该地区的个体私营企业手中(包括完全民营化及个体企业委托运营)。多数情况是采取将其功能分为几部分,然后根据国家实际状况将分割后的一部分功能移交到个体私营企业手中的方法。这称为分类计价。例如,电力供应可分为发电、输电、配给等阶段,但并非所有的阶段都须移交给公共企业体,可只将其中一部分(例如发电)分离出来移交给私营企业,或允许新企业加入此领域以促进竞争。铁路可分为轨道和乘客(或高速运输)两部分,机场也可分为跑道等公益性较强的部分和周边设施等个体私营企业可参与的部分。有人认为,应将不易盈利部分先转让给私营企业。厉以宁的"靓女先嫁"理论对此作了生动的反驳:由个体私营企业来推动市场化政府经济行为的活跃进行,既可提高就业率,增加税收,也可通过适当的资源再分配对不适应于个体企业事业活动的领域或公益性较强的领域进行投资。

最后,政府经济行为可市场化的范围还与价值观念等诸多因素相关。例如,彼得斯在《作为公共管理工具的合同》中认为,分散决策、依靠绩效合同的分权方法在北美之所以较少使用,不像在合同主义盛行的新西兰、英国、丹麦、瑞典等欧洲国家那样流行,主要原因在于:"一是信任私人部门的价值观念,对政府的不信任导致不愿意给管理者更大的自由;二是微观管理和控制的替代性,国会能通过预算很好地控制行政机构,而不乐意赋权给公务员,使其更具有企业家精神;三是加拿大政治体制的重要特征之一是强调从部长到议会对公共服务的责任,运用绩效合同会对这种政治体制构成挑战;四是美国、加拿大的公共部门忙于参与

---

① 参见蔡守秋:《自然资源有偿使用和自然资源市场的法律调整》,载《法学杂志》2004 年第 6 期。
② 参见中国市长协会、《中国城市发展报告》编委会编:《2001—2002 中国城市发展报告》,西苑出版社 2003 年版,第 65 页。

改革(顾客和员工参与),改革的日程已满。"① 又如,现代公债的背后是公共权力,其目的是实现公共利益,公债规模大小应以公共利益所需(如宏观经济稳定、公共物品提供等)为限,而不是像家庭那样以自己拥有的现实或未来财产数量为负债的最高限额。

第三,市场化政府经济行为的适用范围的决定权应与财政管理体制相对应,在中央与地方、人大与政府、政府与其部门之间按照权责利相统一原则合理分配。我国实践中出现了大量决定权错位现象,如依据税收法定原则,有奖发票本应由人大决定,而各地却由税务机关自行决定;依据分税制的财政体制,国债发行中央、地方政府都可决定,而目前却由中央政府所垄断;等等,值得重视!

第四,政府经济行为也有抽象行政行为和具体行政行为之分,可引入市场机制的只限于具体行政行为。在具体行政行为中,处罚性行为等行为也不宜引入市场机制。政府经济行为的市场化应遵循法律优先原则,当法律已就行政机关必须亲自履行某一行政事务作出明确规定时,行政机关就不得公然地违反法律规定而市场化。

在宪政背景下,借助适用范围的制度界定,市场化政府经济行为的合法性可得以确认。当然,"一个制度到底怎样才是好的,却是个永远的问题。根据人们不同的理想,好和坏,公正与否,显然有着非普遍必然的语境。而一个满足所有理想的普遍语境是不存在的"。② 任何具体制度的本身都不具有超越一切的合法性,都必须服务人类的、特别是当代人的需要,这才是任何法律制度合法性的根据。它反对用一种自我中心的、上帝式的、历史在我这里或在我们这一代终结的眼光来考察和评价任何制度。③ 法律的所有历史发展均基于如下事实:任何特定时代,人们及其相互关系具有鲜明的特性,以至于他们只是在那个特定的时代呈现当时的那种状态,他们也因此会随着时间的推移而发生永不停歇的变化。④ 制度的发展、变迁和创新永无止境的、与时俱进。有学者以东亚崛起与危机为例,指出政府主导型制度由于是对殖民地、半封建经济的创新,有利于发挥后发优势和学习型制度变迁优势,带来了东亚经济的迅猛发展。但是,没能适时实现制度创新,是东亚金融危机的根本原因。⑤ 还有学者以 20 世纪 80 年代尤其 90 年代实现经济赶超目标后的日本所发生的一系列经济现象为重点,对其政府经济职能的僵化和赶超经济过程中形成的大量"规制过剩"现象进行了深层次剖析,强调政府经济职能及其相关制度安排未能及时重新定位和调整,使日本经济错过

---

① 转引自陈振明等:《竞争型政府》,中国人民大学出版社 2006 年版,第 36 页。
② 参见赵汀阳:《没有世界观的世界》,中国人民大学出版社 2003 年版,第 202 页。
③ 参见苏力:《语境论》,载《中外法学》2000 年第 1 期。
④ 参见〔奥〕埃利希:《法律社会学基本原理》,叶名怡等译,九州出版社 2007 年版,第 869 页。基此,"法学重大而永无止境的任务就是要解决生活变动的需求与已立之法的措辞之间的冲突"。(第 887 页)
⑤ 参见马宏伟:《东亚崛起与危机的制度分析》,中国金融出版社 2005 年版。

了跃上新的发展阶段的有利时机。① 这也是笔者对市场化政府经济行为的适用范围仅从原则上把握的原因。因为,"人们在某个原则上达成协议与他们在特定情形中的分歧同时并存是一种普遍的法律和政治现象"。②

二、主体

如前所述,在市场化政府经济行为中,有的只存在政府主体和行为相对人的双方关系;有的则存在政府主体、参与主体和行为相对人的三方关系,其中政府主体和参与主体是实施主体。基于结构—功能主义的分析框架,对于那些具有"自组织"系统的社会组织(或社会系统)来说,其治理问题都表现为内部的结构性治理和外部的功能性治理。

1. 政府主体

在市场化政府经济行为中,政府主体处于何种法律地位? 黄凯锋指出,在公共服务市场化进程中,伴随着政府角色由公共服务的"直接提供者"向"促进者"和"发包者"转变,政府应承担"发包者"的监管责任、"促进者"的法律责任和"服务者"的道义责任。③ 漆多俊认为:"当国家投资开办和经营国有企业时,国家既是经济调节主体,又是投资主体和企业经营管理主体。从其基本性质上说这是国家经济调节的一种基本方式和活动,所发生的是一种国家经济调节关系,原则上属于经济法调整对象范畴;但从投资经营活动来说,国家又以一种同其他民间经济主体平等的身份出现,所发生的社会关系具有与一般民间社会经济关系同样的性质。例如,民法关于物权、债权、合同等的规定,对于国家投资和国有企业来说,也基本适用。特别是当国有企业实行租赁、公司制等民营方式时,不仅在国家同企业经营者之间适用民商法有关规定,而且对于该种企业的内部关系,国家基本上放开由企业自主处理,基本上适用民商法或劳动法等有关规定。此外,当国家发行政府债券时,一方面,它作为国家调节经济的一种必要措施,发生的是国家经济调节关系,属于经济法范畴;但同时这也是一种民事行为,国家是债务人,同作为债权人的债券认购人之间发生债权债务关系。这种债的关系虽然具有特殊性,对其特殊性需由经济法加以规定,但基本上适用民法债的规定。即使在国家运用计划和经济政策对社会实行促导和调控时,国家也不免采取民事方式,例如为落实某些计划指标而采取订货合同形式,同社会各方发生合同关系。"④ 平特纳强调:"行政即处于普通的地位,置于与公民同样的法律秩序之下,放弃其特殊的国家性质的优先权。没有例外的其他规定时,行政只能按照私法规定的那样进行选择;行政因该选择同样'屈从于'一般私法秩序之下。对于涉

---

① 参见徐平:《对日本政府经济职能的历史考察与研究》,中国社会科学出版社2003年版。
② 参见〔美〕孙斯坦:《法律推理与政治冲突》,金朝武等译,法律出版社2004年版,第39页。
③ 参见陆晓禾、〔南非〕罗索夫:《中国经济发展中的自由与责任》,上海社会科学院出版社2008年版,第40—51页。
④ 参见漆多俊主编:《经济法学》,高等教育出版社2003年版,第12页。

及当局的一般概念(根据《民法典》第138条善良风俗)的解释,亦与一般情况无异。另外,行政还同任何私人一样地遵从形式上的规定和监督性规定。……当它的请示不被满足时,行政又必须以和普通公民一样的方式向法院起诉。"①

各种市场化政府经济行为中,本为规制主体的国家,却以一种特殊民事主体身份出现,同社会有关各方发生一种特殊民事关系。这种关系基本上适用民法,经济法只对其中具有特殊性的方面作出特别规定。其实,对私营企业来说,宪法和法律对政府主体这类公共组织有着特别的要求。如罗森布鲁姆所指出,公共组织要受到宪法更多的制约,由于宪法采取分权与制衡原则,公共组织常常受到来自三种力量(即行政、立法、司法)的主导,这使得公共组织的首长或主管实际上仅拥有部分的权力。相比之下,私营企业主管对部属所拥有的权力反而是较大的。而由于立法部门、各级行政部门和监督机构及法庭的监督对公共组织造成繁多的正式法律限制,这使得公共组织运作领域和程序受到较多的限制。②

政府行为的市场化当然并不会造成政府规制主体角色的消失,政府移交的是公共服务项目的提供,而不是与服务连带的公共责任,政府必须保留规制的权力,包括"政策说服、规则、目标设定、监督标准拟订以及执行、评估及修订导正功能"③。"2003年美国东北部和中西部发生大停电,调查人员发现,因为公用电力事业单位都被分拆,监管也被取消,所以,没人或机构负责投资进行电网维护(在电力接受监管的时期,这类投资费用可计入电力消费价格之中)。放松监管是看重贸易市场的可观效率,至于电力网络工程的效率如何及电力是否便宜、可靠,就几乎没人去关心了。"④

现代化社会分工和组织化程度的不断提高,对政府的管理能力和水平提出了要求,任职者必须具有其职务所需的专门知识和技能。而此种知识和技能的获得一般都需要经过相当时间的正式教育和充实的专业训练。规制市场化政府经济行为,我们建议组建独立监管机构(independent regulatory agencies,简称IRA),形成一支由长期专注于某些特殊产业或市场领域的职业化的队伍,逐渐累积规制执法的经验,享受到"职能专业化和劳动分工的好处"⑤:信息收集能产生"专业经济",降低信息成本;具体执法能反复多次地执行某项特殊职能,节约交易成本⑥等。"转

---

① 参见〔德〕平特纳:《德国普通行政法》,朱林译,中国政法大学出版社1999年版,第92—93页。
② 参见〔美〕罗森布鲁姆、克拉夫丘克:《公共行政学》,张成福等校译,中国人民大学出版社2002年版,第6—16页。
③ 参见詹中原:《民营化政策》,台湾五南图书出版公司1993年版,第17—18页。
④ 参见〔美〕库特纳:《大国的陷落》,曾贤明译,中信出版社2009年版,第79页。
⑤ 参见李郁芳:《体制转轨时期的政府微观规制行为》,经济科学出版社2003年版,第102页。
⑥ IRA执法的法理基础至少包括:(1)法律的"空缺结构"理论。参见〔英〕哈特:《法律的概念》,张文显等译,中国大百科全书出版社1996年版,第134页。(2)不完备法律理论。参见〔美〕皮斯托、许成刚:《不完备法律》,载《比较》第3、4辑;《执法之外的机制》,载《比较》第6辑;《不完备法律之挑战与不同法律制度之对应》,载《洪范评论》第2卷第1辑;许成刚:《法律、执法与金融监管》,载《经济社会体制比较》2001年第5期。

轨国家的代理机构改革通常意味着根据新的职能设立新的独立机构;或者在个别处理或统一安排的基础上,大幅度提高现有的具有独立法律地位的机构的自治权。"①为使规制者保持中立的立场,应在取消政企合一的规制体制的同时,在电力、电信、煤气、航空等基础产业设立IRA,采委员会形式,并确保政策制定职能与政策执行职能相分离:政府的政策制定职能包括:制定行业发展战略、市场准入规则、税收政策并制定相关的法律法规;而规制委员会则负责执行政策,即制定实施既定宏观经济和行业政策的具体规定和标准,并监督执行。委员会应遵循的规制原则包括:(1)公开透明原则,即决策时要广泛听取意见,使公众能获得有关信息。"公开被得当地推荐为消除社会和工业弊病的补救方法。阳光是最好的消毒剂,灯光是最有效的警察。"②(2)一致原则,即处理程序要一致,增加决策的可预见性。(3)负责任原则,即要定期向行政主管部门汇报工作。(4)独立原则,即决策时不受外部干扰。

建议尽快建立促进公私合作的PPP合作中心。不同于一般政府部门,这个政府部门在融资与管理方面具有附加职能,保证将一批具有投资潜力的可行性项目推向市场;培养一批具有公私合作项目专业知识的人才队伍;成为公私合作的权威,担负着重要的协调职能,为民营企业提供融资方面的咨询和代理服务,增强竞争性投标的透明度,减少项目资金的浪费、欺诈与滥用等。

2. 参与主体

参与主体不仅有市场主体,而且有社会中间层主体,甚至还可能有政府主体③。行为相对人是公共产品的接受主体,具体表现为宏观调控的受控主体、市场规制的受制主体和社会保障的受保主体;不仅如此,行为相对人与实施主体还存在着一定的市场关系,在这里,两方主体都属于市场主体,相互间地位平等并且可自主选择。

在市场化政府经济行为的双层三角的主体框架中,政府主体与参与主体之间首先是实施政府经济行为的权责转移和分工关系,同时还存在着合同、竞争、伙伴和监督等关系;对于行为相对人来说,参与主体在授权范围内行使权力和承担责任,而政府主体则是权力来源主体和最终责任主体。在这里,政府主体与参与主体建立的是行政契约关系,政府主体以契约方式管理的权利和责任,来自全体公民的授权,政府作为代理人,与公民(行为相对人)之间存在社会契约关系;在直接的公共物品供给中,公民(行为相对人)又以公益消费者的身份与参与者(公共物品提供者)之间建立起民事契约关系,由此形成了以"公民—公益消费者"为核心的三方契约关系。换言之,政府主体、参与主体分别与行为相对人(公

---

① 参见吴敬琏主编:《比较》(12),中信出版社2004年版,第27页。
② 参见〔美〕布兰代斯:《别人的钱》,胡凌斌译,法律出版社2009年版,第53页。
③ 如中央政府在某地方政府所辖区域内进行投资,其中进行配套投资的地方政府属于参与主体。

民)的关系,还因市场行为因素的存在而呈现出平等性。

现实中并非所有的"人"都能成为参与主体。"进入市场的自由,实际上不仅受到社会的、经济的等许多条件的制约,而且也受到政策目的的制约。"①政府主体对参与主体的选择,是构建双层三角主体框架的关键性环节。对这种选择的规制应注重以下要点:

(1) 选择标准

主要有法定标准和政府主体自定标准两种形式。法定标准主要规定参与主体的基本条件,自定标准则结合具体行为特点和政策意图,规定参与主体的具体条件。在法定标准中应明确,参与主体必须具备实施特定市场化政府经济行为所必备的财力、物力、人力、技术、市场信誉等条件②;所有制、行业、区域、隶属关系等差别不能作为限制参与主体准入的条件;作为参与主体,不能与政府主体和行为相对人构成双重代理。此外,对参与主体的选择还应当考虑产业政策、土地政策、社会保障政策等经济社会政策的特殊需求,考虑经济效益的同时还要考虑社会效益。

(2) 选择主体

除由法律法规专门指定参与主体外,应根据法定管理权限由实施市场化政府经济行为的政府主体或其上级政府主体选择参与主体。有选择权的政府主体可依法委托给相关的社会中间层主体代理选择。

(3) 选择方式

在选择参与主体的过程中,应坚持公平、公正、公开的竞争原则,成立有人事、组织、纪检、审计等部门代表或专家参加的委员会行使选择权。这种选择的效力应有期限,期限届满时应重新选择。从合同条款和管理上存在的困难而言,短期比较合适,以减少将来需要处理的意外情况。但高频率选择会产生大量费用,资产评估和转让的频繁出现会使产业处于动荡状态。

(4) 选择监督

应按照管理权限和该行为的具体特点,对参与主体的选择应分别建立专门的审批、审核或备案制度,同时还应充分发挥参与主体的竞争者、市场化政府经济行为的利害关系人以及新闻媒介的监督作用。

在政府主体的选择决策过程中,比较听证可降低错误决策发生的概率,以实现资源的最佳配置。比较听证是美国1946年阿什巴克尔案件所确立的原则,该案案情是:联邦通讯委员会先后收到两个公司请求广播执照的申请,这两个公司邻近不远,申请使用的频率相同。由于两个频率互相干扰,电讯委员会只能批准

---

① 参见〔日〕金泽良雄:《当代经济法》,刘瑞复译,辽宁人民出版社1988年版,第196页。
② 行政机关在与人订立契约时,要受公共财政的约束,必须确信所立契约的财政成本最低,而且对方最有能力履行契约义务。参见〔法〕里韦罗、瓦利纳:《法国行政法》,鲁仁译,商务印书馆2008年版,第34页。

其中一个申请。电讯委员会在未经听证批准一个执照以后,才通知另一公司举行听证,从而使这种听证变成对电讯委员会决定不发生作用的虚伪的听证。最高法院最后确定了这样一个原则:多数人同时申请某一物质上或经济上互相排斥的事项,在不能容纳几个执照同时存在的时候,行政机关只能批准其中的一个或少数几个时,行政机关在决定之前,必须举行联合的比较听证,在听取和审查各申请人的辩论和证据以后才能作出决定。事实证明,"一个健全的法律,如果使用武断的专横的程序去执行,不能发生良好的效果。一个不良的法律,如果用一个健全的程序去执行,可以限制或削弱法律的不良效果"。①

3. "谦抑"地行使行政优益权

政府主体或新创造的"准自治的非政府性组织"(quasi-autonomous non-governmental organization,又译作"半公营机构"②)(以下都写为"政府主体"),在市场化政府经济行为中,特别是合同的订立和履行过程中,拥有一定的行政优益权,如选择权、监督权、变更权、终止权、制裁权等。行政优益权是政府主体为实现行政管理目标,维护公共利益所必需的权力。但中国特有的历史传统和行政管理的实际情况,决定了政府主体在合同履行过程中往往倾向于过多地行使这种权力,相对人和政府主体很难形成较为平等的关系,使得合同更多地体现出行政的特征而非合同的特征,这在一定程度上损害了相对人的利益和公共利益,降低了合同的效用。

(1) 谨防政府主体滥用制裁权。政府主体对合同的履行有监督的权力,当相对人不履行合同或履行合同不当时,政府主体可以督促其履行合同或适当履行合同。若相对人仍不履行或履行合同仍不当时,政府主体即可以制裁相对人。如《城镇国有土地使用权出让和转让暂行条例》第 17 条所规定的警告、罚款、无偿收回土地使用权等制裁手段。实践中,在种种原因的共同作用下,政府主体经常以相对人不履行或履行不当为借口对相对人进行制裁,进而侵犯相对人甚至其他利害相关人的权益。如 2007 年 3 月 6 日,新疆乌鲁木齐市南昌路近 11.8 万平方米采暖面积停暖,这是继 2006 年年底乌鲁木齐市和 2007 年年初阜康市大面积停暖后,又一起较大面积停暖事件。和前两次不同的是,这次停暖是热力公司切断了供热管线造成的。据切断供暖管线的通达热力公司称,因为历史遗留的 38 万元经济纠纷问题迟迟没有解决,加之 2006—2007 年天阳物业管理中心拖欠了数十万元采暖费,多次讨要未果,才采取了切断供暖管线的方法。③ 公司的这种行为是否履行了社会责任,是否违反了"普遍服务"义务,均值探讨。

(2) 谨防政府主体滥用选择权。在法律不健全的情况下,政府主体易采用

---

① 参见王名扬:《美国行政法》,中国法制出版社 1995 年版,第 41、426 页。
② 参见〔荷〕蒂尔:《半公营机构》,汪洋等译,社会科学文献出版社 2008 年版。
③ 参见高振庆:《供暖企业切断管线 乌鲁木齐近千户居民再挨冻》,载《中国青年报》2007 年 3 月 19 日。

不公开方式选择相对人,这为随意选择相对人提供了可乘之机,易引发腐败问题,并进而损害公共利益。如尽可能地不采用公开招标的方式,而是与相对人进行直接沟通,达成默契。而相对人在这种情况下也可能会乘虚而入,双方为寻求自己的利益最大化而达成一致,其间发生的欺诈、权钱交易又会使招标成为滋生腐败的温床。如 1989 年美国联邦住房与城市发展部出现的权钱交易丑闻使纳税人损失 60 亿美元。① 我国出现的"豆腐渣工程"是此类问题的典型表现。另外,选择权的滥用也侵害了与相对人处于平等竞争地位的第三人的公平竞争权。

(3) 谨防政府主体滥用变更权和终止权。为公共利益需要,政府主体有权单方变更合同的内容,甚至解除合同。但在实践中,政府主体更习惯于或更依赖于采用传统的单方决策模式来解决市场问题,轻视按照市场规则来办事,以公共利益需要之名变更或解除合同的情形屡见不鲜,往往会损害到相对人利益,尤其是当政府不能兑现其所作出的给予相对人某些优惠的承诺时,降低了政府的诚信度,打击相对人与政府主体合作的积极性。如被称为"世界第一跨海大桥"的杭州湾大桥,采用 BOT 模式由民营资本控股,受到各方的高度评价。但由于种种原因,民营资本在该项目中的比重逐渐减少。② 又如,发生了辽宁沈阳的"中国路牌第一案",因相关行政机关的职能调整即解除合同,引发了诸多法律问题。③

三、审查

市场化政府经济行为尽管具有市场行为的外壳,仍应和其他政府行为一样纳入审查范围。"为了尽量降低特许权和私有化对公共财富形成的风险,公开的认真审查和透明度对避免进行'情感'交易是重要的。这种交易能迅速熄灭私人参与的热情。"④但这种审查制度应体现出由审查对象的特殊性所决定的特点。它具体表现在:

(1) 审查体制。政府行为的审查体制一般由人大审查、上级部门审查、同级政府审查、同级主管部门审查以及司法审查所构成。由于大多数市场型政府经济行为都涉及财政的收入和支出,因而在审查体制中,应当突出财政审查(即人大的财政预算审查和财政部门的审查)的地位。由于审查对象中含有市场行为因素,立法应当赋予市场规制部门,尤其是工商行政管理部门以广泛的审查权限;并且,其司法审查的组织形式和制度应当突破传统的行政行为审查模式。

(2) 审查内容。对不同的审查对象,有不同的审查重点;而不同的审查主体,其选择的审查重点也不一样。一般而言,审查内容的重点应当包括:政府经济行为是否应当引入市场机制,亦即是否应当采取市场行为形式;市场化政府经

---

① 参见〔澳〕休斯:《公共管理导论》,彭和平等译,中国人民大学出版社 2001 年版,第 522 页。
② 参见《杭州湾大桥民资为何减持》,载《市场报》2005 年 10 月 14 日。
③ 参见《中国路牌第一案,留下思考一大串》,载《辽宁法制报》2005 年 12 月 15 日。
④ 参见《1994 年世界银行发展报告:为发展提供基础设施》,中国财政经济出版社 1994 年版,第六章。

第五章　市场化政府经济行为的制度设计

济行为所涉财政收支及其运行,是否合法;政府主体的行为,特别是选择参与主体的行为,是否合法正当。

(3)审查提起。对市场化政府经济行为,除了由专门监督部门和业务主管部门提起审查外,参与主体的竞争者、行为相对人等直接利害关系人也有权提起审查。不具有直接利害关系的社团、公众也有必要赋予提起审查的权利。

四、合同

合同,又称契约(contract)①,来源于罗马法的合同(contractus)概念。contractus 由 con 和 tractus 二字组成,con 有"共"字的意思,tractus 有"交易"的意思,合而为"共相交易"。英国《牛津法律大辞典》对合同的定义是:二人或多人之间为在相互间设定义务而达成的具有法律强制力的协议。契约本质上是自由的和相互的,但在法律效力上,契约也构成了"对自由的自我限制":"签约前,人是自由的;订立后,就受到限制。"②

从总体上讲,约在 20 世纪 70 年代以前,契约理论基本上还被分割在法学和政治学的领域:在法学领域里,它探讨的主题是交易和契约的关系,以及契约的履行问题;在政治学领域,它探讨的主题是契约与社会制度的关系,旨在将君主的权力纳入社会契约的约束之下,为制度变革确立理论基础。20 世纪 70 年代之后,经济学家同时从法学和政治学中接过契约理论的研究主题,力图将经济学的方法应用于在传统上是法学和政治学的领域。以科斯、波斯纳为代表的经济学家接过法学契约理论的主题,进一步研究了交易中的契约安排问题,论述了信息等因素对契约运作成本的影响。以布坎南、诺斯为代表的经济学家则选择了政治学契约理论的主题,进一步研究了契约与制度的关系问题,论述了如何运用契约对国家权力进行约束,并确立了制度变迁理论的基本框架。而以 Macneil 为代表的法学家则提出"关系契约理论"(relational contract theory or relational theory of contract)③,从社会的视角分析契约关系,用一套不同的概念体系建构合同法的

---

① 据中文使用习惯,"契约"与"合同"在应用范围上稍有差别,如关于婚姻的协议通称"婚契"或"婚约",而不称"婚姻合同"。两者的异同可参见俞江:《"契约"与"合同"之辨》,载《中国社会科学》2003 年第 6 期;贺卫方:《"契约"与"合同"的辨析》,载《法学研究》1992 年第 2 期。笔者认为,"契约"与"合同"无较大差别,在本书的所涉范围内仅依上下文环境和行文方便,或写为"契约",或写为"合同"。
② 参见〔德〕赫费:《政治的正义性》,庞学铨等译,上海译文出版社 1998 年版,第 388 页。
③ 20 世纪 80 年代,Macneil 将自己的关系契约理论改称为"基本契约理论"(essential contract theory)。他认为,只要符合以下四个核心命题的理论都可称为关系契约理论:第一,每项交易都包含复杂的关系;第二,理解任何交易均需要理解所有基本要素;第三,交易的有效分析需要承认和考虑所有基本要素;第四,关系和交易相结合的有效分析更加有效。而"基本契约理论"这个名称基于以下两点原因是适当的:第一,该理论捕捉到了交换关系的根本方面。第二,此种类型的分析对理解契约具有根本性。See Ian R. Macneil, Relational Contract Theory: Challenges and Queries, *Northwestern University Law Review*, Vol. 94, 2000, pp. 881—894. 此外,在美国还有一些学者,如 Robert Scott 的契约理论也称为关系契约理论。参见吕巧珍:《关系性合同理论研究》,清华大学法学院 2006 届博士论文,第 35—39 页。

理论。美国《第二次合同法重述》第 1 条导言中的报告人提请注意中就出现了 Macneil 于 1974 年在《南加州法律评论》发表的《合同法的多种面向》(The Many Futures of Contract)和在《弗吉尼亚法律评论》发表的《第二次契约法重述与现时化》(Restatement, Second, of Contracts and Presentation)。

随着社会的发展和观念的进步,契约概念和理论顺流而下,逐渐和各种社会观念混合起来,由自由交换发展起来的契约观念就成为整个社会普遍认同的理念。这样的历史过程,英国法学家梅因(Henry S. Maine)曾在其《古代法》中概括为"进步社会的运动,到此处为止,是一个从身份到契约的运动"。简言之,进步社会与以前历代社会的不同,契约法领域的扩大和强行法领域的缩小是一个重大标志。① 从这个意义上讲,"契约是整个文明的产物,而不仅仅是商业和工业的结果"。"只有理解契约这个范式和隐喻,才能理解人类社会及其交往关系,才可能在共同体的生存与个体人格的完整性之间、强制与自由之间、公平与效率之间、和谐社会的治理目标和手段之间找到阿基米德式的支点。"② 在当今世界,"社会关系契约化过程中的契约或者契约隐喻的运用,不仅仅是理解社会关系的一种方式,而且用来服务于参与者建构社会关系"。③ 这时的"契约"已不再是一个简单行为方式和民法概念④,已经成为法治的根本标志和支撑,成为公法与私法、实体法与程序法⑤共享的一个制度、一种社会观念、一种衡量社会进步的尺度。难怪卢曼指出,在建立资本主义新秩序的历史进程中,两种制度发挥了可谓是神奇的作用:一是社会与私法中的契约;二是国家与公法领域的程序。⑥

权利永远不能超出社会的经济结构以及由经济结构所制约的社会的文化发展。⑦ 一个社会采取什么样的合同形式和经济、政治制度结构在很大程度上取决于这个社会的经济发展和社会分工程度:在社会分工程度低的经济中,合同主要采取了自我实施的互联的关系型形式;在社会分工程度高的国家中,通过第三方(如法庭)来实施的正式合同所起的作用会更大。在市场化政府经济行为中,合同迫使市场主体和社会中间层主体为赢得合同而服从政府政策,形成接受法律

---

① 参见〔英〕梅因:《古代法》,沈景一译,商务印书馆 1997 年版,第 172 页。被法学家艾伦(C. K. Allen)誉为"全部英国法律文献中最著名的"文句传至中国以后,受到了诸多学人的高度重视。参见苏力:《从契约理论到社会契约理论》,载《中国社会科学》1996 年第 3 期;何兆武:《从身份到契约》,载《读书》1991 年第 8 期;陈国富、卿志琼:《从身份到契约》,载《人文杂志》2000 年第 3 期。
② 参见于立深:《契约方法论》,北京大学出版社 2007 年版,自序。
③ See Hugh Collins, *Regulating Contracts*, Oxford University Inc, 1999, p.16.
④ 已有中国学者将契约概念扩展到民商法领域以外,参见江山:《广义综合契约论》,载梁慧星主编:《从近代民法到现代民法》,中国法制出版社、金桥文化出版社(香港)有限公司 2000 年版;江山:《再说正义》,载《中国社会科学》2001 年第 4 期。
⑤ 契约作为程序法制度,在我国受到的重视程度有限。参见张卫平:《论民事诉讼的契约化》,载《中国法学》2004 年第 3 期。
⑥ 参见卢曼:《通过程序获得正统性》(日译本),日本风行社 1990 年版,第 3 页。转引自王锡锌:《市场经济与行政程序法制度》,载《法商研究》1995 年第 5 期。
⑦ 参见《马克思恩格斯选集》第 1 卷,人民出版社 1973 年版,第 22 页。

第五章　市场化政府经济行为的制度设计

规制意义上的合同依从①,改变了传统的层级官僚管制方式,进而普遍存在于各种市场化政府经济行为中,成为实现公共服务职能的普遍方式和管制职能的重要手段。丹尼尔·贝尔(Daniel Bell)强调:"今后几十年必须全面改组政府机构并使之现代化,以找到各单位的适当规模和范围来处理适当的任务。""所有各种职能都可以'分离出来'并且交由多州性或地区性的'合同单位'来承担。"②这就是如费里德曼和莫里斯所说的从"行政国家"转型为"合同国家"(又称"契约国家"、"合同制国家"③)的现象。④现代社会已经从契约隐喻转向契约架构,契约式管理意味着公共行政文化的变迁。⑤ 以社会保障基金与其上级主管部门之间的目标合同为例:1996年的《社会监督法令》规定了有关国家与社会保障基金之间的双边协议体系。该协议体系包括联结效率指标的公共政策目标、国家对新规范的提前公布、三年期的运作资源的拨备,以及用于分散式服务的指标等。这种契约化管理使基金经理们一方面能够真正享有管理的独立性;另一方面,绩效评估也为经理和国家引进了相应的责任机制。⑥

实际上,契约治理模式是政府规制的武器而已。契约机制被作为规制的一种工具,目的是避免传统规制过度化,最好地完成"规制国家"的任务。除了上述的Hugh Collins,美国学者乔迪·弗里曼(Jody Freeman)也对契约治理模式进行了系统和深入的研究。他区别了四种规制契约:(1)采购契约;(2)私人实体承担政府服务的契约;(3)行政机关和规制实体之间关于规制执行或者履行的协议;(4)行政机关和私人实体之间关于详细列出私人实体的被规制行为的要求的契约。⑦

在许多国家,合同行为早已超出提供有限的商品和服务的范围,而覆盖了公共服务的所有设计和方式。政府在这些领域表现得越来越像个合同承包商。⑧

---

① 转引自于安:《政府活动的合同革命》,载《比较法研究》2003年第1期。
② 参见〔美〕贝尔:《后工业社会的来临》,高銛等译,新华出版社1997年版,第353页。
③ 参见〔英〕莱恩:《新公共管理》,赵成根等译,中国青年出版社2004年版,第220页。"这个概念指中央或地方政府与非政府组织签订资助和服务合同。之后,权威机构会制定服务标准以确保服务提供者可以有效地履行合同。"参见〔英〕布莱克默:《社会政策导论》(第2版),王宏亮等译,中国人民大学出版社2009年版,第38页。
④ See Carol Harlow & Richard Rawlings, *Law and Administration*, Butter-worths, 1997, p. 141. 转引自于安:《政府活动的合同革命》,载《比较法研究》2003年第1期。前德国总统赫尔穆特·施密特在很多场合强调,"可以借助相应的契约关系取代管理部门的约束办法"。参见〔德〕施密特:《全球化与道德重建》,柴方国译,社会科学文献出版社2001年版,中译者序第6页。在社会保障领域,理论界一般称其为从"福利国家"向"契约国家"或"授权国家"的转变。参见谢尼亚·舍尔—阿德龙编:《建立社会保障——私有化的挑战》,王发运等译,中国劳动社会保障出版社2004年版,王建伦总序。
⑤ See Hugh Collins, *Regulating Contracts*, Oxford University Inc, 1999, p. 303.
⑥ 参见经济合作与发展组织:《分散化的公共治理》,国家发展和改革委员会事业单位改革研究课题组译,中信出版社2003年版,第88—90页。
⑦ See Jody Freeman, The Contract State, *Florida State University Law Review*, Vol. 28, 2000, pp. 155—214.
⑧ 参见〔澳〕休斯:《公共管理导论》(第2版),彭和平等译,中国人民大学出版社2001年版,第82页。

在法国,行政合同/契约已得到广泛应用,特别是在执行经济计划领域,政府和企业签订合同,向企业提供一定的援助,由企业承担计划中的某些任务,同时,在科研、教育领域,政府也往往通过行政合同规定对方当事人应完成的任务。合同也是德国行政机关实施行政管理的重要手段之一。而在美国等普通法系国家,称涉及政府为一方当事人的合同为政府合同或政府采购合同,也在经济与社会生活中广泛应用并卓有成效。① 美国政府合同中通常要求加入不同于一般私法的条款,作为推进各种已确定政策的方法,例如,保守机密信息、反对歧视、确保公平的工资、扶持小型或少数民族所有的企业等,在签订合同的政府机构中都有专门机构负责执行上述政策。② 一项调查表明:"99%的政府实施过合同承包,至少有200种服务是由承包商向政府提供的。"③英国合同不仅作为私法上的合同存在,还可作为行政手段用来贯彻某种政策,如政府与商业代表机构达成协议来调节烟草广告、"工资控制条款"(政府在1975—1978年之间把这个条款纳入标准合同中)。④ 总之,现代社会中,任何人们所能想象到的公共服务都可以通过合同提供,或是通过承包由外部的私营部门或志愿部门提供,或是通过承包由政府内部的其他部门来提供。⑤ 这一发展趋势导致了哈贝马斯所谓的公法与私法的界限逐渐趋于模糊的断语。⑥

围绕合同承包,学界聚讼纷纭。依 E. S. 萨瓦斯总结,支持者的观点可归纳为:(1) 合同承包更有效率。可利用竞争力量给无效率的生产者施以市场压力;摆脱政治因素的不当干预和影响(这是大多数政治组织的明显特征),改善管理水平;决策者能直接感受到管理决策的成本受益,换言之,管理决策与决策者的荣誉直接相关。(2) 合同承包可使政府获得一些公共雇员缺乏的专门技能;同时,可突破薪酬方面的限制并摆脱过时的公务员法规的约束。(3) 合同承包有助于对新的社会需求及时作出反应,并使新项目实验更加便利。(4) 合同承包有利于根据需求和资源的变化灵活地调节项目规模。(5) 合同承包可避免大量资本的一次性支出;它将成本分散在不同时间段,并保持在相对稳定和可预知的水平上。(6) 合同承包有助于实现规模经济,不受政府主管机构规模大小的约束。(7) 将工作任务的一部分进行合同外包,可为成本比较提供基准。(8) 由于合同承包将通常模糊不清的政府服务成本以承包价格的形式明确化,而有助于强化管理。(9) 合同承包可降低对单一提供者(政府垄断部门)的依赖,能减

---

① 参见张正钊、韩大元:《比较行政法》,中国人民大学出版社1998年版,第210页。
② 参见余凌云:《行政契约论》,中国人民大学出版社2000年版,第3页。
③ 参见〔美〕萨瓦斯:《民营化与公私部门的伙伴关系》,周志忍等译,中国人民大学出版社2002年版,第74—75页。
④ 参见〔英〕韦德:《行政法》,徐炳译,中国大百科全书出版社1997年版,第488—489页。
⑤ 参见〔澳〕休斯:《公共管理导论》(第2版),彭和平等译,中国人民大学出版社2001年版,第82页。
⑥ 参见〔德〕哈贝马斯:《公共领域的结构转型》,曹卫东译,学林出版社1999年版,第178—179页。

第五章 市场化政府经济行为的制度设计

轻罢工、怠工和领导不当等对公共服务的负面影响。(10)合同承包为少数民族企业家创造了机会。(11)合同承包限制了政府雇员规模。(12)合同承包激励私人部门不断创新以满足社会需求。反对者的观点可归纳为:(1)合同承包归根到底更为昂贵。其原因在于:在承包权的授予上存在腐败行为;私人部门存在"令人发指的恶毒行为和工作实践";承包者可能获取高额利润,但政府是非营利的;存在政府雇员被临时解雇和失业的成本;缺乏合格的供应商,由此导致竞争不足;存在管理合同和监控承包商绩效的成本;扩展政府服务的边际成本比较低;成本加定额利润式的承包合同,并不能产生提高效率的激励力量;政府退出后若竞争不足,会使政府部门在后续合同中完全受承包商的摆布。(2)合同承包制否定了功绩录用原则,使政府录用中照顾退伍军人的有关法规失效;它挫伤了政府雇员的积极性和士气,使政府部门失去需具备的专门技能,从而削弱政府能力。(3)合同承包限制了政府应付紧急情况的灵活性。(4)合同承包会形成对承包商的过分依赖,承包企业雇员罢工、怠工和企业破产会使公众利益受到损害。(5)合同承包制依赖明细的书面合同,其起草是十分困难的,并且会导致政府失去责任和控制。(6)合同承包限制了实现规模经济的机会。(7)将服务委托给私人企业将提高后者的政治权力,进而创造一股游说力量,推动政府开支的增长。(8)合同承包会导致少数民族社区的高比例失业,他们中许多是政府雇员。(9)合同承包将导致承包机构自治权的丧失。例如,从长期来看,与私营非营利服务机构合作,将侵蚀这一机构作为批判者和社会良心的角色。[①]

显然,合同的私法传统与公共管理要求、政府治理的保守宪法观念和政府经济权能的强大需求存在内在张力。因为合同承包往往会减轻政府对公共服务的控制强度,转变政府的控制方式,如果服务提供的数量或质量较模糊而不易清晰界定时,或政府部门对合同承包方所提供的服务疏于管理监督时,往往引发社会问题。比如,公共服务外包合同中的重要内容就是合同定价,约定政府付给承包商的报酬,这就要求政府正确核算机构内部经营成本,并确定某项公共服务的成本底线。政府核算容易忽略部分隐性成本,导致服务成本底线的错误设定,影响合同定价的准确性。另外,合同细则是否明确,合同是否具有可操作性,也都会直接影响到合同效率。又如,由于"合同签订不仅仅是一个行政部门与承包商之间科学理性的技术处理过程,同时还是个政治过程。合同签订是在原有的权力框架之下完成的。承包商与政治家以及行政官员的非良性互动,同样可以使腐败产生。"[②] "腐败最容易在公共部门和私营部门的边界发生。"[③] "政府合同和腐

[①] 参见〔美〕萨瓦斯:《民营化与公私部门的伙伴关系》,周志忍等译,中国人民大学出版社2002年版,第78—80页。

[②] 参见宋世明:《美国行政改革研究》,国家行政学院出版社1999年版,第141页。

[③] 参见〔美〕萨瓦斯:《民营化与公私部门的伙伴关系》,周志忍等译,中国人民大学出版社2002年版,第324页。

败是老朋友。"①公共工程承包等领域的腐败已是世界性的通病。再如公共服务合同出租的合法性问题一直还存在争议。有人从公民权利和责任机制角度认为,私营部门卷入政府功能的行使缺乏公法基础和责任机制的保证。有人认为,私营部门不是公共权力实体,承包商对公民的需求和对服务的抱怨不会像政府一样的敏感,公民并没有权利向私营部门提出要求。合同出租公共服务后,承包商可能会控制政府部门监督所必需的信息,影响政府治理社会的能力。还有人从交易费用的角度提出分析,认为政府将公共服务合同出租应有一个临界点,而不是无限制扩张的,这个临界点就是政府与承包商之间交易费用的边际增加,等于因合同出租而带来的成本节约的边际减少。②

契约精神是维持任何一个社会中人们进行理性判断、预测以及比较的基础,是一个商业社会最基本的文化和基因,而我们中国向来缺乏这种文化,缺少这种基因。中国社会由计划经济向市场经济的变迁,实质就是由行政性整合向契约性整合转变的过程,标志着进入契约时代③。与国家主导改革相伴而生的是,在中国经济社会发展过程中契约机制的引入和契约关系的扩张,经济关系的契约化甚至被称为中国经济发展之谜的真正谜底。④"中国的经济制度是一连串的承包合约的组合——整个国家的经济制度是一个庞大的合约组织。"⑤套用梅特兰的话说,今日之中国,契约及其所内涵的契约精神也应当是"法律范畴中最为急需的"。⑥ 契约精神来自商品经济(或市场经济)所派生的契约关系及其内在原则,是基于商品交换关系的一般要求而焕发出来的一种平等、自由和人权的民主精神。⑦ 契约及其所内涵的契约精神,不仅是现代市场经济本质要求的最佳体现,也是现代法治国家不可或缺的"灵魂";其对"平等和自由"的价值追求,恰恰可弥补传统经济法学理论过分强调"政府干预的强制性和义务性"等观念所导致的不足和欠缺,不仅可改善传统经济法学理论中政府主体和市场主体相对立的局面,使之趋向和谐,还可赋予经济法学行为理论为适应经济、政治和社会关系的变革而必备之调适能力和创新性。更重要的是,在中国法学现代化的大背景下,

---

① 参见〔美〕费斯特勒:《行政过程中的政治》(第2版),陈振明等译,中国人民大学出版社2002年版,第53页。
② See John E. Brandl, How Organization Counts: Incentive and Inspiration, *Journal of Policy Analysis*, Summer, 1989.
③ 参见李留澜:《契约时代》,社会科学文献出版社2006年版。
④ 参见陈国富:《契约的演进与制度变迁》,经济科学出版社2002年版,第163—166页。
⑤ 参见张五常:《中国的经济制度》,中信出版社2009年版,第19页。
⑥ 梅特兰认为,在18、19世纪,罗马学者的契约观念是最流行的法律思想,契约成为个人自由思想中的最为重要和急需的概念。参见〔美〕庞德:《普通法的精神》,唐前宏等译,法律出版社2001年版,第19页。
⑦ 参见马新福:《社会主义法治必须弘扬契约精神》,载《中国法学》1995年第1期。随着宪政理念的推广,人们逐渐认识到税收法律关系其实是民众与国家之间的"税收契约"。参见钱福臣:《宪政哲学问题要论》,法律出版社2006年版,第37页。有学者将预算看作一本以公法为基础、配置社会公众让渡的经济资源,并向其提供"一揽子"公共物品的综合性契约。参见程瑜:《政府预算契约论》,经济科学出版社2008年版。

第五章 市场化政府经济行为的制度设计

以"契约精神"为支点和核心反思和修正传统经济法学理论,可为经济法现代化提供一条理论上可能的途径,或者至少有一定的参考意义。

基于传统合同法对上述现象的规制已力不从心,中国市场竞争博弈过程中逐渐形成的新型契约呼唤着专门制度的建立。笔者认为,制度设计应重点解决以下问题:

(1) 合意形式问题。

在政府主体与参与主体或行为相对人之间,参与主体与行为相对人之间的合同中,应当采取政府意志主导下的合意形式。这时的合同,不止是一种商业交换的规则,而且是一种结构性的社会关系成型,是"一种全面的、整体的、稳定关系结构的契约。在关系契约中,契约当事人双方是作为个性而不是作为个别而存在。他们不是孤立的个体,而是在稳定的社会关系结构中的个人,这些个人不会因为一己、一时之利,而损害他人或群体的利益,或长远的利益,因为这样做无异于在损害自己的利益"[1]。这时的"契约行为其实应该理解为从个别性交易到关系性交易的有阶段的连锁。而在社会经济实践中,处于继续伙伴关系中的当事人一般都将许多契约条款悬而不决,留作今后根据商业需要再作随机应变的调节"[2]。

就政府主体对参与主体、行为相对人的选择,参与主体对行为相对人的选择,合同内容的确定,以及合同的变更和解除等问题所进行的合意,应当在通过竞争机制尊重参与主体、行为相对人的自主选择权的基础上,保障政府意志的主导作用。在合同形式的选择上,应当采用法定的书面形式,特别是实行格式合同;并且在政府主体与参与主体和行为相对人之间,参与主体与行为相对人之间的合同中,分别将政府主体、参与主体各自所制定的规章制度作为合同附件,以确保公共资金的使用遵循公共财政和会计制度。

(2) 立法体例问题。

关于合同规范的立法安排,有民事合同法、行政合同法和"混合合同"法三种

---

[1] 参见李建华:《法治社会中的伦理秩序》,中国社会科学出版社 2004 年版,第 270 页。关系契约的概念,参见〔美〕麦克尼尔:《新社会契约论》,雷喜宁等译,中国政法大学出版社 2004 年版,第 10—32 页。这位苏格兰血统的美国学者主张将契约置于整个社会背景中予以分析,独树一帜地将超出合意之外的各种纷繁复杂的"关系"引入到了契约中。《新社会契约论》在契约法学界颇有代表性,是 1978 年以来引证最多的美国法学专著之一。麦克尼尔一再声称该书的书名只是一种隐喻,并非卢梭所称的将社会联合起来的基本契约。他也同样强调这个书名并非一种为引人注目而耍的花招,其"别有用心"之处在于突破了传统的分析实证主义法学的契约概念,突出了契约的社会性。契约的社会性在于:一方面,契约包含了各种社会关系;另一方面,契约是基本的社会经济工具。在关系契约理论之下,契约并没有如吉尔莫所说的"死亡",而且"覆盖整个世界"。参见〔日〕内田贵:《契约的再生》,胡宝海译,中国法制出版社 2005 年版;〔美〕吉尔莫:《契约的死亡》,曹士兵等译,中国法制出版社 2005 年版。

[2] 参见朱景文主编:《法社会学》,中国人民大学出版社 2005 年版,第 117 页。西方合同理论有一个从个别性契约向关系性契约发展的过程。关系契约实际上把制约合同发展的种种社会因素考虑进去作为合同成立的一般条款。(第 109 页)

体例可供选择。大多数学者主张,在一份合同关系中同时存在行政性质与民商法律关系的属性的情况下,对该合同的定位应该看哪种性质处于更重要的地位,更起主导作用。梁慧星就认为:"本质上属于市场交易的行为,即使一方当事人为行政机关(如政府采购合同),即使法律规定强制签约(如粮食定购),也仍然属于民事合同,而与所谓行政合同有本质区别……国家通过行政机关对某些市场交易进行适度干预,并不改变这些市场交易行为的性质,当然不可能是这些市场交易关系变成所谓行政合同"。① 而按照普通法的理念,政府与货物、机器的制造商或者供应商签订的合同,叫作"政府合同"②或"采购合同"。对此种政府签订的合同,是否属于行政合同? 法院认为,单凭行政机关与当事人签订的合同这一形式标准,尚不足以创设公法义务,还须根据合同是否具有公法因素来确定哪些政府合同适用司法审查,那些政府合同不适用司法审查。而公法因素的认定取决于行政机关签订合同时所执行的任务是否涉及管理或者公共规制的方式。③由于认识存在严重分歧,司法机关受理此类诉讼时,究竟是作为行政案件还是作为民事案件受理,存在理论困境,实践中不同法院的做法也各不相同。将其作为民事案件审理,会忽视合同的"行政"特点,增加相对人的诉讼义务;而作为行政案件受理,依《行政诉讼法》,法院一般只对行政行为的合法性进行审查而不涉及合理性问题,而当事人之间冲突往往又多属于合理性问题,所以,当行政相对人提起诉讼时,其诉讼请求也很难得到法院的支持。就此,前两种体例都固守于单一部门法的封闭调整,使法院受理和审判合同案件时,须首先确定该合同的法律属性,进而确定由行政庭或民事庭审理,这与兼有公私法因素的混合型合同案件的需求不相适应,也滞后于合同变迁的现代特征。

由于"国家与社会的逐步近似,公法与私法的逐步混同",法律日益"从形式主义向目的性或政策导向的法律推理的转变,从关注形式公正向关心程序或实质公正转变"。④ 而"在合同法中,所有值得倡导的价值都须被考虑在内,哪怕有时这些价值会发生冲突,甚至会牺牲确定性。因为否定了生活的复杂性,法律最

---

① 参见梁慧星:《民法学说判例与立法研究(二)》,国家行政学院出版社1999年版,第191页。梁慧星还认为,社会生活中个别情况下确实可以叫作行政合同的现象。例如在改革开放的过程中,曾经采取过一个措施叫作财政包干。中央财政和地方财政签订一个协议,规定地方财政每年上交多少,保留多少。这样的包干协议,财政包干合同,它就是一个典范的行政合同。它的内容实际上是决定财政收支的关系,它是典型的财政法、行政法上的关系。虽然叫作合同,它不是民事关系,不是民事权利义务关系。……像这样的合同我们可以把它叫作行政合同,这样的合同发生纠纷,当然不适用合同法,当然不应该由民事裁判庭来受理,而该用行政的手段去解决,或者由行政庭去受理。参见梁慧星、韩世远:《合同法讲座》,http://www.lawsky.org,2008年12月12日访问。
② 参见〔美〕Daniel J. Mitterhoff:《建构政府合同制度》,杨伟东译,载《行政法学研究》2000年第4期。
③ 参见余凌云:《行政契约论》,载《行政法论丛》(第1卷),法律出版社1998年版,第198页。
④ 参见〔美〕昂格尔:《现代社会中的法律》,吴玉章等译,中国政法大学出版社1994年版,第180—181页。

第五章 市场化政府经济行为的制度设计

佳内容中的单一价值的度量理论都不可避免地无法做到周延"。① 基于此,笔者主张独立的"混合合同"立法。正如哈罗和劳林斯所指出的,"如果对契约的法规范问题的基本关注是,将政府放到私法程式上去运作,会削弱司法对公共利益的监督的话,那么,最好的解决办法就是,不仅将公法与私法这两种制度结合起来,而且鼓励公法与私法原则相互交融、取长补短。因为单一的法律部门对具有混合特征的行政行为的控制,显然不如混合的法律规范体系来得有力和有用。"② 王名扬指出:"在很多时候,是不可能将所有的合同做非此即彼的归类的。很难分辨出行政机关的哪种活动只受公法支配,哪种活动只受私法支配,往往是一种活动同时受公法和私法支配,公法和私法在不同的情况下以不同的程度结合在一起。"③

20 世纪以来,公法与私法界限日益模糊,各国法律体系逐渐松散,"而越来越被视为一盘大杂烩、一大堆只能是由共同的'技术'联结起来的支离破碎的特殊判决和彼此冲突的规则。旧的超然法已被放弃并被一种玩世不恭的哲学所取代"。④ 鉴于我国《政府采购法》已将政府采购合同定位为独立的混合合同,笔者建议以此为基础制定《政府采购合同法》,将政府购买公共服务的各种合同纳入规制范围,并探索相应的诉讼制度。"仅以没有认可它(指公法契约)的法规为由而全面否定契约的可能性,从理论上讲是不当的,在缔结了违反强行法规的契约后,在违反该规范的限度内产生的只是该契约内容效力如何的问题"⑤,而不是基于"政府采购合同是行政合同",而"没有法律明文认可,公法契约就不得有效成立"。

(3) 合同监管问题。

现有经济学理论认为,当某些特定的条件满足以后,厂商会以体现社会效率最大化的数量和价格来提供商品和服务。这些条件中最重要的是消费者不需付出不适当的成本:其一,在购买前,能够对不同厂商的产品和价格做出精确比较;其二,能够与选定的厂商在商品与服务的价格上达成一致;其三,判断厂商是否遵守了达成的协议,如果没有,可以获得赔偿。许多情况下,这些条件能够得到适当的满足,但有时候,要么由于购买产品的具体情况,要么由于产品本身的性质,消费者与生产者在关于产品和服务的质量上存在明显的信息不对称,消费者无法准确判断厂商承诺提供的商品或服务,这就使得他们往往在最初不能达成最优的契约,即使契约达成,也很难实施契约。在这种情况下,由营利性厂商构

---

① 参见〔加拿大〕Peter Benson 主编:《合同法理论》,易继明译,北京大学出版社 2004 年版,第 266 页。
② See Carol Harlow & Richard Rawlings, *Law and Administration*, Butter-worths, 1997, pp. 250—251. 转引自余凌云:《行政契约论》,中国人民大学出版社 2000 年版,第 105 页。本书对原译文在尊重文义的基础上作了文字改动。
③ 参见王名扬:《英国行政法》,中国政法大学出版社 1987 年版,第 277 页。
④ 参见〔美〕伯尔曼:《法律与革命》,贺卫方等译,中国大百科全书出版社 1996 年版,第 44 页。
⑤ 参见〔日〕田中二郎:《公法契约的可能性》,肖军译,载《行政法学研究》2002 年第 1 期。

成的市场竞争只能是无效率的。生产者完全有能力通过提供劣质商品来获取额外收益。结果消费者的福利蒙受了大量损失。由于信息不对称,仅仅依靠生产者和消费者之间的合同难以防止生产者坑害消费者的机会主义行为,这就出现"合同失灵"(contract failure)现象①,就此进行合同监管的必要性自不待言。

我国《合同法》基于契约自由的原则,仅将合同监管限定为事后监管和消极监管。这显然不能满足市场化政府经济行为中的合同监管需求。由于这种合同以实现社会公益为主要目的且作为政府经济行为的形式,应按照事前监管和积极监管为主的原则构建合同监管制度。政府对合同的监管主要体现在以下两个方面:一是商业模式的运作需要不断调适各方面复杂关系,政府不但要考虑哪些公共产品领域可让私人部门进入,而且还要对这些私人企业的进入资格进行审核。二是只有在政府的有效监管下,才能保证合同的签约方提供服务的可靠性、明确性和伸缩性。

作为交易双方追求自身经济利益的最大化方式,契约就是在交易过程中建立权利和义务关系,其特点是交易双方均希望通过对契约条款的影响来增进自身的利益。但契约如何才能实现整体利益最大化呢?由于订立契约时的信息不对称和契约双方当事人基于自身经济利益最大化的机会主义倾向,就需从经济功能上研究契约法律制度。这在波斯纳的《法律的经济分析》中得到充分展现。他指出,在共时性条件不具备的情况下,交换过程中可能发生机会主义和未能预料的突发事件的危险,因而,契约法的经济功能,一方面是阻止契约一方当事人对另一方当事人采取机会主义,以促进经济活动的最佳时机选择,使之不必要采取成本昂贵的自我保护措施;另一方面则是通过加入遗漏条款而使当事人的协议变得更为完满,实现契约双方当事人经济利益的最优化和最大化。② 围绕契约法的这两种经济功能,波斯纳运用经济学方法娴熟地探讨了约因、契约成立、共同错误、作为保险的契约、欺诈、胁迫、议价能力、恶意、契约损害赔偿原则、自助、默示契约等契约法律制度中存在的系列具体问题。它突破了传统大陆法系契约法律制度研究上的抽象推理的逻辑思维方法,转而关注契约法律制度在具体经济语境约束下一个个"日常生活世界"和契约实现何以可能的具体问题,使得契约法研究中从关注"抽象的人"朝向"具体的人"的回归。我们对合同监管进行制度设计必须充分重视和借鉴成熟的法经济学方法。

签订合同是公共组织可以选择的最困难的方法之一,因为起草合同和监督合同需要高超的技能。③ 在合同签订过程中,政府应规定企业提供公共产品的价格(收费)、经营表现等标准,还应对公共利益的实现提出明确要求,对私人企业

---

① See Hansman, Henry, The Role of Nonprofit Enterprise, *Yale Law Journal*, Vol. 89, 1980, pp. 835—901.
② 参见〔美〕波斯纳:《法律的经济学分析》(上),蒋兆康译,中国大百科全书出版社1997年版,第115—123页。
③ 参见〔美〕奥斯本、盖布勒:《改革政府》,周敦仁等译,上海译文出版社1996年版,第56页。

第五章　市场化政府经济行为的制度设计

采取严格的限制措施,若签约方不能满足政府基于公共利益提出的要求,政府有权终止其专营权,重新引入竞争机制①,或是通过合同条款的强制实施来保证政府规制,以规制促竞争、为激励而规制②。例如,在批准道路租让时应加上政府有权赎回的条款,将比较长的铁路分段租让,以防止私人企业过分强大;开列条件苛刻的招标细则,提高私人企业进入的标准,如1848—1952年,法国政府只批准了一条铁路的租让权,并缩短私人企业的租让期限等。③ 又如,在1998年2月,香港特别行政区鉴于中巴公司不能满足政府提出的提高服务质量、更新车辆等要求,于是终止了该公司有65年历史的88条巴士线路的经营权,通过公开招标,而转由另外的6家财团经营。④ 另外,不恰当地追求合同的严密性和具体性,可能会为按特定投标商的条件进行"量体裁衣"的做法创造机会,为贿赂或勒索提供可能。对于一些复杂的任务或服务签订合同时,需留有足够空间,使之能适应环境变化,而不应让合同的详尽和准确本身成为束缚。事实上,除了对那些最简单的产品和服务外,合同还暗含了一系列并不是写在纸上的监管合同,通俗地说,需要监管者通过一系列监督管理活动不断地与被监管者取得协调。

　　关注公共服务的规制与特许权契约的相对优势,是现代交易成本理论的重要应用。在 Harold Demsetz(1968)的自然垄断问题的特许投标解决方案的启发下,奥立佛·威廉姆森(Oliver E. Williamson)的《一般行业及CATV行业中治理自然垄断的特许投标》和维克托·古德伯格(Victor P. Goldberg)的《管制与管制契约》对于签约和管制作为一种治理公共设施交易的替代方式的角色和局限性进行了详细的比较分析。Oliver E. Williamson 和 Victor P. Goldberg 的研究表明,通过调整特许协议中持续期、专用资产以及与公共设施交易相联系的复杂性与不确定性(这些复杂性和不确定性可能来自于契约条款与规制工具——成本加成定价、审计程序、精心设计的正式的争端解决机制——的复杂性)并不能规避规制所引发的问题。正如 Victor P. Goldberg 所指出的,"与管制相关的许多问题在于被管制的对象,而不在于管制行为本身"。"许多被认为是管制的失败之处(例如,进入限制)可以被视作具有一种似是而非的效率原理。"⑤ Oliver E. Williamson 文献中所附的对于奥克兰市与加利福尼亚对有线电视进行的特许投标的

---

①　布坎南曾指出,市场的最大作用就是能够保证参与者的不参与权,而不是参与权。退出是一种制度约束,能够迫使其他的参与者充分尊重自己的利益。参与者不参与权的行使无需考虑自己是否充分理性。参见北京奥尔多投资咨询中心主编:《奥尔多投资评论》(第3辑),中国财政经济出版社2006年版,第18页。
②　参见冯中越等:《特许经营权拍卖中的激励性合约研究》,中国财政经济出版社2009年版。
③　See Clapham, *The Economical Development of France and Germany in 1851—1914*, Cambridge, 1968, p.146.
④　参见车江洪:《改革公共部门》,华东师范大学出版社2001年版,第176页;吴伟:《公共物品有效提供的经济学分析》,经济科学出版社2008年版,第113页。
⑤　参见〔美〕威廉姆森、马斯滕编:《交易成本经济学经典名篇选读》,李自杰等译,人民出版社2008年版,第399—433,434—458页。

解释表明,奥克兰市尽管试图建立协议的保证,仍承担了很多 Victor P. Goldberg 所指出的问题。对于规制的问题,传统的方法认为主要是发现和实施竞争性价格的问题,但是 Oliver E. Williamson 和 Victor P. Goldberg 的研究表明,执行中的适应程序可能更为重要。

五、标准化

关于标准化,有两类极其重要的、同时又相辅相成的问题:一是应由谁以何种方式制定标准,或者说谁有动力参与标准的制定。政府、企业、行业协会、标准化发展组织以及消费者等,在标准化过程中应发挥什么样的作用,能够发挥什么样的作用,需要什么样的机制使这些团体和机构参与到标准化的过程中来。二是标准化在社会经济发展中到底能以什么样的方式发挥什么样的作用,标准化对一国的技术创新、经济增长以及国际竞争力会产生什么样的影响,标准是否能及时反映科学和技术的最新进展,有什么样的机制可以保障标准成为经济、贸易和技术发展的动力而不是阻力。①

我国国家标准 GB/T 2000.1—2002《标准化工作指南 第 1 部分:标准化和相关活动的通用词汇》对"标准"下的定义是:"为了在一定范围内获得最佳秩序,经协商一致制定并由公认机构批准,共同使用和重复使用的一种规范性文件。注:标准宜以科学、技术的综合成果为基础,以促进最佳的共同效益为目的。"该定义是等同转化 ISO(国际标准化组织)/IEC(国际电工委员会)第 2 号指南的定义,因而又是 ISO/IEC 给"标准"所下定义。WTO/TBT(技术性贸易壁垒协议)规定:"标准是被公认机构批准的、非强制性的、为了通用或反复使用的目的,为了产品或其加工或生产方法提供规则、指南或特性的文件。"这可视为 WTO 给"标准"所下定义。一般认为,标准是依据科学技术和实践经验的综合成果,对经济技术活动中具有多样性、相关性特征的重复事物,以特定程序和形式颁布的统一规定。标准表现为技术规范,其本质特征是统一。在经济活动中,标准是市场秩序的基础。

政府经济行为的市场化改革,就是为了追求更高水平的经济社会政策绩效。一般来说,政府首先要确定某种公共产品的数量和质量标准,然后对外向私营部门、非营利部门招标承包,中标的承包商按合同生产公共产品。但正如斯蒂格利茨所指出的,"公共管理"本身就是一种投票人常常难以观测的公共产品,要想实施公共产品的市场化提供,政府首先必须具有观测与控制产品质量的能力,但很多情况下政府试图与市场签订完整契约时却常常显得力不从心。这个时候,政府可以将公共产品质量信号化,传递给接受者,同时还可以采取信息披露和共享措施以提高监管能力。所以,市场化政府经济行为中,政府应考虑如何确定公共

---

① 参见〔德〕布林德:《标准经济学》,高鹤总译校,中国标准出版社 2006 年版,译者前言。标准规制,参见〔英〕奥格斯:《规制》,骆梅英译,中国人民大学出版社 2008 年版,第 152—216 页。

产品质量的观测性。

为规范市场化政府经济行为的绩效评价,应建立专门的绩效标准化制度。其中下述问题值得重视:

(1) 标准制定。

鉴于美国、日本、欧盟的标准制定体系都向全社会开放,建议我国制定标准时,首先应听取相关制造商、服务商以及科研机构等各方意见,再由官方权威机构制定,最后经主管部门批准、颁发,并保证其强制性执行。

(2) 标准形式。

在我国,除按照《标准化法》要求建立由国家标准、行业标准与地方标准,强制性标准与推荐性标准,通用标准与专业标准构成的标准体系外,还应建立由最低标准和奖励性标准构成的标准体系。最低标准应作为强制性标准,普遍适用于各种市场化政府经济行为;而奖励性标准即作为奖励条件的标准,旨在提高公共产品供给质量,可作为推荐性标准,应倡导政府主体或参与主体在合同中选择使用。

(3) 标准内容。

人类生活中充斥着任意性,这种任意性或引起冲突,或降低效率。标准的建立就是为了克服团体生活中无标准下的任意性,以此减少冲突,提高效率。因此,标准必须明确,易于判断,难于被人们任意解释。在标准中,应将作为经济社会政策内容的各种主要项目列入评价指标体系,其中既包括对公共产品供给主体的评价指标,也包括对经济、社会、生态诸效益的评价指标。对于在使用价值上与私人产品相同的公共产品的供给,可直接借用私人产品质量的已有评价指标。[①]

(4) 标准水平。

由于政府对公共权力的拥有,决定了其负有责任的不仅仅是那些可被定义为"顾客"的人——消费政府所生产的各种产品与服务的全体公民中的一个分支群体,而是所有的公民。因此,机构还须从服务于"普遍服务"而不是只服务于一个或几个利害关系群体这一种更为广泛的责任来评价它们的业绩。[②] 诚如罗尔斯所说,社会不公正很大程度是由于人们所处的外在环境和各自天生的特点所造成,而公正社会应排除这些偶然因素对结果的影响。"当某些东西对所有公众都是有益的,那么比起那些只对一部分公众是有益的东西来,它就是一种更高水

[①] 黄仁宇认为,传统中国之所以无法走向新秩序,其原因在于数目字管理的缺席。参见黄仁宇:《放宽历史的视界》,生活·读书·新知三联书店 2001 年版。

[②] 参见〔美〕哈拉米主编:《政府业绩与质量测评》,张梦中等译校,中山大学出版社 2003 年版,第 67 页;普罗塞:《市场化、公共服务与普遍服务》,傅建奇译,载〔意〕奈尔肯、〔英〕菲斯特编:《法律移植与法律文化》,高鸿钧等译,清华大学出版社 2006 年版,第 287—306 页。

平的善。这就是说,平等和公平的待遇是公共利益的基础价值。"①笔者认为,普遍服务有两种含义:第一,作为一种权利,它强调消费者享有各种生活必需品的"体面生活权"。立法者必须使穷人得到某种不受普遍竞争影响的保障。第二,作为一种政府承诺,它类同于中共十六届五中全会《中共中央关于制定国民经济和社会发展第十一个五年规划的建议》提出的基本公共服务均等化,即指政府要为社会公众提供基本的、在不同阶段具有不同标准的、最终大致均等的公共产品和公共服务②。而政府将提供服务的职能委托给了特许经营企业或公用事业企业。如以自利性和公共性作为数轴左右两端,依由左到右的顺序可分为经营业务、公司责任、普遍服务和基本义务。市场化政府经济行为的最低标准水平是"普遍服务",为公民提供大致平等的初始条件和资源,如教育、医疗和社会保障制度,使每个人能够在维持生存的基础上提高社会参与的能力,有可能达到向所有人开放的地位和职务所要求的标准。

"普遍服务"最早是由美国电话电报公司(AT—T)总裁西奥多·韦尔(Theodor Vail)在 1907 年公司年度报告中提出。美国 1934 年首先将这一政策纳入《电信法》。1996 年,美国联邦通信委员会(Federal Communications Commission)依《电信法》普遍服务条款制定了实施细则,将普遍服务作为一个重要的管制内容。

"普遍服务"③更有利于跨越公益与私益,能够更好反映那些具有半公益和半私益性质的产品和服务,强调政府对所有公民具有的公共责任和义务。在不同产业内,普遍服务的具体内容不同。由于各国的政治、经济和文化、习惯不同,

---

① See Janet V. Denhardt, Robert B. Denhardt, *The New Public Service*, M. E. Sharpe Inc. ,2003, p. 69.

② 参见中国(海南)改革发展研究院编:《民生之路——惠及 13 亿人的基本公共服务》,中国经济出版社 2008 年版;樊继达:《统筹城乡发展中的基本公共服务均等化》,中国财政经济出版社 2008 年版。

③ 我国法学界对"普遍服务"的系统探讨,除闫海的《普遍服务的法理与制度》(载李昌麒主编:《经济法论坛》(第 4 卷),群众出版社 2007 年版,第 460—477 页)外,几不可见! 规制经济学界对"普遍服务",特别是"电信普遍服务"的研究文献,如〔英〕Ian Lloyd、David Mellor:《通信法》,曾剑秋译,北京邮电大学出版社 2006 年版,第 112—138 页;〔法〕让·拉丰、让·泰勒尔:《电信竞争》,胡汉辉译,人民邮电出版社 2001 年版,第 203—249 页;Hank Intven 等:《电信规制手册》,管云翔译,北京邮电大学出版社 2001 年版,第 249—315 页;英国贸易工业部、英国文化媒介体育部:《英国政府通信白皮书》,顾芳等译,中国法制出版社 2002 年版,第 26—40 页;王俊豪等:《美国联邦通信委员会及其运行机制》,经济管理出版社 2003 年版,第 198—205 页;张昕竹、让·拉丰、安·易斯塔什:《网络产业:规制与竞争理论》,社会科学文献出版社 2000 年版,第 294—324 页;吴洪、张晓铁:《电信普遍服务研究》,人民邮电出版社 2004 年版;续俊旗、〔德〕Bernd Holznagel 等:《中欧电信法比较研究》,法律出版社 2008 年版,第 181—239 页;周光斌、蔡翔:《电信政策与管制》,北京邮电大学出版社 2001 年版,第 181—250 页;唐守廉:《电信管制》,北京邮电大学出版社 2001 年版,第 263—298 页;等等。有学者将普遍服务分为人文和产业两大类。参见王俊、昌忠泽:《社会普遍服务的建立》,载《经济研究》2007 年第 12 期。

第五章 市场化政府经济行为的制度设计

普遍服务有欧洲、美国和日本三种不同的概念①。它们的共同之处是强调了对中低收入的倾斜和援助。从电信产业的角度看,普遍服务主要包括三种含义,即无论住在哪个地方都可以得到服务、任何人都可得到负担得起的服务、实现信息资源的接入。这可简单概括为:对任何地点、任何人都要实现无差别的、可负担得起的服务,并实现对资源的平等接入。在这种条件下,市场价格机制无法保证产业的普遍服务的性质,需要政府对其产业进行规制。解决这一问题的方法可考虑有两个,一是收取"使用费",另一个是创立"普遍服务基金"。温德思、格兰德尔和弗莱姆(Wenders, Grandall & Flamm)认为美国电气通信产业采用了"接入费"的方法。"接入费"这一方法主要就是使新进入的企业来负担原有企业在低收益领域的一部分亏损。当进入市外长途电话部门的企业与市内通话网连接时,要由市内通信公司向其征收连接费,使其负担了部分亏损部分。普遍服务基金是由政府通过财政来负担亏损。如法国为保持水价稳定,由农村供水国家基金会提供补助。该基金实质上是"城乡协调"基金或普遍服务基金,其目标是对因住户过于分散和人口密度过小而使村镇承担的额外成本进行补偿;其资金一半来源于税收,一半来源于中央政府各部门的补助。新加坡亦建立了政府、企业共同组织的普遍服务基金,对最底层居民的生活必需品进行资助。② 让·拉丰、张昕竹指出,普遍服务补偿有可能出现抑制企业对先进技术的创新和采纳的现象,如采纳新技术及成本降低将导致补偿所得减少甚至失去受资助的资格,这使得补偿受益者通常具有利用管制过程保护他们受补偿地位的动机,而定向补偿方式有助于克服这一缺陷。③

值得探讨的是,市场化政府经济行为的对象可界定为纳税人吗?"税收是喂养政府的奶娘。"换言之,政府是纳税人购买公共产品的供方。政府是"纳税人的

---

① 尼古拉斯(Nicholas)在1989年为经济合作组织(OECD)"普遍服务的目的和现实的国际比较"报告指出了欧洲、美国和日本的三种概念:欧洲普遍服务概念要从如下方面明确,即服务业务在地理上的普遍可利用性;接入上的无差别性,即对所有用户采取平等的价格和服务水平;合理的成本和负担得起的资费。EEC在1987年发表的关于欧洲电信体制改革的绿皮书中,将普遍服务归纳为:普遍服务是覆盖全地理范围的电信服务和对所有用户所实现的同等条件的、与用户所在地及用户成本无关的电信服务。因此,欧洲普遍服务内涵在于电信服务的"普遍的普及"。对社会等级观念较重的欧洲来说,解决"普遍的普及"就成为普遍服务的出发点。美国是"普遍服务"的发源地,强调普遍服务是人权的一部分,充分体现了美国以人权为中心的政治制度,具有政治倾向性。美国学者斯威特(Sweet, David, C.)在《公益事业与贫穷》一文中指出,在美国"电话不是奢侈品,而是权利"。参见余晖、秦虹:《公私合作制的中国试验》,上海人民出版社2005年版,第65页。在1983年《普遍电话服务普及法》的重要目的是"保证美国所有的人能够得到合理的、确实的并且有效率的,能充分满足国民的经济、政治及社会生活的基本电信服务"。法案将资费的变化对普遍服务的影响及对低收入阶层、老人、残疾人和农村提供电话服务的问题作为解决重点。日本是政府主导型的市场经济,普遍服务多从政府援助的社会福利角度强调对人口稀疏及低收入阶层进行政策性援助,对偏远岛屿的网络普及、缩小地区差距为普遍服务中心。

② 参见余晖、秦虹:《公私合作制的中国试验》,上海人民出版社2005年版,第111页。

③ 参见〔法〕让·拉丰、张昕竹:《发展中国家的普遍服务政策》,载《经济学季刊》2004年第4期。

政府",即有钱人的政府,那么,市场化政府经济行为的对象要不要为穷人服务呢?那些达不到纳税条件的穷人是否应享受普遍服务或者"均等化服务"?在后述的"蒋时林诉湖南省常宁市财政局违法购车案"中,常宁市财政局某领导却认为原告是一个农民,在农业税取消后就不再是中华人民共和国的纳税人,就丧失了行使监督国家机关及公务人员的民主权利。笔者认为,我国税收制度是直接税与间接税并行,且以间接税为主,农民交纳农业税是在缴直接税,但他们在购买农具、粮种、化肥及生活必需品时也在交税,只不过是间接税。普通民众购买商品或服务,在价格中就会包含一定的税款,它可能是增值税,可能是营业税,也可能是消费税,这些税收占税收总收入的比重达60%以上。更重要的是,现代国家是社会国家(社会福利国、民生福利国①),它源于德国1919年《魏玛宪法》,要求国家在传统的秩序行政之外创造各种能保障人应得的生活和自由发展的条件,其理念主要是:人民总是先求能生存,后求享有自由、秩序与福祉。国家因此而负有广泛照顾人民生存的义务。② 保护社会生活条件乃是法律的实质性目的。③ 生存权主要是保护帮助生活贫困者和社会的经济上的弱者、要求国家有所作为的权利,使全体公民都可上上"最低限度的健康的且有文化性的生活"。④ 确立最低限度自主所必需的资源必须由国家直接和普遍予以提供。⑤ 在中华文明中,"所有与民生福利相关的有组织的活动都是政府应关心和操办的"。⑥ 依我国《宪法》第33条第3款所规定的"国家尊重和保障人权",上述推论对宪法保障公民基本人权构成了挑战,违反宪法和民主政治基本原则。

  经验表明,以私人资本(非国有资本)参与基础设施服务为代表的市场化政府经济行为,会在普遍服务、质量、环境、公众安全等各个方面对弱势群体的福利形成挑战,增加社会风险。"富人与穷人之间的甚至更大的差别,使穷人的境况变得更糟,这不但违反了民主的平等,而且也违反了互利的原则。"⑦基于现代法律的"保护弱者"原则,解决这类问题的通常对策是采取有利于穷人的规制策略。以电信服务为例,为弥补我国"电信消费者的选择权利向大都市倾斜"的结构性缺陷,"普遍服务"在规制中须得以贯彻:其一,许可证中的附加条款。作为许可证发放的条件,电信运营者须向农村和偏远地区提供普遍服务。其二,附加额外的网间接续费。新运营者在与原有运营者之间互联互通时,须支付额外费用,这些费用的部分或全部用来向农村地区提供普遍服务。其三,普遍服务基金。该基金由电信运营者缴纳、由电信规制部门管理,专用于支持普遍服务。允许电信

---

① 参见蔡维音:《社会国之法理基础》,台湾正典出版文化有限公司2001年版,第15页。
② 参见陈新民:《公法学札记》,中国政法大学出版社2001年版,第53页。
③ 参见〔美〕博登海默:《法理学—法律哲学与法律方法论》(修订版),邓正来译,中国政法大学出版社2004年版,第116页。
④ 参见〔日〕大须贺明:《生存权论》,林浩译,法律出版社2001年版,第10—13、19页。
⑤ 参见〔美〕克里斯特曼:《财产的神话》,张绍宗译,广西师范大学出版社2004年版,第302页。
⑥ 参见瞿同祖:《清代地方政府》,范忠信等译,法律出版社2003年版,第248页。
⑦ 参见〔美〕罗尔斯:《正义论》,谢延光译,上海译文出版社1991年版,第87页。

第五章 市场化政府经济行为的制度设计

运营者在交纳普遍服务基金与直接提供普遍服务之间进行选择。其四,普遍服务的委托和指定。当原运营者不能或不愿向农村或未受服务的区域提供普遍服务时,这种服务应委托给其他运营者,或由电信规制机构指定其他经营者实施,接受委托或指定的运营者可从普遍服务基金中得到补偿。

提供普遍服务的前提是由规制机构确定价格上限和相应的最低质量水平,防止运营商用降低服务质量的办法逃避价格规制。市场化政府经济行为所提供的公共产品往往被要求采用更高的质量标准,从而导致价格水平超过弱势群体的平均消费水平,使得更多穷人消费不起。然而,较低的质量标准对弱势群体的身体健康和安全极为不利。为保护弱势群体利益,服务质量规制的策略只能是在保障弱势群体最基本的健康和安全的前提下,尽可能地采取灵活、多样化的质量标准,扩大基础设施服务的覆盖面。例如,玻利维亚自来水公司为用户提供两种安装自来水管道的选择:一种是收取正常初装费,另一种是较低的初装费,但用户需要在安装时提供一定的劳务。秘鲁电信公司为穷人提供"免初装费、低月租费"的电话服务,但是月通话时间受到了限制[1]。此外,作为"普遍服务"的补偿,政府可适当延长项目运营期限,以增加投资者的收益,或准许这些项目的投资者特许权,在项目附近从事商业、饮食业、广告业、房地产业和货物储运业等相关辅助性项目开发和经营。

消费社会,不是造成一个庞大、无差异、受到文化暴虐的大众,而是生产出不同层次的品位嗜好,创造了不同的阅听者和消费者。[2] 多数消费者政策和法规假定所有消费者一样,其实不然。[3] 标准水平直接反映了国家政策目标的实现程度,关系到公共产品质量的改善,标准应订得适度:太低,公众的要求得不到满足;太高,公共产品的提供者又可能没有足够的实现能力。作为区域发展不均衡、公共产品供给水平总体偏低且"供小于求"的大国,我国须持"均等为主,差异为辅"原则,即在确定标准水平高低时,应处理好应然与实然、供给与需求、发达地区与不发达地区、国际与国内等诸多关系。具体而言,要追求理想化的绩效目标,也要顾及现实经济发展水平的制约;要通过提高标准水平来满足需求并对提高供给能力形成"倒逼"机制,也要防止标准水平过度脱离供给能力而损害经济发展后劲;要努力提高落后地区的标准水平,尽可能缩小区域差别,也要使发达地区的标准水平得到稳定的适度提高,并在有条件的情况下使某些公共产品的供给优先向国际标准靠拢。

(5) 标准效力。

强制性标准和已被合同选择的推荐性标准应作为选择参与主体、签订合同

---

[1] See Ehrhardt, D., Using Market Structure Reforms to Improve Options for the Poor, Mimeo, The World Bank, PSD Group, 2000.

[2] See Alan Swingewood, *The Myth of Mass Culture*, Macmillan Publishers Ltd., 1977, p. 20.

[3] See Office of Fair Trading, Vulnerable Consumers and Financial Services, January 1999, p. 3, http://www.oft.gov.uk/shared-oft/reports/financial-products/oft255.pdf., 2009 年 12 月 10 日访问。

和考核绩效的法定依据。绩效未达到标准的当事人,应承担法律责任;绩效达到奖励性标准的当事人,应给予法定或约定的奖励或优惠。保障措施包括:第一,对违反标准的处罚。以英国电信为例,电信经营企业应以6个月为期,公布服务质量统计信息,"详细规定的问题既发生于标准设定中,又出现在信息报告中"①,依《电信法》(1984年)建立的"电信规制办公室"(OFTEL)主任(即电信总监)有权对低劣的服务质量采取以罚款为主的相应的行政处罚措施。第二,建立对消费者的赔偿机制。英国《竞争与服务法》(1992年)将公民宪章的观点在设定标准和赔偿、信息规制以及投诉程序的方法上予以具体化。单个的或者"得到保障的"标准代表着特定的质量范围内的服务水平,被认为在任一情况下都应予以提供,做不到这一点,将招致支付赔偿金,并按公民宪章的一贯思路,当赔付情形出现时,应自动支付赔偿金,而无须消费者自己提出这样的要求。以英国自来水产业为例,依《自来水法》(1989年)成立的"自来水服务规制办公室"为维护消费者权益推出了"服务标准保证方案"。如自来水经营企业不能满足这些标准,顾客有权要求经济赔偿,企业每次不能履行服务标准的赔偿额一般为10英镑,企业应主动向顾客提供赔偿。如企业和顾客发生赔偿纠纷,双方都可要求"自来水服务规制办公室"主任(即自来水总监)作出仲裁。

六、价格

价格在市场中反映着短缺与需求。市场化政府经济行为中的价格,是调节政府主体、参与主体和行为相对人之间公益与私益关系的杠杆。公共产品的供给和流通应坚持公益优先,对其价格除了实行价格法的一般规制以外,还应建立特殊的价格规制②制度。应重点考虑以下问题:

(1)价格规制权的安排。

对市场化政府经济行为中的价格,应形成以价格主管部门规制为主的规制体制,严格限制行业主管部门的价格规制权限。如依我国《铁路法》规定,铁路基本定价由国家价格主管部门管理,而运输杂费由铁道部管理。但铁道部既是一个行政机构,也是一个庞大的垄断企业。杂费由铁道部管理,就是垄断企业自己定价,导致近年来铁路货主运杂费支出的大幅上升。这表明,对"政企分开"不到位的行业主管部门,不应赋予其定价权。西方发达国家将价格规制权赋予给行政独立监管机构的做法,颇值借鉴。

(2)价格分类规制。

市场化政府经济行为中的价格,可分为公共产品价格和公共产品生产要素价格。参与主体受政府主体委托生产公共产品,可向政府获取政策优惠、财政补

---

① 参见〔英〕哈洛、罗林斯:《法律与行政》(下),杨伟东等译,商务印书馆2004年版,第617页。
② 广义上的价格规制包括定价规制,也包括补贴,后者是为保证统一的价格规制下,社会弱势群体对公共设施的利用权益。

贴、市场机会等利益,也可向行为相对人收取费用。因而,公共产品价格应由政府特别控制,实行政府定价或指导价,其总体水平不得高于同类私人产品价格水平。政府指导价应针对不同的公共产品,分别采用最高限价、最低限价和基准浮动价等形式。① 实行最高限价规制,使运营商有调整相对价格的自由,以更接近商业原则的方式重新平衡成本与收益结构。在这种情况下,运营商不得不以低于成本的收费方式为高成本地区提供服务,或者为低收入用户提供补贴。如在实行最高限价时运营商仍然提供交叉补贴,即在没有补贴的服务上规定很高的加价,规制机构需对最高限价中的权重做大幅度调整,才能保证运营商一旦向规定的低资费用户收取较高的资费,就会相应受到严厉惩罚;或者不调整权重而实行统一定价。而政府购买公共产品生产要素适用与同类私人产品一样的价格规则;在"物有所值"原则与政策目标发生冲突时,应坚持"物有所值"原则优先。

(3) 收费范围界定。

提供公共产品是否可收费,是公共产品价格规制的基本前提。可否收费的界限以及允许收费项目的目录,应由价格主管部门统一规定。原则上说,如果政府给予公共产品生产主体的利益足以保障其生产成本和合理利润,这种公共产品就不应再向公共产品消费者收费。江苏省高等学校招生委员会办公室2003年通过招标竞争,以120万元的价格向电信168出让高考分数发布权,而电信168则向查询高考分数的考生收费。这引发了社会各界的广泛争议。② 笔者认为,如果财政拨款和考生缴费足以弥补政府主体的高考分数信息形成和供给成本,就不应再向获取高考分数信息的考生收费。即使将高考分数信息供给事务委托给参与主体电信168,电信168也不得向获取高考分数信息的考生收费。如果财政拨款和考生缴费不足以弥补高考分数信息形成和供给成本,但政府主体有偿转让高考分数信息供给事务所获取的收入足以弥补这种资金缺口,政府主体和电信168也不应向获取高考分数信息的考生收费。

(4) 价格水平控制。

在缺乏信息的状况下,如何以经济效率为准则来确定价格水平?对投资回报率规制是一种传统办法,它要求被规制企业按照合理的资本投资回报率作为定价标准。但这种规制方法会产生三个问题:一是什么是合理的投资回报率?二是怎样确定投资回报率的资本基数?三是企业是否会通过投资决策影响和企业定价与利润直接相关的资本基数,并会产生怎样的扭曲后果? 在上述问题中,最后一个问题对规制者来说最为棘手。阿弗契(Averch)和约翰逊(Johnson)的著名论文《在规制约束下的企业行为》提供了较好答案:在投资回报率规制下,企业

---

① 参见任俊生:《中国公用产品价格管制》,经济管理出版社2002年版,第113页。他还主张用"政府限价"概念取代"政府指导价"概念。
② 参见《江苏竞标出让高考分数发布权引发争议》,载《法制日报》2003年7月8日第3版;《江苏:查分权120万卖给了168》,载《检察日报》2003年6月18日第6版。

会产生一种尽可能扩大资本基数的刺激,以在规定的投资回报率下,能获得较多的绝对利润。这样,为生产特定自然垄断经营产品,企业会运用过多的资本投资以替代其他投入品,其结果造成生产低效率。① 这就是"A-J 效应"。

笔者认为,对公共产品价格水平的控制,应从供给与需求两方面考虑:既要保障公共产品生产者的合理利润,使价格能够刺激公共产品生产的积极性,又要顾及公众的经济承受能力,避免价格成为公众消费公共产品的障碍。如有学者通过对湖北省襄樊市汉江二桥捆绑收费案例的分析,强调汉江二桥的定价应当同时满足维持两桥车流量的均衡和保证政府对汉江二桥建设资金的回收两大条件。② 如发生诸如罢工、物价暴涨、严重通货膨胀、金融危机、公共卫生危机等事实,除在私法领域引入"社会不可抗力"的概念和规则③外,公共产品的价格应由政府主体、参与主体、行为相对人、利害关系人等多方主体协商解决。对于公共产品生产者为保障公众对公共产品的合理消费所受到的价格损失,可要求公共产品生产者承担一定的社会责任,更应由政府给予适当的财政补贴或政策优惠。

(5)定价程序。

公共产品定价,在我国,一般应依《政府价格决策听证暂行办法》(2001 年)实行听证。价格听证制度是价格控制中的核心制度,但所有的听证会似乎都是涨价会。实践中,应当扭转价格听证结果只存在价格提高听证,而没有价格降低听证;参与代表的确定重视政府指定而轻视公众推荐,重视选择代表参与而忽视让媒体和社会公众自由参与;价格听证论证重视供给方代表的意见,而漠视需求方代表的意见等倾向。例如,2003 年上半年歌华有线公司将关系数百万用户利益的收视费一次上调 50%。由于电视经营属于垄断性行业,这种大幅涨价应当经过听证程序。但北京市物价局没有就此举行听证,就下发文件支持涨价,其理由为:原收视费太低,只占居民消费支出的 0.5%;通过涨价可拉动经济增长。④ 第一个理由可成为涨价的理由,并不意味着公司可绕过听证程序而直接涨价 50%。第二个理由是政府的经济政策目标的要求,以此为理由而否定听证程序,显然是为了经济政策目标而否定经济法的法定性与程序性,是对定价程序规则的否定。

---

① See Averch H. and L. Johnson, Behavior of the Firm under Regulatory Constraint, *American Economic Review*, Vol. 52, 1962, pp. 1052—1069.
② 参见冯根福、宋林:《级差效益不足的竞争性路桥定价的经济学分析》,载《财贸经济》2002 年第 8 期。
③ 从 20 世纪 80 年代开始,某些国家(如北欧各国)出现了"社会不可抗力(social force majeure)"的私法规则,试图借此减轻消费者因疾病、失业等不可预知因素而违约的法律后果。其内容包括:赋予消费者撤销合同、保留使用电力和电话、请求降息和(或)推迟付息的权利;限制债权人要求返还标的物或主张未到期分期债务的权利;规定迟延支付保险费不导致保险合同按一般规则终止;不将或暂时不将违约情事记入个人信用档案。See Thomas Wilhelmsson, Social Force Majeure—A New Concept in Nordic Consumer Law, *Journal of Consumer Policy*, Vol. 13, 1990, pp. 1—14.
④ 参见《物价局的屁股该往哪里坐》,载《南方周末》2003 年 8 月 7 日。

价格听证实践中,作为公众参与价格听证的重要信息的有关企业的经营成本等,常被认为是有关企业的商业秘密而被拒绝透露。我国《政府信息公开条例》中虽规定公共企事业单位信息公开的具体办法由国务院有关主管部门或机构制定,然而,尚未见到这些"具体办法"的出台。公用事业企业产生与持有的信息事关公众的生活,影响非同一般,由于信息在政府、企业和公众之间经常发生不对称,信息规制应成为政府对公用事业企业规制的重要内容,以确保价格公平。

(6) 价格监督。

在我国,公共产品价格监督,《价格法》未做专门规定,《铁路法》、《电力法》、《城市供水价格管理办法》等法律法规也未做重要问题来对待。立法应当构筑一个以政府价格管制行为特别是定价行为作为监督重点,同时加强监督公共产品生产者特别是垄断企业价格行为的监督体系。为充分发挥社会监督的作用,应当增强公共产品生产成本的透明度,保障社会监督主体的知情权。

七、竞争

引入竞争机制,是政府经济行为市场化的关键。竞争可有力地刺激创新和技术效率,有利于所有的用户,包括弱势群体。然而,市场化并不必然产生竞争。把垄断部门简单地从公共部门转入私人部门也许丝毫不能刺激竞争[1]。另一方面,垄断和不正当竞争对竞争机制的扭曲,会降低市场化政府经济行为的绩效。这就要求规制机构采取"为竞争而规制"的竞争规制策略,其本质就是在几乎不存在竞争或竞争很弱的产业中,政府通过规制人为地创造环境模拟市场,建立类似竞争的机制;对垄断和不正当竞争进行规制,形成和保障公平有效的竞争秩序。比如,为赢得市场而竞争(招投标)、结构性调整措施来促进竞争(例如水平或垂直分割),在合同中规定禁止独占等。

竞争规制应重点解决以下问题:(1) 规制体制。在市场化政府经济行为中,参与竞争的主体主要是地方政府、政府部门、公用企业、垄断企业。在一个无法将风险削减为零的世界中,只有建立任务导向型的、高度权威的、独立性强的竞争规制机构,才足以有效地行使规制权。其中的垄断规制权,只能授予中央一级的竞争规制机构行使。"中央层次应更多地从立法、建立统一标准和促进各地区间竞争的角度进行监管,而地方政府规制机构更侧重于具体规制。"[2](2) 规制重点。市场化政府经济行为的实践表明,反不正当竞争规制应以价格欺诈、低价倾销和强制销售为重点,反垄断规制应以行政垄断、公用企业垄断和企业集团垄断

---

[1] 例如,在对电信和煤气供应等一些基础设施企业实行重大体制改革初期,英国政府只是将垄断性的国有企业变为垄断性的民营企业,其结果并没有产生提高经济效率的刺激。相反,这对进一步的改革(即把原来垄断性市场结构改变为竞争性市场结构)造成很大障碍。

[2] 参见余晖、秦虹:《公私合作的中国试验》,上海人民出版社 2005 年版,第 281 页。标准竞争,参见熊红星:《网络效应、标准竞争与公共政策》,上海财经大学出版社 2006 年版。

为重点。(3) 规制模式。以行为规制为主、结构规制为辅。值得指出的是,结构规制在这里所处的地位,较之其他领域更为重要。(4) 分类规制。对于市场化政府经济行为所在的领域,应区分竞争性领域与非竞争性领域,并在非竞争性领域中还应区分竞争性业务与非竞争性业务。对竞争性领域和非竞争性领域中的竞争性业务,应运用一般市场行为的竞争规制手段进行规制;对非竞争性领域中的非竞争性业务,则应实行特殊的竞争规制制度。随着现代科技迅猛发展和相关制度创新,非竞争性领域和非竞争性业务的范围在逐渐缩小,竞争性领域和竞争性业务在逐步扩大,对市场化政府经济行为的竞争规制,应顺应这种趋势的要求。以公用事业引进竞争机制为例,公用事业对反垄断法的适用在改革前实行"一般豁免,例外适用",在改革后实行"一般适用,例外豁免"。①

八、税收

市场化政府经济行为中,值得特别讨论的税收问题主要有参与主体和政府主体的纳税问题。参与主体同时也是一种经营主体,应否像一般市场主体那样纳税,有两方面的认识:一方面,参与主体帮助政府供给公共产品,比一般市场主体承担更多的社会责任,因而政府应该给予税收优惠。另一方面,参与主体经政府主体的委托而享有一定的特权,凭借这种特权的行使可以比一般市场主体获得更多的利益,因而应该比一般市场主体承担更重的纳税义务。综合这两方面的认识,就理论上而言,如果参与主体所获的额外收益与所承担的额外社会责任相当,那就应当同一般市场主体那样承担相应的纳税义务;如果参与主体所获的额外收益远远超出所承担的额外社会责任,那就应当就该超出部分比一般市场主体承担更重的纳税义务;如果参与主体所获的额外收益远远小于所承担的额外社会责任,那就应当就该差额比一般市场主体承担更多的税收优惠。总之,对参与主体是否享受税收优惠或承担更重的纳税义务的问题,应当慎重对待,都应当有立法所规定的严格条件,并要求将参与主体所获收益和所担社会责任的考核纳入法定程序。

至于政府主体应否承担纳税义务的问题,关键是看有无收益以及收益的性质和如何处理②。如果收益是经营性收益,就具有可税性,反之则否。如果经营性收益直接上交财政或者按照财政预算弥补该政府主体的财政收支缺口,就不宜承担纳税义务;如果经营性收益作为预算外收入自行留存,就应当比照一般市场主体承担相应的纳税义务。对这种制度安排的选择,还应当就其优劣比较作进一步研究。

---

① 参见史际春:《公用事业引入竞争机制与"反垄断法"》,载《法学家》2002年第6期。
② 参见张守文:《论税法上的"可税性"》,载《法学家》2000年第5期;《收益的可税性》,载《法学评论》2001年第6期。

九、法律责任

"责任不仅是竞争性经济秩序的先决条件,而且从根本上讲,也是一种自由和自我负责占统治地位的社会制度的先决条件。"①政府行为和市场行为的法律责任各有其既定规则,而市场化政府经济行为兼容这两种行为因素,其法律责任的安排必然呈现出综合性、混合性和冲突性。为理顺其中不同规则的关系,需作多种选择:有的适用纯私法责任规则,有的适用纯公法责任规则,有的适用融合公私法责任规则的特殊公法责任或私法责任规则,还有的适用由于这种有机融合所产生的新型责任规则。这种组合结构可从责任主体、形式等多种角度设计。现以责任主体为例展开分析。

在市场化政府经济行为中,政府主体和参与主体构成了公共产品供给方责任主体的两个层次。对两层主体的法律责任设计,要考虑其各自责任的独立性,也要考虑其关联性。政府主体的责任范围应与其法定和约定职权范围相对应。"当政府服务是由不受公法原则约束的非营利组织或者私营组织来承担时,公共责任就被减少了……由于私人行动主体不像政府行动主体那样受到相同的宪法约束、法令约束和监督约束,公共职能在政府范围之外的委托从根本上对传统的责任理念提出了挑战,进而使其愈发困难。"②参与主体的责任应限于政府主体的授权范围内,其中有的与其一般民事权利相对应,有的则与其特权相对应。但由于政府主体的权限在一定意义上覆盖了参与主体的权限,参与主体始终处于政府主体的监督之下,这两层主体的责任关联性甚为突出。政府主体就参与主体对行为相对人的责任负有连带责任和最后责任。为强化各自责任的独立性,应坚持责任自负原则,即不得相互转嫁各自应承担的责任和责任负担,政府的法定责任不能通过约定予以排除适用。例如,参与主体因其违法行为而向行为相对人先行承担财产责任后,如政府主体对这种违法行为有过错,参与主体有权向政府主体追偿。又如,当政府主体基于连带责任和最后责任规则对行为相对人承担了财产责任后,有权向参与主体追偿。再如,为防范参与主体无力承担财产责任情况的发生,政府主体可要求参与主体就其受托实施的行为缴纳足额的担保金。

违法的市场化政府经济行为所侵害的法益虽然包含行为相对人的私益,但更重要的是社会公益。传统民事责任的功能主要是对被害私益的补偿,对被害公益却力所不及。为弥补这种缺陷,法律责任的设计应强化旨在保护公益的惩罚和补救功能。对此可作两种选择,一是设立惩罚性民事责任;二是将补偿性民

---

① 参见〔德〕何梦笔主编:《秩序自由主义》,董靖等译,中国社会科学出版社2002年版,第243页。

② 参见〔美〕珍妮特·V.登哈特、罗伯特·B.登哈特:《新公共服务》,丁煌译,中国人民大学出版社2004年版,第128页。

事责任与行政责任、刑事责任进行组合。基于保护公益的需要,对两层主体各自责任形式的设计,应与各自在市场化政府经济行为中的角色定位相适应。如参与主体的责任形式中应突出资格责任(如撤销其特许权),并探索新的责任形式(如资格减等、信誉惩罚、取消优惠、追索额外既得利益等);政府主体的责任形式中,应在着重运用财产责任的同时,在传统的行政责任形式(如国家赔偿责任)的基础上,重视新型责任形式(如政策补救责任、纠错责任)的运用。面对社会和法的无限进化,法律责任只能用不变的有限形式应对。经济法责任的独立,并不仰赖于独立的经济法责任。当然,法律责任设计应摆正这两层主体责任的比较地位。市场化政府经济行为本质上是政府行为,应坚持政府主体责任为主的原则;同时也不得忽视参与主体责任的重要地位,以免造成政府主体承担无限责任、参与主体的责任约束弱化的法律后果,形成市场机制引入政府经济行为的制度障碍。

十、争议处理

面对市场中的多元利益和变动不居的竞争动态,让规则取得合法性可不容易,法律程序显得尤为重要。"法律程序的至关重要性来自于市场的两个因素:一是他们用来促进竞争;一是它们是处于动态中而不是静止的。""面对市场活力的挑战,如何调和不同利益的差异,寻找到公平而有效的法律规则呢? 在美国,至少在理论上,我们常通过市场和公平竞争来提意见并寻求办法。这里的逻辑是:凡是对某争论有兴趣的人都有机会发表意见,而最好的意见会得到采纳,意见没有得到采纳的仍有机会在将来再次提出意见。"[①]程序是法律的中心,在解决纠纷和评估各种有利或不利于国家的要求时,法律体系所提供的最显著且别具一格的产品就是程序公平,它可约束压制性权威,以实质性正义取代形式正义,实现司法独立,摆脱人治走向法治。市场化政府经济行为不仅仅是当事人的合意,还具有明显的外部输入性,客观上具有遭遇阻力的可能,程序的民主设计具有疑虑与对抗的消解功能。正如日本学者谷中安平所言:"世界已变得越来越错综复杂,价值体系五花八门。常常很难就实体上的某一点达成一致。一个问题的正确答案因人而异,因组织而异。程序是他们唯一能够达成一致的地方。而且他们能达成一致的程序是能够保证程序公正的程序,因为他们一旦同意了程序,则无论结果如何,都必须同意程序所带来的结果。"[②]以下仅以法律程序中最为典型的诉讼程序为例,结合市场化政府经济行为加以展开。

市场化政府经济行为中的争议,形态多样:政府主体与参与主体间的争议,

---

① 参见〔美〕安守廉:《论法律程序在美国市场经济中的关键作用》,唐应茂译,载《中外法学》1998年第2期。
② 参见〔日〕谷中安平:《程序公正论》,载宋冰:《程序、正义与现代化》,中国政法大学出版社1998年版,第376页。

兼具管理属性和契约属性;参与主体间的争议,主要表现为竞争争议;参与主体与行为相对人间的争议,更接近于纯民事争议。上述争议,都兼具公益和私益性质,只不过在不同争议形态中的组合结构不同。由于传统的诉讼制度体系是按照公法、私法截然分开的思路设计的,民事诉讼与私法对应,行政诉讼、刑事诉讼与公法对应,因而这种制度设计不能完全适用于市场化政府经济行为中的争议处理。如此,市场化政府经济行为中的争议,除对于犯罪行为必须适用刑事诉讼外,有多种诉讼方式供选择:(1)一般民事诉讼或行政诉讼;(2)特别民事诉讼①或特别行政诉讼②;(3)公益诉讼③等新型诉讼。具体到某一争议,应当根据争议形态中公私益组合结构的差别,本着方便诉讼、节约诉讼资源、提高实体法实施效率的原则,作出具体选择。由于现行的一般民事诉讼和行政诉讼只能由直接利害关系人提起,都属于自诉,仅在直接保护受害人私益的同时,连带起到保护公益的作用。如果直接利害关系人不提起诉讼,即使在侵害私益的同时连带侵害了公益,也无法通过一般民事诉讼和行政诉讼保护受到侵害的公益。如果只是侵害了公益而未直接侵害私益,那就更不可能运用一般民事诉讼和行政诉讼来保护公益。可见,一般民事诉讼和行政诉讼的公益保护功能非常有限。为此,在市场化政府经济行为中的争议处理,特别是在民事诉讼和行政诉讼竞合的情况下,尤其应重视特别民事诉讼或行政诉讼和新型诉讼的运用。

以下通过剖析"蒋时林诉湖南省常宁市财政局违法购车案"(案例5-1),具体探讨纳税人诉讼,以求对市场化政府经济行为的争议处理制度设计有所裨益。

案例 5-1　蒋时林诉湖南省常宁市财政局违法购车案

2006年4月3日,原告蒋时林(又名蒋石林),湖南常宁的一位村主任,以一名普通纳税人的身份向湖南省常宁市人民法院递交了一份起诉状。诉称,被告(常宁市财政局)2005年5月12日和2005年7月6日擅自违法超出预算,不通过正规采购程序,违法使用国家资金自行购买两辆高级小轿车。原告认为,被告作为国家法定的财政管理机关,没有依法定程序管理和使用财政税款,违反了《预算法》、《政府采购法》、《财政违法行为处罚条例》等法律法规,侵害了国家有关财政预算管理制度,也损害了纳税人的合法权利。2006年1月28日原告曾通过特快专递去信要求被告对违法行为予以处理并给原告答复,被告至今没有改正处理,也没有答复。因此,原告依据《宪法》第2条和《财政违法行为处罚条例》第2条以及《行政诉讼法》的规定,就此提起行政诉讼。原告列举的具体诉讼请求为:(1)确认被告拒不履

---

① 参见张艳蕊:《民事公益诉讼制度研究》,北京大学出版社2007年版。
② 参见黄学贤、王太高:《行政公益诉讼研究》,中国政法大学出版社2008年版;王珂瑾:《行政公益诉讼制度研究》,山东大学出版社2009年版。
③ 参见〔意大利〕卡佩莱蒂:《福利国家与接近正义》,刘俊祥等译,法律出版社2000年版;颜运秋:《公益诉讼法律制度研究》,法律出版社2008年版。

行处理违法购车和给原告答复的法定职责行为违法;(2)确认被告在2005年超出财政预算、超出政府小车编制自行购置高级轿车的行为属于滥用国家税款侵害纳税人合法权利的违法行为;(3)依法将违法购置的轿车收归国库,维护纳税人的合法权益,促令被告当好纳税人的管家职责;(4)被告承担本案的全部诉讼费用。湖南省常宁市人民法院立案庭于2006年4月3日签收了诉状,4月10日作出了"不予受理"的裁定,理由是"起诉人蒋石林所诉事项不属于人民法院行政诉讼受案范围,不符合起诉条件,故法院不予受理"。原告不服裁定,依法提出上诉。蒋时林诉湖南省常宁市财政局违法购车案,涉及宪法、财政法、诉讼法等诸多领域的诸多重要问题,引起社会广泛的讨论和关注。此案据此被誉为"中国纳税人诉讼第一案"。①

在现有法律框架内,类似的案件诉讼者本应由代表公权力的人大、政府等部门充当,蒋时林的诉讼"叫板"是"越俎代庖"的"错位",反证了作为公权力的"缺位",是"一次属于全体纳税人的抗争"。在这个"猫"不作为的时代,公民更应该像蒋石林那样"狗拿耗子多管闲事":一个普通公民对强势的政府部门的"较劲"、普通纳税人用自身的行动在实践着法治社会讲求的"法律面前人人平等",让公众感受到蒋石林对自身公民与纳税人的身份认同,以及对现代社会依法行政理念的理性认知。它具有标本意义,是因为它反映出"纳税人意识"正在深入人心,反映一个公民对自己权利拥有的抗争和珍视,以及一些行政部门对纳税人权利存在误读和漠视。公民意识与依法行政理念的深入人心,昭示着我国正从"臣民社会"向"公民社会"的转型。这样的权利和义务意识,以及由此衍生的理性维权行为,赋予这起诉讼案对公民意识的启蒙作用和辐射力量,公益诉讼的特质不言而喻。

笔者认为,公民蒋石林以普通纳税人的身份状告行政机关的案件,不属于现行三大诉讼中的任何一种诉讼。"公益诉讼"在目前法制框架下不具有合法性,但这并不意味着相关诉讼制度的建立不具有必要性,也不意味着此类诉讼所张扬的纳税人权利不具有正当性。从广义上讲,任何民事诉讼、行政诉讼都具有较强的"公益诉讼"属性,而狭义的"公益诉讼"的突出特征是诉讼标的与原告之间不存在直接的利害关系。在此基础上,学界关于"开放纳税人诉讼,以私权制衡公权"②的声音日盛,呼吁建立纳税人诉讼制度。有学者认为,依《行政诉讼法》第2条规定,公民、法人或者其他组织认为行政机关和行政机关工作人员侵犯其合法权益,有权依照本法向人民法院提起诉讼,财政资金主要源于纳税人的税

---

① 此案详情,参见洪克非、徐亮:《一名普通纳税人的公益诉讼:财政局凭什么购豪华车》,载《中国青年报》2006年4月5日;洪克非:《湖南农民状告财政局后各方压力接踵而至》,载《中国青年报》2006年5月9日。

② 参见梁慧星:《开放纳税人诉讼,以私权制衡公权》,载《人民法院报》2001年4月13日第3版。

款,其违法、不当使用当然侵犯了纳税人的合法财产权益,依法其应享有行政诉讼原告资格。蒋时林完全可以以纳税人的身份(非一般公民的身份)向法院提起行政公益诉讼,请求确认行政机关或法律、法规授权的组织不当使用国家资金的行为违法。当然,行政诉讼的性质主要是救济性的,其监督性是第二位的,纳税人一般不能仅以监督者的身份起诉,其起诉时,应多少证明自己利益比一般其他纳税人的利益更多地受到相应被诉行政行为的不利影响。而且,《行政诉讼法》没有规定行政公益诉讼,也没有排除行政公益诉讼。依《行政诉讼法》第1条确立的行政诉讼目的和宗旨"保护公民、法人和其他组织的合法权益,维护和监督行政机关依法行使职权",应该是允许行政公益诉讼存在的。行政公益诉讼的主体可以是《行政诉讼法》第2条规定的公民、法人和其他组织,也可以是《行政诉讼法》第10条规定的人民检察院。前者起诉的条件应是"认为其合法权益(如纳税人权、环境权、信息权、正当法律程序权等)受到侵犯",后者起诉的条件应是在其他法律监督途径(如人大监督、监察监督、审计监督等)已经穷尽的前提下"实行监察法律监督"①。有学者认为,纳税人诉讼属于特殊的行政公益诉讼,应从完善《行政诉讼法》的角度加以规制。纳税人诉讼符合行政诉讼的基本要求:纳税人是就行政机关的不合理用税行为起诉,原告一方是作为纳税人的自然人、法人或其他组织,被告一方是作为用税行为的行政机关,主体符合行政诉讼的特征;同时,纳税人通过法院行使对行政机关行为的监督,内容也体现行政诉讼的属性。至于行政机关的用税行为是否侵害了纳税人的合法权益,这取决于对"合法权益"的理解,对公共基础设施、国家所提供的安全环境等公共资源的享受是每个纳税人基于其纳税义务而理应享有的权利,当行政机关由于不合理的用税行为而无法满足人们的公共需求时,纳税人的合法权益已受到侵犯。② 也有学者认为,行政诉讼有其合理边界,纳税人诉讼不能归类为行政诉讼。首先,该案中常宁市财政局的购车行为无法归入具体行政行为,因为它不存在直接行政相对人,即缺乏特定行政管理对象;其次,即使有足够证据能认定常宁市财政局的违法购车损害了公共财政资金利益,但不能说明这种财政资金的利益受损侵害了蒋石林的权益;最后,公民对任何国家机关和国家工作人员提出批评和建议的权利都不一定可以或必须以诉讼的形式实现。诉讼只是解决纠纷的最终途径,它不是唯一的、也不一定是最好的途径。穷尽行政救济的原则、司法最终性原则等所揭示的正是这一道理。③

对上述案件的讨论如局限在现行法律规则之下,无疑淡化了其意义。当下

---

① 参见姜明安:《纳税人能否提起行政公益诉讼?》,载《检察日报》2006年4月14日第6版。
② 参见王霞、吴勇:《我国开放纳税人诉讼的必要性及对策》,载《湘潭大学学报》2004年第5期;郭庆珠:《行政公益诉讼:实践中的法律空白与空白中的法律实践》,载《法制日报》2006年4月10日第8版。
③ 参见杨建顺:《直接诉讼缺乏法律支持》,载 http://old.calaw.cn/include/shownews.asp?newsid=6670,2007年1月30日访问。

中国,财税领域侵犯公共利益的行为非常普遍,相关纠纷也已经出现。例如,某公民向税务局举报了某工厂有偷逃税款行为,未见到该税务局有所反映。据1999年11月24日最高人民法院《关于执行〈中华人民共和国行政诉讼法〉若干问题的解释》第13条第1项的规定,被诉的具体行政行为涉及公民、法人或者其他组织公平竞争权的,可依法提起行政诉讼。基此,他以税务局没有履行税收稽查职责为由,向人民法院提起行政诉讼,因为税务人员徇私舞弊怠于履行稽查职责或不征收税款的不作为行为,不仅致使国家税收收入流失,而且还会破坏市场公平竞争秩序,对依法纳税的企业构成歧视,降低了他们的市场竞争能力。但人民法院以税务局是否履行税务稽查行为没有侵犯原告利益,也未对原告的权利义务产生实际影响的理由驳回起诉。① 又如,贵州省遵义市政府驻京办1995年在北京购买价格只需197.82万元的办公用房,却实际支付310多万元。驻京办副主任张抗美为收回多付款,挽回流失的国有资产,前后奔走上访7年多,不仅被撤职,遭涉案人的集体殴打,父亲也牵连含冤去世。遵义市几百位离退休干部集体签名支持张抗美,北京蒋援民等律师也积极为其提供法律援助,但因涉及公益诉讼问题,这一事件难以得到司法机关的支持。② 纳税人何以能提起"纳税人诉讼"?纳税人对税收支出的监督权利究竟来自何处?如果纳税人能够提起此类诉讼,究竟以何种身份进行为宜?诉讼性质又应当如何定位?中国究竟应该如何构建合理的公益诉讼机制?……之所以选择此案为由头研讨纳税人诉讼,就是想突破现行法律规则的限制,推动我国现行诉讼法律规则的改革,希望对构建市场化政府经济行为所涉的诉讼制度有所助益。

纳税人制度起源于美国,是当事人适格理论扩张的结果之一。所谓纳税人诉讼,是指当事人以"纳税人"的身份提起的请求禁止公共资金违法支出行为或造成公共资金损失的违法行为的诉讼。州法院和联邦法院以判例形式确定,国家有义务确认税金的支出不属于违宪支出,纳税人有权对与自己无法律上直接利害关系的违法支出税金的行为提起客观诉讼,以国家和地方政府为被告,要求停止违法支出行为并可要求返还税金。

一般认为,联邦纳税人诉讼发源于1852年伊利诺伊州的判决,较为成形的案例则是1923年"弗罗辛厄姆诉梅隆案"(Frothingham v. Mellon)。原告弗罗辛厄姆根据《1921年联邦孕妇法和婴儿照顾法》(Maternity and Infancy Act of 1921)来挑战政府的财政支出。该法中有法条规定:联邦政府对州政府的财政补贴是为了减少孕妇和胎儿人身伤害。原告声称联邦政府的这项支出侵犯了宪法第十条修正案,该修正案规定:"宪法既未委代给合众国,也未禁止各州行使的权力,分别被保留给各州或人民。"同时导致她作为公民税收的增加,因此未经正当法律程序剥夺了她作为公民的财产权。法院认为:"援引司法权的一方必须能够表

---

① 参见《维护公共利益如何启动"司法救济"》,载《检察日报》2001年3月14日第6版。
② 参见《公益诉讼制度才是平坦路》,载《法制日报》2005年10月12日第5版。

明,由于该法令的实施,他已经蒙受了或者立刻要蒙受某种直接损害,而不只是与广大人民一道以某种不确定的方式受到损害。"原告对此案没有诉讼资格,因为她的财产利益得失既来自税收,也来自其他地方,即使是税收也是将来发生的,是如此之遥远、波动和不确定的,以至于在此案中不足以支持最高法院管辖之理由。据此,在本案中,纳税人并不存在损害,其要求也只是针对联邦立法。最高法院实际上告诉弗罗辛厄姆,只有通过代议制民主投票制度表达自己的意见,才能希望实现其诉讼要求。我们不清楚的是,"弗罗辛厄姆诉梅隆案"中表现出的纳税人起诉权障碍,是源于《宪法》第 3 条的相关规定,还是一种产生于司法自我约束的审慎考虑?我们注意到,几乎所有的州在 1965 年承认以州属县、市、镇以及其他地方公共团体为对象的纳税人诉讼,甚至有 34 个州明确承认以州为对象的纳税人诉讼。1968 年,美国联邦最高法院在"弗拉斯特诉科恩案"(Flast v. Cohen)中承认了联邦纳税人有资格以联邦用款违反了宪法修正案第 1 条的规定为由请求复审联邦用款之事。联邦纳税人弗拉斯特挑战《1963 年联邦教育法》(Federal Education Act of 1963),理由是该法赋予卫生、教育、福利部(以下简称 HEW)调配资金给州政府和地区,主旨在于资助穷苦人士以获得受教育机会。原告弗拉斯特与其他人一起起诉卫生、教育、福利部部长科恩(Wilbur Cohen)。原告声称联邦教育支出项目为宗教学校提供资助,侵犯了美国宪法第一修正案的禁止建立国教条款,该条禁止联邦政府以财政支出方式资助宗教活动。法院支持了原告的诉讼资格,当时的首席大法官沃伦(Earl Warren)在多数判决意见书中指出,"弗罗辛厄姆诉梅隆案"并不构成宪法上的障碍来禁止联邦纳税人起诉。在 Flast 案中,沃伦法院建立了"双重纽带法则(double nexus test)",沃伦法官写道:纳税人诉讼的"双重纽带"要求具有两个方面内容:第一,纳税人必须在他与被诉法令之间建立起逻辑联系。这样一来,纳税人才会成为合适的诉讼一方来挑战国会依据《宪法》第 1 条第 8 款制定的法令的违宪性。……第二,纳税人必须证明,在他与被诉违宪行为之间存在一个"纽带"。在满足上述要求之后,纳税人必须证明被诉法令超出了宪法所施加于国会税收与支出方面的限制,而不是仅仅表明被诉法令超出了国会的根据《宪法》第 1 条第 8 款的授权。只有满足上述两项条件,纳税人才享有起诉联邦政府支出的资格,这种方法被后世成为"Flast 法则"。

引人注目的是,纳税人诉讼不仅针对公共资金的违法支出行为,也针对造成金钱损失的违法行为。例如,新泽西州的市民和纳税人以违宪为由,请求法院对公立学校强迫学生读圣经发布禁止令。尽管原告并未主张学生被迫读圣经所增加的学习时间会带来学校运营经费的增加,但州的最高法院在判决中认为该案对于原告具有诉讼之利益。① 1971 年,加州居民 Sermo 以财产税制违宪为由提起

---

① 参见〔日〕田中英夫、竹内昭夫:《私人在法实现中的作用》,李薇译,载梁慧星主编:《民商法论丛》(第 10 卷),法律出版社 2003 年版,第 451—458 页。

诉讼,认为以财产税为基础教育提供经费的做法导致低收入水平学区的学生受到歧视,这一诉讼几乎动摇了以财产税为重要来源的地方财政体制。① 承认纳税人诉讼的根据在于公共资金的违法支出,意味着纳税人本可以不被课以相应部分的税金,在每一纳税人被多课税的意义上,纳税人有诉之利益。

延至1982年,法院对"瓦利福奇基督教学院诉争取政教分离美国人统一组织案"(Valley Forge v. Americans United for Separation of Church and State)的判决引人注目地展示了"弗拉斯特诉科恩案"所承认的联邦纳税人资格的狭窄性,事实上推翻了"Flast法则"所建立的权威。在该案中,联邦纳税人挑战美国卫生、教育、福利部将财产转移给了宗教大学,声称这种转移侵犯了禁止确立国教条款。国会1949年制定了《联邦财产和行政服务法》(Federal Property and Administrative Services Act),授权行政机关处置超出使用年限的政府财产。该法案并不是根据《宪法》第1条第8节授权而制定的税收和预算的项目,而是根据第1条第5节"财产权条款"的授权,允许国会参与财产交易。联邦最高法院否决了纳税人的起诉资格,法院判决主要基于两个理由:第一,国会立法是基于《宪法》第1条第5节的财产权条款,而这并不属于弗拉斯特诉科恩案允许的可起诉的政府赏赐。第二,尽管HEW的立法根据是财产法,即国会立法,它也是行政部门行使自由裁量权来决定财产权转移,简言之,纳税人挑战的是行政行为的预算,而非国会行为的预算,根据弗拉斯特诉科恩案只是容许挑战国会立法。最高法院裁定,被告缺乏联邦纳税人诉讼资格,因为他们质疑的是行政管理机构的行为,而不是国会的行为。另外,土地转让根据《宪法》第4条的财产条款进行,不是国会征税和开支权的行使。如州的纳税人不能表明受到了"直接损害",如钱财损失,则不具有联邦诉讼资格,即使州纳税人地位可能足以使他在州法院有诉讼资格。然而,如州法院的判决给原告造成"直接、明确和具体的"损害,最高法院可通过调卷令行使复审管辖权。即使在原诉开始时原告可能不能满足联邦诉讼资格之要求,最高法院仍然可这样做。在该案中,大法官伦奎斯特(Justice Renquist)强调:"纳税人起诉资格在宪法上的障碍源于三权分立和《宪法》第3条规定的'案件或诉讼'原则"。② 该判决考虑了案件背后的许多政治因素:(1)起诉资格要求客观上需原告以具体方式展示法律问题;(2)起诉资格要求客观上保证了联邦法院不至

---

① 参见范立新:《美国宪法涉税条款评析》,载《涉外税务》2002年9期。
② 大法官安东尼奥·斯卡利亚(Antonin Scalia)也持有这种观点,将纳税人起诉资格的判断与三权分立或制衡联系在一起。他在1992年"卢汉诉野生动物保护者协会案"(Lujan v. Defenders of Wildlife)的判决书中指出,当事人诉讼主体资格在宪法中有三项基本要求:(1)原告必须受到了实际的损害——他的合法利益受到了侵害,并且,这种损害必须是:具体的、确切的;现实的或即将发生的,而不是推测的或假想的。(2)损害和被指控的行为之间必须存在着一种因果关系,也就是说,原告所受的损害必须能够清楚地归因于被告的行为,而不是其他人的独立行为所致。(3)损害必须是可以通过作出一项有利的判决而得到补偿的。(4)原告必须有足够的理由证明他所寻求的救济是正当的。这样就限制了原告的诉讼资格。See Antonin Scalia, The Doctrine of Standing as an Essential Element of the Separation of Powers, 17 *Suffolk U. L. Rev.* 881 (1983).

于成为公众泄愤的场所;(3)起诉资格要求保证司法部门认识到复杂的宪法结构,它维护了法院与作为政府组成部分的其他部门的关系。

在日本,作为美军占领时期制度改革的一项内容,纳税人诉讼制度于1948年以法律的形式得以确立,即《地方自治法》所规定的具有鲜明政务公开与反腐倡廉特色的居民财政监查请求和居民诉讼制度(原文为"住民财政监查"与"住民诉讼")。其基本内容是,在都道府县与市町村各地方自治体中均设置分别来自民间和自治体议员的监查专员2—4名。当自治体内居民认为自治体首长(知事)、或委员会或委员、或自治体职员(地方公务员)有下列违法或不当的(1)公金支出;(2)财产的取得、管理或处分;(3)契约的缔结、履行;(4)债务或其他义务的负担(包括在可相当确切的预测即将产生上述行为的情况);或懈怠于(5)对公金的课赋征收;(6)对(公)财产的管理等行为或事实时,可请求监查委员对1—4项违法或不当行为采取防止、纠正或填补损害等措施。对(5)和(6)项懈怠事实采取改进或填补损害措施。受理监查请求的监查委员,需在60日期限内实施下列监查行为:第一,在认为监查请求没有理由时,应以书面通知请求人并说明理由,同时,须将该书面通知的内容公开发表。第二,在认为监查请求有理由时,则应向自治体议会或自治体首长或相关机关或职员发出在规定期限内采取必要措施的劝告;并将该劝告的内容,书面告知请求人。同时,也须将该劝告的内容公开发表。第三,监查委员不论作出何种处理,都必须给予监查请求人以提出证据和陈述的机会。第四,收到监查委员劝告的议会、行政首长或有关机关及职员必须在该劝告规定期限内采取必要措施。同时,须将有关情况通知给监查委员。监查委员应将该情况通知给相关请求人,同时,也要将上述情况公开发表。这种模仿美国的"纳税人诉讼"(taxpayers suit)建立的居民参政制度,与美国不同的是:日本居民在起诉以前必须先向地方政府中的监察委员要求进行"居民监察请求",当地方政府对"居民监察请求"未采取相应措施或对监察结果不满时才可起诉。这种"居民监察请求"颇有特点:一是提出请求者无人数限制,一个人也可以提出请求;二是请求监察的对象只限于财务等方面的"违法"行为而不是直接请求中的各种行政业务上的"不当"行为。由于负责处理"居民监察请求"的监察委员在机构、人事、预算等都属于地方政府的内部组织,因而往往具有袒护行政部门违法行为的倾向。这种先进行监察的做法减少了居民诉讼的发生,但居民们仍乐于用居民诉讼对地方政府进行监督。在1989年4月1日至1992年3月31日的3年间,各地方自治体共受理了800件"居民监察请求",其中240件发展为居民诉讼,在抑制和打击地方政府中的腐败现象方面发挥了较大作用,但在预防决策失误方面则作用不大。①

---

① 参见〔日〕高寄升三:《市民自治と直接民主制》,公人の友社1996年版,第48页。转引自韩铁英:《居民自治的生理与病理》,载http://ijs.cass.cn/files/kycg/hantieying.htm,2007年1月30日访问。

20世纪90年代初,日本兴起一类以纳税人身份提起的要求公开交际费开支的诉讼。县知事、市町村长的交际费开支情况受到居民关注,居民纷纷要求予以公开。有的市町村长满足居民的要求,全面公开交际费的开支情况,而都道府县知事则大都作出不公开或仅一部公开的决定。这样一来,就引发了请求法院判决取消都道府县知事关于交际费开支不予公开或仅一部公开的决定的诉讼。其中针对大阪府知事交际费案和针对厉木县知事交际费案,一直打到最高裁判所。两案的高等裁判所判决,倾向于要求全面公开交际费的开支情况,但最高裁判所却倾向于限定公开的范围,撤销了两案的高裁判决,发回重审。此后,东京高等裁判所就东京都知事交际费案,在最高裁判所判决的范围内,作出尽可能多公开的判决。90年代中,又发生针对政府机关招待费、接待费的诉讼。如高知县的律师以纳税人身份要求县政府公布有关招待费的具体开支情况,遭到政府的拒绝后,而向法院提起诉讼,要求法院依据地方政府情报开示法,命令高知县政府公开有关开支情况。法理根据是每个纳税人有权了解政府如何支出公费的情况。但县政府只愿意公布招待费总的开支数额,而起诉的律师要求公布究竟请了些什么人等具体情况。日本的招待费称为食粮费,通常是由出面招待人的主管签字就可以报销。原告在诉状中提出,公务员的工资中已包含了本人的生活费用,原则上公务员吃饭应该自己付钱,如果是必要的公款宴请必须公布被宴请的客人的姓名,这样才能让纳税人判断公费请客是否合理。法院判决原告胜诉,由于有关公务员不愿意公布被宴请客人的姓名,这些费用在财务上就不能报销,只能算是公务员自己请客,因此最后依据本判决从相关的公务员追回了四、五亿日元的金额。再如秋田地方裁判所民事一部1999年6月25日判决。秋田县居民代位县作为原告,以秋田县召开的六次恳谈会所开支的费用中,有2091245日元餐费属于违法支出,对时任教育长等职的6名被告请求损害赔偿。法院认可原告请求,判决被告向秋田县支付现金2091245日元及利息,本案诉讼费用由被告负担。

日本《行政案件诉讼法》(1962年)第5条把当事人"为纠正国家或公共团体机关的违法行为,以选举人资格和法律上无利害关系之资格提起的诉讼"作为行政案件的一种诉讼形式,称之为"民众诉讼",但只能在法律所规定的场合由法律所限定的人提起。但纳税人提起此类诉讼,一般不能仅以监督者的身份起诉,应多少证明自己的利益比其他纳税人的利益更多地受到了不利影响,其性质主要是救济性的,其监督性是第二位的。因此,该条规定只不过是立法者为了保持法令理论体系的完整才设置的,并不是在对民众诉讼这类诉讼本身的作用有充分的认识基础上所产生的结果。而且,居民诉讼只有在与地方公共团体发生纷争的场合才被承认,在与国家的关系上不承认这种诉讼。例如,20世纪70年代后期开始,以基督教教徒为中坚的市民掀起了"良心上拒纳军费"的纳税者运动,他们要求在自己的所得税纳税申报表中确定"军费扣除额",并将该部分从自己的所得税额中扣除。在诉诸法院时,法院固守租税用途不涉及"法的支配"的传统理论,以纳税人"没有原告资格"和"没有诉之利益"为借口将其拒之门外。20世纪90年代,日本纳税人又以日本为中东"海湾战争"花费的共135亿美元的租税支出违法为由,提起诉讼,被法院以前述同样理由予以驳回。①

在英国,纳税人对他们地方当局的财政开支的合法性提出怀疑时,以检察总长的名义提起"纳税人诉讼"。这种诉讼在英国被称为"以公法名义保护私权之诉",指检察总长在别人要求禁止令或宣告令或同时请求这两种救济时,为阻止某种违法而提起的诉讼。一个典型案例是:伦敦郡议会经法律授权可购买并经营有轨电车路线,它购买了一家有轨电车公司并继续经营这家公司过去经营的公共汽车服务。有一家汽车服务竞争对手的业主们——他们也是纳税人——让检察总长起诉并针对郡议会经营公共汽车服务一事要求发布禁止令,及时得到了批准。英国行政法规定,检察总长代表国王,有权阻止一切违法行为,代表公共利益可主动请求对行政行为实施司法审查,还可在私人没有起诉资格时帮助私人申请司法审查,即检察长是原告,公民列为告发人。② 选民对地方政府不合法的开支可向区审计员提出反对意见,或向法院申诉。选民对区审计员的决定不服时也可向法院申诉。③ 同样,公民也可以纳税人资格控告中央政府的财政开支行为。事实上,英国不仅承认纳税人起诉政府开支行为的权利和起诉资格,而且承认一个纳税人对涉及另一个纳税人的征税行政行为,有提起行政诉讼的资格。有如此案例,"申请人是一个化学公司,它争辩说,国内税收委员会违背1975年的原油税法,接受了各竞争性公司过低的乙烷价格。虽然这是一个纳税人可以控告另一个纳税人的待遇问题的罕见案件之一,但看起来,这样一个具有控告实质内容的申请人有可能获得控告资格。而在这个场合,控告已获胜诉"。④ 在1982年国内税收委员会案中,贵族院更是明确肯定了某纳税人协会对国内税收委员会同意放弃某报业印刷行业6000名职工拖欠巨额所得税的行为具有"足够的利害关系"而具有原告资格。丹宁勋爵对此评说,如有充分理由假定一个政府部门或公共机构正在违反或即将违反法律,使女王陛下的成千上万的臣民受到损失或伤害,任何受损失或伤害的人都可把这种情况提请法院注意,并请求法院贯彻法律,而法庭则可自行决定使用一切适当救济手段。⑤

---

① 日本纳税人诉讼的介绍,参见〔日〕田中英夫、竹内昭夫:《私人在法实现中的作用》(第三部分),李薇译,载梁慧星主编:《民商法论丛》(第10卷),法律出版社1998年版,第461—463页;〔日〕北野弘久:《日本国宪法秩序与纳税者基本权》,陈刚等译,载《外国法学研究》1998年第2期;陈刚:《宪法化的税法学与纳税者基本权》,载〔日〕北野弘久:《税法学原论》(第4版),陈刚等译,中国检察出版社2001年版,代译者序;梁慧星:《开放纳税人诉讼 以私权制约公权》,载《人民法院报》2001年4月13日第3版;〔日〕木佐茂男:《日本住民诉讼制度的现状及课题》,洪英译,载张海燕主编:《山东大学法律评论》(第4辑),山东大学出版社2007年版,第285—299页。它们为我国制度设计提供了可借鉴的理念、思想和智识。
② 参见颜运秋:《公益诉讼理念研究》,中国检察出版社2002年版,第136页。
③ 参见王名扬:《英国行政法》,中国政法大学出版社1987年版,第81页。
④ 参见〔英〕韦德:《行政法》,徐炳等译,中国大百科全书出版社1997年版,第386页。
⑤ 参见王太高:《论行政公益诉讼》,载《法学研究》2002年第5期。

法国行政诉讼有越权之诉与完全管辖权之诉两种。其中,越权之诉着眼于公益利益,主要目的在于保证行政行为的合法性,是对事不对人的客观诉讼。法国最高法院认为,法律中排除一切申诉的条款,不能剥夺当事人提起越权之诉的权利。只有法律明确规定不许提起越权之诉,当事人的申请权才受到限制。① 市镇或省纳税人可对市镇议会和省议会通过的影响市镇和省的财政或财产的违法决定,提起越权之诉。但法国不允许纳税人对中央政府的纳税规定提起越权之诉,因为它和个人利益的联系太远。

依我国《宪法》第 41 条规定,公民对任何国家机关和国家工作人员有提出批评和建议的权利;对任何国家机关和国家工作人员的违法失职行为有向有关国家机关提出申诉、控告或者检举的权利,但不得捏造或者歪曲事实进行诬告陷害。可见,纳税人对政府的财政收支行政行为应享有知情权和控告、检举权。这些纳税人所享有的监督权、财产权、知情权等宪法性权利,就是纳税人基本权利,它是保障纳税人对税的课征与支出进行民主化管理的宪法上的权利,主要包括税收民主立法权和税款使用监督权。违宪的不公平税制和不公平的税务行政,就是对某个纳税人基本权利的侵害;同理,违宪和违法支出税款的行为,相对地增大了纳税人的纳税义务,侵害了纳税人法律上的利益,构成了客观上对纳税人基本权利的侵犯,纳税人有权通过诉讼方式监督政府依法使用税款,提起有别于普通诉讼的"纳税人诉讼"。纳税人诉讼,名为法律诉权问题,实为政府与民众谁是主人的问题。纳税人诉讼就是纳税人行使征税同意权和用税监督权的民主权利,是宪政民主的应有之意,可纳入宪法规定的公民诉权的范围。北野弘久甚至认为,即便未建立特别的纳税人诉讼立法,纳税人也可依据纳税人基本权提起普通诉讼,以便为民众提供更广泛的主张法律上权利的救济途径。② 在尚未建立"规范宪法学"前,姑且作为纳税人诉讼的理由,但从长远看,宪法早晚会增订纳税人起诉的条款,因为纳税人诉权保护应被包括在纳税人权利保护中,完成公民宪法权利的逻辑统一。毕竟,公权力制约公权力有其天然的缺陷,往往会趋于松懈。赋予公民或组织就侵害公益行为提起诉讼的权利,这是"权利制约权力原则"在司法领域的具体体现,也是解决传统的公权力相互制约理论缺陷的有效途径。现代文明中,主张权利和消除弊端的最后手段不失为三种——第一是诉讼,第二是诉讼,第三还是诉讼。纳税人诉讼可充分发挥公民的监督作用,达到对抗公权力的违法行使,保护社会公益的目的。

从美国纳税人诉讼制度的沿革看,基于权利与救济的关联性,防止因滥诉而使法院被诉讼所淹没和提高诉讼成本,传统的诉讼法坚持当事人适格理论并在私法中从严适用。但由于它忽略了维护公益,晚近趋势是"法律必须设法给没有

---

① 参见王名扬:《法国行政法》,中国政法大学出版社 1988 年版,第 669 页以下。
② 参见〔日〕北野弘久:《税法学原论》(第 4 版),陈刚等译,中国检察出版社 2001 年版,第 59 页。

利害关系或没有直接利害关系的居民找到一个位置,以便防止政府内部的不法行为,否则没有人能有资格反对这种不法行为"①。"法律就是朝着允许全体公民起诉他们所感兴趣的任何行政裁决的方向发展。"②当前,我国纳税人诉讼制度的建立,应以宪法为依据,吸收现行《行政诉讼法》和《民事诉讼法》以及相关司法解释的合理规定,通过修改法律来逐步确立和完善。

1. 受案范围

纳税人诉讼的受案范围十分广泛,包括违宪违法和不公平的税收法律法规等税收抽象行为、违法和不公平征税行为以及政府机关违法使用税款行为等三类,可概括称为政府的财政行为。我国当前纳税人诉讼受案范围的重点应是后两类:一是违法和不公平征税行为。如征税机关不征或少征税款、违法减免税、不依法查处偷逃税行为等,这些行为不仅是徇私舞弊的违法征税行为,而且使守法纳税人的税负重于违法纳税人,侵害了守法纳税人的税收公平竞争权,是对税收秩序和纳税人权利的严重侵害。二是政府机关违法支出公共资金行为。如违法的公款消费、为本部门谋取不正当利益、贪污挪用、浪费公款、违法政府采购行为、违法政府投资行为(政绩工程、形象工程)、低价转让国有资产行为等,降低了纳税人应享有的公共服务水平,加重了税收负担,并且滋生腐败,败坏社会风气,侵害国家和社会公共利益,是当前推进依法行政和建设法治国家中亟待治理的突出问题。需讨论的是,是否限于地方政府的违法支出公共资金行为,还是对中央政府的违法公共支出行为也可提起纳税人诉讼?如前所述,美国、英国的纳税人诉讼受案范围既包括地方政府的违法支出,也包括联邦政府或者中央政府的违法支出;而日本、法国只承认针对地方政府的违法公共支出行为。笔者认为,不应根据违法公共支出行为的地域范围限制诉讼范围,以保护纳税人充分行使诉权。但考虑到我国公共支出秩序较为混乱、纳税人维权能力不强等情况,建立纳税人诉讼之初宜限制在地方公共支出范围内,以后再逐步开放到中央公共支出行为,甚至包括不合理的公共支出行为。

2. 原告资格

"没有原告就没有法官。"据我国《行政诉讼法》第 2 条、第 11 条、第 41 条的规定,能向法院提起行政诉讼的公民、法人或其他组织一般应与被诉具体行政行为有直接利害关系。1999 年《最高人民法院〈关于执行中华人民共和国行政诉讼法〉若干问题的解释》第 12 条的规定有所扩大,即"与具体行政行为有法律上利害关系的公民、法人或其他组织对该行为不服的,可以提起行政诉讼"。这里的"法律上利害关系",是否既包括直接利害关系,也包括间接利害关系;既有实在利害关系,也有可能利害关系。如公共资金被违法支出,意味着纳税人可不被征以相应部分的税金,或者该违法公共资金可用于纳税人的福利等方面,纳税人

---

① 参见〔英〕韦德:《行政法》,徐炳等译,中国大百科全书出版社 1997 年版,第 364—365 页。
② 参见〔美〕施瓦茨:《行政法》,徐炳译,群众出版社 1986 年版,第 419 页。

与该行为就有了"法律上利害关系",纳税人对财政收支之诉应有原告资格。但我国现行立法尚没承认公益诉讼。换言之,政府支出是与纳税人利益"直接相关"或"间接相关",需要立法回答。

  法律未规定,未必现实不需要,也并非一定没有价值。因为现实总是处于不断的发展变化之中,法律往往因稳定性而滞后。为消除纳税人个人起诉时出现的取证难、诉讼成本高、妨碍行政效率等问题①,我国可借鉴英、法做法,赋予检察机关作为公益诉讼代表人提起诉讼。检察机关依宪法作为国家的专门法律监督机关,作为社会公共利益的代表与作为法律监督者的身份合而为一,这为其介入公益诉讼奠定了坚实基础。赋予纳税人协会等纳税人组织提起公益诉讼的原告资格也具有合理性和可行性②,因为纳税人组织具有诉讼的能力、信息、兴趣,司法维权也是其重要职责。随着纳税人的权利意识复苏,应逐步赋予其社会公益代表的资格,以个人名义提起诉讼。纳税人诉讼的主体是纳税人,可以是受害纳税人本人,也可以是无直接利害关系的其他纳税人,不应视缴纳税收的种类和税款数额的多少而对起诉资格限制。③ 我国纳税人还应包括经济上实际承担税款的间接纳税人,甚至缴纳了具有税收性质的缴费人。只要能举出证据,证明政府机关有不合法、不合理的公共支出行为,就符合起诉资格和条件。

  建立纳税人诉讼制度,要充分认识和发挥其制度价值,也应考虑条件和现实情况,予以必要限制,这是国外公益诉讼制度建设的普遍经验。美国在司法审查的起诉时间上坚持成熟原则和穷尽权利救济原则,既可避免法院过早地进行裁判,陷入抽象的行政政策争论;也可保护行政机关发挥专业知识和经验,在作出确定的决定以前,不受法院的干涉。例如,美国环境法中的公民诉讼要求公民提起诉讼前60天必须将起诉通知通告联邦环保局、违法行为所在州和违法者本人。这60天通告期的规定被看作是给联邦环保局一个机会,使其得以在公民起诉前采取相应行动,如公民没有履行60天诉讼通告制度,则禁止公民起诉。日本居民诉讼需要前置程序,居民认为地方公共团体执行机关或职员的财务会计

---

  ① 有人担心,放开纳税人诉讼会导致滥诉。"事实上,这种担心是没有根据的,个人对政府的失职和侵权行为的普遍熟视无睹;担心败诉;甚至胜诉要花巨额诉讼费;法院的裁量权,这些现在是,毫无疑问,将来也仍会是对政府官员的有效保护,使他们免受太多和不公正的复审。"参见〔美〕施瓦茨:《行政法》,徐炳译,群众出版社1986年版,第426页。以行政机关为被告的行政案件在中国不是泛滥成灾,而是少得可怜。特别是考虑到滥诉的利益明显小于依法使用公共资金的利益,因噎废食是不明智的。即使存在滥诉,可要求原告提交担保金予以遏止。

  ② 在这种情况下,纳税人协会等社会组织基于诉讼信托理论,获得诉讼信托主体的资格。参见齐树洁、郑贤宇:《构建我国公益诉讼制度的思考》,载《河南省政法管理干部学院学报》2005年第1期。

  ③ 纳税人所缴纳的税款不是用以支付其所受领之具体国家给付,而是为国家一般支出,使国家有能力为每个国民提供公共服务。税负的衡量与国家的给付分离,国家财政支出的决定并不受对纳税人应有相当利益或对等价值给付的拘束。课税乃基于公平原则,其衡量标准为个人的纳税能力,而非依国家对国民的给付利益。现代各国普遍采行量能课税原则,意在创设纳税人与具有财务给付潜能国家间的距离,以确保国家对每一个国民给付的无偏无私,不受其所纳税额的影响。参见葛克昌:《税法基本问题》,台湾月旦出版社1996年版,第200—201页。

行为有违法或不当行为或有怠惰事实时,应先向地方公共团体监督委员提出监督和采取必要措施的请求。监督委员接受监督请求后,进行监督并作出要求相关机关采取必要措施的劝告。居民对监督请求结果不服时,才向法院提出采取制止与监督请求有关的违法行为等措施的诉讼。我国可考虑设立起诉前置程序,纳税人先向审计机关或被告的上级机关提出查处请求,当审计机关或上级机关不受理或对其处理决定不服时,可直接以个人名义向法院提起诉讼。

3. 举证责任分配

政府违法使用税款行为属于公益行政侵权案件,应适当加重被告的举证责任。第一,纳税人诉讼资格的举证责任由原告承担。第二,对政府财政行为的合法性实行举证责任倒置,由被告政府自己承担证明责任。第三,纳税人对所诉政府财政行为的要件事实承担证明责任,即"事实上的损害"等次要证明责任由原告举证。第四,有关政府裁量权的滥用、不行使方面的证明责任由原告承担。

4. 费用承担

私人诉讼的作用,不仅体现在对受害者的救济这一被动方面,还体现在促进法的目标的实现这一主动方面。即便私人诉讼有时出于不纯动机,也绝不能为防止这种不纯动机的诉讼采取预防性的立法政策。如法律家切望国民的法意识、权利意识得以提高,就应主张利用增加金钱利益的方法促进私人诉讼,努力消除实体法和诉讼法中的障碍。美国《反欺骗政府法》(False Claim Act,或译为《防止不实请求法》,1863年制定,1986年修订)就规定,原告胜诉后可从法院对被告所处罚金中分得15%—20%。如1990年2月美国公民诉通用汽车公司欺骗政府案,被告赔偿了350万美元,原告因此获得其中的22%——77万美元。我国长期受儒家"和为贵"思想的影响,息讼、耻讼心理严重。纳税人诉讼的目的是为了国家和社会公共利益,尽管提起诉讼的纳税人可能得到反射利益①,但公益性是主要的,提起纳税人诉讼的个人不应缴纳诉讼费用;对胜诉的个人还应奖励。为节约国家的司法资源,防止出现纳税人滥用诉权,对纳税人恶意诉讼行为,应由败诉的纳税人承担诉讼费用或赔偿损失。

5. 立法模式

建议在修改我国《行政诉讼法》、《民事诉讼法》时对公益诉讼的一般规则作出统一规定,并在拟制的《税收基本法》等法律中对纳税人公益诉讼的专门问题作出特别规定,以协调有关诉讼法律和专门法律之间的关系。

当然,每项制度的产生与其所产生的土壤联系在一起,制度能否移植成功须看新环境是否适合其成长。"和"在中国正统思想中意义重大:荀子主张"天人合一",要求人与自然和谐相处,并隐喻社会的关系也应和谐;孟子认为成功之道在于天时、地利、人和;儒家的中庸之道亦讲求不要偏激,应适度,适可而止;"阴阳五行"学说更是从动态角度来平衡阴阳,使其不至于阴盛阳衰或阳盛阴衰。民间

---

① 从控制结果看,公民由公益所得的间接利益不是法的利益,而是法的利益的"反射利益"。

亦有"以和为贵"、"家和万事兴"的观念。可以说,传统思想在"和"的理念下注重适度、平衡,表现在处理社会关系时要求"恰到好处"、过犹不及。这昭示,争议处理的制度设计千万不要忽略了对"调解"和"和解"制度的重视。随着司法改革的进一步深化与认识的升华,特别是随着国家关于"构建和谐社会"目标的提出,法院调解制度在促进纠纷的"柔性解决"及实现社会稳定方面的独特功能在新的背景下得到了新的认同。反映在制度层面的集中体现,即为最高人民法院于 2004 年 9 月 16 日公布的《关于人民法院民事调解工作若干问题的规定》。但我国《行政诉讼法》第 50 条规定:"人民法院审理行政案件,不适用调解。"这主要是为避免调解过程中当事人串通损害国家利益和行政机关力量过大而对相对人造成损害。但调解具有灵活性,更有利于实现个案正义;可降低诉讼成本,实现诉讼经济;能缓解当事人之间的对抗,使纠纷得以彻底解决。只要纠纷当事人具有相应的民事行为能力、意思表示真实、不违反法律或者社会公共利益,就应当可以调解。在长春汇津案中,民营化后的污水处理公司与政府发生资金纠纷,导致巨额的企业资产闲置的同时,数量惊人的污水未处理就滚滚流入松花江。此案如调解,社会效益能够得到最大限度的实现。此外,《行政诉讼法》没有和解的规定,但审判实践中大量的撤诉案件以当事人庭外协商达成和解协议解决争议。和解程序能很好地做到法律效果和社会效果的统一,增进公民和政府之间的相互信任,减少社会不安定因素,也能快速解决行政争议,提高行政效率。只要当事人不是故意规避法律,损害国家、集体和他人的利益,就可进行和解。

  市场化政府经济行为极为复杂,其制度由许多要素塑造。"法学家和法学工作者的使命就是发现并构建这些存在于特定时空下的文明的法律前提,并由此给出一种评价性的理论。指出立法应符合的理想状态。"[①]本研究较少介绍"如何去做",更多介绍"考虑些什么"。它勾勒了相关要素,并给出了这些要素如何可能的要求。这些要素的目录可能永远不会完全,有的要素还可能以非常特别的方式消失,这取决于市场化政府经济行为的表现类型、存在时空,以及立法者对蕴含其中的偏好认知和利益平衡。一种基于某种要素为中心的特定规制模式没有绝对优势,相反,各种模式的某些比较优势关键取决于它所要组织的交易特点,以及"成本—效益"分析。"法律发展关键的因素就是对社会政策(即什么是对社会最好的)的考虑。"[②]比如,上海市高级人民法院和上海第一、第二中级人民法院金融审判庭 2009 年 6 月 28 日正式成立,让经济审判庭的重设之声再起。经济审判庭可为市场化政府经济行为提供诉讼组织保障,是否需要重建,颇值

---

  ① 参见〔德〕韦伯:《学术与政治》,冯克利译,生活·读书·新知三联书店 1998 年版,第 117 页。
  ② 参见〔美〕沃尔夫:《司法能动主义——自由的保障还是安全的威胁?》,黄金荣译,中国政法大学出版社 2004 年版,第 33 页。

研究。①

  法律与所有的有机体相同,必须随着环境之更易而变化,并在变化中求其生长,否则难免陷于僵化,不能适应社会的需要。② 任一立法只不过是基于各种因素或博弈而形成的妥协结果,是一种暂时的"均衡",现行制度仍需因应社会、经济和技术等发展而与时俱进! 随着我国规制程度从"高"转向"中",我们应注意应对经济社会变迁的规制的度和经济法的适应性,关注经济法控制规制边界的作用,同时解决政府逐渐退出后留下的制度空白,平衡各方利益,实现经济社会的可持续发展。

---

  ① 参见邢会强:《重提经济审判庭的设立》,载《法商研究》2009 年第 2 期;张守文:《经济法院的经济法思考》,载《北京大学学报》2007 年第 5 期。
  ② 转引自王泽鉴:《民法学说与判例研究》(1),中国政法大学出版社 1998 年版,第 274 页。

第六章　余论：中国经济法学总论三十年研究*

卡尔·贝克尔研究18世纪欧洲启蒙思想时说：必定有一条通向天上宝座的秘密通道，有一条秘密的小道是所有哲学家们都知道的，有一扇门是对我们关闭的，但是当他们一连加以几下事先默契的轻敲，它就会向他们开放。他把人们频繁使用的一些关键词当作通向知识的秘密通道的那扇小后门，如13世纪的上帝、罪恶、神恩、得救、天国，18世纪的自然、自然律、最初因、理性、情操、人道、完美性，19世纪的物质、事实、实际、演化、进步。① 这是一种认识和理解社会历史事实的有效方法：找到特定时代中的那些关键词②，我们就能理解那个特定时代，进而理解某种社会事实。在急遽变革的当代，我们是否也能够找到那些关键词，来理解经济

---

* 本文的主体部分曾以《中国经济法学总论30年研究：关键词视角》，在2008年11月2日获中国法学会经济法学研究会2008年年会暨第十六届全国经济法理论研讨会青年优秀论文一等奖。

① 参见〔美〕贝克尔：《18世纪哲学家的天城》，何兆武译，生活·读书·新知三联书店2001年版，第50—51页。

② 关键词有两种相关的意涵：一方面，在某些情境及诠释中，它们是重要且相关的词。另一方面，在某些思想领域，它们是意义深长且具指示性的词。参见〔英〕威廉斯：《关键词》，刘建基译，生活·读书·新知三联书店2005年版，译者导读之第5页。关键词写作是英国人的发明。第二次世界大战后，这一方法也曾在德国风靡一时，在Begriffsgeschichte（德语）或者称为"概念史"的名义下，揭示概念在形成过程中的变迁和不连续性。该方法被认为是更广泛的社会文化变迁的晴雨表，同时也正是这些变化所赖以形成的工具。1976年马克思主义批评家威廉斯推出的这本《关键词》，对文化与社会研究的基本术语进行带政治立场的历史考察。英国学者本尼特等人在2005年还出版了《新关键词》（New Keywords），通过对核心范畴的梳理，力图呈现出问题的起源、发展与流变，揭示出该问题的生成语境和变形图景。参见〔英〕本尼特、罗伊尔：《关键词：文学、批评与理论导论》，汪正龙等译，广西师范大学出版社2007年版，译者序；〔英〕拉波特、奥弗林：《社会文化人类学的关键概念》，鲍雯妍等译，华夏出版社2005年版，前言。一门学科的知识总是由最关键的概念、范畴，沿循着逻辑体系展开。每一个关键词往往就如同构成重峦叠嶂的智慧大厦的砖石，构成漫漫求知之路的一小步。揣摩关键词对于构建"专业槽"意义重大。汪民安在其主编的《文化研究关键词》（江苏人民出版社2007年版）"前言：词语的深渊"中指出，"关键词语和概念的发明，是理论对世界进行表述的权宜之计。理论家将某些词语和概念召唤而来，就是为了利用它们，尽可能地照亮世界的晦暗秘密。一旦被理论家所选择并作为关键的概念来运用的话，词语，在理论著述中的效应，就如同一块单调的石头被扔进池塘中一样，它负载的意义像波浪般的一层一层地荡漾开来。"一些老学科，如人类学，通过对功能、社会、文化等关键词的激辩，获得新生和重建；一些新兴学科，如演化经济学，通过对学习、信任、权力、定价、市场、制度等关键词的梳理，借以巩固和推动。可参见〔英〕霍奇逊主编：《制度与演化经济学现代文选：关键性概念》，贾根良等译，高等教育出版社2005年版。张五常先生常常说自己最终将经济学知识浓缩为"三招两式"，大约指的就是牢固掌握经济学关键词之精义的极端重要。近年来，除上述所引论著外，我国还出现了一些相关论著，如(1)张一兵主编的"关键词丛书"，涵盖了政治哲学、社会学、法学和心理学，如张凤阳等：《政治哲学关键词》，江苏人民出版社2006年版。(2)〔英〕富兰克林等：《新闻学关键概念》，诸葛蔚东等译，北京大学出版社2008年版。(3)滕彪：《话语、实践与制度变迁：当代中国司法的关键词分析(1949—2002)》，中国法制出版社2007年版。(4)黄福宁：《民法好读：闲话15个民法主题词》，法律出版社2008年版。(5)李琛：《知识产权法关键词》，法律出版社2006年版。(6)〔英〕海伍德：《政治学核心概念》，吴勇译，天津人民出版社2008年版。(7)关信平主编：《中国改革开放30年关键词》，湖南人民出版社2008年版。(8)王人博等：《中国近代宪政史上的关键词》，法律出版社2009年版。上述论著运用"关键词"/"主题词"进行研究的尝试和努力，颇值称赞！

第六章 余论:中国经济法学总论三十年研究

法而不是误解它,进而深入理解市场化政府经济行为?

任何学科的精神资源主要来自于自己的学术传统,其思想构建的深度与广度,取决于对学术传统的反思能力,和反思过程中对关键性词汇的挖掘深度。就"回应性"极强的经济法学而言,经济社会的急遽变革更使其思想获得萌生与发展的机会——思想界面临着价值危机与新生契机:价值危机主要表现为社会的急遽变化所伴生的精神资源的危机,新生契机则主要表现为面对危机浮出水面并广受注意。老词汇在新语境里常有新的意义,建构经济法学的一些关键词在当代语境下正遭遇着前所未见的挑战,"同情地理解"是借鉴、利用、评价包括批判它的前提。这似乎像萨义德(Said)所说的"理论旅行":"经济法"这个西方社会理论在社会主义中国 30 年旅程所展现的景观一定引人入胜。这对于变革中应运而生的市场化政府经济行为具有标本意义。

在我国,"经济法"最早出现于 20 世纪 70 年代末。在 1979 年第五届全国人大第二次会议上,叶剑英副委员长指出:"随着经济建设的发展,我们需要各种经济法"。彭真副委员长也指出:"随着经济建设的发展,我们还要经过系统的调查研究,陆续制定各种经济法和其他法律,使社会主义法制逐步完备起来。"可以肯定,中国经济法是中国共产党"十一届三中全会思想路线的产物"[①],它"密切关注改革发展中的新问题",理论"服务于经济体制改革的需要和实践,并勇于创新,开拓"[②]。"夫天运,三十岁一小变,百年中变,五百载大变。"(《史记·天官记》)仔细检索和梳理经济法学诞生以来的总论"一世"以来的研究成果,我们不难发现,市场与政府、经济与法律、私法与公法[③]这三对[④]关键词一直处于不断被

---

① 参见刘文华:《中国经济法是十一届三种全会思想路线的产物》,载《法学家》1999 年第 1—2 期。据张世民考证,民国学者李景禧、陆季藩、张蔚然和张则尧等在其社会法著述中就有关于经济法的论述,只不过不曾为 20 世纪 70 年代末以来的经济法学者所了解而已。参见张世民:《中国经济法历史渊源原论》,中国民主法制出版社 2002 年版,第 252—258 页。早在 1931 年,黄右昌就认为:"经济法之观念,为今日多数学者所是认,且以之占全法律学之中枢领域矣。"参见黄右昌:《现代法律的分类之我见》,载何勤华、李秀清主编:《民国法学论文精萃》(第 1 卷),法律出版社 2003 年版,第 409 页。

② 参见史际春、邓峰:《经济法总论》,法律出版社 1998 年版,第 16—17 页。

③ 一些学者出于不同的话语偏好和表达方便,将"市场与政府"表达为"市民社会与政治国家",将"私法与公法"表达为"权利与权力",等等。笔者认为,它们存在的只有语言表述、侧重角度、挖掘深度的差异,本质上实出一辙。政府对市场经济进行干预就体现了"公权对私权本身及私权行使的过程和结果作出的反应,是对私权进行限制、剥夺、服务及保障的一种法律制度安排"。参见应飞虎、王莉萍:《经济法与民法视野中的干预》,载《现代法学》2002 年第 4 期。

④ 一定意义上讲,这进一步说明了经济法与政治国家、政治思想的联系紧密。"政治思考的一个突出特征是,政治的密码总是成双成对的:它会利用公与私、致与友、内与外之间的对立。"参见〔英〕甘布尔:《政治和命运》,胡晓进等译,江苏人民出版社 2003 年版,第 3 页。英国政治学家巴克分析古希腊政治哲学产生时也指出:"一切政治思想产生的先决条件就是必须意识到个人与国家的对立,因为每一个政治思想家的任务就是调和并消除这种他意识到其力量的对立。意识不到这一对立,一切政治学的问题——涉及国家的权力基础和法律源泉的问题——就失去了意义。不调和这一对立,这些问题就没有一个能得到解决。"参见〔英〕巴克:《希腊政治理论》,卢华萍译,吉林人民出版社 2003 年版,第 2 页。

认识、遭挫折、被言说的过程。与之相应,经济法的定位也绕缠纠结在法律部门与法律学科之间。从某种意义上说,经济法总论就是关于如何正确理解和使用这三对关键词的争论。熟知并不等于真知。本书希望立足于中国传统、现代和后现代共时性存在的具体语境,通过研究市场化政府经济行为,进一步厘清市场与政府、经济与法律、私法与公法的辩证关系,从而深化认识经济法学!这种总论总结的横切面式研究,既有别于或调整对象,或经济法主体,或法律责任等专项研究,也有别于或经济法制史或经济法思想史等整体研究,却都有所涉及!也许只有这样,市场化政府经济行为乃至经济法的研究,才能超出其自身视角进入到更广阔的视野,注意公法与私法二元化背景以及该背景赋予它的现代价值理念,尤其作为其历史以及逻辑基础的"市场与政府"观,以体现有中国特色的"问题与主义"。

第一节 三组关键词

一、市场与政府

改革开放以来,"市场"已成为中国主流话语体系的重要组成部分,与"市场"对应的"计划"的影响力渐次减弱。由于从"计划"到"市场"是一个漫长的动态过程,市场化是勾画这一过程的不二词汇。"市场是一种解放,一种开放,是进入另一个世界,是冒出水面,人的活动,人们交换的剩余产品从这个狭窄的缺口慢慢通过,针眼后来扩大了,增多了,这一演变过程的终端将是市场遍布的社会。"①布罗代尔的这段话无疑是我国市场化改革的精彩注解。

如前所述,经济学教科书中那些被称为"传统智慧"(conventional wisdom)的知识在根本上是要为市场和政府立法。经济法学自产生以来,学界对其本质的认识虽没取得完全的一致,却大多立基于"国家—市场"的分析框架来认知经济法,并形成了"市场缺陷(或失灵)——国家干预——法律规范"的基本共识。无论采用"协调"②、"管理"③、"需要干预"④、"调节"⑤、"规制"⑥、"政府

---

① 参见〔法〕布罗代尔:《15至18世纪的物质文明、经济和资本主义》,顾良译,生活·读书·新知三联书店1994年版,第2页。
② 参见杨紫烜:《国家协调论》,北京大学出版社2009年版;杨紫烜主编:《经济法》(第3版),北京大学出版社、高等教育出版社2008年版;杨紫烜主编:《国际经济法新论》,北京大学出版社2000年版。
③ 参见史际春、邓峰:《经济法总论》(第2版),法律出版社2008年版;史际春主编:《经济法》,中国人民大学出版社2005年版;刘文华:《中国经济法基础理论》,学苑出版社2002年版;顾功耘主编:《经济法教程》,上海人民出版社2002年版,第36—37页。
④ 参见李昌麒:《经济法》,四川人民出版社1995年版;单飞跃等:《需要国家干预》,法律出版社2005年版;应飞虎:《需要干预经济关系论》,载《中国法学》2001年第4期。
⑤ 参见漆多俊:《经济法基础理论》(第4版),法律出版社2008年版;陈云良主编:《国家调节说的理论与实践》,法律出版社2008年版。
⑥ 参见张守文:《经济法总论》,中国人民大学出版社2009年版;张守文:《经济法理论的重构》,人民出版社2004年版;张守文、于雷:《市场经济与新经济法》,北京大学出版社1993年版。

第六章　余论:中国经济法学总论三十年研究

介入"①、"管制"、"调控"等表述②,均可理解为对市场滥用或市场失灵进行校正的描述,反映了国家在市场经济中利用公权力对经济生活进行某种程度"干预"的观念,凸显出不同于民法"私法自治"的调整范式,实现了一种自然秩序与设计秩序良性互动的法律机制。

作为经济体制改革目标模式的市场经济,不是古典经济学派所称的自由市场经济,而是市场调节与政府干预相结合的现代市场经济。市场不再单单是私人间的交易过程,而在很大程度上存在着国家的干预。"干预"是一个中性词,亦褒亦贬,可褒可贬,很多情况下略带有贬义倾向。用这个词语来说明国家和市场的关系,恰恰能客观地反映在市场经济体制下市场和政府的主次关系:市场调节为主、国家干预为辅。在现代市场经济体制中,政府干预与市场机制的结合呈现出结构性和动态性,政府必须考虑市场的不同时空因素和不同供需状况,分别对不同领域、不同环节、不同企业予以不同力度、不同方式的干预。③ 经济发展依靠"政府与市场和谐的双人舞",其中政府干预是市场有效运作的基本保障。④ 单纯的政府取向在保证社会的整体存在的同时,极易沦为人人惧怕的"利维坦",不仅会伤害企业的活力,制约经济的发展,更会侵蚀个体本应具备的价值理性,扼杀个体的创造性,将多彩的个体还原为仅有工具理性的"单向度的人",最终危及市场经济体制,国家将因"致命的自负"走向一条"通往奴役的道路"。"干预"暗示政府对自己不再像过去那样全盘肯定,而是认识到自己能力的有限性;暗示了国家对如何作用于市场需要谨慎。"干预"能时时提醒政府"你不是绝对正确的","你可能是多余的",不要颠倒主次关系,喧宾夺主,不要随意越界,使政府能更小心地和市场保持适当距离,谨慎行使手中权力。而"协调"、"调节"、"平衡"是明显的褒义,可能易使政府过于相信自己的能力,产生自负心理,轻视市场的主体调节作用,走向市场的对立面,取代市场的主体地位。实际上,它可能确实反映了使用者本人内心对政府理性干预能力的过度信任。⑤ "管理"包容性最

---

① 参见李东方主编:《经济法案例教程》,知识产权出版社 2006 年版,第 4 页。
② 这些术语,分别出自经济学、管理学、政治学和社会学。术语的多来源表明了巨大的语境差异,根本无法"对话"。这也许是经济法学界"学派林立"的根源之一。
③ 参见王全兴:《经济法基础理论专题研究》,中国检察出版社 2002 年版,第 23 页。
④ 参见〔美〕德龙:《政府与工商的双人舞》,赖海榕译,载吴敬琏主编:《比较》(1),中信出版社 2002 年版,第 121—124 页。
⑤ 参见陈云良:《谨慎干预》,载《法商研究》2001 年第 3 期。对"干预"、"协调"、"调控"、"管理"等词的比较,应飞虎也认为采用"干预"具有相对更多的科学成份。参见应飞虎:《需要干预经济关系论》,载《中国法学》2001 年第 2 期。

大,有照料之意,以使工作顺利进行①,让人容易联想到"家父主义"②。

当然,"干预"是模糊的,对重商主义思想和社会主义计划经济都能指称;也是笼统的,对于国家由于何原因在何范围内干预经济运行没能作出任何说明。它有助于描述和评价一个具体国家的经济体制,但被过分地限定在计划和引导上,是以单方面干预为目标的,既不适合协作性的政府经济行为,也不适应信息性的政府经济行为。③ 难怪有学者提出尖锐批评,将经济法的"干预"认知模式界定为"国家主义的经济法观",称其不仅存在理论上的缺陷,而且对经济法学的发展和前途也有严重危害。④ 这一观点在指出经济法作为国家干预经济基本法律形式的本质,决定了经济法与国家之间的密切关系或国家在经济法中的重要地位的同时,也提醒我们在经济法发展过程中必须防止国家主义对经济法的统治或经济法的国家主义倾向,剔除经济法理论和实践中既存的国家主义残余和影响。⑤ 我们意识到国家主义对经济法自身发展的危害时,应切实认识到国家主义在中国走过的是一个几千年来从没有间断过的一元化的发展道路,是我国实现法治现代化中最大的问题。⑥ 那么,作为法律体系重要组成部分的经济法,其对国家主义的克服就成为促进中国法治现代化的一个重要条件。⑦

适度平衡"自命不凡的政府"和"难以驯服的市场","这场战争构成了20世纪一个伟大的、具有决定意义的事件。今天,这场冲突具有如此深远的意义和丰富的内涵,它正在塑造我们的世界,并为21世纪定下基调"。⑧ 德国学者库尔茨在分析资本主义的发迹史和罪恶史时说过:"市场与国家、私有资本与国家经济、

---

① 参见王晓晔主编:《经济法学》,社会科学文献出版社2005年版,第11—12页。
② Paternalism,有译"家父主义",有译"父爱主义",有译"家长主义"。考虑到该词来自拉丁语Pater,意指像父亲那样行为,或对待他人像家长对待孩子一样。参见孙笑侠、郭春镇:《法律父爱主义在中国的适用》,载《中国社会科学》2006年第1期。其根据在于"父亲最明白事理",参见〔美〕范伯格:《自由、权利和社会正义》,王守昌等译,贵州人民出版社1998年版,第63—64页。其本质上是"对个人行为自由的一种干预,其正当性基础在于且仅仅在于受限制个人之福利、善、幸福、需求、利益和价值。"参见〔英〕奥格斯:《规制》,骆梅英译,中国人民大学出版社2008年版,第52页。本书译作"家父主义",便于按中文习惯将hard paternalism译作"严父主义",将soft paternalism译作"慈父主义",而不必像有有些学者那样译作"硬家长主义"、"软家长主义"。严父主义主张,法律应该对只事关行为人自己(self-regarding)的行为进行干预,哪怕这种行为是行为人完全自愿的;慈父主义主张,当且仅当只事关行为人自己的危险行为实质上并非出于自愿,或者为了证明该危险行为是否出于自愿时,国家干预才是允许的。范伯格又将后者称为"温和的非家父主义"(soft anti-paternalism)。See Joel Feinberg, *Harm to Self*, New York/Oxford: Oxford University Press, 1986, pp.12—16.
③ 参见〔德〕斯特博:《德国经济行政法》,苏颖霞等译,中国政法大学出版社1999年版,第59页。
④ 参见王源扩:《重构学科基础 远离国家主义》,载香港《经济法制论坛》2004年总第4期。
⑤ 参见王立林、孟庆瑜:《中国经济法发展中的国家主义之克服》,载《东方论坛》2002年第5期。
⑥ 这一命题由吕世伦教授提出。参见吕世伦:《论我国法制现代化中的国家主义》,载吉林大学理论法学研究中心主编:《法律思想的律动》,法律出版社2003年版。
⑦ 参见甘强:《"需要国家干预说"对国家主义的克服》,载单飞跃等:《需要国家干预》,法律出版社2005年版,第165页。
⑧ 参见〔美〕耶金等:《制高点》,段宏等译,外文出版社2000年版,第5—6页。

经济要人与政治精英,无论从历史或是社会结构的角度而言,这些对立面所体现的始终只是同一社会场域的两极之间的紧张关系,这方面随时有发生突变的可能。""把注意力集中在市场意识形态与国家意识形态纯粹表面性的对立上,这在某种程度上是一个历史性的圈套以及极权主义——自由主义利用自身的两面性而做的一种变形游戏而已。"①这样的"变形游戏"并不仅仅是现在才开始,实际上一开始它们就存在逻辑的相通。作为偏离正统思想脱胎于自由主义的社会主义思想,从根本上受到资本主义的思维方式、行为模式和利益范畴的高度感染,东方当初从一开始就不是另一种历史选择,而只是西方本身的一个更为粗糙和脆弱的,而且半途而废的版本而已。从某种意义上讲,"社会主义是行动的自由主义,而自由主义必然发展为一种社会主义"②。

在20世纪70年代后期以来大大加速的全球化向人类的政治经济生活提出了挑战,其中最明显的领域是国家主权与自主权的行使方式。全球化导致了"经济力量的强大"和"政治塑造力量的削弱"。与经济力量的跨国活动导致产生世界市场不同,在国家领域,"不是从民族国家向世界国家的过渡,而是从国家走向市场的过渡"③。换言之,随着全球化的发展,市场的"软权力"正在不断扩展其空间,政府权力越来越由市场这只"看不见的手"所制约;政府干预长期侵蚀着市场领地的状态要求得到改变。政府与市场之间的计划、管制等强制性关系已面临解体,市场再次要求获得独立性,政府被要求向市场放权。与此同时,全球化所彰显的自由与流动在增加经济和社会事务复杂性的同时也提高了公民和社会组织的自主性与自治能力,这就促成了市场化政府经济行为大行其道这样一种趋势:公民和社会组织要求获得自主和自治的权利,他们借助于各种各样的行为机制来实现这一愿望。我们所强调的是,政府这只"看得见的手"在全球化进程中受到了一定程度的限制,"政府很典型地认为自己上面受结构变化的驱使,力争世界市场份额;下面受仰仗外国投资者和本国政治支持求生者的挤压"④,但是全球化并没有使政府丧失制定法律、政策及依此进行治理的权力。伴随全球化进程的,不是政府权力的弱化,而只是政府权力实施条件的改变。这种改变在使政府经济行为受限的同时,也使政府权力在某些领域得到调整和加强,甚至为适应全球化的发展适时更新其管理职能。

---

① 参见〔德〕库尔茨:《资本主义黑皮书》(上),钱敏汝等译,社会科学文献出版社2003年版,第34页。他还指出:"在每一处如马戏团的动物被驯服得围着货币和'抽象劳动'团团转的地方,驯兽师都必须以权力的名义或扬鞭威慑或以黏糊糊的小糖果奖赏来诱惑。"这种变形游戏"懂得如何将社会解放运动诱入一个逻辑和文化的陷阱之中,并用代表金钱个性和国家权力的这两只刺猬去追杀象征解放的兔子。"
② 参见〔意〕罗塞利:《自由社会主义》,陈高华译,吉林出版集团有限责任公司2008年版。
③ 参见〔德〕贝克、威尔姆斯:《自由与资本主义》,路国林译,浙江人民出版社2001年版,第40、20—21页。
④ 参见〔英〕斯特兰奇:《全球化与国家的销蚀》,王列译,载《马克思主义与现实》1998年第3期;《竞争:国家与公司的未来之路》,王列译,载《马克思主义与现实》2001年第6期。

2007年以来,美国和全球金融的混乱动摇了有关市场与政府的假设、有关私人机制有能力组织有秩序的市场的假设、有关政府有能力进行有效治理的假设。如美国第44任总统奥巴马2009年1月20日的就职演说所说:"我们面临的问题并非市场力量是善是恶,它创造财富和推广自由的能力无与伦比,但此次危机提醒我们,如果缺乏有效监管,市场就会失控。"这为评价市场化政府经济行为及经济法创造了一个快速变化的环境。尽管非此即彼的传统两分法长期占据了人们的视野,模糊了人们的视线,纷繁多样的具体实践无可争辩地证明:在"生产制造者国家"(the producer state)退却的同时,监管国家的及时出现必不可少。市场化政府经济行为既实现了经济机会的更大程度的分散化,又获得了市场的法律形式更广泛的多样性。相对类似于"市场原教旨主义"(market religious fundamentalism)①等极端模式,不同的契约和财产法律系统,开始在同一经济体内和平共处。"恰当制度的一个中心作用是在不同社会集团之间……建立权势平衡……只有当权势得到扩散,才会出现基础广泛的持久经济发展。"②于是,积极的、明智的经济法能够评价它们经济活动的每一部分各自的优点,即它们的经济利益和社会成本;通过变革其制度性工具来削弱私人主动性(市场)与公共控制(政府)间的紧张,以更好地去预见和判断每一种方式的实际后果。通过这种方法,我们使已经被误认为是市场经济的制度设计中的特有实践的或概念,转变为公认的和可替换的手段,结果既不是"资本主义"也不是"社会主义",而是变得更具包容性、更具多元性和更具实验性的市场经济。③ 在这种"创造性资本主义"(creative capitalism)④下,政府、企业及非营利性组织可携手共进,让市场在更大范围内发挥作用,使更多人从中获益或得到社会认可。

市场化政府经济行为颠覆了政府经济行为的传统形态。它强调,我们千万不要陷入市场原教旨主义"只要让市场发挥作用"和政府原教旨主义"只要政府介入"之间信口开河的争论中。要市场,但不要市场原教旨主义。"让市场发挥作用"基本正确,但不是始终正确;"政府介入"必要,但不绝对必要,因为很多市场失灵是政府介入不当造成。要纠正那种必须依靠政府干预改善市场缺陷(或失灵)的观点;相反,有效改革有时可能需要将市场过程扩大到政府领域中去。作为一种自我调节的信息处理机制,市场价格能克服每个人对于决定日常生产分工、资源配置的大多数特定事实的"构成性无知"(constitutional ignorance)。借用丘吉尔有关民主制度的妙语,可以说,市场不是最好的机制,但绝对是最不坏的机制。我们加强经济立法的同时,需尊重市场对形成经济法律秩序的作用。而且,那种"国家—市场"的分析框架,立基于发达国家成熟的现代市场经济体

---

① 参见〔美〕索罗斯:《开放社会》,王宇译,商务印书馆2001年版,第4页。
② 参见〔德〕柯武刚、史漫飞:《制度经济学》,韩朝华译,商务印书馆2002年版,第147页。
③ 参见〔美〕昂格尔:《被实现的民主》,刘小平等译,中国政法大学出版社2007年版,第255—256页。
④ 参见〔美〕金斯利:《创造性资本主义》,孟凡玲译,中信出版社2010年版。

制,其重大缺陷恰恰在于忽视了从计划经济向市场经济转化的过程和阶段性,难以分析我国经济体制和经济法的现实。① 由于我国现阶段的市场经济体制尚不成熟,政府与市场的互动关系还未定型,计划经济体制的残余因素还较多见,将经济法定性为"管理法"(regulatory law)②而不仅仅是"国家调控市场运行的法律体系"③,有利于规制市场化政府经济行为,防止经济法滑向国家主义。

二、经济与法律

经济法的出现使法与经济实现全方位、多层面的结合,使法能更直接、更有力地为经济基础服务。与其他法律部门相比较,体现了"法律对经济关系的翻译"的经济法在更大程度上依赖于经济学原理,以致经济法学界将二者关系形象地概括为"三分法律、七分经济",这就揭示出经济学在经济法学中的本原地位。特别是当今经济立法的理由大多在于经济学,甚至经济学的概念和论断直接为经济立法所吸收。

长期以来,我国经济法学总论研究将重点放在对经济政策和方针的解释上,探索经济体制改革、可持续发展、知识经济、经济全球化、经济秩序、经济波动(通货膨胀或紧缩)、金融危机等重大经济现象与经济法之间的关系。这种研究,一方面反映了经济法学贴近生活、解释实践的特征,另一方面也缺乏自身独有的品性,有沦为纯"政策注释学"危险。由于上述原因,学界许多观点、学说和主张处于短命、易变的状态,其中最具代表性的莫过于对经济法的概念和调整对象的认识。此外,作为与经济学更有亲缘性的经济法学,开始从自发到自觉地介绍、借鉴和使用法律经济学分析方法。

与之相应,经济法学总论中就"经济与法律"的关系形成了两种经济法概念。广义经济法,就是"(有关)经济的法"(droit de l'ecnomie),即 Wirtschaftrecht。这种望文生义的理解恰恰是经济法的最初含义。④ 早在1926年,韦斯特霍夫(Westhoff)就在《经济法体系》中提出,一切有关经济的法律均属于经济法。⑤ 有国外学者这样描述中国经济法的产生:"经济方面近来的变化,例如合营企业、外商投资、经济特区以及其他经济合同已经导致一种迥然不同的法律类型的产生、

---

① 参见孙同鹏:《经济立法问题研究》,中国人民大学出版社2004年版,第131页。
② "管理法"是特鲁伯克根据法律作用形式对经济法作出的概念界分,指"纯粹市场的普遍规则与纯粹计划的特殊指令的混合形式:与建立契约、侵权和财产权利的一般规则相比,它更为特殊;而与计划经济的特殊指令相比,它更为一般"。See D. M. Trubek, Toward a Social Theory of Law: An Essay on the Study of Law and Development, *The Yale Law Journal*, Vol. 82, No. 1, Novermber, 1992, pp. 29—31.
③ 参见肖扬:《中国的法律、法治与法院》,载《法制日报》2005年9月9日第4版。
④ 参见肖江平:《中国经济法学史研究》,人民法院出版社2002年版,第63—68、74—75页。
⑤ See Westhoff, System des Wirtschaftsrechts, 1926 Bd1, Wesen und Grundlage. S. 4f. 转引自张世明:《经济法理论演变研究》,中国民主法制出版社2002年版,第72页。

法院经济庭的设立以及处理经济纠纷的专业仲裁系统的设立。"① 自 20 世纪 70 年代末以来,广义经济法在我国有着深厚的社会实践基础,更贴近日常生活。中国大众甚至一些专业人士倾向于将"经济法"理解为广义经济法②,只是随《民法通则》的颁行而逐渐不被学界所认可,但其影响在社会至今存在。在一些学校的会计和经济管理等专业开设的"经济法"课程与使用教材、一些媒体的"经济与法"栏目,仍是以"有关经济的法"为其主要内容。狭义经济法,就是"经济法"(droit economique),一般被理解为一类同质的法律规范并被学者界定为与宪法、民法、行政法等部门法并列的一个法律部门,也可称为部门经济法,即"市场与政府互动之法"。如日本学者久保欣哉认为,经济法是以"经济行为"为规制对象,"有意地"调整无数的"经济行为",使其有秩序地进行的法。久保欣哉把"有意的"目的分为进行战争、克服危机(提高经济效率)和维护自由人权,并相应地把经济法分为集权型经济法、危机型经济法和分权型经济法。与集权型经济法、混合型经济法相反,分权型经济法以市场经济和私的自治的秩序设想为基础,正合于自由社会的至上价值和终极目标。③ 从目前来看,部门经济法的产生没有取代经济法的原初意义,于是经济法就同时作为法学学术词汇和通俗词汇并存,沿用至今。④ 描述性的"经济的法"可表示适用于经济活动的性质相当不同的全部法律规则;说明性的"经济法"强调使法律规则发生变化的跨部门结合的前景。经济问题先于法律出现。从这个意义上说,法律应该只是为经济其中一个方面的现实生活服务。另一方面,法律规则表达了经济必须服从的某些要求。⑤

经济法的发展取决于现代经济的状况及其需求,而关于现代经济的状况,我们不得不求助于一些非法律的概念来描述。基此,学界以增加"前缀"的做法,对经济法进行了多角度研究,出现了转轨/转型经济法⑥、农业经济法⑦、循环经济法⑧、国

---

① See Thomas Chiu, Ian Dobinson, Mark Findlay, *Legal Systems of PRC*, Longman Group (Far East) Ltd., 1991, p.39.
② 参见薛克鹏:《经济法的定义》,中国法制出版社 2003 年版,第 333 页以下。
③ 参见〔日〕久保欣哉:《分权型经济法的基本设想》,周剑龙译,载《国外法学动态》1989 年第 3 期。
④ 参见高晋康:《经济法》,西南财经大学出版社 2006 年版,第 1 页。
⑤ 参见〔法〕雅克曼、施朗斯:《经济法》,宇泉译,商务印书馆 1997 年版,第 4—5 页。
⑥ 参见毛德龙:《经济法的转型与转型经济法研究》,西南政法大学 2007 届博士论文(导师为种明钊);陈云良:《中国经济法的道路与模式:转型国家经济法》,中南大学 2006 届博士论文(导师为漆多俊);王勉青:《经济转型国家的经济法比较研究》,华东师范大学 2003 届博士论文(导师为周尚文)。
⑦ 参见王伟等:《农业经济法学》,安徽人民出版社 2005 年版;陈继明、袭介民主编:《中国农业经济法若干问题研究》,立信会计图书用品社 1991 年版。
⑧ 参见朱伯玉:《循环经济法制论》,人民出版社 2007 年版;冯之竣主编:《循环经济立法研究》,人民出版社 2006 年版。

第六章 余论:中国经济法学总论三十年研究

有经济法①、社会经济法②、民族经济法③、资源经济法④、虚拟经济法⑤、欧共体经济法⑥、国别(如德国⑦、日本⑧、法国⑨、韩国⑩)经济法、地区(如澳门⑪、台湾⑫)/区域⑬经济法、涉外经济法⑭等多种说法。吊诡的是,同样一个概念,如"公共经济法",采用者的"所指"完全大异其趣:有学者主张,它与公共经济相对应,甚至主要指称公共财政和财政法⑮;而有学者特别突出经济法的"公共性"⑯。上述这些概念不仅描述、分析国家与社会的种种现象,同时也属于经济政策的纲领概念,这些概念并且可以用来将经济法的观察衔接经济学、行政学、民族学等邻接诸学科,它们大多也是讨论经济规律文献中所使用的概念。在经济国家和风险社会已作为新的历史事件出现的时代背景下,前述转轨经济、农业经济等对经济法构成全新的质与密度的挑战。⑰ 比如,"从某一方面来说,经济体现了人与大自

---

① 参见顾功耘:《国有经济法论》,北京大学出版社 2005 年版。
② 参见颜运秋:《社会经济法与公益经济诉讼》,湖南人民出版社 2005 年版;李占荣、韩灵丽等:《当代中国经济法理论的反思整合与发展》,浙江大学出版社 2004 年版,第 197—217 页;郑少华:《社会经济法散论》,载《法商研究》2001 年第 4 期;王保树、邱本:《经济法与社会公共性论纲》,载《法律科学》2001 年第 3 期。
③ 参见李占荣:《民族经济法研究》,民族出版社 2003 年版;宋才发等:《中国少数民族经济法通论》,中央民族大学出版社 2006 年版。
④ 参见陈德敏、张孝烈:《资源经济法学》,重庆大学出版社 1998 年版。
⑤ 参见胡光志:《虚拟经济及其法律制度研究》,北京大学出版社 2007 年版。
⑥ 参见陈丽娟:《欧共体经济法》,台湾五南图书出版有限公司 1998 年版;朱淑娣主编:《欧盟经济行政法通论》,东方出版中心 2000 年版。
⑦ 参见〔德〕施托贝尔:《经济宪法与经济行政法》,谢立斌译,商务印书馆 2008 年版;〔德〕施利斯基:《经济公法》,喻文光译,法律出版社 2006 年版;〔德〕斯特博:《德国经济行政法》,苏颖霞等译,中国政法大学出版社 1999 年版;〔德〕梅斯特梅克:《经济法》,王晓晔译,载《比较法研究》1994 年第 1 期;程明修:《德国经济行政法总论之发展现状》,载台湾《法学丛刊》1999 年第 7 期;蔡和平:《德国经济法研究现状分析及其借鉴意义》,载杨紫烜主编:《经济法研究》(第 3 卷),北京大学出版社 2003 年版,第 48—57 页。
⑧ 参见〔日〕金泽良雄:《经济法概论》,满达人译,甘肃人民出版社 1985 年版;〔日〕丹宗昭信、厚谷襄儿编:《现代经济法入门》,谢次昌译,群众出版社 1985 年版;〔日〕正田彬:《经济法的形成与其意义》,林青译,载《法学译丛》1986 年第 6 期。
⑨ 参见〔法〕雅克曼、施朗斯:《经济法》,宇泉译,商务印书馆 1997 年版;〔法〕萨维:《法国法律上的经济法概念》,载《法学译丛》1983 年第 5 期;孙涛:《关于法国经济法的概念和学说》,载《法学家》1999 年第 4 期。
⑩ 参见〔韩〕权五乘:《韩国经济法》,崔吉子译,北京大学出版社 2009 年版。
⑪ 参见何超明:《澳门经济法的形成与发展》,广东人民出版社 2004 年版。
⑫ 参见谢怀栻:《台湾经济法》,中国广播电视出版社 1993 年版;陈樱琴:《经济法理论与新趋势》,台湾翰芦图书出版有限公司 2000 年 9 月增订版。
⑬ 参见殷洁:《区域经济法论纲》,北京大学出版社 2009 年版;徐孟洲:《论区域经济法的理论基础与制度构建》,载《政治与法律》2007 年第 4 期。
⑭ 参见张瑞萍:《涉外经济法学》,吉林大学出版社 2006 年版。
⑮ 参见杨临宏等:《公共经济法研究》,中国社会科学出版社 2007 年版;陶广峰、胡小红:《公共经济法论略》,载《安徽大学学报》2005 年第 2 期。
⑯ 参见单飞跃:《公共经济法》,载《政法论坛》2006 年第 3 期。
⑰ 参见程明修:《行政行为形式选择自由——以公私协力行为为例》,载台湾《月旦法学杂志》2005 年第 5 期。

然的关系,另一方面它也体现了人与人之间的关系。"① 循环经济法的立法需求产生于经济社会发展过程中的"高开采、高排放"的生产方式以及高消费的生活方式的难以为继。与此同时,现代经济法的发展,不可避免地受到各类经济学理论——制度经济学、宏观经济学、福利经济学、信息经济学等,以及更为具体的税收经济学、社会问题经济学、环境经济学等的影响。

德国学者海德曼(J. W. Hedemann)在《经济法基础》(1922 年)指出,现代社会的时代精神就是"经济性",这种经济性是现代法的特征,经济法就是这种渗透着经济精神的现代法。现代经济的发展必然导致经济法的发达。他认为:"经济法的发生与18 世纪自然法的出现同出一辙,犹如18 世纪对自然的憧憬给学术带来重大影响一样,值此之时,自然科学兴起,在自然哲学、自然宗教的支配下,一切都自然化地登于当时的舞台。这与现代相同,一切都具有经济性的基调,呈现出经济化:经济哲学、经济政策、经济史、经济地理、经济部、经济议会、经济法庭②等不胜枚举。于是,与上述并列登场的新的法概念即是经济法。"换言之,经济法和18 世纪的自然法一样,不应被理解是单一的法域或法律部门,而是"时代精神的基调"或"经济的世界观"。海德曼据此将自己的这种学说主张称之为"世界观说"。这种学说在日本经济法学界影响极大。峰村光郎认为,尽管经济法具有经济的时代观特征的一般法则,但没有阐明作为经济法理念的契机的世界观问题与作为经济法现实的契机的国民经济构造的变动问题的关系。松下满雄指出,现代的基调是否为经济性尚有商榷的余地;即使承认在现代社会中经济具有极其重要的作用,但它并不是时代唯一的基调,还应该看到其他的现代特征的基调;即使说现代法的特征是经济性、可以称之为经济法,但这种称呼是否有实践的意义是不明确的。而金泽良雄认为,世界观说主要是提出了经济法研究的一种方法论,它并未对经济法是否属于独立的法律部门加以论解释。我国学者张世民认为,海德曼在《德意志经济法纲要》(1939 年)已暗暗地将其新世界观基础上确立的经济本质观和国民经济的新构成的思想掺入其中,并进一步推衍深入得出了承认经济法的独立性,即经济法作为独立的法域和单一的法部门的观点。③ 笔者认为,中国改革从一开始就包含了法律和"以经济为核心"发展的

---

① 参见〔美〕康芒斯:《资本主义的法律基础》,寿勉成等译,商务印书馆2003 年版,第5 页。
② 海德曼在《帝国法院和经济法》(1929 年)通过对大量帝国法院判例的分析,论证了帝国法院在审判实践中运用"经济法"的原则,冲破原有的私法自由、平等和意思自治的原则,进行司法审判,并最终导致了帝国经济法院(1917 年)、税务法院(1918 年)、卡特尔法院(1923 年)和劳动法院(1926 年)从帝国法院中分离出来。此外,帝国还针对有关经济活动成立了帝国专利局、保险局、租赁协调局等。参见常鸿宾、刘懿彤:《德国经济法概论》,载史际春主编:《经济法总论·教学参考书》,法律出版社2000 年版,第10 页。
③ 参见张世明:《经济法学理论演变研究》,中国民主法制出版社2002 年版,第74—76 页。

第六章　余论:中国经济法学总论三十年研究

双重目标。"经济"已成为当今时代"舆论的气候"①,日常生活世界已基本不存在与经济无关的空间,这意味着经济法已成为最为充分表现现代法特征的法领域。"法律的生命不在于逻辑,而在于经验。感受到的时代需要、流行道德和政治理论、对公共政策的直觉,不论是公认的还是无意识的,甚至法官及其同事们所共有的偏见,在决定治理人们的规则方面,比演绎推理影响更大。"②从这个意义讲,当"传统的法律学者也越来越无法回答有关法律的最迫切的问题"③时,传统法部门受经济国家裹挟,不得不经历集体涅槃,或分化或扩张,经济法的产生和成长"势"④在必然。

三、私法与公法

长期以来,我国对社会主义法的性质的认识,除了强调法的国家意志性、强制性、规范性、概括性外,还特别强调法的阶级性,对法的技术性和社会性考虑较少。在计划经济体制下,企业是政府的附属物,私益被公益所统率和淹没,不存在私法赖以存在的经济基础——市场机制,因而,"我们不承认任何'私的东西',在我们看来经济领域的一切都属于公法范围"。⑤ 既然没有公法和私法的划分,就不存在以公、私法划分为前提的社会法。当时有一些劳动、社会保障、环境之类的政策法规,都作为行政法的组成部分而存在。

经济体制改革的过程是市场化过程,学界开始承认公私法理论,海内外公私法理论得以介绍。"只有到了国家和社会在政治上发生抵牾的时代,实际上才会有公法和私法的划分,而这种划分恰恰也体现了政治领域的分离。"⑥与此同时,

---

① 美国历史学家卡尔·贝克尔(Carl L. Becker)在耶鲁大学法学院所作讲座《18世纪哲学家的天城》中,借"舆论的气候"揭示了特定时期人类认识对论证思维的决定性作用。它是17世纪的名词,而怀海德(Alfred Whitehead)恢复了这一概念,强调"论据左右着人们同意与否之要取决于表达它们的逻辑如何,远不如要取决于在维持着它们的那种舆论的气候如何"。贝克尔将其界定为:"那种在广义上为人们本能地所坚持的先入为主的成见、那种Weltanschauugn(世界观)或世界模式……一种对智性的特殊运用和一种特殊形态的逻辑。"参见〔美〕贝克尔:《18世纪哲学家的天城》,何兆武译,生活·读书·新知三联书店2001年版,第11页。
② 参见〔美〕霍姆斯:《法律的生命在于经验》,明辉译,清华大学出版社2007年版,第82页。
③ 参见〔美〕波斯纳:《超越法律》,苏力译,中国政法大学出版社2001年版,第102页。
④ "势"是中国文化里具有启发性的一个字。势即执,表示一只手执着某个东西,象征力量,随后又加上力作部首。许慎认为这只手握着一块泥土,象征着某个事物放到某一个位置上面,一种"情势"里。由是之故,势在空间上,与时在时间上是相呼应的,表示时机、机会;有时候,这两个字可通用。中国思想非常注重"势",它相当于西方人所谓的"局势逻辑"。势理不可分。具体的势揭示了调节之理,势理可互相逆转。顺应趋势,既是智慧,又是战略。参见〔法〕余莲:《势:中国的效力观》,卓立译,北京大学出版社2009年版。
⑤ 参见《列宁文稿》第四卷,人民出版社1978年版,第222页。
⑥ 参见〔德〕施托莱斯:《德国公法史》,雷勇译,法律出版社2007年版,第20页。"事实毋宁是,作为政府组织之法律的公法要求它所适用的那些人以刻意的方式为公共利益服务,私法则允许去追求他们各自的目的,并只是通过限定个人行动的方式而使他们最终都有助于普遍的利益。"参见〔英〕哈耶克:《法律、立法与自由》(第1卷),邓正来等译,中国大百科全书出版社2000年版,第210页。自由主义宪政理论建立在公、私法彻底分离的基础之上,带有明显的政治功能,这也是法治国家法结构的必然逻辑。

法律体系出现了行政法结构向公法、私法、社会法三元结构转换的过程。这一过程可分为两个方面:(1)"公法私法化"。随着商品因素的增多和市场机制的相对成熟,在法律体系中出现了独立于行政法之外、以我国《民法通则》为代表的私法。(2)"法律社会化"。经济体制改革一开始,市场与政府随之互动。这正是公、私法融合的基础。于是,法律体系上几乎在出现民商法的同时,也出现了有别于行政法的社会法域。在该法域中,经济法由于改革的经济动因而率先出现,随后又出现了劳动法和社会保障法、环境法等其他成员。正因为在我国,法律体系三元结构没有经历西方国家法律体系由二元结构向三元结构转换的过程,私法和社会法几乎同时产生,民商法、行政法、经济法、劳动法、社会保障法、环境法等法律部门之间的关系至今在法学界还存在争议。

就公法、私法与经济法的关系而言,学术界有三种观点①:

(1)公法领域说。作为一个法律部门的经济法,"就其性质而言,它是公法,也就是经济行政法"②。与其他两种观点不同的是,这种观点在我国,初期主要由一些民法学者所主张③,近期则主要由一些行政法学者所主张④。它在一定意义上是经济法学先后与民法学、行政法学争夺"势力范围"的必然反映⑤。

(2)复合领域说。"经济法不仅仅是国家在经济范畴里使用各种权力方式进行干预性措施的规则,因为这样过于狭隘的定义将使经济法成为公法的一部分了。事实上,经济法包括更广泛的范畴。它既涉及私法,例如属于民法部门的商法,又涉及一些与经济事务有关的刑法和劳动法;同样也涉及关于经济规章制度的行政法、税务法;最后还涉及有关经济领域的国际公法。"⑥随着法学交流日盛和欧风大规模东渐,恪守"公法—私法"二元结构的德国法学界关于经济法一般包括经济公法和经济私法,甚至进一步具体化为经济宪法、经济刑法、经济行政法和经济私法的观点日渐风行。如"经济法这一学科包括为满足需求所制定的所有法律规范和所采取的法律措施,同时也涉及两个基本领域:私法和公法。……经济法中既有私法的内容又有公法的内容。""经济法是国家用来调整经济生活参与者之间以及他们与国家之间的法律关系的所有私法的、刑法的和公法

---

① 参见程信和:《公法、私法与经济法》,载《中外法学》1997年第1期。
② 参见王家福:《社会主义市场经济法律制度建设问题》,载《中共中央举办法律知识讲座纪实》,法律出版社1995年版,第95页。
③ 除前述王家福外,持此观点的代表人物和著述为梁慧星、王利明:《经济法的理论问题》,中国政法大学出版社1986年版。
④ 例如,王克稳:《经济行政法基本论》,北京大学出版社2004年版;宋功德:《论经济行政法的制度结构》,北京大学出版社2003年版。
⑤ 参见鲁篱:《论论经济法之独立性》,载李昌麒主编:《中国经济法治的反思与前瞻:2000年全国经济法学理论研讨会论文精选》,法律出版社2001年版,第248—258页。应注意,中国法学语境下的"经济行政法",有别于德国法学语境下的"经济行政法"。
⑥ 参见法国《拉鲁斯百科全书》,转引自外法学知识译丛:《法学总论》,知识出版社1982年版,第32页。

的法律规范和措施的总和。"①留德学人吴越主张按照公、私法的划分标准将经济法分为经济公法与经济私法,以符合市场经济法治的基本要求,更准确地把握经济法的本质,并厘清经济法与相邻法学学科的关系。② 在此以前,芮沐评述西方现代经济法的状况时指出:"西方工业化国家的经济法是公、私法界限在很大程度上已经消失的法律。"③他实质上也间接表达和认同了复合领域说。

(3) 第三领域说。法国思想家蒲鲁东最早将经济法与公、私法理论牵扯在一起。他在《论工人阶级的政治能力》(1865 年)中提出和使用了"经济法"这一概念,强调法律应通过"普遍和解"的途径解决社会生活的矛盾。但是,不改组社会,"普遍和解"就无法实现——而且,构成新社会组织基础的,就是"经济法"。因为公、私法都无助于实现这一目标:一个会造成政府过多地限制经济自由的危险,另一个则无法影响经济活动的全部结构。因此,社会组织将建立在"作为政治法和民法之补充和必然结果的经济法"的基础上。这样,经济法就成为"公正原则应用于政治经济学……[成为]相互关系条例",在参加经济活动的各集团之间达成协议之初形成。其目的在于维护社会正义。参加经济活动的集团之间的协议和章程,预示着构成今日经济法特征的"协商经济"的出现。④ 其后,德国学者拉德布鲁赫从社会法的角度提出经济法为公私法相互渗透融合的第三法域的观点:"如果要用法律语言来表述我们所见证的社会关系和思潮的巨大变革,那么可以说,由于对'社会法'的追求,私法与公法、民法与行政法、契约与法律之间的僵死划分已越来越趋于动摇,这两类法律逐渐不可分地渗透融合,从而产生了一个全新的法律领域,它既不是私法,也不是公法,而是崭新的第三类:经济法与劳动法。"⑤而日本学者金泽良雄的公法、私法和经济法(社会法)的三分说就构架在公私法二元分立的基础上。他提出:"在实体法的领域中,绝不能忽视施行着公法和私法的规制。在这一限度内,经济法为满足经济性—社会协调性的要求,不仅采取公法的规制,同时也采用了私法方面的规制。从这种意义上说,经济法正是跨于公法、私法两个领域,并也产生着这两者相互牵连以至相互交错的现象。"⑥中国学者亦秉承其观点。如史尚宽认为:"在自由经济竞争之阶段,经济与政治完全分离,规定经济的关系之私法,与规定政治关系之公法,完全明确的对立。于统制经济之阶段,渐有公私法混合之法域,而出现中间之法域,即为社会法,包括经济法和劳动法。"⑦又如刘文华认为:"经济法是'以公为主、公私

---

① 参见〔德〕斯特博:《德国经济行政法》,苏颖霞等译,中国政法大学出版社 1999 年版,第 10—11 页。
② 参见吴越:《经济宪法学导论》,法律出版社 2007 年版,第 30—32 页。
③ 参见芮沐:《美国与西欧的"经济法"和"国际经济法"》,载《法学研究》1979 年第 5 期。
④ 参见〔法〕雅克曼、施朗斯:《经济法》,宇泉译,商务印书馆 1997 年版,第 2—3 页。
⑤ 参见〔德〕拉德布鲁赫:《法学导论》,米健等译,中国大百科全书出版社 1997 年版,第 77 页。
⑥ 参见〔日〕金泽良雄:《经济法概论》,满达人译,甘肃人民出版社 1985 年版,第 33 页。
⑦ 参见史尚宽:《民法总论》,中国政法大学出版社 2000 年版,第 56—57 页。

兼顾'的法,是独立于公法、私法之外的,并对二者进行平衡协调的一个新的法系。"①

有学者认为:"从法律形式论的角度来说,经济法只能表现为公法形式或私法形式,而不是独立于公法与私法之外的又一种法律形式。"而"从法律实质论来说,以保护社会利益的经济法可以成为一个独立的法律部门。"②

笔者发现,上述见解的共同点是,都是大陆法系的观点,都肯定经济法这个法律部门里公法因素的地位。"现代法律理论和实践的最重要区别之一是'公法'和'私法'"③,但"最能揭示我们这个时代的支配地位的趋势……即公法对私法的逐渐渗透和取代;它乃是一个多世纪以来两个占支配地位的因素所导致的结果:一方面,'社会正义'或'分配正义'观念日益替代正当的个人行为规则,而另一方面,日益把规定'内部规则'(即正当行为规则)的权力置于受政府之命的机构之手中。"④这种发展与启蒙运动的深化分不开:首先,政治体制的进一步民主化,以及享有普选权的社会阶层的逐步扩大,使政府面临压力,要求它干预或参与市场的运作,以促进一些原处于不利地位的阶层的利益。其次,"(社会)福利—合作国家"的诞生⑤;在社会主义思潮的影响下,国家需为人民提供各种社会保障和服务,同时资本主义性质的改变以及大型股份企业和大型工会的出现,使政府需要立法去规定它们的结构和相互的关系。再次,科学技术的进步,需要政府立法管制以保障公共利益和安全的事务亦越来越多。⑥ 为保障公共利益和安全的事务,克服市场之局限并将其负面影响减至最小,引导社会经济生活向公平、效率和稳定的方向发展以实现"生存保护"⑦,国家对社会经济生活进行干预极为必要。但是,"行政指导畅行无阻的时代已经一去不返","政府愈来

---

① 参见潘静成、刘文华主编:《中国经济法教程(修订本)》,中国人民出版社1995年版,第43页。

② 参见王涌:《私权的概念》,载夏勇主编:《公法》(第1卷),法律出版社1999年版,第399—401页。

③ 参见〔德〕韦伯:《论经济与社会中的法律》,张乃根译,中国大百科全书出版社1998年版,第39页。

④ See Hayek, *New Studies in Philosophy, Politics, Economocs and the History of Ideas*, Routledge & Kegan Paul,1978,pp. 81—82.

⑤ "福利主义"即加强国家对社会生活的干预,不是按照形式正义的原则,而是按照实质正义的原则对社会财富进行再分配,法律提供相应措施保护处于不利地位的群体来抵消现存不平等的严重影响;同时法律推理日益从形式性即严格以规则为依据转变为由目的或政策决定,法律推理在决定如何适用规则时依赖于如何才能最有效地促进规则所要达到的目的;而"合作主义"即国家与社会、公共与私人领域的逐渐接近。福利国家与合作国家的出现,使公法与私法逐步混同,有助于一套打破传统公法与私法界限的规则的形成。参见〔美〕昂格尔:《现代社会中的法律》,吴玉章等译,中国政法大学出版社1994年版,第180—189页。

⑥ 参见陈弘毅:《法治、启蒙与现代法的精神》,中国政法大学出版社1998年版,第115—116页。

⑦ "生存保护"的法律思想经由德国法学家翟斯特赫(Ernst Forsthoff)首创,并用以替代了十八九世纪以来盛行保护个人自由法益的经济行为原理。参见苏俊雄:《经济法论》,华欣文化事业中心1975年版,第55页。

第六章 余论:中国经济法学总论三十年研究

愈需要假手于法律的制定来增加经济过程和结果的可预期性,并假手于独立法律体系的运作来增加经济管制措施的正当性。"①

上述各种见解也存在认识上的不同,即:经济法中是否还包含某些私法因素?假如经济法既包含公法因素、又包含私法因素,这二者如何组合,组合成什么样的法律形态?

当代公共行政因应社会经济的发展而变化,与社会经济的发展一样也具有动态性、开放性和复杂性。如民营化就被萨瓦斯(2002)界定为更多依靠民间机构,更少依赖政府来满足公众需求的行为。就此,民营化实际上是政府与市场作用范围在原有领域的重新界定,是政府和私人部门之间的多样化安排,可视为公私双方构建伙伴关系的过程,与市场化政府经济行为的主要类型重合甚多。在产品和服务的生产及财产的拥有方面,公共行政客观上减少了政府作用,增加了社会其他机构的作用。与之相应,公法与私法在公共行政中并用,其分界具有相对性,而且随着社会经济的发展而变动。规制市场化政府经济行为的法律,不仅仅是来自于"支撑社群体系(collective system)的法律"②,还有来自市场体系(market system)的私法,政府规制与自我规制③在其中"各美其美,美美与共"(费孝通)④,相互兼容并极力相互扩张,"和而不同"且共生共荣。"虽然经济法不太容易被理解,但无人能再对其提出异议。倘若人们想对经济法置之不理,试图根据19世纪(黑板)系统在私法和公法中探寻这种现象,那么将迈入实践和理论上的莫大歧途。现代法系,特别是经济法作为其中心领域之一,只能通过极其缜密的思维和自身努力来领会。"⑤从社会实践来看,规制体系随着社会经济活动与公共利益的不同关联性,形成梯度⑥:(1)纯粹私人间按私法进行活动;(2)公共行政载体作为民事主体按私法活动;(3)公共行政以私法作为公共行政的实施手段进行管理活动;(4)公共行政采用非强制性行政行为,如行政合同进行管理活动;(5)公共行政采用传统的强制性行政行为进行管理活动。问题在于,"法律不能变成一个数字或故弄玄虚的逻辑的体系。当它的规范性标准和普遍性使法律不会过于变化不动或转瞬即逝时,它的安排必须按照人类社会生活的需要和公正的需要定期地得到评价。因而,法律自治只能是一种不完全的自治。

---

① 参见苏永钦:《经济法》,载史际春主编:《经济法总论·教学参考书》,法律出版社2000年版,第139页。
② 参见〔英〕奥格斯:《规制》,骆梅英译,中国人民大学出版社2008年版,第2页。
③ 要特别注意自我规制,它可分为授权型、批准型、压制型和自愿型。参见〔英〕哈洛、罗林斯:《法律与行政》(下),杨伟东等译,商务印书馆2004年版,第643页。
④ 参见乐黛云:《各美其美,美美与共》,载 http://www.zwwhgx.com/content.asp?id=2427, 2009年10月1日访问。
⑤ 参见〔德〕里特勒:《德国经济法的任务、发展和结构》,郑友德译,载漆多俊主编:《经济法论丛》(第3卷),中国方正出版社2000年版,第31页。
⑥ 转引自王维达:《通过私法完成公共任务及其在中国的发展》,载《同济大学学报》2003年第2期。详尽介绍,参见王维达主编:《以私法完成公共任务》,百家出版社2003年版。

凡是使法律完全摆脱它的外部社会力量的影响,以求保卫法律内部结构的企图,都是注定要失败的"。① 也正因为这样,诺内特和塞尔兹尼克就将现代的、他们称之为自治型法律视为对传统社会中的压制性法律的回应和改善,而他们所预想的未来的回应型法律又将是对自治型法律的不足的补充。②

    市场和政府都有缺陷,因而二者互动应以二者保持距离为前提,这就需要用法治来界定政府与市场的界限。市场缺陷由政府弥补但政府又不足以完全弥补,政府缺陷由市场弥补但市场又不足以完全弥补,这就既需要用法治来规范政府与市场的互补,又需要用法治来弥补政府不足以弥补的市场缺陷和市场不足以弥补的政府缺陷。但传统私法不能满足弥补市场缺陷的需求,传统公法也不能满足弥补政府缺陷的需求,所以,市场缺陷和政府缺陷的弥补,不仅需要私法公法化和公法私法化,而且还需要兼容公法与私法的第三法域,甚至宪法。正如有学者指出:考虑到评价市场失灵和纠编政府行为时的实际困难,即使是毫不自私的对公共利益的政府干预也有可能导致比市场失灵更为恶劣的政府失灵。作为一种国内"公共利益",未受扭曲的市场竞争必须通过"宪法规则"加以保护,此类"宪法规则"针对的对象是权力滥用、私人和政府对竞争的限制、低生产率的"寻租"活动。③ 这些"宪法规则"正是对政府失灵的法律规制。事实上,"随着资本集中和国家干预,从国家社会化和社会国家化这一互动过程中,产生出一个新的领域。从这个意义上来说,公共利益的公共因素与契约的私法因素糅合在了一起。这个领域之所以意义重大,因为这既不是一个纯粹的私人领域,也不是一个真正的公共领域;因为这个领域既不能完全归于私法领域,也不能完全算作公法领域。"④本书所研究的市场化政府经济行为及其规制体系,对应于这梯度中的若干梯级,凸现了规制规则和自治规则协调后的有机共在。"从法律体系方面看,经济法是公法和私法二分法崩溃的产物。"⑤经济法学的研究,应对公法与私法的严格划分有所超越。

    大陆法系的经济法理论在现有公、私法体系上建立。"当观察现代国家的法时,将其在观念上区别为公法和私法,却是究明国法上所不可缺的要图。……现代的国家,是以区别其全部为公法或私法为当然的前提的,对于国家的一切制定

---

① 参见〔美〕博登海默:《法理学》,张智仁译,上海人民出版社1992年版,第225—226页。
② 参见〔美〕诺内特、塞尔兹尼克:《转变中的法律与社会》,张志铭译,中国政法大学出版社1994年版。
③ See A. Smith, An Inquiry into the Nature and Causes of the Wealth of Nations, Book IV, p. 192.
④ 参见〔德〕哈贝马斯:《公共领域的结构转型》,曹卫东等译,学林出版社1999年版,第179页。论述"公共领域"概念及其原理的代表人物公认是哈贝马斯、汉娜·阿伦特和桑内特。哈贝马斯在交往行动的理论框架下,将公共领域定义为可以形成公共意见这样性质的场域;阿伦特所说的公共领域的基本意义是由人的行动与实践所开创的政治生活的共同世界。参见〔美〕阿伦特:《人的条件》,竺乾威等译,上海人民出版社1999年版。而桑内特强调现代社会普遍存在的自我迷恋是公共生活衰落的结果,而公共生活的衰落则是入侵公共领域的人格引起的。人们应积极参与公共活动,在社会中主动积极地追求自身利益。参见〔美〕桑内特:《公共人的衰落》,李继宏译,上海译文出版社2008年版。
⑤ 〔匈〕埃雾西:《关于经济法理论的两种学说》,载《法学译丛》1984年第5期。

第六章 余论:中国经济法学总论三十年研究

法规,若不究明该规定属于公法或私法,而即欲明了其所生的效果和内容,盖不可能。公法和私法的区别,实可称为现代国法的基本原则。"①"根据社会学的标准,可以将公法限定为调整国家活动的规范的总和。……相应地,私法可限定为由国家颁布、调整非国家活动的规范总和。这一定义是非技术性的,因而难以适用。但是,这似乎是所有试图区分这两大法律部门的基础。""从社会学家的角度来看,这种公私法之间泾渭分明的界限是不可能的。"②在公法与私法之间,并不能用刀子把它们精确无误地切割开,就像我们用刀子把一只苹果切成两半一样。③ 私法与"公法"的概念不是实证法的概念,它也不能满足任何一个实证的法律规则,当然,它可以为所有法律经验做先导,并且从一开始就为每个法律经验主张有效性。它是先验的法律概念。④ 而英美法系在驾驭当代社会化条件催生的经济法现象方面,实践上不存在任何观念和法治的障碍。具言之,英美法历来不强调公法和私法、民事和行政的分野,而在平等主体的关系中有机地考虑公共政策和行政的要求或规律,在政府活动中当然顾及成本、效率和市场的内在要求或规律,有关公共企业、政府采购和其他政府公开市场操作、公共财政、税收等,在既有的法和法学框架内得到了很好的发展。换言之,英美法社会虽缺乏对演绎型知识体系的教育、传播的需求,但这并不妨碍英美法系国家从自己的知识传统出发认识和实践"经济法","公共政策的因素自始即存在于习惯法中,司法机关作政策性考量也被视为当然,美国的法律教育还特别强调这一点。可以说'经济法'的观念和技术要成熟得多。"⑤但大陆法系囿于传统观念,对以"公"法来调整"私"关系或者政府与一般民事主体平等适用"私法",表现出不自觉的应付和犹豫、彷徨,创造出"经济法"加以应对,以至于有学者认为,"经济法"导致了法学的混乱和"破产"。

法律,与其说主要由立法者制定,不如说是由社会生活自身所提供的。由于部门法之间在法理上的相通性、立法主体和规范上的同源性以及公法与私法界限的模糊性,各国对法治中的法只有"良法"的质量要求,没有法的性质和部门上的限制。我们的社会不应成为柏拉图所称的"猪猡之邦。"⑥经济法的体系是一个动态的体系,可以不断地自我重整与自我再造,体系受到一些内在与外在的挑战,迫使体系一般化的工程不断地重复启动。如突破大陆法系的框框或定势,则

---

① 参见〔日〕美浓部达吉:《公法与私法》,黄冯明译,中国政法大学出版社 2003 年版,第 2—3 页。
② 参见〔德〕韦伯:《论经济与社会中的法律》,张乃根译,中国大百科全书出版社 1998 年版,第 39、41 页。
③ 参见〔德〕拉伦茨:《德国民法通论》,王晓晔译,法律出版社 2003 年版,第 7 页。
④ 参见〔德〕拉德布鲁赫:《法哲学》,王朴译,法律出版社 2005 年版,第 127 页。
⑤ 参见苏永钦:《经济法》,载史际春主编:《经济法总论·教学参考书》,法律出版社 2000 年版,第 142 页。
⑥ 参见〔美〕昂格尔:《现代社会中的法律》,吴玉章等译,中国政法大学出版社 1994 年版,第 225 页。

又是一番海阔天空。英美法系对经济的法律调整不拘一格,像新加坡将国家当作一个公司、给每个公民发放"新新加坡股票"①,公私边界都被瓦解,也不曾引起大惊小怪。就调整合同而言,英美法系既将不同的合同附随于保险等相关经济社会领域的社会关系调整,又将某些不同社会活动领域中的共通现象——合同本身视为一种经社会关系调整,从而合乎逻辑地衍生出保险法与合同法。这样做,于法治实践和法学研究有百利而无一害。即便在大陆法系内部,有日本学者主张"民法、商法、刑法、诉讼法等法典分化的学问已落伍,应尝试将问题指向新的法律体系化,例如北川善太郎的《消费者法的体系》(1980 年)等是早期尝试。"②市场化政府经济行为的规制,可将其作为经济法的调整对象之一展开,更可将其规制要素依各法律部门就适用范围、主体、审查、合同、法律责任、争议处理等作出立法设计。换言之,经济法的产生是法律对社会关系的调整日益社会化、精细化、专业化的必然结果,是在更高形态上的有机综合和"协同动作"。对经济法学的研究,可深入到与经济法交叉的其他法律领域,形成诸如经济宪法、经济行政法、经济刑法、经济私法等边缘学科,也可将其作为一个法律部门,主要研究市场规制法和宏观调控法。这是法的发展从"诸法合一"到逐渐分化,到今天的高度分化、整合的必然结果。它强调经济法的综合调整特质,以及系统科学和复杂性理论在研究经济法学的巨大空间③!

第二节 具 体 语 境

包括经济法在内的任何现代法律制度的创制与实践,都决非抽象的无背景的价值活动,它们背后都关涉中国活生生的、具体而微的、不断变化的社会传统。我们所思考的世界不同于我们所生活的世界。法学的理论建构和言说方式,不是"天马行空般的"和"非场景化的"。如果不对一种抽象理论同现实生活之间错综复杂的关系进行系统梳理和反思,在理性主义化约论的遮蔽下,抽象理论就会丧失问题意义和理论价值。我们对经济法学总论的研究必须"回到中国"④这样的具体语境。费正清曾说:"中国是不能仅仅用西方术语的转移来理解的,它是一种与众不同的生灵。它的政治必须从它内部的发生和发展去理解。"言下之意,对中国(包括中国经济法)的理解和研究,应恪守一个基本原则,即"从中国的历史、社会和文化本身",从中国社会的内部、历史发展的渊源和现实状况等具体

---

① 参见《新加坡将向百姓发放股票》,载《参考消息》2001 年 8 月 22 日第 4 版。
② 参见〔日〕大村敦志:《民法总论》,江溯等译,北京大学出版社 2004 年版,第 7 页。
③ 例如,刘哲昕:《系统经济法论》,北京大学出版社 2006 年版;孔德周:《系统经济法论》,中国法制出版社 2005 年版。
④ 参见陈云良:《回到中国——转轨经济法的存在及其价值》,载《法制与社会发展》2007 年第 6 期。

第六章 余论:中国经济法学总论三十年研究

语境出发来进行思考。中国的具体语境,才是我国经济法学总论的"根基"①,是总论研究所遵循的逻辑和路径。

从时间上说,中国不是指那个自然生成的传统古典社会,而是指20世纪70年代末以来,正在从传统向现代转变的社会。具体地说,这个中国,是指作为我们这一代人生活境遇的中国,是与发达国家处于同一时空之下并与之竞争与合作而实力又相对较弱的中国,是当下时空正处于现代化进程中的中国,是社会主义市场经济正在逐步形成的中国。这个中国已经不是一个可以从传统视角清晰认知的中国,也不是一个从现代社会的规范视角可以把握的图景,而是"新旧杂陈"的社会。"在欧洲和北美,现代化进程已持续了几个世纪,在一个时期内只解决一个问题或应付一项危机。"②"经济和社会系统就像生物物种那样演化着。为了保证它们的生存和发展,它们必须解决随着系统演化而产生的一系列问题。每一个问题都产生了对某种适应性特征的需要,那就是社会制度。……正是那些曾经存在的演化问题引致了我们现在看到的制度。每一个演化的解决问题都需要一个社会制度去解决它。"③诚如波兰尼所认为,与市场制度的扩张和深化试图将劳动力和其他虚构商品统统卷入价格机制的调节范围的同时,会产生"社会的自我保护运动":即通过社会立法、工厂法、失业保险和工会等一系列的机制,保护劳动力,试图免除其"商品化"。不过,"只有在使追逐利润从属于提供生计的社会里,这些机制才能成为稳定的化解方案"④。也就是说,在欧洲和北美,在显性和潜在的多重危机因素并存的状态下,与各种危机因素对应的法律可在不同危机因素之间起着"隔离带"作用。"危机生法,法解危机"。缺少这种"汤因比式的回应与挑战"⑤所形成的"隔离带",势必导致在某一危机出现时,会带来多重危机并发,整个社会就可能处于崩溃边缘。

然而,在非西方国家的现代化进程中,中央集权化、国家整合、社会动员、经济发展、政治参与以及社会福利等诸项问题,不是依次,而是同时出现在这些国家面前。⑥ 当代中国作为后发国家,跳跃式前进形成了压缩发展阶段的"速成班"状态⑦,诸多社会问题同时集中呈现,不存在时间上的序差。社会危机、经济危机、生态危机的爆发不可能出现西方国家历史上那样的序列,而是全面集中的"共振"状态。对此,李培林先生有一段精彩描述:

> 全球化和中国的快速转型,使不同发展阶段的经济、社会和文化压缩在

---

① 参见高晋康、王伦刚:《中国经济法的经济根基》,载《现代法学》2007年第1期。
② 参见〔美〕亨廷顿:《变革社会中的政治秩序》,李盛平等译,华夏出版社1988年版,第47页。
③ 参见肖特:《社会制度的经济理论》,陆铭等译,上海财经大学出版社2003年版,第3页。
④ 参见Silver,B. J. ,*Forces of Labor*,Cambridge:Cambridge University,2003,p.17.
⑤ 这是英国史学家汤因比在进行历史研究时为整个文化所创造的一对概念。德国法哲学家科殷对此作了归纳和借用,认为社会制度(包括法律制度)作为"回应"社会现实的一种"挑战"而发展。参见〔德〕科殷:《法哲学》,林荣远译,华夏出版社2002年版,第142页。
⑥ 参见〔美〕亨廷顿:《变革社会中的政治秩序》,李盛平等译,华夏出版社1988年版,第47页。
⑦ 参见王全兴:《立足本土资源建造中国经济法学大厦》,载《中外法学》1998年第3期。

同一个时空场景中。经济方面前工业化的、工业化的和后工业化的发展区域同在,社会方面前现代的、现代的和后现代的现象并存,文化艺术方面现实主义的、批判现实主义的和超现实主义的作品杂陈。与此同时,市场化的过程也带来价值观转变的冲击,不同的地域人群、不同的社会阶层和不同的年龄段人口,在一些社会的重要价值认同方面,都出现了较大的差异。古典的现代化理论重视文化堕距的问题,对文化变迁滞后于经济变迁的现象给予特别的关注。但是中国现在不仅是文化堕距问题,而是在经济、社会、文化领域的内部,就存在着巨大的自身张力。经济改革和社会转型带来的利益格局变化,使大多数社会矛盾都具有利益冲突的诱因,但时空压缩下的文化价值冲突,正成为未来社会矛盾的深层影响因素。①

无独有偶,赵汀阳也认为:

> 当下中国这个现代化社会是一个尤其难以理解的社会,是一种难以置信的组合,它有着从接近远古的社会、传统的社会到发达的现代社会的各种生活和生产方式,有着从前现代、现代到极端后现代的精神和观念;有着古代的各种权术和现代的各种骗术,有着从自信到自卑、开放和保守、自由和专制、贵族和民主、和平和暴力、迂腐和变态、无耻和面子、麻木和过敏、巫术迷信和信息迷信,还有极度愚蠢等等各种心理或精神的几乎所有版本,有着从马车到 Internet、从油条到可口可乐、从秘方到伟哥、从气功到洲际导弹的各种时代的物质;有着穷到连一只碗都没有的家庭,有着由于村长和会计外出当了民工而导致再无一人识字的村庄,有着五星级饭店林立的都市和挤满后现代艺术家的酒吧以及聚集'新人类'的网吧,有着不知道周末应该去非洲打猎还是去加勒比海钓鱼的大佬;甚至,中国人比美国人更关心伊拉克、南斯拉夫和爱尔兰问题,德里达、哈贝马斯和布尔迪厄在中国比在西方更有名,如此等等。最大限度地胡乱包容着许多时代和各种生活,这种情况产生了荒诞而真实的中国经验。②

从空间上来说,中国是"一国两制三法四域":一国两制,即一个国家两种制度;三法,即三个法系,是指在中国领土上,并立共存着内地的社会主义法系、台湾与澳门的资本主义大陆法系和香港的英美法系三个法系;四域,即四个领域,指中国被划分为内地、台湾、香港和澳门四个相对独立的法律运行领域。

总之,中国形成了不同社会不同国家不同历史时期的各种事物、各种现象、各种思想共时性存在的景象,幸运的中国人能够在同一时间看到、听到、体验到不同时代不同地域的事物、现象与思潮。诚如狄更斯所说:"那是最昌明的时世,

---

① 参见李培林:《东方现代化与中国经验》,载苏国勋主编:《社会理论》(第3辑),社会科学文献出版社 2007 年版,第 18 页。
② 参见赵汀阳:《现代性与中国》,广东人民出版社 2000 年版,前言第 1—2 页。

第六章 余论:中国经济法学总论三十年研究

那是最衰微的时世;那是睿智开化的岁月,那是混沌蒙昧的岁月;那是信仰笃诚的年代,那是疑云重重的年代;那是阳光灿烂的季节,那是长夜晦暗的季节;那是欣欣向荣的春天,那是死气沉沉的冬天;我们眼前无所不有,我们眼前一无所有;我们径直奔向天堂,我们都径直奔向另一条路。"①这种在文化以及社会生活的多层面现状,凸显了当下中国社会是断裂社会。"断裂社会的实质,是几个时代的成分并存,互相之间缺乏有机的联系。"②

社会问题在一定意义上也是政治问题,这是因为政治稳定首先取决于社会稳定。在社会危机、经济危机和生态危机中,社会危机与政治危机的联系最为直接。因而,历史上引起国家重视并最先进行干预的,首先是社会领域。现代国家将社会问题提升到宪法高度加以关注。例如,德国1919年的《魏玛宪法》在"经济生活"一章中强调了社会成分;1949年《基本法》在第20条第1款和第28条第1款确立了"社会国"的原则和理念。其原因就在于,"在一个以劳动分工组织起来的、经济上高度专门化的和以工业为特征的现代国家内,生活关系变得越来越复杂,社会弊端和缺陷不可能仅仅通过社会力量内部之间的平衡来消除或防止。"③只有通过国家干预,才能有效地解决社会问题和防范社会危机。"按照《基本法》第20条第1款、第28条第1款作为单行的劳动法可以被理解为宪法中的社会国家原则的具体化。联邦立法者颁布的劳动法的权力可以从《基本法》第74条第1款第12项引出。""立法者履行宪法赋予他的义务(社会国家原则,《基本法》第1条第1款、第2条第1款和与此相联系的第20条第1款、第28条第1款)即对失业者给予一般的社会帮助,它是通过取代1998年1月1日被废止的《就业促进法》的《社会法典》第三部分规定的,过渡条款参见《社会法典》第三部

---

① 参见〔英〕狄更斯:《双城记》,张玲等译,上海译文出版社2006年版,第3页。
② 参见孙立平:《失衡:断裂社会的运作逻辑》,社会科学文献出版社2004年版,自序:从"结构断裂"到"权利失衡"(第5页)。一般观念中的稳定社会,其实是持续、交错发生的各种冲突的结果。换言之,社会集团的种类五花八门,一个人可能同时忠诚于语言、宗教、地域等不同集团,每一种冲突形式都阻碍着其他冲突,个人对所处集团所产生的形形色色的忠诚交叉重叠,降低了各集团间的敌意与疏离。这就是"横切状分层"社会。不过,如果不同集团的分裂线是重合的,如身份、地位、经济福利、政治权力等息息相关,各种冲突将会互相加强,那么社会就可能面临危机。这就是"断裂状"社会。"断裂状"社会比"横切状分层"社会的冲突更激烈。参见〔美〕迈耶等:《比较政治学》,罗飞等译,华夏出版社2001年版,第47页。因为,社会中那些不同的对立就像不同的波纹拍打着湖的对岸,如一个波的波峰与其他波纹的波谷相遇时,它们就互相抵消;但如波峰与波峰相遇,波谷与波谷相遇时,它们就互相加强。参见〔美〕科塞:《社会冲突的功能》,孙立平等译,华夏出版社1989年版,第64页;Edward Alsworth Ross, *The Princnple of Sociology*, New York: the Century Co., 1920, pp. 164—165. 这种由爱德华·罗斯奠基的介于功能结构主义和社会冲突论之间的"交叉压力"理论充分承认人的身份的多样性,特别是承认这些身份具有重叠性的现实前提下,认可了冲突的积极整合功能,从而为在冲突中的合作提供了新的社会结构理论基础。据此认为,任何社会不可避免存在着种族、宗教、地区、职业、阶级等冲突,合理状态必须是帕森斯的"有限的分裂"。"交叉压力"理论,参见胡伟、李德国:《异质社会政治秩序的建构——"交叉压力"假说的理论脉络与解析》,载《中国社会科学》2006年第4期。
③ 参见〔德〕斯特博:《德国经济行政法》,苏颖霞等译,中国政法大学出版社1999年版,第63页。

分第 427 条第 5 项、第 6 项和与此相联系的《就业促进法》第 242 条第 3 项、第 4 项。"①

从中国由传统社会走向现代社会的大历史出发,从中国现代化在世界现代化浪潮中的独特性出发,中国已经并将更鲜明地表现自己应对社会问题的独有实践、经验和路径,并由此形成"中国式"的学术、思想和理论。世界银行经济学家威廉逊在 1990 年提出了"华盛顿共识",其中心思想是尽力转换政府在经济中扮演的角色,让市场发挥主导作用。但美国高盛公司高级顾问雷默在 2004 年提出了"北京共识"。他认为,"中国的发展模式是一种适合中国国情和社会需要、寻求公正与高质增长的发展途径",他将这种发展途径定义为"艰苦努力、主动创新和大胆试验;坚决捍卫国家主权和利益;循序渐进、积聚能量"②。俄罗斯经济学院教授波波夫也指出:"中国的发展模式,或者说东亚的发展模式,对所有发展中国家具有无法抗拒的诱惑力,因为这种模式引发了世界经济史上前所未有的一轮增长……这种模式与美国开出的新自由主义经济处方可谓背道而驰。"③巴西学者多斯桑托斯 2005 年 9 月 15 日在墨西哥《宇宙报》上发表了《北京共识》一文,强调中国的成功缘于没有参加"华盛顿共识"的经济框架,缘于有着与经济增长相适应的强有力的国家干预、鼓励技术创新的工业政策,强有力的教育政策和人力资源政策④。中国大概还不到划地为牢,自限"模式"的时候,但上述所揭示的中国模式或"北京共识",其中一个很重要的方面,就是要通过国家的作用,改革束缚生产力发展的旧体制,建立充满生机活力的新体制。而"华盛顿共识"遗漏了影响经济发展的一些重要因素,似乎只要实行私有化和自由化,市场就会自动解决经济发展的一切问题。"华盛顿共识"不提政府的作用,也不提促进竞争、提高人力资本和加速技术进步,"往好里说,它是不完全的;往坏里说,它是误导的"(斯蒂格利茨)。

经济法诞生伊始,就被抛入这样的社会中——"所谓现代、前现代、后现代,在当代中国的社会语境中并不是分裂的,是可以糅合在一种社会实践或者一份房产广告里的"⑤。相对于现代市场经济国家而言,我国作为转型国家,"新制度的建设是不可能一夜之间完成的,而是一个逐步展开的长期过程:在这一过程当中,每一个具体的制度本身要逐步发展,各种制度之间还要相互适应,每个因素之间互为前提、互为条件、逐步演变、逐步发展,不是一夜之间只要'作出了决定'、'公布了决议'就可以完成的,而是一个时间过程。"⑥而且,作为"被抛的存

---

① 参见〔德〕杜茨:《劳动法》(第 5 版),张国文译,法律出版社 2005 年版,第 7、8 页。
② 参见刘桂山、拉莫:《中国模式的世界价值》,载《招商周刊》2004 年第 25 期。
③ 参见詹得雄:《国外热议"中国模式"及其启示》,载《参考消息》2008 年 3 月 27 日第 9 版。
④ 参见《北京共识结束华盛顿共识》,载《参考消息》2005 年 9 月 28 日。
⑤ 参见雷启立:《传媒的幻象》,上海书店出版社 2008 年版,第 83 页。
⑥ 参见樊纲:《经济的转型与法律的转型》,载《法制日报》2004 年 2 月 22 日第 6 版。

第六章 余论:中国经济法学总论三十年研究

在"①,经济法学在还没有获得其现代传统的情况下,就赶着回归于政治化的"古典时代";在还没有反思政治化的古典时代的情况下,就直接进行"后现代解构"。"一般而言,先有'现代',然后才有'后现代'。在阶段区分的意义上,后现代法学与发展中国家的法制现代化并不矛盾。但是,问题是后现代法学的许多主张与中国传统的法律文化现象之间具有不同程度的类似性,而中国现实的法律制度也存在某种'超现代'的成分,这就使我们改革法制作业变得有些扑朔迷离。"②而在我国过往改革中,经济体制改革优先,政治体制改革相对滞后,政治体制民主化与经济体制市场化不配套,阻碍了改革的深化和拓展。这也是社会问题随着市场化改革进程而不断积累和加重的重要原因。为缓解经济体制和政治体制的这种矛盾,我国近几年加快了政治体制改革的进程,出台了建设民主政治的若干举措,突出了宪法和宪政在整个政治体系中的地位。于是,伴随着政治问题,社会问题愈来愈受到政府和公众重视。《宪法》2004 年修正案规定,国家尊重和保障人权,建立和完善与经济发展水平相适应的社会保障制度。从这个意义上讲,中国现代社会作为一个整体性的社会形态,或用哈耶克的话来说,作为一种抽象整体秩序,实质上就是一种政治社会,处于立宪时代。③ 作为探讨"政府—市场"关系前提和基础的宪政显然并非如西方发达国家那样,因已证成而成为隐含或隐身的话语。经济法产生之时,就必须在这种传统、现代与后现代的共时性存在的纷乱组合中找准自己的位置,确定自己在这个社会中的方位:中国经济法的发展应如何面对法律制度中的这三种因素?是否应将其发展目标确定为后现代性?中国式"私法与公法"如何面对中国式"市场与政府"?这个定位问题,也就是经济法学总论的根本任务。比如,历经二十余年的中国经济法存废之争,是现代法制史上的重大历史事件。究其根源,经济法之争有其产生发展的必然性,其中,大陆法系注重体系构建和部门划分传统的深重影响,以及经济法与民商法、行政法在中国法律发生上的"同期性"而"不期而遇"地引发遭遇战,是

---

① 参见〔德〕海德格尔:《存在与时间》,陈嘉映等译,上海三联书店 1999 年版,第 3、5 章。
② 参见季卫东:《法治秩序的建构》,中国政法大学出版社 1999 年版,第 397 页。季卫东还指出,"现代与传统"二分观在"现代法对抗传统法"这种两分图式中就表现为:"从身份到契约"(梅因)、"从礼俗社会到利益社会"(滕尼斯)、"从神圣的封闭的社会到世俗的迁徙的社会"(贝克)、"从特殊主义到普遍主义"(帕森斯),以及伦理主义对合理主义,共同对个人、强制对合意、义务本位对权利本位、实质正义对形式正义、调解对审判,等等。(第 398—399 页)沃勒斯坦也指出,"在社会科学中,出现过一长串同样闻名的对立概念:军事社会与工业社会,Geminschaft 与 Gesellschaft(共同社会与利益社会);机械连带和有机连带;传统型合法性与法理型合法性;静态与动态。虽然这些对立概念通常与东方学文献没有直接关系,但是我们不应忘记,这些对立概念中最早的就是梅因提出的身份与契约。"参见〔美〕沃勒斯坦:《所知世界的终结》,冯炳昆译,社会科学文献出版社 2002 年版,第 190—191 页。
③ 参见高全喜:《我的轭》,中国法制出版社 2007 年版;《从非常政治到日常政治》,中国法制出版社 2009 年版。作为"自由国度的尾随者",中国的政制改革要健全有序有效地进行,必须兼顾民主和宪政两个面相,并在两者之间保持适当的张力。高全喜援引布鲁斯·阿克曼(Bruce Ackerman)关于宪法政治和常规政治的区分来考察当代中国的政制改革,在策略层面有启发意义!

导致这场争论的客观缘由。① 它昭示着,经济法学必须摒弃传统的法学一级二级学科这种僵化、固定的学科模式,从法学学科的整体性和内在结构出发,从多学科出发,观照中国活生生的经济与法治改革的实践。

第三节 未来展望

经济法学的力量就在于它是一种思维方式。对这种思维方式的理解曾经是(今后也一直是)经济法学对社会科学的革命性贡献,它有助于我们增进对周遭日常世界的理解。本书关注中国社会问题,更关注经济法学总论推理澄清这些"中国式"问题的方式,由此激发习得者对经济法和经济法学的兴趣。像经济法学家一样思考,学会用经济法学的思维方式思考社会经济生活中的各种经济法现象,并作出决策。从这个意义上讲,经济法学贡献的不仅仅是知识,而是关于知识的方法——知识本身发展的途径。很多时候,知识发展的途径甚至比知识本身更重要。保罗·费耶阿本德提醒我们:"知识具有欺骗性,它并不是向一个理想观念集中的过程,而是一个有多种选择的日益增长的海洋,每一部分都与其他部分更好地连接,通过这一过程,以提高我们的思考能力。"②

一、认真对待经济法

自德国社会学大师韦伯以来,"现代"和"传统"在西方社会学和政治学术语中早已成为两套泾渭分明相互对立的价值体系和制度体系,其中传统被认为建筑在非理性的信仰甚至迷信的基础之上,现代则被认为是建筑在理性和科学基础上的新兴事物。"现代之为时刻,盖以断裂为基础。"③"现代精神必然就要贬低直接相关的前历史,并与之保持一段距离,以便为自己提供规范性的基础"④,"自我指涉(self-referential)和自我确证(self-validating)"。⑤ 概念的排斥对立,使人们面对社会传统的立场策略和行为模式的选择时一般倾向于认为现代和传统势不两立。进而,"现代性反对传统文化在地域和符号上的差异,它从西方蔓延开来,将自己作为一个同质化的统一体强加给世界"。⑥ "五四运动"的文化立场

---

① 参见张旻昊、牛文军:《中国经济法之争的内涵及原因分析》,载《山东社会科学》2005 年第 9 期。
② 参见〔美〕费耶阿本德:《无根基的知识》,陈健等译,江苏人民出版社 2006 年版,"约翰·普赖斯顿之序言",第 6 页。
③ 参见胡宾格尔:《人类学与现代性》,载中国社会科学杂志社编:《人类学的趋势》,社会科学文献出版社 2000 年版,第 104 页。
④ 参见〔德〕哈贝马斯:《后民族结构》,曹卫东译,上海人民出版社 2002 年版,第 178 页。
⑤ 参见〔英〕鲍曼:《立法者与阐释者》,洪涛译,上海人民出版社 2000 年版,第 154 页。
⑥ 参见〔美〕凯尔纳、贝斯特:《后现代理论》,张志斌译,中央编译出版社 2001 年版,第 145 页。归根到底,现代性是西方化的一项工程。参见〔英〕吉登斯:《现代性的后果》,田禾译,译林出版社 2000 年版,第 152 页。

第六章　余论：中国经济法学总论三十年研究

和文化大革命时期的破除旧传统的政策，便反映我国学界对"传统—现代"二元结构采取的非此即彼的决断式态度，其遗患延迄今日，有目共睹。也许，韦伯类型学划分只是作为理论梳理上一种必要的学术策略，"传统"的形成并不是以观察为依据，而是作为"现代"假设的对立面。可一旦被引入政治思维，学术与政治的混淆则客观上必然导致政治领域里产生误解——非彻底摧毁"传统"，便不能有"现代"和"现代化"；现代化就是要重新奠定价值，构建与传统价值取向相对立的创造性文化。这样一个误解基于三个基本假设：第一，传统与现代之间可划出一条泾渭分明的界限，尽管难以在汉语词汇中找到反映此中间状态的概念。第二，现代市场经济的建立，须建立在传统的社会格局被打破，旧的文化意识形态消失及新的社会格局和理念建立的基础之上。第三，传统的社会价值与制度框架的存在，很可能导致国家政权全面现代化的失败。

20世纪70年代中期以来，韦伯学说开始受到社会学家们的普遍挑战，特别反映在概念的实证局限上。① 举其要者，德国学者鲁道夫通过对印度的传统与现代化的研究表明，纯粹传统与现代的分野只是个时间概念。作为意识形态领域中的关键性概念，传统与现代的关系非常复杂，几近辨证。传统中存在现代因子，现代中亦存在传统成分。任何传统都并非绝对静止的纯粹的封闭的，传统之中的内在矛盾使变革成为可能②。英国学者吉登斯也指出："传统是一种将行动的反思监测与社区的时空组织融为一体的模式，它是驾驭时间与空间的手段，它可以把任何一种特殊的行为和经验嵌入过去、现在和将来的延续之中，而过去、现在和将来本身，就是由反复进行的社会实践所建构起来。传统并不是完全是静态的，因为它必然要被从上一时代继承文化遗产的每一新生代加以在创造。在处于一种特定的环境中时，传统甚至不会拒绝变迁，这种环境几乎没有将时间和空间分离出来的标志，通过这些标志，变迁具有了任何一种富有意义的形式。"③

我国学者重视界定现代（modern）、现代性（modernity）和现代化（modernization）三个概念。一般认为，1863年法国文学家夏尔·波德莱尔（Charles Baudelaire）最先使用"现代性"一词，用以表达"现代"社会中人与事物所具有的某种品格、性质、状态。"现代化"直到20世纪40年代才出现，指的是一个动态过程，即由"传统"社会向"现代"社会的过渡，或曰不断获取"现代性"摈弃"传统性"的过程。"现代性"、"现代"社会在一定意义上可被看作是"现代化"所要达到的目标，而"现代化"是获取"现代性"、构建"现代"社会的过程。尽管各国各民族基于不同的历史背景、现实国情和文化传统，它们实现"现代化"的道路和历程千差

---

① 亨廷顿指出，现代与传统在本质上只是对称的概念。参见〔美〕布莱克编：《比较现代化》，杨豫等译，上海译文出版社1996年版，第112页。
② 参见余英时：《论士衡史》，上海文艺出版社1999年版，第85页。
③ 参见〔英〕吉登斯：《现代性的后果》，田禾译，译林出版社2000年版，第33页。

万别,但它们所演进的目标——"现代性"则是相同的。正像卡尔·马克思所言:"工业较发达的国家向工业较不发达的国家所显示的,只是后者本来的景象。"①换言之,"现代性"、"现代"社会具有超越国家和民族界限的普适性,而"现代化"却因各国各民族的特色不同而呈现出多样性。②

越来越多的证据表明,传统不等同于落后,现代也不等同于进步,所有社会并不是由普遍的"单线进化"发展模式走向同质化。那种将"现代化"狭隘地理解为"西化"的理论,过于抽象,过于概括,其无视具体的时空限制,具有浓厚的典型的西方中心主义色彩。事实上,人们总是带着这个社会的传统影响因素去开始他们的现代化进程。现代化不仅不可能与传统毫无关联,而且其起点恰恰正是传统。恰如福柯所指出的,断裂并不意味着绝对的改变,而是先前认知体系的重新分布,是它的元素的重新配置。③ 作为一种发展结果,现代化从理论上固然总是以传统为代价。但从实践上看,并非所有的传统都不能为现代化进程服务的。在历史中,人们总能看到相当多的传统,在通过现代化改造之后,恰恰能够在某个具体的时间段上,从某些方面和某些程度上,促进这个社会的现代化发展。正因为如此,历史总是不断地选择那些凡是能为现代化进程服务的传统,并根据发展的需要来使这些传统得到某种程度的保留,且根据发展需要抛弃那些已经过时的、并正在阻止现代化进程的传统。另一方面,一种处于相对稳定状态之中的现代化因素,也同样能体现为一种新形成的"传统"。这是新的、具有现代性的"传统",不仅本身与传统有关,而且与那些还能促进现代化发展的、因而也得到了某种程度保留的老的传统一起,恰恰是作为更为古老的传统社会与更加现代化社会之间的一种中介物来出现的。"自由、理性、法治与民主不能经由打倒传统而获得,只能在传统经由创造的转化而逐渐建立起一个新的、有生机的传统的时候才能逐渐获得。"④在这两种性质不太相同的传统与"传统"的混合与重叠中,其重叠点与混合点同样也是不断向前移动的。在当今世界里,还没有任何一个现代化社会,是真正的、完全彻底的不带任何传统痕迹的。正是不同国家和社会中不同传统因素与现代化因素的不同程度的重叠性,才导致了不同的社会

---

① 参见《马克思恩格斯全集》(第23卷),人民出版社1972年版,第8页。
② 参见童星:《现代性的图景》,北京师范大学出版社2007年版,第3—4页。从问题的发生学角度讲,作为一个理论问题的现代性与作为一个实践问题的现代化相携出场。但从问题的相关性视角看,两者实际上在理论与实践问题上都是交织着的。只不过,就两者显示自己问题的特殊蕴涵而言,现代化作为社会实践方式是先在的,现代性问题则是在现代化显现出某种明显的缺陷时被人揭示出来的,它的理论指引性质明显强于实践操作性质。进而,从问题的地域化特色分析,现代性问题与现代化问题都是西方现代社会运动过程的产物,是原生意义上的"西方化"问题。只是在现代化与现代性作为普世的理念与社会运作方式,向非西方社会作无法抵抗的规模化扩展时,它才成为一个各种承诺了现代化与现代性的非西方社会文化所触及、所了解的对象。参见任剑涛:《后革命时代的公共政治文化》,广东人民出版社2007年版,第84页。
③ 参见〔美〕凯尔纳、贝斯特:《后现代理论》,张志斌译,中央编译出版社2001年版,第58页。
④ 参见林毓生:《中国传统的创造性转化》,生活·读书·新知三联书店1988年版,第5页。

第六章 余论:中国经济法学总论三十年研究

发展模式和道路。①

总之,现代化所接触的"传统情境",是社会变迁过程中历史条件与现实情境交互作用的产物。所有传统中都有现代的历史因素;即使是最现代的社会也不是没有传统的存在;紧随社会发展而来的文化架构,常是旧与新的综合。我们不能无视社会发展的历史过程和现实图景而仅凭热情、理想、愿望来虚谈甚至妄谈传统、现代与发展的关系。传统作为意识领域的层面,具有相对独立性,不是静态的,也不是单一的,既有超前的一面,又有滞后的一面,不能一刀切。传统作为社会演进理性与秩序的记录和表达,有着其合理性和有效性,其合理性主要是针对价值评价而言的,有效性则是针对执行效果而言的。基于此,传统本身便包含着合理的成分,并能继续提供合理性的存在理由,因而可与现代化相吻合。传统不是一朝一夕形成的,也无法毁之于顷刻。像对民族的精神发展有过巨大影响的传统,不能用干脆置之于死地的办法加以消除,"必须从它的本来意义上'扬弃'它,就是说,要批判地消灭它的形式,但是要救出通过这个形式获得的新内容。"②社会发展得越快、越激烈,合法性和合理性的需求也就愈大。因此,成功的发展策略,并不是抛开传统,而是要从过去的文化主题中,汲取合法性和合理性的资源,对传统中的合理因素进行创造性转化,使其符合国家的现代化目标,进而实现国家与社会的二元互动。英国保守主义思想家伯克和法国自由主义思想家托克维尔以不同视野研究法国大革命后发现,传统及其所代表的价值内核可为一个社会在急剧变革的过程中提供最低限度的整合基础。正是由于现代力量对传统力量大规模的破坏和毁灭,法国大革命反而导致了法国社会在现代化过程中的宕荡起伏。③

几十年前,有学者就肯定:"强调传统力量与新的动力具有同等重要性是必要的,因为中国经济生活变迁的真正过程,既不是从西方社会制度直接转渡的过程,也不仅是传统的平衡受到了干扰而已。目前形势中的发生的问题是这两种力量相互作用的结果。"④今人也同样强调:"中国的现代化因自身传统和西方社会冲击,呈现出西方所没有的复杂性:自然经济格局中的旧习、工业化过程中的社会危机与现代社会发展的弊端并存;前现代、现代和后现代因素交织,整个社会面临着简单现代化和自发性现代化的双重境域。"⑤"中国历史的内部要素与

---

① 参见李工真:《德意志道路》(第2版),武汉大学出版社2005年版,第4—5页。
② 参见《马克思恩格斯选集》第4卷,人民出版社1972年版,第219页。
③ 参见〔英〕伯克:《法国革命论》,何兆武等译,商务印书馆1998年版;〔法〕托克维尔:《旧制度与大革命》,冯棠译,商务印书馆1992年版。传统力量在现代化过程中的作用的分析,还可参阅〔美〕亨廷顿:《变化社会中的政治秩序》,王冠华等译,生活·读书·新知三联书店1996年版;〔美〕摩尔:《民主与专制的社会起源》,拓夫等译,华夏出版社1987年版。这些分析,打破了西方自韦伯以来"传统—现代"的二元对立观念,建立起对现代政治分析的历史整体观念。
④ 参见《费孝通文集》(第2卷),群言出版社1999年版,第2页。
⑤ 参见叶启政:《期待黎明:传统与现代的搓揉》,上海人民出版社2005年版。

西方文明的示范效应叠加在一起共同制约着中国现代化的反应类型与历史走向。"①经济法肯定"地方性知识"②和寻觅"本土资源"③,不单单是向历史典章中寻章摘句,也不是学者们坐而论道式的权威阐释,而是鲜活流动于实践生活中实际影响其行为的各种非正式的制度和观念,这些制度和观念在与国家(正式)制度的碰撞中必然导致正式制度的变迁,在依法治国的社会背景下主要体现在法律制度的实施过程之中。

在我国传统、现代与后现代的共时性存在的具体语境下,经济法总体上具有明显的横切面特征,现代化仍然是其当下的发展目标。当然,在中国经济法的现代化发展过程中,需要细心甄别传统、现代、后现代共时性存在(或融合)的要素。

"经济法是现代法"已达共识④,在当下中国更是如此。在经济法产生以前,有关法律,如传统民商法和传统行政法,其问题并非一国经济问题,而只是个人之间经济问题和国家如何尽量不干预的问题。它们更多关注的是个人品德和个人的自由,而不是国家和政府在经济发展中的作用和角色。而经济法关注的是国家和政府如何管理和引导经济发展的问题。⑤ 伴随着经济和社会领域的巨大变迁,新兴的经济法与传统部门法在诸多方面差异明显。从学理上看,许多经济法著作将经济法律关系理论作为经济法总论的主要内容,这种天然地沿着知识传统的主流方向进行探索,节省了许多说服自己和说服别人的力气。但这种套用的民事法律关系理论"变种"只适宜于民事法律关系那种内在结构较为简单的法律关系,而对于内在结构复杂多样的经济法律关系而言,过于呆板和形式化,对制度设计帮助不大,并且对经济法学分论各章也不便适用。这种借鉴传统法学和相关学科有关范畴研究的成果,有助于构建经济法范畴论研究的"简易平台",但可能无助于相关探讨向纵深拓展,不能凸显经济法的特异性或特殊性⑥。无论是"权利的科学"⑦、"社会控制的工具"⑧,还是"追求社会整体利益的最大化"⑨等,法律总是通过具体的主体或角色、权力或权利、职责或义务、责任或后果及其各种不同的组合形成法律关系,呈现出"硬法"和"软法"的结构化组合,对

---

① 参见许纪霖、陈达凯主编:《中国现代化史》(第1卷),上海三联书店1995年版,第3页。
② 参见〔美〕吉尔兹:《地方性知识:事实与法律的比较透视》,邓正来译,载梁治平编著:《法律的文化解释》,生活·读书·新知三联书店1994年版,第73—171页。
③ 参见朱苏力:《法治及其本土资源》,中国政法大学出版社1998年版,第15页。
④ 参见张守文:《论经济法的现代性》,载《中国法学》2000年第5期;李昌麒、黄茂钦:《论经济法的时空性》,载《现代法学》2002年第5期。
⑤ 参见徐强胜:《经济法和经济秩序的建构》,北京大学出版社2008年版,第8—52、88—133页。
⑥ 参见张守文:《论经济法学的特异性范畴》,载《北京大学学报》2006年第3期;陶广峰:《中国经济法的民族性论纲》,载刘兆兴主编:《比较法在中国》(2007年卷),社会科学文献出版社2007年版,第124—130页;李玉虎:《论经济法的民族性与国际化》,载《现代法学》2009年第2期。
⑦ 参见〔德〕康德:《法的形而上学原理:权利的科学》,沈叔平译,商务印书馆1991年版;李梅:《权利与正义:康德政治哲学研究》,社会科学文献出版社2000年版。
⑧ 参见〔美〕庞德:《通过法律的社会控制·法律的任务》,沈宗灵等译,商务印书馆1984年版。
⑨ 参见〔英〕边沁:《道德与立法原理导论》,时殷弘译,商务印书馆2000年版。

第六章　余论：中国经济法学总论三十年研究

人的行为进行规范、约束、激励或协调。鉴于现代法理学已以权利与权力为核心建立新框架，笔者建议以公私法通用的要素——"主体——行为——责任"为框架，使对经济法学的探索可处在知识的边缘从无数个方向进行；同时有助于改变目前某些研究中存在的自言自语、各说各话、无的放矢、自以为是的状况。换言之，经济法和经济法学的构建不仅没必要彻底抛开传统法和传统法学另起炉灶，反而应该尽量寻求与传统法和传统法学相契合的基本范畴进行创造性转换。①本书对市场化政府经济行为的探讨，就是对传统法和传统法学中"行为"的具体展开。市场化政府经济行为，既不同于主要由传统民商法规范的市场行为，也不同于主要由传统行政法规范的行政行为；它因应于政府功能变迁而衍生，内蕴生产（建立公共部门，直接为社会和公众个人提供服务）、资助（向特定群体进行财务补贴，支持其从私人部门那里购买相关服务）、收费（向特定消费者群体收取服务费，以便收回维护和管理成本并维持发展）和监管（建立行政独立监管机构，制定规则并签订激励性合同，对相互竞争的服务提供者进行质量和价格等多方面的监管）四种方式②，既包含主要由民商法规范的市场行为，也包含主要由行政法规范的行政行为。改革开放三十年来经济增长过程中的"中国奇迹"进一步印证了"政府干预"与"市场调节"的混合优势。它并非属于一种制度向另一种制度的简单过渡，相反，它体现在两种制度的并存和交替，进而"达到了一种前所未有的经济制度。"③市场化政府经济行为的有效实施，离不开民商法与行政法等传统法的综合协调；以市场化政府经济行为这类"市场—政府"互动行为为研究对象的经济法学，更离不开民商法学和行政法学等传统法学的科际整合。

"经济法是现代法"，表现在它自身的现代化上，由历史上危机对策法、战时对策法"成长"为经济发展法。对于以经济法为代表的社会型大量立法，现代西方法学理论产生了两种截然不同的观点，以昂格尔为代表的悲观主义者将经济法现象的繁荣作为法治强制性的佐证，并最终将社会秩序问题归结为政治性问题④；以塞尔兹尼克为代表的乐观主义者则将此现象归结为传统法走向新生的标志，即认为现代社会中，法律及法学已经由最初的强制型法成熟为自治型法，并开始实现向回应型法的转向⑤。压制型法的产生源于国家政治资源的匮乏——在国家权力充分而资源匮乏的情况下必须完成紧急任务时，便有产生压制的可

---

① 经济法的功能决定了其研究与其他部门法相比的非传统性。非传统性要求经济法学研究抛弃思维定势，即不能绝对地以研究民法、刑法、行政法的思路、方法和视角研究经济法。经济法的问题不应从民商法等法的影子中去发现并基于这种影子进行解析，我们应基于对经济法与传统法律的差异认识，从市场经济与经济法的实践中探寻其特有的"问题与主义"。参见应飞虎：《问题及主义——经济法学研究非传统性之探析》，载《法律科学》2007年第2期。
② 参见陈爱娥：《行政任务取向的行政组织法》，载台湾《月旦法学杂志》2003年第5期。
③ 参见张五常：《中国的经济制度》，中信出版社2009年版。
④ 参见〔美〕昂格尔：《现代社会中的法律》，吴玉章译，中国政法大学出版社1994年版，第21页。
⑤ 参见〔美〕诺内特、塞尔兹尼克：《转变中的法律与社会》，张志铭译，中国政法大学出版社1994年版。

能。因为随着政府职能的扩大,全国性共识难以达致,任务与完成任务的手段之间的差距越来越大,缺乏手段又为时间所迫,不得已而压制之。由此可见,危机对策法和战时对策法都属于压制型法,源于目的与手段之间的矛盾:在强行推进过程中,它们与作为"地方性知识"的习惯法遭遇可能使国家制度发生潜在的制度变迁。以适宜的方式供给适宜的公共物品应是"政策意图取向的经济法"的核心任务。这种回应型法针对制度僵化①,克服政府惯性,因应社会经济情势变化做出"创造性回应",与时俱进地进行制度变迁,充分体现了其"情景伦理"②特性。因此,即使是戴着现代面具的经济发展法,仍兼有危机对策法甚至战时对策法的传统职能。美国经济法,主要源于应对1929—1933年经济危机的罗斯福新政。即便以新政立法为例,1933年3月9日至6月16日的第一阶段,侧重于解决当务之急,即遏制萧条,挽救业已崩溃的金融体系和农业生产,复兴工业,消除普遍的失业和饥饿(又称百日新政)。1935年至1939年的第二阶段,则注重于具有长远意义的立法,确立现代银行体系,建立相对公正的税收和福利制度等。20世纪以来,身处现代市场经济阶段的人类社会在经济上取得了"加速度"的发展,"政府借助法律公开参与社会财富分配,制订经济和社会计划时,法律越来越担当着政府推行某种政策的工具"。③ 经济法往往具有强政策性。亦因此,日本学者对许多经济法都冠以某某政策法,如竞争政策法、不景气政策法、消费者政策法等。"经济法规制的目的,概括抽象地说,是在于从经济政策上实现资本主义社会中的社会协调的要求"。④如此,认为"要通过中国共产党的经济政策把握中国经济法律之本质"的观点⑤,有其合理和独到之处。市场化政府经济行为致力于供给适宜的公共物品以解决实际问题,是政府能力建设的具体实践,而作为公共政策的经济法制度是国家制度能力⑥建设的重要内容。

---

① 制度僵化,指一个社会的制度在社会经济情势变化时应变迁而未变迁,与社会经济相脱节,从而降低经济增长的速度和效率。
② "情景伦理"最早由约瑟夫·弗莱彻(Joseph Fletcher,1905—1991)提出。他的《情景伦理》一书是现代情景伦理运动的基础。从哲学上讲,情景伦理认为一切决策都因具体情景的状况决定,而没能固定的法则;唯一绝对的是爱,爱是每个决策背后的动机;只要是出于爱,为达结果可以不计手段。Sharon E. Foster 将其导入反垄断法学领域,强调"情景伦理"并非没有意识到共同的法律和政策标准,只是认为如果对此标准有所限制将产生更好的结果,比如对标准暂时的限制可以避免整个经济的彻底崩溃,那么限制该标准或许为好。在法律实务中,法官们会认为,在不同事实和环境中适用同样的法律会产生不同的结果。"情景伦理"允许人们面对相互作用的事物间关系的动态性以及所处环境的发展变化,依情况而进行不同的决策与行动。它关注的不是某一行为的对与错,而是该行为的"境遇适当性"。See Sharon E. Foster, Fire Sale:The Situational Ethics of Antitrust Law in an Economic Crisis,*Mississipi Law Journal*,Vol.78, 2009.
③ 参见信春鹰:《后现代法学》,载《中国社会科学》2000年第5期。
④ 参见〔日〕金泽良雄:《经济法概论》,满达人译,甘肃人民出版社1985年版,第49页。
⑤ 参见〔日〕植草益:《中国经济法律的本质规律》,载《外国法学研究》1987年第3期。
⑥ 国家制度能力是国家在与社会的博弈条件下的制度供给能力,其关键是对国家权力的运用和约束,包括制度选择、制度实施、制度监督、制度裁决的能力,构成了国家的核心能力。参见董海军:《转轨与国家制度能力》,上海人民出版社2007年版;周子学:《经济制度与国家竞争力》,上海三联书店2008年版。

第六章　余论:中国经济法学总论三十年研究

通过精雕细琢的概念术语编织起来的"法律世界"仅仅是一个满足人们确定性偏好的虚拟世界。① 法律理想一直在和社会现实拔河。在中国经济法的现代化②发展过程中,还应注意以下问题③:

(1) 国际的话语空间迫使中国经济法在补上现代化这一课的同时,不得不与他国经济法进行共时性对话,他国经济法的新理论必然要影响后发中国的经济法的现代化过程。中国经济法须应对这种境遇。这种国际性的境遇具体表现为经济法须面对全球化和知识经济这两个现代性事件的挑战,顺应法律程序、问责制和多元纠纷处理机制受到重视的时代趋势。"法律程序乃是在不断努力实现尽可能多的利益的进程中调整彼此重叠的权利主张和协调相互冲突的要求或愿望的一种过程。"④程序形式是现代法的基本特征,法律作用已从规则控制行为结果转变为从程序控制行为过程。⑤ 经济法在重视程序正义的同时,注重消极违法后果的责任追究,更积极参与主体塑造,溯及主体角色设置,确保对相关主体的激励和约束。

(2) 传统文化的特殊性决定了经济法的现代化需要将后现代主义作为选择继受发达国家经济法的参照系,即后现代法学有助于我们判断如何在传统中进行取舍选择,使固有法中值得保留的部分与西方现代法进行嫁接耦合,开拓出自己的发展路径。例如,西方现代法对抗传统法的两分图式长期以来一直支配着法制现代化的话语,如身份/契约、共同体/个人、义务本位/权利本位、实质正义/形式正义等,而我国传统文化中的许多基本现象和话语,如身份制度的流动性和可变性、关系持续性契约、集体框架中的个人主义等,是不能套用这类两分法图式解释。这表明,中国法更适合三项关系的分析图式。而后现代主义的分析方式就具有三分式特征,如昂格尔指出在后自由主义社会中,"私人组织"日益被承认并被当作是享有曾专属于政府的权力的实体⑥,这类实体就是独立于政府和企业的"第三类实体";又如,我国经济法理论中存在"政府—社会中间层—市场"的三分主体框架,现代经济法也是兼具公、私法性质且独立于传统公、私法的"第三法域",这仍然符合三项关系的分析图式。可见,后现代法学因其分析方式与传统法所凸现的存在模式具有相似性,可帮助经济法从传统中获得某些有益的因素促进自身的现代化发展。

(3) 在经济法现代化的过程中,导入后现代主义的观点不应妨碍对传统的批判和变革,即后现代法学不应成为经济法在发展中固守传统中某些消极因素的正当化根据。当前,经济法的首要任务仍然是继受发达国家经济法发展的成

---

① 参见叶明:《经济法实质化研究》,法律出版社 2005 年版,第 33 页。
② 参见李昌麒、鲁篱:《中国经济法现代化的若干思考》,载《法学研究》1999 年第 3 期。
③ 参见季卫东:《法治秩序的建构》,中国政法大学出版社 1999 年版,第 398—399 页。
④ 参见〔美〕庞德:《法律史解释》,邓正来译,中国法制出版社 2002 年版,第 233 页。
⑤ 参见孙笑侠:《程序的法理》,商务印书馆 2005 年版,第 56 页。
⑥ 参见〔美〕昂格尔:《现代社会中的法律》,吴玉章等译,译林出版社 2001 年版,第 187 页。

果,在此基础上才谈得上经济法的"本土化"问题。在今日知识全球化的背景之下,单纯依靠局限于"在地"的研究,都不可能引发知识的更新与再造,唯有将眼光置于国际学界研究进展的背景下,才能真正使得"在地"经济法总论研究的贡献与边界了然于胸。因此,阅读、掌握甚至参与全球经济法学知识的生产过程,是当前学界不可回避的重要任务。

二、经济法学向何处去

经济法既是"有关经济的法",又是作为独立法律部门的"经济法",更应作为一门学科、一种学说、一类介入生活的方式。在中国学界,经济法应主要作为独立法律部门还是独立学科的问题(Question),本身也许还存在着问题(Problem);在后一个问题(Problem)尚未清楚之前最好不要轻易作答前一个问题(Question)。只有这样,经济法学才能"使人们得以把它作为社会生活的一项正常内容,人们能够、也必须像考察整个社会其他现象,诸如艺术、语言等现象那样来考察它。"①也只有这样,经济法学才能形成生产力,创造 GDP,才能享受像经济学那样的荣耀。

市场化政府经济行为的研究表明,调整体系包括宪法、民商法、行政法、经济法、环境法、劳动法、社会保障法、教育法、诉讼法等多个法律部门;而在经济法中,规制市场化政府经济行为的法律部门涉及到政府采购法、税收征管法、国债法、金融法、国有资产法、竞争法、消费者权益保护法、产品质量法等多个亚部门,进一步凸显了在经济关系复杂化和动态化背景下法律综合调整的必要性。

上述考察表明,在传统、现代与后现代共时性存在的中国语境下,经济法是市场与政府、经济与法律、私法与公法之间的一个张力域(field of tension)②,在这里,诸第二个词不再是天经地义地优越于第一词。这个张力域不再能用进步与反动、左与右之类的二分法去界定,更不能用前者驾驭后者。那种非此即彼的思维方式,在科学研究上极易产生对市场和私法无条件推崇、对政府和公法持极端

---

① 参见〔法〕布律尔:《法律社会学》,许钧译,上海人民出版社 1987 年版,第 17 页。
② "域"的概念意味着现代主义"线"(进步)概念的终结,意味着新与旧、传统与现代兼容并存的空间状态。笔者使用"张力域"的概念,希望比较确当地表述出经济法的"后现代主义"的特征。场域(field)是当代社会学大师布迪厄(Pierre Bourdieu)提出的一个认识和划分社会结构的概念:"位置间客观关系的一网络或一个形构,这些位置是经过客观限定的。"关于场域的边界,布迪厄认为是由场域自身决定的,没有先验的答案,"场域的界限在场域作用停止的地方"。See L D Wacquant, Towards a Reflexive Sociolony: A Workshop with Pierre Bourdieu, *Sociological Theory*, 1989, p. 7. 布迪厄的场域概念,不能理解为被一定边界物包围的领地,也不等同于一般的领域,而是在其中有内含力量的、有生气的、有潜力的存在,每个场域都以一个市场为纽带,将场域中象征性商品的生产者和消费者联结起来,在社会学的语境中,场域是具有相对独立性的社会小世界。一个小世界即一个场域可以看作是某一类客观关系即权力与资源争夺与分配的客观关系的构型。笔者之所以没采用中国式概念"中介",是因为"中介"虽在传统文化备受强调,被视为"皇极";对立则纠缠在"参"之中(参见庞朴:《对立与三分》,载《中国社会科学》1993 年第 2 期),但它基本上表现为一种取中持平的对称,或者合二为一的圆融,与"张力域"的所指大异其趣!

第六章　余论：中国经济法学总论三十年研究

蔑视的心态，在公共政策的制定和立法取向上极易忽略"二元结构"中可能存在的中间结构、中间机制或转化形态，最终导致忽视社会中潜在利益冲突的公共政策决策。"将一种思维方式普遍化注定会导致致命的错误，将这种思维方式运用在错误的场合，这种原本无害甚至是有益的思维方式在这个场合变得有害甚至极具危险性。在这个错误的背后，隐藏着我们简单化方法的致命弱点：当你能选择用一种理解方式的时候，何必一定要去运用两种呢？"①针对社会问题，在市场与政府之间存在若干潜在的制度安排，从价格规制到信息和标准规制、从合同到许可和特许、从费到排污权交易和税、从民营化到公有和国有化……经济法学需要对它们在国家干预强度谱系表上所处位置、运用条件、服务于何种政策目标以及达成目标的能力、局限等，以及如何选择最相匹配的规制工具以达成政策目标，展开具体的情境化研究，从而使公共政策决策形成一种多中心的制度安排。这种包容而非排斥的共在，意味着在政府和公共品生产者间以及参与者本身之间可能存在着多样化关系。

"道生一，一生二，二生三，三生万物。"(《老子·第四十二章》)"一生二"，接近"一分为二"；"二生三"，表明"三分法"，是对立统一"二分法"的实现形式。换言之，"即使某个二分法被认为是错误的，或者是过分的，它也常常成为进一步讨论的重要起点"。②至于"三"，就是"多"，"三人为众"。③"三生万物"与复杂性理论中的"周期三导致混沌"的原理不谋而合：它恰恰点明了"三"所特有的涵容万有、生化万物、勾连混沌与万物形成演化转折点的意义。因为在今天，"三"代表着非线性作用的最小要素数目，是领先于一切自然数的物理意义，是系统走向混沌的第一关节点，而且本身就蕴涵着混沌，也是自然界"造就"混沌的基数。④西学东渐以来，我国学界日趋被理想化的"二元论"思维所笼罩，鲜有"三元论"思维⑤。从"社会主义"(姓社)和"资本主义"(姓资)之争，到政府—市场、计划—市场、国家—社会、人治—法治、公法—私法，再到外部规则—内部规则的绝

---

① 参见〔英〕费夫尔：《西方文化的终结》，丁万江等译，江苏人民出版社 2004 年版，第 56 页。
② 参见童世骏：《大问题和小细节之间的"反思平衡"》，载《华东师范大学学报》2005 年第 4 期。
③ 参见艾丰：《中介论》，经济日报出版社 2000 年版，第 148—151 页。
④ 参见吴彤、黄欣荣：《复杂性：从"三"说起》，载《系统辩证学学报》2005 年第 1 期。
⑤ "三元论"一经运用，影响深远。例如，费孝通教授指出："'一国两制'的实现就是和'冷战意识'相对照的历史性创新，它体现了中华文化特点中的兼容并包精神，不同的制度可以在一定的条件下出现'和而不同'的局面，这是一个值得研究的建设性题目。"参见费孝通：《重建社会学和人类学的回顾和体会》，载《中国社会科学》2000 年第 1 期。又如，2005 年因放言"中国合格经济学家不超过 5 个"而声名大噪的哈佛大学(1992 年)博士丁学良教授，2009 年在英国 FT 中文网开设专栏《中间论坛》，试图在"国家"和"社会"的中间、在"政权"和"财权"的中间、在"极左派"和"极右派"的立场中间、在中国和外部世界的中间——即在所有这些极易发生张力的两边之间，发出评判。

对主义"二分法",无不体现着这种西式"二元论"思维模式①。主观强势必然导致非理性认知。更可怕的是,这种思维模式一旦被运用到国家治理的转型实践中,简单地推而广之,而不考虑其运用的社会的、文化的、地域的局限性,往往忽视"从此到那的路"②,没有互补关系、中间状态和调和余地,经济法因之无法在过程论、比较制度分析视野以及本土化结合中寻求"专制"和"无序"之间的平衡,难以实现日常生活世界的政治表述、制度建设和空间拓展。"市场"、"政府"等语词表面上看似中性、客观,实际上就是自由主义对现实社会的理想想象,并不能描述非西方世界的真实情况,也无法阐明一个国家在不同发展阶段因公权力对经济社会关系介入的态度或程度不同所呈现的特殊问题,却预先假定了中国的市场/政府与发达国家一样,把未经证明的假定当做了重要论据。本研究表明,上述"二元"理论思想与具体历史模式的碰面,不仅为各种问题提供答案,同时还带来新的问题并提供新的假设命题。中国经济法的力量就在于它有效地防止了"政府—市场"等概念堕落为纯粹的假定,使中国成为一个想象的异邦。认为二元论普适于中国的那种看法,不过是削足适履而已,即削丰富多彩的中国之足适西方理论范式之履。二元论模型也许看上去很美,但它很可能变成束缚研究者手脚的紧身衣和遮蔽他们视野的有色镜。可惜的是,我们的许多学者往往自觉不自觉地加入到这种二元论的学术游戏之中,是出于无知,还是出于欺骗,抑或是自欺欺人的梦呓,不得而知!

中国经济法总论范畴的建构,离不开对"中国式"市场和政府、经济与法律、私法和公法等相互关系的有机考察,极其重视中国制度变迁过程中上述二元结构内部的冲突、协调(替代或互补)和转化机制。"一切差异都在中间阶段融合,一切对立都经过中间环节而相互让渡。"③质言之,经济法具有横切面特征,研究这一领域,必须克服"中国式"市场与政府、经济与法律、国家与社会、科技与财政等种种挑战,介于经济私法与经济公法、经济学与经济政策、经济行政与经济行政政策、传统与现代的横切面之间。④ 具体而言,公、私法的融合是经济法的精神

---

① "这是主观与客观、本质与存在、人与行为、精神与世俗、宗教与法律截然分离的时代。传统西方思想的二元论特征确实渗入到几乎所有的分析活动中。我们仍然在争论什么是基本的,理智还是情感,意识形态还是权力,个人还是权力。在法律分析方面,我们只是极为缓慢地在克服逻辑对政策的二元论——一种对两者都不适宜的二元论。"(第102页)杰里米·边沁对二元论原则进行了最系统的理性化与运用,将它用作认识现实并穷尽其本质的方法。他确信,要获得确定的知识,我们就必须把所有的知识都划分成相互排斥的"两支"。然而,相反实相成。至少"综合的时代"的今天,我们不能简单地接受"非此即彼"的真理;它本身再三向我们表明了"亦此亦彼"的性质。参见〔美〕伯尔曼:《法律与宗教》,梁治平译,中国政法大学出版社2003年版,第101—109页。

② "作为终点的坟是大家都知道的,无须谁指引。而对人类来说,真正的问题是从此到那的路。"参见《鲁迅序跋集》(上卷),山东画报出版社2004年版,第37页。

③ 参见《马克思恩格斯选集》(第3卷),人民出版社1972年版,第153页。

④ 参见陈樱琴:《经济法理论与新趋势》,台湾翰芦图书出版有限公司2000年增订版,第548页。

第六章 余论:中国经济法学总论三十年研究

现象,它是经济法的精神气质①的展开:公法和私法互为手段,交互使用,形成了独特的法现象、法制度和法部门,表达了政府与市场之间、国家与社会之间以及经济与法律之间的牵手、协力和合作的要求。所以,经济法应遵循"问题取向",直面利益(权利)冲突和沟通阻梗,研究规律如何转化为规则、规则如何符合规律,塑造更好的制度因应之道,避免囿于某个法律部门去解决那些将实体与程序、政治与行政融为一体的公共政策问题,从而"超越法律"②。从这个意义上讲,市场化政府经济行为的研究就是"将顺理成章的东西变得不那么顺理成章"③,"最终要让那些不证自明的东西成为需要研究证明的东西。"④笔者相信,伴随着"现代技术民主机器塑造和再界定的市场原则将整个公共话语,以及实际上发生在政治体制中的一切都商品化和工具化了"⑤,国家引导的市场增长模式风行,"经济国家"在世界范围内全面建构,作为学科的经济法的研究对象应包括三个层次:(1)经济法;(2)各个法律部门中调整经济关系的法律规范;(3)法律调整经济关系的规律。即不只是研究法律本身,还要研究支配律运行的客观规律。"对受管制的市场的研究必须从市场规则的研究入手,这是法学与经济学的接壤之处。"⑥有鉴于公共物品供给的政府和市场作用就像钟摆一样,随着经验和政治需求的变化,每隔一段时间出现一次摇摆,在当下经济法视野中,市场行为与政府行为统筹兼顾,以政策目标主导市场行为;经济问题与法律问题同时考虑,以法律服务经济;公法规范与私法规范一并应用,以国家因素主导管理。这就是笔者所持的"大经济法"的观点和理论,它的外延比"经济的法"还要大很多。它仍可利用鸡尾酒调制方法来说明:"取一个调酒器。放进一份商法;用社会法色素使之着色;加进大量的税法和行政法;用一撮民法调味;撒上大量的社会学和政治经济学;随意摇晃,然后作为冷饮,并为这种法律饮料取名经济法。"⑦

如同社会政策学,经济法学是一门几乎没有边界的学科。"它与我们生活的方方面面息息相关。它是真正跨学科的。它超越了日常政治的激烈争斗,紧扣重要的议题和不公平。它是开放的,包含全球的和地方的、普适的和个人的议题。"⑧经济法学视野所及,就会被"经济—法律"框架"格式化",类同马克·吐温所说:"对于一个手中拿着锤子的人来说,什么问题看上去都像是钉子。"在国家

---

① Ethos 常被译为"精神气质",或音译为"意索",指一定时代或领域的社会或文化的综合特征,主要指被普遍遵守的价值观念。
② 借用波斯纳的《超越法律》的著作名称,意在说明经济法学研究除应当超越法律外,还应超越其他相关学科,呼吁科际整合。
③ 参见埃斯科巴:《人类学与发展》,载《人类学的趋势》,社会科学文献出版社 2000 年版,第79页。
④ 参见〔美〕赫兹菲尔德:《什么是人类常识》,刘珩等译,华夏出版社 2006 年版,第181页。
⑤ 参见〔美〕博格斯:《政治的终结》,陈家刚译,社会科学文献出版社 2001 年版,第85页。
⑥ 参见〔美〕史普博:《管制与市场》,余晖等译,上海三联书店 1999 年版,第31页。
⑦ 转引自〔法〕雅克曼、施朗斯:《经济法》,宇泉译,商务印书馆 1997 年版,第52页。
⑧ 参见〔英〕迪安:《社会政策学十讲》,岳经纶等译,格致出版社、上海人民出版社 2009 年版,第V页。

普遍介入的混合经济时代,经济法学是一个绝佳的观察站。它是一个十字路口,自由交叉且四通八达,却又为每条道路规定了通行深入的条件。一种融摄性的经济法学理论最终打破市场和政府、经济与法律、私法和公法等界限,使法学与经济学等其他学科重新建立起完整的复杂关系。"科学的学科在以前的发展一直是愈益分割和隔离知识的领域,以致打碎了人类的重大探询总是指向它们的自然实体:宇宙、自然、生命和处于最高界限的人类。新的科学……都是多学科的或跨学科的:它们的对象不是一个部门或一个区段,而是一个复杂的系统,形成一个有组织的整体。它们重建了从相互作用、反馈作用、相互-反馈作用出发构成的总体,这些总体构成了自我组织的复杂实体。"① 另一方面,市场/政府、经济/法律、私法/公法等各自的重要性是毋庸置疑,它们的存在正在带来经济法的演替变化。经济法不能通过对市场/政府、经济/法律、私法/公法等各个组成部分进行简单地求和得到,但考虑到非线性的相互作用,可将经济法简化为这些组成部分合乎可持续发展等经济政策或规律的规定。换言之,就经济法而言,市场/政府、经济/法律、私法/公法等各个组成部分,不是由其本身而具有意义,而是通过他们的相互作用的模式而获得意义。

在我国经济法学的草创时期,与此"形似而神不似"的"大经济法"观点和理论曾颇为盛行。中国共产党十一届三中全会以后,随着党和国家的工作重心转移到经济建设上来,包括经济法、民法等多种部门法有关经济方面的立法及其实施得以加强。"经济法"那时刚传入中国,人们对包括民商法和经济法等诸法律部门都尚未作深入研究,许多人便将"经济法"与"一切关于经济方面的法"混为一谈,"关于经济方面的法"的热潮,自然统统视为"经济法"热潮,进而统统称之为"经济法热"。这个"经济法热"中确实包含作为一个部门法的经济法热,但它毕竟不是其全部,可正是这个"经济法热",烧得经济法学界部分人头脑失去冷静,以至将各种本来不应属于经济法范畴的内容,也统统纳入经济法之中。② 这种法律部门观的"大经济法",由于学科的"地缘政治"屡遭民商法学、行政法学等学者的围歼,在屡败屡战的过程中,终于"瘦身减肥"蜕变为"小经济法",主要局限于市场规制法和宏观调控法,才逐渐稳住了阵脚。

经济法长期的身份危机不是神经过敏,而是智识性的问题:新的知识、新的实质性挑战、新的法律原则以及结构改革导致了这种身份危机。笔者所持的"大经济法",侧重于学科研究,并无法学草创时期"圈地"所引发的的"地盘之争"的意气。"地盘"观念,充斥着葛兰西所批判的"行会精神",是研究思维画地为牢式的自我束缚,凸显学科利益和权力的分割与争夺。对"经济法"概念的"拉长法"和"拓宽法",实质上是对经济法的"捧杀",名尊崇而实罢黜。作为现代法

---

① 参见〔法〕莫兰:《复杂性理论与教育问题》,陈一壮译,北京大学出版社2004年版,第114—115页。
② 参见漆多俊:《经济法基础理论》(第3版),武汉大学出版社2000年版,第140页。

第六章 余论：中国经济法学总论三十年研究

学,立基于"市场—政府"关系的经济法,之所以没有一个放之四海皆真理的固定模式,就在于引发"市场—政府"关系的社会经济情势,以及涵蕴其间的权力和权利的划分和配置变动不居。"绝对的计划经济不需要经济法,绝对的市场经济容不得经济法,而改革开放起步恰恰在于二者的结合,这就是中国强大的经济法思潮的客观原因。"① 就其本质而言,经济法是市场调节和政府干预携手融合的产物,是控权法和授权法的有机统一,但"两手"之间的对比度是与生产力发展状况紧密相关的,各国国情相异,"黄金分割点"位置亦不同;即便同一国家的不同时期,也有差异。如迈克尔·斯宾塞(Michael Spence)在2008年出版的《经济增长委员会报告》(Growth Commission Report)中强调,不存在任何成功地发展经济或管理经济的通用性公式。"何时干预—为何干预—如何干预—干预多少:取决于各自国情与文化传统的差异。"② 在我国急剧变化的转型社会中,确立市场与政府的适宜对比度,使"看不见的手"和"看得见的手"并举,才能真正摆正政府在市场中的地位,"该出手时就出手",促进经济协调、稳定和快速发展。因此,由当下的"小经济法"转向笔者所持的"大经济法"的"否定之否定"有着其必然性。从知识社会学的角度看,"知识是一个古老而又普遍的问题。当人成长时,就必须抛弃幼稚,适应现实。"③ 社会经济变革常常催生与之相适应的经济法理论,并使得产生于某一特定历史阶段的经济法理论失去其本来意义。前述的"经济的法"与"经济法"之区别,如"武昌的鱼"之于"武昌鱼"、"金华的火腿"之于"金华火腿"。现代社会功能分化且日趋复杂,就是已有原产地保护的"武昌鱼"和"金华火腿"要得以发展,固然需要加强研究"武昌鱼"和"金华火腿",也需要研究"武

---

① 江平这一观点,参见《佟柔文集》,中国政法大学出版社1996年版,第397页。
② 参见〔美〕斯蒂格利茨:《政府为什么干预经济》,郑秉文译,中国物资出版社1998年版,第207页。在现代市场经济条件下,无论是理论上还是在实践中都无法排除或否认国家干预经济的必要性或重要性。即使是哈耶克这种自由主义大师,也强调对"国家干预"或"政府活动"应有正确理解。参见〔英〕哈耶克:《自由秩序原理》,邓正来译,生活·读书·新知三联书店1997年版,第279—281页。只不过,西方政府干预经济经历了一个缓慢发展的过程。相对而言,美国大概是政府干预起步最为缓慢,程度也较低的国家。即使如此,在19世纪70年代美国政府已经开始感受到来自社会方面的要求干预的压力。参见〔美〕沃克、瓦特:《美国大政府的兴起》,刘进等译,重庆出版社2001年版,第22页。美国政府对社会经济干预的扩大大致是从西奥多·罗斯福推行"新国家主义"政策开始,不过仅局限在某些方面;对社会经济的全面干预始于富兰克林·罗斯福当政时期。参见〔美〕史密斯:《罗斯福传》,李文婕译,长江文艺出版社2009年版;〔美〕科恩:《无所畏惧:罗斯福重塑美国的百日新政》,卢晓兰译,天津教育出版社2009年版。而正是这一时期,公民权利的理念也有了扩大,其标志是罗斯福在1944年有关联邦状况的演说。他说:"言论自由、出版自由、宗教自由、陪审团的审判和免于任意逮捕和搜查是我们生命和自由的权利。然而,随着国家的强大,这些权利已被证明不足以保证我们平等地追求幸福。我们已经清醒地意识到这样一个事实:在没有经济安全和独立的情况下,真正的个人自由是不能存在的。"上述讲话在法律演进史上具有重大理论突破:第一,它突破了传统意义上的个人权利的概念,使个人权利概念的外延大大扩展;第二,为保障个人的权利,政府应大有作为。权利是现代社会和谐的"阿基米德点"。了解个人权利概念的发展,对理解政府行政权力的扩张的发展趋势以及政府社会管理职能增强的趋势,极为重要。中国个人权利的复活和扩张的研究,参见孙笑侠等:《复活的私权》,中国政法大学出版社2007年版。
③ 参见〔美〕费耶阿本德:《无根基的知识》,陈健等译,江苏人民出版社2006年版,第98页。

昌的鱼"和"金华的火腿",甚至还需要研究"鱼"和"火腿"。经济法(进而整个法律)应作为一个复杂调适系统①来看待,从而使其能在大量经济立法中保持调适性以适应复杂多变的经济挑战。

中国经济法是行动中的经济法、变动中的经济法、发展中的经济法。"大经济法"取向,还利于"面向中国社会的真问题,与西方经济法学前沿理论开展建设性对话"。问题是通向真理的门径,学问必须与"问题单子"联系在一起。提出问题就意味着问题解决了一半,问题的提出角度决定了问题解决思路的广度和深度。社会科学研究只要从问题出发就有价值,从"有中国特色"问题出发就更有价值。无视时代发展在本领域设定的关键问题、瓶颈问题,是学术勇气和责任丧失的表现。中国社会最大的特点在于它的"大转型"②、世界上唯一的"三重转型":文化转型、社会转型与政治转型,这三重转型同时展开,决定了中国社会的特征③。这个变化,究竟是翻天覆地,不再走回头路了?还是瞻前顾后,进两步,退一步?中国的法治建设在社会转型期展开,不分析转型社会,就不能切实分析转型期的法治,更不能切实回答如何建设中国法治的问题。经济法学从来都是以问题为导向的经邦济国之学、经世济用之问。"面向中国社会的真问题",是说经济法学者研究问题,不应来自依据经典大师语录而对社会生活的直接剪裁,也不应该来自权力机构的"长官意志"的提示,而应来自经济法学人——作为一个掌握了经济法学知识的行动者,在这个社会里经由积年累月的探索和体验而提出的这些问题,这些问题必定靠近这个社会的运行逻辑。经济法学的进一步完善和中国化,甚至对国际社会的贡献,需要通过对现实的中国式问题的深入研究来实现。大国转型问题,是中国社会的根本问题、特有问题,更是真问题。中国之"大",不仅指地大物博、人口众多等,还包括历史悠久、制度繁复,尤其是指陈其政制与法制的厚重结构与历史累积。④"老外"纵有天大的能耐(理论和方法的精致),也没有机会置身于这样一个"千年未有之变局"中。"后社会主义"的历史语境决定了这是中国学术研究领域中独有的"金矿"。近代欧洲的大转型产生了我们今天所看到的大多数思想家,包括马克思、韦伯和涂尔干;现代中国的大转型是一个迥异于西方世界的绝好实验室,提炼自西方现代化过程中的诸多

---

① 复杂调适系统理论,参见〔美〕霍兰:《隐秩序:适应性造就复杂性》,周晓牧等译,上海科技教育出版社2000年版。
② 参见〔英〕波兰尼:《大转型》,冯钢等译,浙江人民出版社2007年版;萧功秦:《中国的大转型》,新星出版社2008年版。
③ 参见汪丁丁:《制度分析基础讲义Ⅰ》,上海人民出版社2005年版,第2页。朱苏力形象地说明中国转轨经济的秩序治理和法律改革问题:"处于社会转型期的中国社会秩序还只是一篇草稿,段落与段落之间无论在气脉上、文字上都有不衔接的地方,有病句,有修辞不当,有重复,还有误植的字和标点,甚至某些段落、句子含混不清、错误百出,令人完全无法理解和把握。但也正因为如此,我们才需要修改文章。"参见朱苏力:《阅读秩序》,山东教育出版社1999年版,第8—9页。
④ 参见高全喜:《三十年法制变革之何种"中国经验"》,载高全喜:《从非常政治到日常政治》,中国法制出版社2009年版,第56页。

第六章 余论:中国经济法学总论三十年研究

理论框架和制度设计都可在此接受检验,或被证伪,或得到拓展充实。从这个意义上说,我们生活在这样的年代,既不幸(要分担社会转型的痛苦与高昂成本),又有幸(能切身参与和真实体验社会变革)。在毫不讳言"美国中心"或"欧洲中心"的中国知识界,"与西方学术潮流接轨"、"跟西方学者对话"的情结对"呈现"中国真问题的影响不言而喻。尖刻一点说,西方学者抱着他们的理论长剑与中国问题的风车决斗,成就着他们英勇的"堂·吉诃德形象",中国学者借着"中国经验"而"浮出水面",充任本土的代言人,以贩卖"中国的大市场"和"中国社会的大变革"取得话语权。① 如有学者建议将"市场失灵"概念中国化,使之涵盖"市场不完善"的含义,从而使中国经济法的经济根基理论本土化。② 经济法学者呈现中国社会变化中的"真问题",就必须警惕和剔除某些因应国际学术潮流、为学术接轨而产生的"伪问题"。毕竟,"美国的问题不一定是中国的问题,即使中国的问题是由美国引起的,美国的问题也不一定是中国的问题。"③至于"主义"(理论),只要能用,不问中外古今。作为"临床法学"的经济法学,就是典型的中国式法律诊所,应通过"自由之病理"发现"病症",更应以"博学之医理"消除"病灶"。"与西方经济法学前沿理论开展有建设性的对话",是说经济法学对本土问题研究所形成的概念和理论不应仅仅囿于本土范围,必须超越本土,尝试着与西方经济法学的前沿理论对话,丰富和推动整个学科的发展。以体制变迁为核心的"转型研究"是国际学术界近二十年来新兴学科知识领域,而以法律变迁为核心的"转型国家法律制度研究"是其重要组成部分。④ 转型经济本质上是"学习经济",强调"干中学"。它也需要我们重视西方经济法学前沿理论的学习。"不是为了评判它、全盘接纳它,甚至也不是为了理解它;而是为了试着去了解(哪怕不能完全了解),试着去体会差异性与共同点——盎格鲁—撒克逊人称其为跨文化意识——这样才能挣脱自我,准备好迎接意外、震惊,或是被驳斥。""只有承认相异性、以他人为镜才能找到自我;只有成为自我才能交谈、协商、解决矛盾。"⑤在一个全球化的时代,我们迫切需要寻找和确立一个反思自身现代性的"他者",在了解"他者"的过程中认清和确立自身;甚至通过认识他者眼中的"我"来认清自身。中国改革战略的特殊性在于,中央治国者非常重视改革与变

---

① 客观地讲,域外学术和本土研究长短互见。域外学者作为历史的旁观者,对待中国的大转型易持客观中立的态度,崇尚科学认知和系统分析,其切入方式、审视的角度和力度往往为国内学者所不及。另一方面,由于文化和历史的隔膜,他们可能无法真正进入中国的经验和境遇,分析时所持的预设和得出的结论也可能不适用于特定的中国社会。反过来,国内学者作为历史的亲历者,有着无可匹敌的现场面对的优势和资料获取上的便利,能切身感受大转型的细节和活生生的意义。但同样,亲历者的地位可能导致研究者被自身情感所左右,为利益所羁绊,为其所处时代的"迷雾"所蒙蔽,以至于不能跳出一时一地的障碍,发现问题并加以理性把握。
② 参见高晋康、王伦刚:《中国经济法的经济根基》,载《现代法学》2007 年第 1 期。
③ 参见孙立平:《重建社会:转型社会的秩序再造》,社会科学文献出版社 2009 年版,第 39 页。
④ 参见〔丹〕诺格德:《经济制度与民主改革》,孙友晋等译,上海人民出版社 2007 年版,第 1 页。
⑤ 参见〔法〕苏盖、维拉汝斯:《他者的智慧》,刘娟娟等译,北京大学出版社 2008 年版,第 1、6 页。

法中的国家治理合法性基础的制度建设,将宪法理解为一个不完全的关系性社会契约,并在国家与社会互动(国家法与民间法的互动)、法律与经济之间的互动式谈判基础上的非正式沟通过程中,进行经济宪法以及其他经济法律的修改与完善,在政治稳定前提下稳步地推进改革开放战略。① 中国转型,是一个从"此岸"到"彼岸"的大转型,不仅仅是计划经济转向市场经济、"部落社会"②转向现代社会、关系型社会转向规则型社会,同时也是宪政秩序的大规模变迁。尽管要不要在宪法中规定经济制度本身就是一个值得认真思考的问题,但我国经济法学理论框架必须"增容升级"为"经济宪政—政府—市场",直面西方经济法学"政府—市场"这一"元框架"在当下中国社会所制造的社会性"区划",凸显经济宪政促成"中国式"不完美的市场与不完美的政府的"二元互补",型塑出有效政府,以获得公众对政府的"可信承诺"③,实现市场法治和宪政转型,验证"只有在宪法条件下才能实现政府与市场的距离的黄金分割"④。可以肯定,宪法与宪政本身就意味着对基本经济制度的选择,而无论这种选择是成文的还不成文的。⑤经济法是现代法,极少有现代化与传统冲突的痛苦,其开放性和对新观念、新理论的强劲吸纳能力,便于从现代化的理论和实践中获得支撑。

如上所述,经济法这种影响了并正在影响着法学界的研究范式,被要求不再为各自的"势力范围"相互争论,而是从中国"问题"中发掘出具有世界意义的"主义",展示"问题必须土产,主义可以拿来"研究路径,既与胡适的"多研究些问题,少谈些主义"⑥一脉相承,又与鲁迅的"拿来主义"(去粗取精、去伪存真、洋为中用、古为今用)异曲同工。当然,这样强调并不妨碍更多学者给予此类研究以更具深度的学理批判,这不仅是因为学术乃是在批判中"创造性转化",并得以"成长"⑦,更因为它本身不会也无须畏惧批判,如同安贝托·艾柯所说:"托马斯

---

① 参见张建伟:《法律、经济学与国家治理》,法律出版社2008年版,第167—168页。经济宪法是宪法中关于国家与经济、市场关系的基本规范。参见〔德〕豪依赛尔:《德国经济行政法的基本架构》,载《中德经济法研究所年刊》(1996/1997),第12页。宪法不要跟着改革的步伐走,不断确认和巩固改革的成果,还要更多地引导改革、指导改革,为改革留出必要的空间,为中国社会的发展和中华文明的传弘提供宏大而坚固的理论和制度框架,并在必要时能够限制改革、约束改革。中国宪法应从"改革宪法"向"宪政宪法"转变。参见夏勇:《中国宪法改革的几个基本理论问题》,载《中国社会科学》2003年第2期。
② 参见〔美〕昂格尔:《现代社会中的法律》,吴玉章等译,译林出版社2001年版,第137页。
③ 参见钱颖一:《市场与法治》,载《经济社会体制比较》2000年第3期。
④ 参见伍伯麟、王小卫:《市场经济政府行为的宪政维度探索》,载《上海行政学院学报》2005年第2期。以布坎南为代表的公共选择学派认为,宪法是规则中的最高层次,是规则的规则,是影响其他法律的立法和执行的最重要的制度环境,也是限制政府权力、保护规则过程公正的重要因素。
⑤ 参见吴越:《经济宪法学导论》,法律出版社2007年版,第27页。
⑥ 参见胡适:《多研究些问题,少谈些"主义"!》,载《每周评论》第31期。此一呼吁,不仅未给"主义"之争降温,反而引起了一场更大的"问题与主义"之争,以至胡适不得不三论、四论"问题与主义"。详见耿云志主编:《胡适论争集》,中国社会科学出版社1998年版,第964—986页。
⑦ 法律的成长,参见〔美〕卡多佐:《法律的成长 法律科学的悖论》,董炯等译,中国法制出版社2002年版;张冠梓:《论法的成长》,社会科学文献出版社2000年版。

·库恩(Thomas Kuhn)认为,一种理论要被人们接受为一种'范式'(paradigm),必须比同类的所有其他理论更好,但并不一定需要它对所有有关的事实都能做出解释。不过,我还可补充一点,它也不必比以前的理论更具有解释力。"①毕竟,协调和指引一个复杂动态的社会所需要的知识,超出任何个人、组织甚至官僚机器的供给能力。英伦小说家福斯特有小说名曰《看得见风景的房间》。此书名有意趣,深得吾心:"房间"本无"风景",只有位置和朝向;然则,位置和朝向差异,所见景观异趣迥然。"一切关于现实的知识都来源于某个特定观察点,一切'事实'都是人们建构起来的解释,一切视角都是有限的、不完全的。因此,一种多向度且多视角的理论从多种多样的位置来观察社会也许能提供最富洞见的阐发。"②就笔者这种"野性的思维"而不是"驯服的思想"而言,读者可聆听有着"将美国从地狱拉回人间"的富兰克林·罗斯福(Franlin D. Roosevelt)的劝告:"作为常识,可以找一条路然后去尝试。如果它不成,就坦率承认,再试另一条路。但首要的,是去尝试些什么。"③众所周知,"提出问题,要求进行试验,不接受过去一贯所作所为或所说所想的东西,已经成为十分普遍的方法论。"④

---

① 参见〔意大利〕艾柯等:《诠释与过度诠释》,王宇根译,生活·读书·新知三联书店 2005 年版,第 62 页。
② 参见〔美〕凯尔纳、贝斯特:《后现代理论》,张志斌译,中央编译出版社 2001 年版,第 145 页。
③ See Franlin D. Roosevelt, Address at Oglethorp University. 转引自〔美〕布雷耶:《打破恶性循环》,宋华琳译,法律出版社 2009 年版,第 105 页。
④ 参见〔英〕布洛克:《西方人文主义传统》,董乐山译,生活·读书·新知三联书店 1997 年版,第 84 页。

第七章 结　　语

本书是笔者通过研究市场化政府经济行为及其法律规制,进而揭示经济法"罗生门"(Rashomon)[①]的一次尝试。问题意识在导论中已有所说明,结论及其理由在正文中也尽笔者所能地展示。但为强调本书新造概念的必要性、基本结论,以及有待继续思考的问题,笔者再摘要式地复述,并使之与导论形成形式对应。

一、为什么是"市场化政府经济行为"?

"市场化政府经济行为"是笔者着力构造的概念,对具有某种特质的政府经济行为的指称。概念是公诸众人的意义参照,也是资料、数据甚至想象的综合描述或分类说明,在一定历史时期一旦形成就是个惯性很大的系统。"犹不得不造新名"已属常态,以"新名"取代"旧名"却需斟酌。毕竟,让人接受新词非常困难,短期内甚至几不可能;由概念引起的矛盾比比皆是。"实际上,人们有时听说对于某一种文化的核心表达,根本不可能找到合适的对等表述。"但"语言是法律中极为决定性的智性力量"。[②] 笔者的痛苦和困惑在于,用"市场化政府经济行为"的"新瓶"装本该装入的更多的"旧酒"(诸如发行教育券、政府购买/销售等),还是条件反射式地拉伸本就含混和颇有伸展性的诸如"民营化"、"私有化"等"旧瓶"装入"新酒"?

民营化英文为 privatization,在多数西方文献中与私有化同一词表示,又与放松规制、非国有化等同属于一个大的范畴,这使得给其确定统一定义非常困难。而且,民营化已被各国付诸实施,这决定了其概念的归纳性以及在不同国家、同一国家不同时期的差异化理解。例如,汉克将私有化定义为资产或服务功能从公有制到私人拥有或控制的转移,包括了从出售国有企业到公共事业出包给私人承包者等一系列做法。[③] 又如,Asha Gupta(2000)认为民营化是指行为从公共部门向私营部门的转移,并将其分为狭义和广义两种。狭义的民营化是指将国家在其中拥有大部分利益的资产出售或租售,将公共提供的服务外包,税收融资

[①] 罗生门原指日本京都的一个残破荒芜的城门,《罗生门》是日本著名电影导演黑泽明(1910—1998)用芥川龙之介(Ryunosuke Akutagawa,1892—1927)小说《罗生门》作片名,但根据他的另一部小说情节改编的影片。"罗生门"隐喻对同一件事情因立场不同而众说纷纭的情况。

[②] 参见〔德〕格罗斯菲尔德:《比较法的力量与弱点》,孙世彦等译,清华大学出版社2002年版,第161、158页。

[③] 参见《新帕尔格雷夫经济学大辞典》(3),经济科学出版社1992年版,第1045—1046页;汉克主编:《私有化与发展》,中国社会科学出版社1989年版,第1页;等等。

为使用者付费所替代,为那些迄今仍由公共部门拥有的企业注入竞争活力和效率活力的自由化措施。广义的民营化是指一切暗示着国家或政府收缩的行为。① 它指通过减少或限制政府当局在使用社会资源、生产产品和提供服务中的职责的一切行为和倡议,通常通过将财产或财产所有权部分或全部由公共所有转为私人所有来实现;也可以通过安排政府向私营供货商购买产品或服务来实现,或者通过用许可证、执照、特许权、租赁或特许合同等方式,将资产使用或融资权或者服务提供权移交给私营企业,尽管从法律上说所有权还保留在公共手中;甚至还可包括诸如'建造—经营—移交'合同所指情形——私营企业建造一项资产,在经营一定时间后将其移交为公共所有。② 再如,《俄罗斯联邦国有财产私有化和市镇财产私有化原则法》(1997 年)第 1 条规定:"为实现本法规定的目标,国有财产和市镇财产的私有化,应理解为将俄罗斯联邦、俄罗斯联邦主体或自治性市镇所有的财产(私有化的对象),有偿地转变为自然人和法人所有。"③ 我国香港特区政府在 2005 年领汇房地产信托基金上市事件中甚至不用 privatization 用"出手资产"(divestment)。一切流行之词都具有相同命运:它们试图透明化的经历越多,本身就会越晦涩难解。它们所排挤和取代的正统真理越众,就会越快地转化成不容置疑的标准。民营化是政府与市场作用范围在原有领域的重新界定、是政府和私人部门之间的多样化安排,可视为公私双方构建伙伴关系的过程,与市场化政府经济行为的主要类型重合甚多。多年来,笔者一直避免使用"民营化",因为这个概念混杂了太多的歧义——包含了私有私营、公有私营、公私共有公营、公私共有私营、公有公私合营、私有公私合营等多种形式,甚至包含了"引入私营型管理契约"的公有公营——所混淆的甚至多于所澄清的。

思想的本质在于创造清晰概念,提供理解工具。一个新概念,如不能表达新的思想和现实,就是词语垃圾。笔者新造"市场化政府经济行为",期望像"社会中间层主体"④那样对"市场—政府"二元观念构成一定冲击。国内外有关政府行为的分析模型常常忽视市场因素,市场行为理论又往往对政府机制视而不见。人们不能摆脱这个陈见的魔咒,就无法实事求是地思考或讨论这个世界,更无法推动一个或许真正可行的政策纲领。"正如所有的二分法,这种二元对立是抽象的,只是方便理性思维的一种手段,是一个被用来认知现实的权宜之计,很清楚但过于简单。我们应质问,那些被遗留在二元之间的事实——即使我们很清楚它们才是唯一实际存在的事实,它们却是理论无法证明而肯定的,因而大部分是

---

① See Asha Gupta, *Beyond Privatization*, Macmillan Press Ltd. , 2000.
② 参见〔德〕魏伯乐等:《私有化的局限》,王小卫等译,上海三联书店、上海人民出版社 2006 年版,第 5 页。
③ 参见张树华:《私有化是祸?是福?》,经济科学出版社 1998 年版,第 360 页。
④ 其文本初载漆多俊主编《经济法论丛》(第 5 卷),中国方正出版社 2001 年版,第 42—109 页。作为会议论文,曾载徐杰主编:《海峡两岸经济法学研讨会论文集(2001 年)》,中国政法大学出版社 2002 年版,第 138—162 页。之后,对"社会中间层主体的类型化"部分作出修正后收入王全兴的《经济法基础理论专题研究》,中国检察出版社 2002 年版,第 499—577 页。

没被思考的——这些事实会是什么样子?这个问题被我们的逻辑推理工具压抑了,却不断回来叩问,那就是如何经由现实本身的局势来思考它们的活动力?或者说,每一种情况如何能同时被感知为是现实发展的过程?"[1]本书关注真实世界,努力挖掘"特别"中的"一般",从概念术语和分析框架上对两者综合处理,强调政府不仅应"尊重市场",而且应尽可能将提供和生产加以分离,进而"虚拟市场",在原来产权不明显的地方创造出可交换的产权,为社会供给保证经济长期繁荣所需要的、能够保障市场充分发挥作用的所有市场支持性制度安排。本书的主要目的并不是要由此提出一个替代的思想框架解释经济法的理论和实践,而是为了激发我们对经济法的差异性思考,避免在单一的视角中将理论和事实物化,陷入逻辑上不可避免的矛盾和盲点。笔者新造"市场化政府经济行为",打破传统的学科边界的封闭性,以图在科际整合中保持思考的张力,带有强烈的探险色彩,就像梦的精神分析学家那样在各种言说的意识表层捕捉无意识的症候,寻找语言的逻辑缝隙,以此来改造我们的思维惯性,使理论家和实践者摆脱对经济法作单向的和歪曲的理解。

"市场化政府经济行为"概念之所以重要,是因为它塑造我们看待问题、事实及价值的理解能力。不是我们用这一概念描述市场化政府经济行为的世界,而是因为概念我们才能描述这个世界、市场化政府经济行为的世界才被描述为如此这般。我们所关注的不是市场化政府经济行为的事实或理论是什么,而是它们何以如此。从这个意义讲,概念不仅仅是言谈工具(交流手段)和存在方式(意义呈现),更是结构性的力量(话语权规约),是构建我们的世界观、我们的存在甚至我们言谈本身的不可见的手。

一切固定的东西都烟消云散了,一切神圣的东西都被亵渎了。社会的转型要求法学的回应,中国经济法学的转型与中国社会的转型如影随形。中国转型有自己的品格,并不受理论的束缚,它会刺激我们的想象力,甚至改变我们的观点。一切经济法的理论与观点,都应在社会转型这个"理性的法庭"面前为自己的生存作辩护,在时代的聚光灯下进行说服力竞争。"转型时期的课题,并不仅仅是用新的秩序来代替旧的秩序,而是在于继承从旧事物中成长起来的东西作为遗产来接受。打破旧的外壳是一个重要的社会行为,但从中继承历史的遗产与新秩序结合,这不能不说是更为伟大的历史行为。"[2]我们的时代是权利的时代,高度集中的国家经济权力正逐步向民众经济权利回归或复归。中国改革实际是从重产品分配转向重权力/权利分配的过程,"其目的不仅在提高人民生活,也要在政府与人民及人民与人民打交道的时候,确实决定个人之权益,才能造成

---

[1] 参见〔法〕余莲:《势:中国的效力观》,卓立译,北京大学出版社2009年版,第1页。
[2] 参见〔日〕大河内一男:《过渡时期的经济思想》,胡企林等译,中国人民大学出版社2000年版,第310页。

永久体制"。① 传统政治的积弊,虽是历史,同时也还是现实。② 不管政府经济行为市场化走到什么地步,中国在可预见的将来仍然是一个官僚化社会,经济法所要做的是促使官僚制由传统专制转向现代理性。作为代表公正之理性的载体,法律背后其实更蕴含着对权力的威慑和对权利的谦卑的情感逻辑。我们必须时刻保持警惕,中央政府和"地方政府权威可能对私人财产构成威胁,因为它们能用征税权力来积累资本,与私人公司竞争"③。相比地方"为增长而竞争",没有任何竞争对理解中国的经济增长有那么重要。地方型市场化政府经济行为、地方政府的权限和"权限之权限"应受到重视。

随着我国市场秩序的展开,"竞争与混沌"④笼罩着所有的市场化政府经济行为。法律作为一种规则体系必定是日常生活世界需要的产物和制度的选择,法律规范应是对社会经济事实客观的"映照"而非主观的"塑造"。亚里士多德曾经指出,事物的存在目的勾画了事物本身的意义空间,在很大意义上是对事物本身的存在属性的直接说明。⑤ 本书试图突破学界研究政府经济行为的思维局限,对实践中大量存在的市场化政府经济行为进行理念化和类型化研究,努力在日常生活的呈现中实现理论构建和法律规范,祛除不确定性和模糊性的混沌嫌疑,以求其概念的准确性、公正性乃至科学性。它试图打破僵硬的理论与立法,为政府经济行为的存在和发展勾画一个有序且开放的空间,破除"政府—市场"非此即彼的看法,厘清它们之间应有的过渡类型,用相应开放的综合立法加以规范和引导。中庸哲学可贯穿于对上述复杂现实的诠释之中,即处于模糊混沌的中间地带的某个点上,在市场中因创新而产生的混乱以及国家行政体系所要求的严格秩序之间,以及在个人自由和社会责任感之间,一种动态的、复杂的相互影响和相互依存。这些例证很适合于前后一致的框架,这一框架极有可能迫使

---

① 参见黄仁宇:《大历史不会萎缩》,广西师范大学出版社2004年版,第91页。
② 参见钱穆:《中国历代政治得失》,生活·读书·新知三联书店2001年版,第175页。
③ 参见〔美〕V. 奥斯特罗姆等:《美国地方政府》,井敏等译,北京大学出版社2004年版,第10页。
④ 笔者原将本书冠名为《竞争与混沌》,一是向美国电信法学大家罗伯特·W. 克兰德尔致敬。他深刻剖析了1996年美国《电信法》出台以来,政府与市场的作用范围在美国电信业领域的重新界定,对我国市场化政府经济行为研究提供了极其重要的参照系。参见〔美〕克兰德尔:《竞争与混沌》,匡斌译,北京邮电大学出版社2006年版。二是因为市场化政府经济行为从整体上处于"混沌"状态,但其所有类型都无一例外地重视"竞争"机制;相应的规制体系从整体上处于"混沌"状态,但公法与私法对其的规制存在制度供给上的"竞争",而在公法与私法现代化基础上成长起来的经济法因为具有极强的"回应性"和"模糊性"而极具竞争力。笔者后来发现,较之"竞争与混沌","混沌与秩序"在内涵上更加丰富,在话语上更具规范意识和法学味道。混沌之中自有秩序,但秩序仍有自我演进和理性建构之分;就秩序形成的意义,诱致性制度变迁和强制性制度变迁在不同时空下仍不能等量齐观,建基于"秩序自由主义"经济学派(即"弗赖堡学派")的德国经济法学提供了不可或缺的认知坐标系。美国金融大师彼得斯的《资本市场的混沌与秩序》(王小东译,经济科学出版社1999年版),更是在"法与金融"领域树立了标杆。此外,自研习法学以来,包括《秩序与混沌的临界》(法律出版社2008年版)在内的季卫东先生的诸多著述对笔者影响颇大。受惠于季先生的思想、视野与方法甚多,借此向先生致敬!
⑤ 参见〔德〕黑格尔:《哲学史讲演录》(第2卷),贺麟等译,商务印书馆1960年版,第269页。

读者将已有的零散经验联结在一起,并在组织化的社会生活的个案研究方面为后来者提供一种值得检验的试错或指导,同时促使人们重新思考经济法学研究中的成见、偏见和急功近利的伪命题①。

二、"市场化政府经济行为"是什么？何以如此？怎么可能？

现代市场—政府关系已逐渐脱离市场经济初级阶段的直观、感性、简单的想象,变得愈来愈模糊和晦暗不明,与经济时代的多种语境、关系、变数扭结在一起,形成了一个被多重意义、多种系统环境包裹着的结构,一种像莫兰所称的"复杂性的挑战"。本书通过剖析"市场化政府经济行为",对流行的经济法学基础理论进行论证或证伪。

市场化政府经济行为是政府主体运用市场行为的形式以实现其经济社会职能的行为。它是以实现政府经济社会职能为目的和内容、以市场行为为形式的政府经济行为,其目的具有公共政策性、功能具有财产供给性、手段具有市场性、主体结构具有特定性、意思表示具有政府主导性、适用范围具有限定性、法律适用具有综合性。在国内外实践中,市场化政府经济行为已呈现出多种形式,包括储备品销售、政府投资、政府间资源权交易、政府采购、特许权经营、公开市场操作、彩票发行、国债发行、政府收费、发放教育凭证等。它们依不同标准可作多种分类,如以财政资金流向为标准分为收入型和支出型;以客体形态为标准分为价值型和非价值型;以经济法亚部门法属性为标准分为市场规制型、宏观调控型、社会保障型等;以主体层次为标准分为中央型和地方型;以行为实施机制为标准分为竞争型和合作型。当然,上述分类都具有相对性,其中不乏交叉、模糊地带,如政府采购可属市场规制型,也可属宏观调控型;政府基金可属中央型,也可属地方型;国债行为可属收入型,也可属支出型。无论何种类型,该行为的特质在于,注重市场机制的引入,使得传统政府行为的强制性、单方性、暴力性与专横性特点相对弱化,会使行政主体和政府行为变得富有人性,会促使市场主体/行政相对人积极参与政府行为,提升和强化了政府能力,促进公共产品供给效率的提高。所有的市场化政府经济行为都"脚踏两只船",是市场行为也是政府行为,用市场的手段达到政府的目的。当然,无所不在、无所不能的政府固然是自由的大敌,受盲目力量支配的市场也同样危险。对市场化的广泛使用极可能带来不公

---

① 比如,"经济法产生于古代社会"。笔者认为,这种观点的产生,与论者不能有效区分"起源"和"产生"的文义相关。"起源"(origin)意为开始发生和事物发展的根源,即导致事物产生和发展的先前形态;"产"原意为人或动物的幼体从母体中分离出来,由此引申为"产生"(emergence),即由已有事物中生出新的事物。参见《现代汉语辞典》(第5版),商务印书馆2005年版,第1077页、第149页。经济法起源于古代社会,而产生于资本主义垄断出现之时。从"起源"开始,经济法历经漫长"量变"过程之后,才实现质的飞跃,作为新兴法律部门产生。经济法是20世纪新兴法律部门,是经济和社会的社会化达到相当高度之后,国家政权普遍介入生产、流通等经济诸环节、公共管理渗透到经济诸层面的"组织化资本主义"的产物。组织化资本主义,参见〔美〕拉什:《组织化资本主义的终结》,征庚圣等译,江苏人民出版社2001年版。

平结果,进而改变私法本身的性质,因为市场化的目的一旦远离私人的自由选择,就否定了据其而构成私法的最根本的基础。有一句德国谚语"Trends sind Gleichmacher"(赶时髦实际上是赶走时髦),随波逐流地鼓吹政府经济行为市场化,说不定到头来只不过是"皇帝的新衣"而已。中国政府能力的提升,不仅仅在于其能推出促进经济发展且有别于传统的市场行为或政府行为的市场化政府经济行为,更在于其能为该行为提供"与时俱进"的制度生态。有效规制市场化政府经济行为,是政府能力建设的题中应有之义!市场化政府经济行为不再拘泥于简单、粗暴的行政干预或行政命令,而是借打市场规律之"太极拳",辅以政策性导向和制度规范,以间接方式对经济予以"微调",不至于发生"摁下葫芦起了瓢"的矫枉过正现象。进而,它既是制度化的现代市场行为,又是制度化的现代政府行为,从根本上有别于传统的市场行为和传统的政府行为。

本书通过研究市场化政府经济行为及其法律规制,得出以下结论:

第一,法学的理论建构和言说方式,不是"天马行空般的"和"非场景化的"。如不对一种抽象理论同现实生活之间错综复杂的关系进行系统梳理和反思,在理性主义化约论的遮蔽下,抽象理论就会丧失问题意义和理论价值!市场化政府经济行为作为经济法的基本范畴的提出,既强化了经济法的"回应性"特点,论证了经济法的"模糊性"特点,也强调了在经济关系复杂化和动态化背景下法律综合调整的必要性。认真对待经济法与经济法学,必须克服"中国式"市场与政府、经济与法律、国家与社会、科技与财政等种种挑战,介于经济私法与经济公法、经济学与经济政策、经济行政与经济行政政策、传统与现代等横切面之间。

第二,公共利益可被描述为尽可能以最佳的方式对个人和集体物品等稀缺性资源的配置。"公共利益标准"蕴涵着对政策过程中相互竞争的诸价值和利益的衡量,有着相当的弹性和延展性,但在市场化政府经济行为司法和管制实践中还是倾向于结合具体的管制情境,将形式上的公共利益标准转化为更为实在的服务标准、资费标准以及法定要件,进而实现对裁量权的导控。在公共利益的考量下,市场化政府经济行为可通过许可制度,以及更为市场化的管制进路,维持或模仿市场机制,优化资源配置。

第三,我国市场经济体制的建立和完善,是政府主导型的制度变迁。扮演从国家控制社会的工具、到促进经济社会发展,进而实现国家和社会有效互动的联结点角色的地方政府,为社会发展提供公共物品时面临责权不一的制度掣肘。当下对政府主体制度的研究,建立于其内在功能和外在结构同一和均质假设之上,对现实解释力尚嫌不足。经济法学打破了抽象"政府"的"黑箱",强调政府的科层与分级。"解构政府"和地方的复兴,使地方政府权力如何被运作和被制度化,成为当下中国经济宪政必须解决的根本问题。我们必须重视地方型市场化政府经济行为的"多中心治道",重视地方政府的制度供给和理论研究,这既是经济法保障科学发展观实现的价值体现,也能使主体理论研究进一步深化,特别是主体类型化研究更加周全。

第四,转型中国所面临的不仅仅是经济增长快慢的挑战,更是经济宪政制度供给的挑战。我们应秉持"宪法爱国主义",而不仅仅是"经济爱国主义"。经济法回归日常生活世界,重视"经济宪政—政府—市场"在当前中国的适用。宪政改革的方向是将国家引入到有限政府、服务政府、责任政府、法治政府和透明政府的轨道,生成有效政府。财政的本质在于它是公共风险的最终承担者,承担制度成本和最终风险。从中国式财政联邦主义,以及相应的地方财政制度重构切入,有助于破解当下中国的宪政困局,在错综复杂的利益格局和陈陈相因的制度沉疴中为市场化政府经济行为的规范运作奠定良好的宪政基础。

第五,市场行为和政府行为的结合,可互相牵制、互为补充,也可能狼狈为奸,放大各自缺陷。市场化政府经济行为的理想图景是,有机融合市场机制和政府机制的各自优势,最大限度地缓解市场机制和政府机制的各自劣势,切实避免市场机制和政府机制的劣势叠加和放大。

第六,市场化政府经济行为作为含有大量私法行为因素的公法行为,在政府治道变革已成为世界性潮流的背景下,其适用范围不断扩宽,已普遍存在于国民经济的各个主要领域。因而,它涉及宪法、民商法、行政法、环境法、劳动法、社会保障法、教育法、诉讼法等多个法律部门。为了协调或消解该行为中市场行为与政府行为、政府公共性与自利性、政府主体利益目标与参与主体利益目标、制度移植与制度适应、短期政策操作与长期制度建设等诸多冲突和矛盾,需要以经济法为中心,就市场化政府经济行为的适用范围、主体、审查、合同、标准化、价格、竞争、税收、法律责任、争议处理等诸多制度要素作出立法设计。

第七,深入研究市场化政府经济行为,必须对以下几组关系进行比较系统的回顾和总结:(1) 市场和政府;(2) 经济与法律;(3) 私法与公法(权利和权力)。经济法是市场与政府、经济与法律、私法和公法之间的一个张力域,在这里,诸第二个词不再是天经地义地优越于第一词。这个张力域不再能用进步与反动、左与右之类的二分法去界定,更不能用前者驾驭后者。那种非此即彼的思维方式,在科学研究上极易产生对市场和私法无条件推崇、对政府和公法持极端蔑视的心态,在公共政策的制定和立法取向上极易忽略"二元结构"中可能存在的中间结构、中间机制或转化形态,最终导致忽视社会中潜在利益冲突的公共政策决策。经济法总论范畴的建构,离不开对"中国式"市场和政府、经济与法律、私法和公法等相互关系的有机考察,必须重视中国制度变迁过程中上述二元结构内部的冲突、协调(替代或互补)和转化机制。有鉴于公共物品供给的政府和市场作用就像钟摆一样,随着经验和政治需求的变化,每隔一段时间出现一次摇摆,在当下中国经济法的视野中,市场行为与政府行为应统筹兼顾,以政策目标主导市场行为;经济问题与法律问题应同时考虑,以法律服务经济;公法规范与私法规范应一并应用,以国家因素主导管理。

第八,在我国传统、现代与后现代的共时性存在的具体语境下,经济法具有明显的横切面特征。经济法既是"有关经济的法",又是作为独立法律部门的"经济法",更应当作为一门学科、一种学说、一类介入生活的方式。在我国这种政治社会中,经济法学基本理论框架必须由"政府—市场"扩展为"经济宪政—政府—市场",凸显经济宪政促成"中国式"不完美的政府与不完美的市场的"二元互补",型塑出"有效政府",实现政府与市场的黄金分割距离。经济法应主要作为法律科学而不是法律部门,经济法学理论应由"小经济法"转向"大经济法"。这种"否定之否定"的角色转型,有助于解决"中国经济法学向何处去"的问题,真正面向中国社会的真问题,与西方经济法学前沿理论开展有建设性的对话。从这个意义上讲,经济法是现代法,极少有现代化与传统冲突的痛苦,其开放性和对新观念、新理论的强劲吸纳能力,便于从现代化的理论和实践中获得支撑。

  结论是不愿继续思考下去的一个借口而已。按照 Matz 的定理,结论就是你懒得继续思考下去的地方。从这个意义上讲,结论并不重要,结论只是人们为了退出某一具体研究领域时一个比较有效而体面的战术或策略。① 对市场化政府经济行为这一越界性实践,势必同时是一个对"学科"的越界:或是学科间写作(即蜻蜓点水式地游走于学科之间),或是多学科写作(即运用多种学科知识来进行思考与分析),抑或是无学科写作(即不存在学科界限地运思)。而且,没有任何一种单一的研究方法——即使被冠以科学这一高度实证的标签——对经济法学研究而言是足够的。如研究由理性指导,研究方法的多样化——尊重实践理性,也尊重理论理性;尊重定性分析,也尊重定量分析②;尊重就法论法,也尊重法外论法③;尊重整体性研究,也尊重结构性研究④;尊重"立法主义(立法论)",也

---

  ① 参见苏力:《法治及其本土资源》,中国政法大学出版社1996年版,自序。
  ② 参见程信和:《试论经济法中的定性分析和定量分析》,第十届全国经济法理论研讨会交流论文(长沙,2002年10月);范少虹:《试论经济法中的定性分析与定量分析》,载《时代法学》2004年第4期;杨婷、李迪:《定性分析与定量分析在经济法研究中的运用》,载《经济法学家》(2004),第140—147页。
  ③ 参见王全兴、彭飞荣:《简评经济法学研究中的"法外论法"》,载《湘潭大学学报》2009年第1期。传统法学研究侧重"就法论法",如王泽鉴所说,实质上是穿梭于"案例事实"与"法律规范"之间的思考,是"上位规范与生活事实之间来回穿梭的观察"或者"事实认定行为与其法律定性之间的相互渗透"。参见王泽鉴:《法律思维与民法实例》,中国政法大学出版社2001年版,第36—39页。换言之,"就法论法"始终围绕法律规范来思考问题,并以此为出发点建构现实的法治秩序。其缺陷在于,一是不足以解决在法律规范的前提有缺陷时该如何依法办事的问题;二是不足以解决具有稳定性的法律规范与具有动态性的政治、经济、社会等生活现实如何协调的问题,尤其是不便于为制度和法律创新开拓思路和提供充分的解释。我国法学研究曾由"以政论法"(即"政法学",在政治框架内研究法律问题)阶段转入"就法论法"阶段,现正跨入"就法论法"与"法外论法"相结合阶段(即综合研究阶段)。
  ④ 参见王全兴、何平:《略论经济法学研究中的结构性研究》,载《重庆大学学报》2008年第5期。结构性研究,又称结构分析方法或结构功能分析方法,指将研究对象视为多种元素的组合体,就各种元素的地位、功能和相互关系及其对整体的影响展开研究的方法,属于一般系统分析方法的延伸。与结构性研究相对应的整体性研究,又称为普适性研究,以注重研究整体内各个组成部分的共性以及涵盖并普适于同一组合体中各种元素的理论和规则为特色。在经济法学研究中,结构性研究有得天独厚的条件,但不应轻视、更不应排斥整体性研究的运用。

尊重"司法主义/法律适用主义(解释论)"①……——就似乎是必要的。所以,经济法的知识和理论发展应以不同学科的多方法进行,包括假设检验、案例研究、行政—政策过程分析,以及对该领域的历史诠释、演绎论证、哲学批判和对行政经验的个人反思。

我们是生活在一个多元论的世界之中。② 复杂而混沌的社会问题要求我们学会"与不确定性一起工作",在"意义漂移的世界"寻找到一种商谈的秩序。经济法学的力量就在于它是一种思维方式。对这种思维方式的理解曾经是(今后也一直是)经济法学对社会科学的革命性贡献,它有助于我们增进对周遭日常生活世界的理解。让一代中国法学人为之折腰的"什么是你的贡献"(苏力)问题,就是在问:"你在中国发现了什么?"揭示市场化政府经济行为,也昭示了一个基本事实:中国"社会的被发现"③,虽然这只是笔者所发现的中国经济法(学)及其背后的中国社会的一些特征,是带有探索性、启发性的"个体呈现"或"局部呈现",只是一个可能的出发点、一种认识的可能性或者一个在众多理解中的一种理解,显示着笔者对中国社会的直觉、想象力和历史感。好在,人文社会科学的研究只能是指向未来的,如狄尔泰所说,"人文科学的目标,即理解社会历史现实中的单一和个体,认识其形成过程的一致性,为其未来发展建立目标和规则。"④ 从个别的研究中提升出一般,从混沌中发现和构建秩序,而在一般中则包含着洞察未来秩序的可能性,这就是对人文社会科学的基本要求。

三、"市场化政府经济行为"还有什么?

任何理论的成形(take shape)、深化(deepen)和与时俱进(evolve over time),意味着有巨大的可开拓空间。本书的完成,只是打开了一个问题盒子,它们都涌出来缠绕在笔者的脑海中,其中最具体的有这样两个问题:

第一,市场行为因素不仅仅被引入政府经济行为中,还在其他政府行为中得

---

① 参见黄卉:《"一切意外都源于各就各位"——从立法主义到法律适用主义》,载《读书》2008年第11期;喻中:《从立法中心主义转向司法中心主义?——关于几种"中心主义"研究范式的反思、延伸与比较》,载《法商研究》2008年第1期。喻中指出,研究范式由立法中心主义转向司法中心主义具有积极意义,但日渐凸显的司法中心主义范式也存在着一定的虚幻性。在反思立法中心主义范式、司法中心主义范式的基础上,还应认真对待行政中心主义以及民众中心主义的研究范式。比较分析四种"中心主义"范式,有助于促成不同研究立场之间的融合与沟通。在此之前,王轶曾强调,我国以往的民法学研究侧重"面向立法的民法学",相对忽视了"面向司法的民法学";未来的制度性研究应采用体系化思考方法、面向其他学科的研究方法和成果开放的制度性研究。参见王轶:《对中国民法学学术路向的初步思考》,载《法制与社会发展》2006年第1期。
② 参见[比利时]普里戈金、斯唐热:《从混沌到有序》,曾庆宏等译,上海译文出版社2005年版,第1页。
③ 参见[英]波兰尼:《大转型》,冯钢等译,浙江人民出版社2007年版,第89页。
④ 参见[德]狄尔泰:《人文科学导论》,赵稀方译,华夏出版社2004年版,第29页。

第七章 结语

到运用。我国业已大量出现的社会保障私有化（民营化）[①]、监狱私营化[②]、判决书"市场化"[③]、私人侦探与治安承包管理[④]、区域性行政协议[⑤]、包税、招标破案、政府悬赏广告、委托民间（或专家）立法等实践。它们迫切需要宪法、劳动和社会保障法、行政法、环境法等诸学科的学者，就市场行为和政府行为在各自领域的结合作协力研究，从更宽的视野为市场化政府经济行为的法律规制提供理论援助。

美国公共行政学会前会长曾这样评论：我们的社会处在一个关键的交叉路口。公众对政府的生产力低下正失去耐心。两条变革途径似乎正在分叉：一是高举私有化大旗，利用民间部门的高效率、低成本提供必需的公共服务；另一条是公共部门提出系列创新方案，改善公共服务并重新获得公众的信任。尽管后一种变革表面上并没有私有化，但是表面上与私有化战略针锋相对的内部改革战略依然摆脱不了私有化。对政府的不满和政府频繁出现的问题使得私有化成为可能的矫正方法。20 世纪 70 年代以来，社会保障私有化成为社会保障领域的变革战略。目前，以信托基金形式存在的社会保障体系资产，全部都投资于美国政府证券。由于股票和企业债券的收益率高于政府证券，许多拯救社会保障体系的建议都认为应当将部分信托基金投资于企业证券，从而使得该体系部分私有化。私有化的建议主要有三种形式：一是政府将信托基金资产投资于企业证券。该方案利用了信托基金的规模经济效益，从而可提高信托基金的整体收益，降低交易成本。反对者认为，政府拥有私人资产，会加剧政府对私人部门的干预。二是将信托基金转换为能投资私人资产的个人账户。这方案避免了政府拥有私人资产，并能增加投资收益。反对者认为，由于许多个人账户规模较小，交易成本会很高，它可能使个人承担较高风险。三是个人账户与信托基金并行。该方案的优缺点类似第二种形式，可提供更高的退休收入，但需增加税收为这些账户筹资。"重新审视社会保障制度的最明智的方法……是提出这样一个问题：怎样做切实有效？……对这一问题的回答意味着要认真思考私营部门取代政府从事某些工作的可能性，同时承认政府可能在某些事情上比私营企业做得更好，甚至有些事情只能由政府来做……私营部门扮演的角色应该不断扩大。尽管不

---

① 参见〔美〕Thomas J. Dilorenzo：《社会保障改革的宪政论进路》，卢超译，载杨建顺主编：《比较行政法》，中国人民大学出版社 2008 年版，第 345—358 页。
② 参见陈颀：《美国私营监狱的复兴》，载《北大法律评论》第 10 卷第 1 辑，北京大学出版社 2008 年版。哈特（Hart,1997）等人举例说明了监狱私营化可降低成本，但会引起监狱暴力上升。参见李剑锋：《西方公共产品提供形式理论探析》，载《国外财经》2001 年第 2 期。
③ 参见季卫东：《判决书"市场化"忧思》，载《财经》2006 年第 17 期。
④ 参见何家弘等编译：《私人侦探与私人保安》，中国人民大学出版社 1990 年版；邹东升：《契约治理视域的治安承包》，中国检察出版社 2009 年版；李波：《公共执法与私人执法的比较经济研究》，北京大学出版社 2008 年版；徐昕：《论私力救济》，中国政法大学出版社 2005 年版。
⑤ 参见何渊：《区域性行政协议研究》，法律出版社 2009 年版；施建辉、步兵：《政府合同研究》，人民出版社 2008 年版；于立深：《契约方法论》，北京大学出版社 2007 年版；余凌云：《行政契约论》，中国人民大学出版社 2000 年版。

愿声张,政府还是迫切希望把一些提供福利的工作转给私营部门……在许多富裕国家,社会保障的私营份额近年来已大幅增长。"当然,"民营化是一种手段而不是目的,目的是更好的政府,更好的社会"。① 社会保障管理的民营化,也是一种手段而不是目的,目的是更好的社会保障。英国 1985 年提出了社会保险制度改革方案,要求把原来完全由国家负担退休金和失业津贴的制度转变为私人和企业负责制;同时还迫使地方政府和有关部门就一系列项目进行招标,将某些公共服务工作承包给私人。美国 1996 年颁布了《社会福利改革法案》,改革措施之一就是提高社会福利机构的私有化程度。对于私有化(民营化)的热衷,也有不同的声音,"有关的证据,尤其是在那些资本市场相对不够发达、公民对资本市场的复杂性认识不够充分的国家所看到的证据,并不支持私人管理的思路。即使在那些人口受到良好教育、资本市场运行良好的国家,私人管理的基金其交易成本也一直很高,而且有种种担心认为,许多基金可能会成为那些希望利用人们的天真而获利的人的猎物。"②社会保障管理,显然是"社会"管理,这不能简单归结为国家职能,通过各级政府代表国家事必躬亲,也不能摆脱国家监控成为各种社会组织的"私事"。

监狱私营化,也引发了争论。美国律师公会 1986 年指控监狱行政和矫正工作的私营化措施违宪和违法,因为矫正行政工作属于国家行为权责,非私人行为范畴,二者的分界为宪法及法律明文规定,不可擅以经济效益理由妄加混淆。监狱私营化充分体现了私人目标(利润最大化)和公共目标(良好矫正)之间的利益冲突。私人监狱的法律评论聚焦点并非服务质量,而是将公共权力授予私人主体的合宪性,如私人监狱公司是否应像公共主体那样受宪法约束。在多数情况下,发包的公共机构认为它们放弃的只是政策的执行,却保留了政策的制定权。但这种区别微不足道。私人监狱的警卫行使着影响犯人最基本自由权利(包括饮food、淋浴、锻炼时间、牢房条件、交通、工作分配、探访)的裁量权。私人经营者会选择减少工作人员或雇佣不合格的看守以降低成本,对囚犯及职员的安全问题作出让步。在私人监狱,私人对违法行为裁决并且予以惩罚影响了囚犯的宪法权利,涉及自由利益,即使将一些无关痛痒的干预行政予之私人执行,亦有可能带来对负责任或诸如参与和公正等其他公法价值丧失的忧虑。③

可见,商业利益通过能有效分割经济活动和社会关系的市场逻辑,似乎逐渐控制了社会。我们担忧,自由市场原则摧毁了彼此负责的社会综合关系,也破坏了公共价值观,如公民义务、互惠及再分配?也许,许多人在突然发现他们缺乏

---

① 参见〔美〕萨瓦斯:《民营化与公私部门的伙伴关系》,周志忍等译,中国人民大学出版社 2002 年版,第 111、346、350 页。
② 参见〔美〕斯蒂格利茨:《设计适当的社会保障体系对中国继续取得成功至关重要》,载《经济社会体制比较》2000 年第 5 期。
③ 参见〔美〕弗里曼:《私人团体、公共职能与新行政法》,毕洪海译,载《北大法律评论》(第 5 卷第 2 辑)。

第七章 结语

适当的社会安全和公共支持体系时,便为保护自己采取激进措施来反对一切市场化措施。我们所要做的是,研究这些具体的行为个案和问题个案,通过借鉴最新理论(如学习型政府、福利—合作国家)①和鲜活实践(如新公共管理运动、政府再造运动),在制度设计中加以拓展。

第二,市场经济具有天生的扩张倾向,全球化②是必然趋势,其进程及产生的对经济性的普遍认同和传递,改变了不同类型组织间功能的不对等,权力流散和去中心化成为常态,私人部门的优势成为政府改革的压力。"全球化就是为了满足商业精英的利益而放松对全球市场的监管,全球化是不容置疑的真理,全球化就是知识和政治霸权。"相对于社会和市场,政府只具有权力优势,不具有全面的能力优势。"全球化削弱了政治解决方案,因为全球化削弱了国家政府征税的能力,削弱了政府监管资本和劳动力的职能,而且全球化加强了国内社会对放任自流的资本主义的支持力度。"③公共物品生产者和提供者之间的分离以及综合功能组织的分散化,导致各类生产组织的迅速出现,公共与私人部门的界线有所消弭。另一方面,全球化的深入和相互依赖的加强,推动了地方政府进一步介入国际事务。面临全球竞争,地方政府要促进本地的经济发展,亟须走出国门,在全球商品、资本和服务市场上实现其经济发展目标。同时,国际制度的加强意味着国家权力转移到国际层面,国家规制在一定程度上被国际规制取代,这种替代为非中央政府开辟了国际空间。各国非中央政府的改革进而获得驱动。

在开放的全球大家庭里,权力正在从民族国家向外转移,既可能向上也可能向下,还可能向侧边转移。每一个国家都面临着来自别国的潜在竞争,包括公共品的提供的竞争。国家间可竞争性的加剧,更加有利于大多数国家保持"发展共识"。基此,"大多数国家在争取得益于全球化的同时,相当广泛地采取和顽强地坚持旨在限制和抵制全球化负面影响的政策,用根本的政治经济学哲理来说,在市场对国家这一关系中,与市场削弱国家的某些权能相对,国家会倾向于抵抗,并且谋求新的权能。"④于是,公共部门的资源扩展能力和竞争能力成为检验政府治理能力的共同准则。"在全球经济体系逐渐形成的情况下,任何国家都渴望成为具有经济竞争力的国家;当这一点列入政府议事日程中的最重要位置时,任何

---

① 参见王强、陈易难:《学习型政府》,中国人民大学出版社 2003 年版;〔美〕昂格尔:《知识与政治》,支振锋译,中国政法大学出版社 2009 年版,第 209—274 页。
② "全球化"(globalization)在当代中国使用频率之高有目共睹,但它在前述的威廉斯的《关键词》没有提及。马丁·阿尔布劳认为,毋宁说,用"全球时代"(the global age)来代替"全球化",作为对当前历史性变革的称呼,会更妥帖些。现代性(modernity)之被全球性(globality)取代,导致在国家、政府、文化和社区等诸多领域都出现了一种非中心化现象。有必要对有关这些制度及其相互关系的理论给予以重建。有一种潜势,可供社会用来恢复自身的恒久重要性。参见〔英〕阿尔布劳:《全球时代》,高湘泽等译,商务印书馆 2004 年版,第 9—10 页。
③ 参见〔美〕库特纳:《大国的陷落》,曾贤明译,中信出版社 2009 年版,第 55 页。
④ 参见〔美〕Manfred B. Steger:《全球化面面观》,丁兆国译,译林出版社 2009 年版,序言。

有关降低税收成本、解除规制、提高政府效率的改革措施都会大受欢迎。"①如 William Glade 等将民营化置于国际经济的大环境中,认为民营化战略在于突出国际收支平衡中的一对孪生难题:巩固公共部门的地位与提高经济竞争力。② 换言之,"全球化并不表示国家体制注定没落,各国政府仍将掌握全世界最强大的政治力量,各国的决定仍将对整个世界的健全和活力产生重大影响。"③而且,各国政府(包括地方政府)都被纳入一个"共振"系统之中,面临着"共时性"的煎熬,在世界范围内受到了全面挑战和广泛责难,深陷合法性危机的泥潭之中。日益兴起的全球经济强烈冲击着政府的合法性和与此相关的结构、功能与过程,使"政府效能"成为前所未有的检验政府合法性最关键的、决定性因素。这是因为:(1)任何一个政府都处于相互依赖的共振网络之中,政府的命运都由其在全球政治和经济舞台上的竞争能力所决定,都由其处理具有全球性特征的问题的能力所决定。(2)任何政府都必须清醒地认识到并有能力做到,在国际共振系统中不遗余力地寻求到保护和促进本国福利的实际提高,才能获得本国人民的认同与支持。(3)政府效能与合法性已不再能从本国历史的纵向比较中获得令人信服的认同,历史原因已不再成为人们认可的社会福利不及他国的托词。衡量政府成功与竞争力、政府效能与合法性的唯一标准是现实的在国际横向比较的基准上政府促进经济发展和增进国民福利的能力等。(4)以"劣币驱逐良币"为特征的"以足投票"成为政府效能和政府合法性的指标风标。④

研究的深化和细化,还有待考虑全球化等更为宏观的背景。遗憾的是,初始研究框架中"个案剖析:2005 年国储期铜巨亏事件",因资料收集和写作时间等限制无法展开深入研究。

案例 7-1　2005 年国储期铜巨亏事件⑤

2003 年 10 月间,国家发改委下属国家物资储备调节中心(以下简称国储调节中心)进出口处处长刘其兵于以国储调节中心名义在期货市场建立大量空头头寸,后遇铜价暴涨致使 2.317 万吨保税铜贷款亏损;截至 2005 年下半年,他以结构性期权方式持有的空头头寸又现巨额亏损;2005 年 10 月,刘其兵销声匿迹,随即在国内国际期货市场上引发震动——这就是震惊世人的国储期铜巨亏事件。案发之后,国储调节中心数次拍卖储备铜,试图平抑铜价;此外,国储大量铜现货被运至伦敦金属交易所(London Metal Exchange)在亚洲的数个仓库作实物交割。与此同时,关于中国应争夺铜及其

---

① 参见〔美〕彼得斯:《政府未来的治理模式》,吴爱民等译,中国人民大学出版社 2001 年版,第 15—16 页。
② See William Glade, *Privatization of Public Enterprises in Latin American*, ICS Press, 1991, p. 13.
③ 参见〔美〕隆沃思:《全球经济自由化的危机》,应小端译,生活·读书·新知三联书店 2002 年版,序言(第 2 页)。
④ 参见杨冠琼:《政府治理体系创新》,经济管理出版社 2000 年版,第 27 页。
⑤ 参见李箐、宋燕华:《国储期铜案真相》,载《财经》2008 年第 9 期,第 42—49 页。

第七章　结语

他资源类的国际定价权、不能坐视西方交易所定价等声音骤然高涨。违规交易造成巨亏大案原本清楚明白,竟被搅得性质暧昧。2008年3月20日,北京第一中级人民法院对刘其兵的判决书出炉,刘其兵一审被判处7年徒刑,原国储调节中心副主任、法定代表人吕嘉范一审被判刑6年。一审判决认定,刘其兵违反国家对国有单位进行期货交易的相关规定,将国储调节中心资金用于境外非套期保值的期货交易,致使国储调节中心损失折合人民币9.2亿元。如不是事后调用储备铜实物交割,仅计刘其兵交易账户损失,其损失远高于9.2亿元,达到6.06亿美元。这场判决结束之时,国际铜市再创新高:2008年4月17日,伦敦金融交易所3月期铜的买入价盘中达到每吨8880美元的惊人价格,这是自2006年5月LME三月期铜价8790美元以后的新记录。回首2005年9月,致使刘其兵爆仓的3700美元/吨的价格、2004年2月第一次巨亏时的2000美元/吨的价格,已是高谷为陵。"定价权之争"成无人再提的笑柄。

二十年的改革开放,使中国的发展已不仅是中国的事情,正像中国法律的发展,不仅是内政,更牵涉中国与东亚经济/法律一体化,牵涉中国与中国法作为民族国家的法律屋顶组织民族国家,参与到世界法的建设过程中间,作为大国参与和重新缔造国际宪政和全球秩序。世界越变越"平",各国政府推动或阻碍国家竞争力的潜力在增加。"我们的市场已经全球化了,可是我们的民主机构还没有全球化。经济已经全球化了,然而政坛却还在沿袭两个世纪诞生的以民族国家为基础运行的旧制。这种失衡现在骤然凸现于我们面前。"①而"全球化的奇特之处在于并且与这种经济战略所作出的承诺直接对立的地方在于,那些积极的效果主要都出现在发达国家,那里是全球化的正极,而消极的效果则大部分集中于欠发达国家,那里是全球化的负极"。②布迪厄告诫我们:"正如我们对这些行动者置身并形成于其中的场域本身的知识,使我们能够更好地……把握他们的观点或(在一个场域中的)位置的根源。要知道,他们对世界(以及场域本身)的特有观念正是从这种观点或位置中构建出来的。"③反省、深思和明辨2005年国储期铜巨亏事件,在中国崛起的背景下,可进一步体会经济法视野中国内法与国际法的兼容互动,以国内法作为基本立足点,站在国际高度考虑联动效应,在其相应的制度设计中强调提升政府能力、确保经济安全和尊重国际惯例,消解"世界的中国焦虑与中国的世界焦虑",凸显中国学者的"中国问题,世界视野"。

---

① 参见〔比利时〕居伊·伏思达:《欧洲如何走出危机》,关呈远等译,新星出版社2009年版,第2页。
② 参见〔波兰〕卡齐米耶日等:《全球化的负面影响》,佟宪国译,经济管理出版社2004年版,第255页。
③ 参见〔法〕布迪厄、〔美〕华康德:《实践与反思》,李康等译,中央编译出版社1998年版,第146—147页。

前路尚长,上述的不足和遗憾,正是笔者的努力方向!请允许笔者引用诺思的《制度、制度变迁与经济绩效》的结束语作为本书的结束语:

"The promise is there. We may never have definitive answers to all our questions. But we can do better."①

---

① "前景是美好的。我们也许永远也无法确切地回答所有问题,但我们可以做得更好一些。"参见〔美〕诺思:《制度、制度变迁与经济绩效》,杭行译,格致出版社、上海三联书店、上海人民出版社2008年版,第193页。

致　　谢

　　本书由博士论文《市场化政府经济行为及其法律规制》完善而成。在凝聚了心血的著作即将付印之际，满眼尽是未尽之处，更深知自己的智识浅薄。不登高山，不知天之高也；不临深溪，不知地之厚也。好在，只有更好，没有最好。伟大如哈耶克，在其《自由秩序原理》的前言也这样说："我之所以要向各位读者致以歉意，乃是因为我在决定将自己努力研究的结果呈示于读者时仍感到有一些遗憾之处。任务所设定的目标越高，实施此项任务的不尽人意之处也就越多，这或许是无以避免的。"博士学位虽被认为是学业的最高成就，再回头却发现它不过是人生的另一起点，恰是应了"路漫漫其修远兮，吾将上下而求索"。市场化政府经济行为的复杂性也决定了，本书离目标仍相差很远，论证不够充分，疏漏之处甚多，恳请学界前辈和同仁不吝赐教。本书愿作引玉之砖，引起学界对该问题的重视。我的邮箱为：guanbin2001@gmail.com。

　　文本既成，作者即死，论文开始自有其生命和定数。它所客观呈现的意义，既不同于作者主观赋予的意义，也不同于读者阅读时所生成的意义。作为作者，冒昧地借用孟德斯鸠的一段话："我有一个请求，总怕人们不允许。就是请求读者对一本二十年的著作不要读一会儿就进行论断；要对整本书，而不是对几句话，他们只有在著作的意图里才能很好地发现它。"这远不是一部我心目中的理想作品，更谈不上是什么鸿篇巨制，当然不敢将其与孟氏巨著相提并论，但她绝对是一部认真的作品，便"野人献曝"，并借用圣贤的话进行"意思表示"。我一直认为，虽然有自我剽窃之嫌，但真正有思想、有创见的学术著作的各部分核心内容必须能形成论文发表；反之，如一本著作中没有几篇像样的论文作支撑，它的质量可能极难保证。对市场化政府经济行为的研究，资料积累始于攻读硕士学位的1998年9月，正式研究始于攻读博士学位的2002年9月，"混沌"中所发现的"秩序"，《中国法学》、《法商研究》、《中外法学》、《经济法论坛》、《北方法学》等刊发论文中已有反映，有多篇被人大复印资料和《中国经济法学精萃》转载。在成文过程中，我的感觉就跟狗啃骨头差不多——"如果你们看见过，就一定会注意到它是多么虔诚地吃那根骨头，多么注意地守住它，多么热情地衔住它，多么谨慎地啃它，多么亲切地咬开它，又多么敏捷地吸嘬它。"我的有意为之和力所不逮成就了它的模样。确切地讲，与其说我在研究中贡献了微不足道的智思，毋宁说我被研究对象所成就甚或拯救。

　　在继续下一阶段研究之前，我最想回忆的是论文写作时的那种"心里眼中都是她"的牵挂不断、寝食不安、魂不守舍的奇特感受，那种与"买书—读书—教书—写书"相伴随的捕捉思绪、记录火花、整理思路、安排结构、反复修改的循环过程,以及那些理解、支持和帮助我的亲友们。

感谢业师王全兴教授,感谢他将我领进学术殿堂,让我找到热爱并有志于终身致力的事业。我从1993年开始自学法律,蒙至今尚未谋面的郑永流教授引荐,得遇恩师。这有珍藏至今的两人多封书信为证,虽然郑师可能早已忘掉了当年的义举。硕博阶段无数次登王门求学,每每面聆殷殷教诲,案几之上干果陈列、热茶浮香,授业解惑中浸染着师母慈祥和家居温馨,这些细节所显示的仁爱之风总是令我感佩。恩师多次告诫我既要做好学问,又要做好人,而惟有将人做好,学问才能真正做好;任何老师只应是学术探索的指路人,而不应成为学术研究的"垄断者"和学术思想的"军阀"。他在道德修养方面对我的教诲和熏陶对我产生了极大影响,并将使我受用终身。恩师还时常向我推介经济学、社会学、政治学甚至中国传统文化等方面的书籍,并无数次地向我强调宽广视野对学术创新的重要性,绝对不能"就法论法",对我的知识结构、研究方法和学术视野产生了很大影响。本书的写作,从论文选题、结构安排到观点论证,都得到了恩师指导。恩师对本书的诸多指点和细致修改构成了本书亮色。当然,错误概由本人负责。中南财经政法大学刘普生教授和宋清华教授对我的指点和提携甚多,让我得以对人生常怀感恩之心、对学术常怀敬畏之心。如果说弟子日趋成熟并学有偶得,那都得归功于恩师们的教化。曾记得季羡林先生的一段感言:"在我所知道的世界语言中,只有汉文把'恩'与'师'紧密地嵌在一起,成为一个不分割的名词。这只能解释为中国人最懂得报师恩,为其他民族所望尘莫及的。"春晖雨露,非寸草之心所可言报,弟子惟有潜心学问、努力工作。

感谢湖南大学李步云、韩虹、单飞跃、郑鹏程、徐涤宇、李金泽、刘定华、屈茂辉、黎四奇、陈秋云、肖和保等教授的褒奖与扶掖,感谢张亚斌教授为论文开题和写作提供的帮助!

感谢汪敏、蒋安(悟真)、彭飞荣、侯玲玲、刘焱白、王建平、黎石秋、何平、颜林文等同门,在学习期间给予的关照,使我感受到同窗情谊的至诚与可贵!

感谢至今仍未知姓名的五位匿名评审者给予我论文全A的评价。李步云、刘定华、屈茂辉、冯果、朱大旗等教授拨冗参加论文答辩,并对论文给予了充分肯定,同时提出了一些中肯意见。冯果教授、徐孟洲教授、林嘉教授先后应允做我的博士后合作导师,我却因体制原因未能成就梦想!感谢他(她)们的鼓励和帮助!

感谢华中科技大学法学院,克服师资安排上的压力,让我有机会在2005年10月至2006年10月受国家留学基金委资助前往德国Bayreuth大学访学交流!一个成年人到了国外,就像经历第二次人生,只是过程更短。感谢易继明、彭利华、郑友德、裴丽萍、喻玲、焦洪涛、王安异、范长军、汤俊芳、蓝寿荣、高华、王天习、彭礼堂、张萍等同事和朋友在访学期间给予的关心和帮助！陈寅恪先生说："士之读书治学，盖将以脱心志于俗谛之桎梏，真理因得以发扬。"我怀念这段为期13个月的访学时光，那山、那水和那些人！

感谢中山大学程信和、湘潭大学陈乃新、上海财经大学单飞跃和刘水林、天津师范大学韩志红、深圳大学应飞虎、西南财经大学鲁篱、西南政法大学甘强和胡元聪、湖南大学郑鹏程和肖海军、中南大学颜运秋、武汉大学熊伟、北京大学出版社王晶、中国政法大学薛克鹏、翟继光和徐妍、广东商学院朱孔武、中南财经政法大学陈虹、复旦大学张建伟、中央财经大学邢会强、大成律师事务所于绪刚等师友在成书过程中惠赐资料，受惠极多！

感谢北京大学法学院张守文教授的信任和厚爱，将拙作纳入他主编的经济法精品著作系列丛书；感谢王全兴教授为本书作序，关爱有加，期望更甚；感谢胡土土、葛钰繁、欧阳雪、何超、王凤岩等研究生对书稿的校对；感谢北京大学出版社邹记东先生和王晶女士促成了本书的出版。

人到中年，正是承上启下的辛劳阶段，我还幸运地得到了家人支持。犹记2003年SARS肆虐时，充溢着浓浓爱意的大家庭才是这方世界上最安全的天地。感谢曹金玲女士和管昌和先生，你们赋予了我生命，提供了无以替代的关爱、宽容以及鼓励。即便在我结婚后，你们还秉承着中华民族伟大父母的传统，照顾着我们小家庭的生活，不能安享晚年。感谢岳父母黄能全先生和张爱清女士的教诲和宽容。感谢姐姐管成瑛夫妻多年来对我们小家庭的多方支持，弟弟管杰夫妻和妹妹管慧娟夫妻、黄翔陈国志夫妻也对我颇为关心，我深感幸福。感谢爱妻黄燕，是你的爱和理解让我走在这艰辛而清贫的治学之路上，做我所爱做的事。我愧对爱女乐之，为了自己的学术理想，我忽视甚至漠视了你对我的爱。你带来的天伦之乐，丰富了我的生活，深化了我对人生的理解。但我给你的关心甚少，没有很好地履行应尽的义务，唯有在以后的岁月对你加倍补偿。任何一本书的写作都贪得无厌地消耗掉数量庞大的日常生活，我将本书连同我所有的爱献给我的家人们，因为您们默默地承受着各种各样的恶劣情绪、诸多语义含混的独白、一次又一次地延误用餐时间，以及其他诸如此类的事情。

还有许多老师、朋友和亲人，篇幅所限，我无法一一列举您的名字，唯有那份感激和友爱时常在我的心头涌动。至于本书的受引者，更是无法一一提及。正如普鲁特斯在《回来的时间》中所言："当然，还有其他许多人……使得我得以从他们那里吸收语汇，获得灵感，可是我却想不起他们一个一个的人了；一本书就是一片大墓场，那些墓碑上的人名已经难以辨认。"

上述感谢名单，可能令人感到冗长和枯燥，但对我而言，却是实实在在的真情告白，不仅仅是程序性礼仪，更是实体性展示；是流行的俗套，但绝对不是流俗的客套。每一个给予我理解、支持和帮助的亲友，我将铭记在心！爱我的人和我爱的人使我不敢停止努力！我将顺应内心的呼唤，沿着治学道路奋勇前行，回报您，回报祖国！

管　斌

2005 年 4 月 22 日桂子山一稿

2006 年 10 月 22 日 Bayreuth 二稿

2007 年 6 月 10 日桂子山三稿

2009 年 2 月 22 日 22 时玉兰苑四稿

2009 年 12 月 6 日 22 时玉兰苑定稿